Leonid Reschin

Feldmarschall im Kreuzverhör

Leonid Reschin

Feldmarschall im Kreuzverhör

Friedrich Paulus
in sowjetischer Gefangenschaft
1943 – 1953

Mit einem Vorwort von
Lew Besymenski

Aus dem Russischen von
Barbara und Lothar Lehnhardt

Mit 16 historischen Fotos
und Dokumenten

edition q

Die Deutsche Bibliothek – CIP-Einheitsaufnahme

Rešin, Leonid:
Feldmarschall im Kreuzverhör: Friedrich Paulus in sowjetischer Gefangenschaft 1943-1953 /Leonid Reschin. Vorw. von Lew Besymenski. Aus dem Russ. von Barbara und Lothar Lehnhardt. – Dt. Orig.-Ausg. – Berlin: Ed. q. 1996
ISBN 3-86124-323-7

1. Auflage 1996
2. Auflage 1997

Lektorat: Dr. Jürgen Schebera
Umschlaggestaltung: Atelier Höpfner-Thoma, München
Umschlagfoto: Ullstein Bilderdienst Berlin
Fotos im Buch (9): Archiv für Kunst und Geschichte Berlin
Dokumente (7): Archiv des Autors
Druck- und Bindearbeiten: Ebner Ulm
Printed in Germany

ISBN 3-86124-323-7

Inhalt

Vorwort

Als Leonid Reschin – Autor des bereits bei „edition q“ erschienenen Bandes „General zwischen den Fronten. Walter von Seydlitz in sowjetischer Gefangenschaft und Haft 1943-1955“, zu dem ich ein Vorwort geschrieben habe – mir antrug, auch das Vorwort zu seinem neuen Buch über Generalfeldmarschall Friedrich Paulus zu übernehmen, erklärte ich mich nicht sofort bereit. Obwohl der Autor und ich in dieser Zeit gute Freunde geworden sind, wollte ich doch kein abonnierter Vorwortschreiber sein. Außerdem ist die Rückkehr in die Vergangenheit für einen Veteranen der Stalingrader Schlacht nicht leicht und sogar qualvoll. Nichts macht so alt wie Erinnerungen.

Doch als ich dann das Manuskript in die Hand nahm, änderte sich meine Einstellung sofort. Schließlich beginnt das Buch mit einem Dokument, das meine Unterschrift trägt. Diesen Bericht hatte ich seinerzeit als Dolmetscher der Aufklärungsabteilung des Stabs der Donfront (das war die Front von General Rokossowski) für die militärische Führung geschrieben. Sein Inhalt waren Gespräche zwischen den bei Stalingrad in Gefangenschaft geratenen Generalen und Äußerungen von Generalfelfmarschall Paulus. Mein Bericht wurde schließlich Stalin höchstpersönlich vorgelegt.

Von dieser Ehre ahnte ich natürlich in jener Winternacht noch nichts, als ich – in der Uniform eines Rotarmisten, der scheinbar vor seinem bevorstehenden Wachaufzug einige Stunden schlief und dabei mit dem Gesicht zur Wand lag – die Gespräche der Generale mithörte und später Paulus zu seiner ersten Unterredung mit der sowjetischen Armeeführung begleitete. Zwei Tage später war ich Dolmetscher bei einem kurzen Gespräch des Feldmarschalls mit aus Moskau eingeflogenen britschen und amerikanischen Pressekorrespondenten.

Seit diesen Februartagen des Jahres 1943 spielte Paulus praktisch in meinem Leben eine wesentliche Rolle, denn in den zurückliegenden Jahren wurde ich immer wieder über ihn, sein Verhalten und seine Äußerungen befragt. Ein Amateurfoto, auf dem ein junger

Oberleutnant neben dem düster dreinblickenden Feldmarschall mit einer der Kleiderordnung widersprechenden Schapka abgebildet ist, hängt in meinem Arbeitszimmer als Zeugnis der Geschichte: Ich war dabei . . .

Seit jenen Tagen bin ich Paulus nicht wieder begegnet. Der Stab der Front verließ bald darauf Stalingrad, und für den gefangenen Feldmarschall waren nun ganz andere Dienststellen zuständig – nicht mehr das Militär, sondern das NKWD. Davon handelt das Buch von Leonid Reschin.

Bis heute existiert noch keine Paulus-Biographie. Reschins Buch liefert dafür eine Menge Stoff. Paulus erhielt bereits zu Lebzeiten Symbolstatus, was stets daran hindert, den Menschen zu sehen. Noch schwieriger ist es, den Menschen unter der zusammen mit der Uniform übergestreiften Hülle zu erkennen, besonders wenn er durchweg Militär ist. Zweifellos hat Paulus in seinem Kriegshandwerk nicht nur einen Beruf, sondern auch eine Berufung gesehen. Der Dienst in der deutschen Armee, auch unter den Nationalsozialisten, war ein verdienstvoller Auftrag. Die Reichswehr verstand sich als Hüterin sowohl der militärischen als auch der staatlichen Traditionen des Reichs. Die Wehrmacht erfüllte diese Rolle nur auf höchster Ebene, doch sie war sich, worin sie von Hitler zeitweise bestärkt wurde, stets der Rolle bewußt, die sie irgendwann einmal spielen mußte. Friedrich Paulus hat alle Stufen der militärischen Karriere durchlaufen – sowohl auf Kommandeurs- als auch auf Generalstabsebene. Der Armeedienst bot die außergewöhnliche Möglichkeit, Denken, Handeln und Verhalten zu disziplinieren und die politische Szene des damaligen Deutschland aus einer gewissen Distanz zu betrachten. Möglicherweise ergab sich hieraus auch eine Art „Alibi" für die deutsche Generalität: Sollen sie doch ihre Sache machen, uns betrifft das nicht. Wir machen unsere Sache, und zwar so gut wie möglich.

Die sowjetische Geschichtsschreibung der Nachkriegszeit, an der auch ich einen Anteil habe, machte keinerlei Unterschied zwischen der Generalität der Wehrmacht und dem Hitlerregime. Jeder General war für uns damals ein Nazi. Heute wissen wir, daß dem nicht so war. Wenn man auch nicht in das andere Extrem verfallen und die Generalität durchweg als Gegner des Nazismus hinstellen darf, so gab es doch tatsächlich eine gewisse Distanz zwischen der Generalität und dem Hitlerregime. Ich nehme an, daß eben diese innere Distanz Friedrich Paulus auch die Kraft gegeben hat, 1944 mit einem weltweiten Aufruf gegen Hitler an die Öffentlichkeit zu treten.

Vieles spricht auch dafür, daß Paulus ein außergewöhnlicher Mensch war. Kenner der Physiognomie würden das seinem Gesicht sicher sofort ablesen. Dafür spricht auch seine militärische Karriere. In der Wehrmacht wurde man nicht so leicht zum Oberquartiermeister des Generalstabs oder zum Armeebefehlshaber ernannt. Auch seine Ehe mit der rumänischen Aristokratentochter Constanze war überhaupt nicht typisch für die deutsche Offizierskaste. Es ließen sich noch andere Eigenschaften (z. B. seine Liebe zur Malerei) aufzählen, die für einen preußischen Offizier nicht typisch waren. Im Gegensatz zu den meisten deutschen Offizieren seiner Zeit trug Paulus auch ein Monokel.

Ich möchte den Leser darauf vorbereiten, daß dies kein biographisches Buch über Paulus ist. Es beschränkt sich auf die Schilderung der Zeit, die der Feldmarschall in sowjetischer Gefangenschaft verbrachte. Der Autor hat bewußt keine biographische Beschreibung, auch keine Beschreibung der Handlungen von Paulus in Stalingrad oder eine Analyse des geistigen und psychologischen Zustands des hochgestellten Gefangenen gewählt. Über diese Methode läßt sich streiten. Sicherlich wäre es von Interesse, mehr über das Umfeld der ausgewählten Dokumente zu erfahren. Ich hätte sicherlich versucht, dieses zu ergründen.

Aber Reschin ist ein Dokumentalist „par excellence". Er präsentiert peinlich genau Dokumente der Hauptverwaltung des NKWD der UdSSR für Kriegsgefangene und Internierte (GUPWI) sowie Berichte verschiedener Generale des NKWD und NKGB über den kriegsgefangenen Feldmarschall Paulus. Seine zweite dokumentarische Quelle sind Berichte sogenannter Informanten, d. h. im Klartext: Spitzelberichte. Und dies – selbst aus Paulus' nächster Umgebung – in einem Umfang, der noch heute schaudern macht.

Ich will nicht darauf eingehen, daß diese beiden Quellen – die offiziellen Berichte und die Berichte der Informanten – in einer „innerdienstlichen" Sprache abgefaßt sind, in der keine Menschen, sondern nur „Objekte operativer Maßnahmen" vorkommen. Außerdem wurden viele dieser Berichte auf die Wünsche des Empfängers zugeschnitten. Leiter sind nun einmal empfänglich für das, was sie gern lesen möchten. Und dieses Prinzip gilt für alle – für den „billigen" Informanten, der eine zusätzliche Essensration erhoffte, wie auch für den General in der Lubjanka, der ein Lob von Lawrenti Berija oder Josef Stalin erwartete. Sklave bleibt nun einmal Sklave.

Es erhebt sich die Frage, was Leonid Reschin hätte tun sollen, da ihm, bis auf wenige Ausnahmen, nur solche Dokumente zur Verfügung standen? Seine Methode, die er bis zur Selbstaufopferung verfolgt, ist die einzig richtige: Die Dokumente werden so veröffentlicht, wie sie abgefaßt wurden, soll der Leser doch bitte selbst Richtigstellungen vornehmen.

Ein solches Vorgehen stellt an den Leser gewisse Anforderungen. Er soll praktisch die militärische Lage, d. h. die Ereignisse an den Kriegsfronten, hinter den Mauern der Lager und Sonderobjekte in den Jahren 1943/1944 und sogar nach dem Krieg „nachempfinden". Der Autor bezieht nicht Stellung zu diesem Prozeß. So bleibt die Frage offen, ob die kriegsgefangenen deutschen Generale wirklich durch das Versprechen, ihnen Moskau zu zeigen, verleitet wurden, im Juli 1944 den Marsch der Kriegsgefangenen durch Moskau anzuführen. Oder ob wirklich im Operationsgebiet der 6. Armee Kriegsverbrechen begangen wurden. Darüber soll der Leser selbst befinden.

Eine solcherart distanzierte Haltung des Autors ist zwar edel, aber auch gefährlich. Wenn der historische Hintergrund vernachlässigt wird, kann der Gedanke aufkommen, daß alle gegen Hitler gerichteten Aktionen der deutschen Kriegsgefangenen, darunter auch des Nationalkomitees „Freies Deutschland" und des Bundes Deutscher Offiziere, nur das Ergebnis entsprechend geschickter operativer Bearbeitung der Gefangenen durch Mitarbeiter des NKWD und der GUPWI waren. Ohne die Generale Petrow, Melnikow und Kabulow hätte Friedrich Paulus demnach nie die ganze Verderbtheit des Hitlerregimes eingesehen und niemals gegen Hitler Stellung bezogen. Natürlich kann die akkurate Anfertigung von Berichten durch die Mitarbeiter der GUPWI, die gewohnt waren, selbst geringfügigste Details bei der Erfüllung gestellter Aufgaben schriftlich festzuhalten, dazu veranlassen, diese Mitarbeiter als einzige treibende Kraft jenes sehr komplizierten Erkenntnisprozesses in den Köpfen der kriegsgefangenen Soldaten, Offiziere und sogar Generale zu sehen. Ein Dokument dient schließlich einem konkreten Zweck. General Amajak Kobulow war in seinen Berichten an Berija keineswegs verpflichtet, alle psychologischen Feinheiten zu erklären. Und er ist auf sie auch gar nicht erst nicht eingegangen.

Aber außer Kobulow gab es noch Stalingrad. Dort, am Ufer der Wolga, und später bei Kursk und in Belorußland, wurde das Umdenken in den Köpfen der deutschen Generale und Offiziere, das sie zu Gegnern ihres Führers machte, vorentschieden.

Verständnis für seinen Gesprächspartner und ein gewisses Einfühlungsvermögen, um für dessen Überzeugung die richtigen Worte zu finden, sind in den Dokumenten des leitenden operativen Mitarbeiters Wolf Stern festzustellen, der stundenlang mit Paulus gesprochen hat. (Es ist schade, daß der Autor über ihn keine ausführlicheren Angaben macht.) Mir ist noch ein anderer Gesprächspartner von Paulus bekannt – Alexander Blank, Dolmetscher im Lager Susdal. Er war ein hochgebildeter Mann, der nach dem Krieg ein angesehener Historiker wurde und das Buch „Das zweite Leben von Feldmarschall Paulus" veröffentlichte. (Leider ist es in Deutschland nicht verlegt worden und existiert nur in russischer Sprache.)

Ich wiederhole: Dieses Buch ist keine Biographie von Paulus und auch keine analytische Aufarbeitung des Nationalkomitees „Freies Deustchland" und des gesamten Komplexes der Entstehung des antifaschistischen Widerstands hinter Stacheldraht. Die deutsche Antihitlerbewegung in der UdSSR wird oft angefeindet, um ihren Teilnehmern eine entsprechende Würdigung ihrer geistigen Motivation abzusprechen und sie als willenlose Werkzeuge der sowjetischen Behörden abzustempeln. Ich kannte viele von ihnen – sowohl während des Krieges als auch danach. Ich erinnere mich an einen Leutnant Frankenfeld, der bei Kursk in Gefangenschaft geriet und einen solchen moralischen Schock erlebt hatte, daß er bereits bei den ersten Verhören – vollkommen aus eigenem Antrieb – Worte des Zorns und der Wut auf seine ehemaligen „Führer" äußerte, wie ich sie von vielen als Propagandisten eingesetzten Politoffizieren, die „Arbeit unter den Truppen des Gegners" leisteten, nie gehört hatte. Übrigens fand ich später im Archiv Stalins ein Protokoll dieser Äußerungen und seine Weisung, diese sofort zu veröffentlichen. Leider habe ich dann diesen deutschen Offizier aus den Augen verloren.

Die beiden Bücher Leonid Reschins zu den Jahren von Paulus und von Seydlitz als Gefangene in der UdSSR heben den Vorhang ein wenig, der die menschlichen Gefühle und Wünsche verhüllt, welche die Bewohner der Lager und „Objekte" damals motivierten. Reschin idealisiert sie nicht, er akzeptiert lediglich diese nicht immer auf Idealen beruhenden menschlichen Impulse. Das muß man ihm hoch anrechnen, wobei zu wünschen ist, daß er diese von ihm gefundene „Quellen-Ader" weiter erschließt.

Weil die Mitarbeiter der GUPWI dem kriegsgefangenen Feldmarschall den Tarnnamen „Satrap" gaben, könnte dieses Buch auch „Satrapen und ihr Satrap" heißen. Liest man es Kapitel für Kapitel,

Dokument für Dokument, dann erfährt man nicht nur Einzelheiten dieser Lagerjahre, sondern empfindet auch Mitgefühl und Mitleid für Paulus. Diese Worte lassen mich jedoch nachdenklich werden: Kann man Mitgefühl und Mitleid für einen der Urheber des Plans „Barbarossa" empfinden, der seinem Führer so lange treu diente?

Wäre das Buch sofort nach dem Krieg veröffentlicht worden, so hätte ich es wohl gelesen, ohne mir solche Gedanken zu machen. Ich hätte es gelesen und gedacht: ‚Na und, man hat diesen Menschen geistig gequält, ihn nicht nach Hause gelassen, ihm nicht die Möglichkeit gegeben, sich von seiner geliebten Frau zu verabschieden. Das geschah ihm recht, andere haben weit mehr als er gelitten.'

Doch der Zeitabstand gestattet es, diesen Mann nicht nur mit seinen Schulterstücken eines Feldmarschalls zu sehen. (Hier möchte ich die Gelegenheit nutzen, um einen Fehler, der mir in meinen veröffentlichten Lebenserinnerungen unterlaufen ist, zu berichtigen. Dort schreibe ich von meinem Eindruck, daß auf den Schulterstücken von Paulus ein zusätzlicher Stern angebracht worden war, um seine Beförderung zum Feldmarschall, die am 30. Januar 1943 in Stalingrad erfolgte, zu manifestieren. Mea culpa: Es waren nur wie bisher drei Sterne, die gekreuzten Marschallstäbe haben ihm seine Kameraden später, bereits im Lager, angefertigt.)

Die Satrapen sind mit „Satrap" satrapenhaft umgegangen. Er hat sich würdig verhalten, alles so getan, wie er es für richtig hielt. Er hat dem NKWD viele Unannehmlichkeiten bereitet, aber nicht unter dem Druck der Lubjanka, sondern des unerbittlichen Laufs der Ereignisse hat er dann die unsichtbare Grenze überschritten, die von der Tradition des Automatismus militärischer Unterordnung vorgeschrieben ist. Und die Satrapen haben nach den Vorschriften ihres eigenen Automatismus gehandelt. Wie im Fall von Seydlitz' haben sie diese „Selbstüberwindung" nicht honoriert, sondern vielmehr als selbstverständlich hingenommen. Seydlitz wurde noch übler mitgespielt, er wurde zum „Kriegsverbrecher" abgestempelt. Paulus blieb dieser bittere Kelch erspart, doch er stand ihm ebenfalls bevor. Von Reschin erfahren wir erstmals, daß beabsichtigt war, Paulus vor Gericht zu stellen. Die sowjetischen Führer haben dann jedoch genug Klugheit bewiesen, einen Mann nicht auf die Anklagebank zu setzen, der in Nürnberg durch wirklich aufsehenerregende Aussagen zur Entlarvung des Charakters der Wehrmacht beigetragen hatte . . .

Von großem Interesse sind auch jene Dokumente, die Paulus während seiner Gefangenschaft geschrieben hat. Ich meine nicht die militärhistorischen Abhandlungen (die von meinem Kollegen Walter Gerliz bereits 1967 teilweise veröffentlicht worden sind – wobei natürlich zu fragen ist, warum Reschin damals unzugängliches Material nicht jetzt hinzufügt). Aber wie sind einige Erklärungen und Memoranden aufzufassen, in denen Paulus plötzlich eine ganz andere Sprache spricht? So z. B. sein Vorschlag, ehemalige deutsche Kriegsgefangene in den Reihen der Roten Armee kämpfen zu lassen? Natürlich war Paulus nicht allein, und für eben diesen Gedanken hat sich General von Seydlitz noch entschiedener eingesetzt. Von wem also stammte diese Idee? Vielleicht aus Gesprächen von General Melnikow mit den deutschen Generalen?

Oder die Empfehlung von Paulus, die Repatriierung von Seydlitz' zu verschieben? Und schließlich die Idee, unter den Kriegsgefangenen Parteizellen der SED zu bilden? Letzteres stammte gewiß nicht vom Feldmarschall, sondern von denen, die ihn „bearbeiteten". Und Paulus hat sie ernst genommen.

Möglich ist auch eine andere Variante. Die langjährige vollständige Isolierung von der Außenwelt und die nachdrücklichen Empfehlungen der Mitarbeiter des NKWD, die Werke von Marx, Engels, Lenin und Stalin zu studieren, zeigten möglicherweise Wirkung – die unmerkliche Annäherung an die Sprache der doktrinären Ideologie, die auch einen in Politik wenig bewanderten Menschen stark beeinflussen kann. Der Prozeß der Zwangsindoktrinierung verlief unterschiedlich. Ich kenne ehemalige kriegsgefangene deutsche Offiziere, die daraus eine Lehre für ihr Leben zogen. Anderen jedoch hat der Doktrinwechsel das Rückgrat gebrochen. Leider werden wir nie erfahren, ob aus Paulus ein Saulus geworden war. Lassen wir also die Geschichte ruhen.

Wie erklären sich die Beziehungen der sowjetischen Behörden zu Paulus in den letzten Jahren seines Aufenthalts in der Sowjetunion? Der Mohr hat seine Schuldigkeit getan – diese Erklärung drängt sich sofort auf. Aber nicht nur das. Die innere Logik des sowjetischen Systems war stets maßregelndes Verhalten, auch wenn sie eine gewisse Zeit dem edlen und hohen, tatsächlich gesamtmenschheitlichen Ziel der Zerschlagung des Hitlerfaschismus untergeordnet wurde. Diese Zeit verging indes, der Sieg war errungen und das repressive System konnte wieder nach seinen immanenten Regeln existieren. Das betraf nicht nur die deutschen Kriegsgefangenen. Die sowjetischen Soldaten, die aus der deutschen („westlichen") Gefangenschaft heimkehrten (und das waren Millionen), wurden in sogenannte „Filtrationslager" gesteckt. Das frühere Mißtrauen des NKWD-Apparats gegenüber jedem Bürger wurde erneut zum höchsten Gesetz erhoben. Ist es da verwunderlich, daß die Begegnung des Sohns von Paulus mit dem „Revanchisten“ Guderian (als solcher galt er in der Sowjetunion) zur schweren Belastung für seinen Vater wurde, der mit aller Kraft seiner zermürbten Seele versuchte, seinen Platz in der neuen Welt, im neuen Deutschland zu finden, aber immer wieder auf Mißtrauen stieß?

Vor einigen Jahren hatte ich ein bemerkenswertes Erlebnis. Ich befand mich gerade in Köln, wo im WDR eine Talkrunde über Stalingrad unter Teilnahme deutscher und russischer Kriegsveteranen stattfinden sollte. Ich stand in der Halle meines Hotels, als aus dem Lift ein großer, schlanker Mann trat, der das ganze Ebenbild jenes Mannes war, den ich in der Nacht zum 1. Februar 1943 im Dorf Sawarygino bei Stalingrad begleitet hatte. Der Enkel von Friedrich Paulus, Dr. Alexander Paulus, sah seinem Großvater verblüffend ähnlich.

Ich mußte daran denken, daß das Leben der jetzt abtretenden „Kriegsgeneration“ durch den andauernden, ja ewig erscheinenden Wechsel von Krieg und Frieden geprägt war – Frieden, den wir wollten und den sich auch unsere Nachfolger heute wünschen. Damit nicht vergessen wird, welchen Preis wir dafür gezahlt haben, sollten möglichst viele Menschen dieses Buch lesen.

Moskau, Frühjahr 1996

Prof. Lew Besymenski
Akademie der Militärwissenschaften
der Russischen Föderation

Einleitung

Das vorliegende Buch präsentiert – wie mein 1995 im gleichen Verlag erschienenes Werk „General zwischen den Fronten. Walter von Seydlitz in sowjetischer Kriegsgefangenschaft und Haft 1943–1955" – umfangreiches Dokumentenmaterial, das bis vor kurzem der Geheimhaltung unterlag: Auszüge aus dem dienstlichen Schriftverkehr der Hauptverwaltung für Kriegsgefangene und Internierte des NKWD der UdSSR mit der Leitung des NKWD und NKGB der UdSSR, des Exekutivkomitees der Komintern sowie einiger Abteilungen des ZK der KPdSU(B), dazu ausgedehnte Informationsberichte über Stimmungen und Äußerungen der gefangenen Generale – oft mit wortgetreuer Wiedergabe ihrer Gespräche. Aus verständlichen Gründen können wir natürlich weder die Klarnamen noch die Decknamen der Informanten nennen. Es kann jedoch gesagt werden, daß unter ihnen sowohl Generale als auch Offiziere und Soldaten aus Lagern für deutsche Kriegsgefangene waren.

Das Schicksal von Generalfeldmarschall Paulus war für die Deutschen seit dem Tag der Kapitulation der deutschen Heeresgruppe bei Stalingrad von besonderen Interesse. Einige Informationen gelangten relativ früh durch repatriierte Offiziere und Soldaten (Artikel eines gewissen I. von P. in der Zeitung *Der Kurier* vom 1. und 6. November 1947) und aus dem Kreis der Familie des Feldmarschalls an die Öffentlichkeit (Artikel „Wie Paulus in Moskau lebt!" in der *Berliner Zeitung* vom 11. Juli 1948 – gestützt auf Briefe, die Ernst Paulus, der Sohn des Generalfeldmarschalls, zur Verfügung gestellt hatte). Doch die Augenzeugen waren seinerzeit nicht ausreichend informiert, und die Briefe hatten die Zensur durchlaufen.

In den darauffolgenden Jahrzehnten erschienen zahlreiche Werke von Historikern zum Thema, doch erst jetzt ist es möglich, die umfangreichen und hochinteressanten geheimen sowjetischen Quellenmaterialien zu veröffentlichen. Sie werden allen Interessierten willkommen sein, fügen sie doch dem Bild von Paulus' Jahren der Gefangenschaft zahlreiche neue Facetten hinzu und enthüllen bisher unbekannte Tatsachen.

Das Leben von Generalfeldmarschall Friedrich Paulus in sowjetischer Gefangenschaft kann in zwei Abschnitte unterteilt werden: vor dem 8. August 1944 und danach. Bis zu diesem Wendepunkt berief er sich auf seinen geleisteten Eid sowie die Eidespflicht und verurteilte die Generale und Offiziere, die sich der Bewegung „Freies Deutschland“ angeschlossen hatten. Nach dem 8. August 1944 wurde Friedrich Paulus einer der aktivsten Teilnehmer dieser Bewegung und blieb es bis zu seinem Lebensende.

Wir haben nicht die Absicht, die Handlungs- und Denkweise der Titelfigur unseres Buches einer positiven oder negativen Bewertung zu unterziehen. Wir möchten dem Leser lediglich möglichst viele Informationen übermitteln, damit er sich selbst ein Bild darüber machen kann, wovon sich Generalfeldmarschall Paulus in den verschiedenen Abschnitten seiner Gefangenschaft leiten ließ.

Im Jahre 1995 wurde der 50. Jahrestag der Beendigung des Zweiten Weltkriegs begangen, in dem Deutschland und die Sowjetunion die Hauptgegner waren. Der Krieg hat Millionen Menschen – Soldaten und Offizieren, Alten, Frauen und Kindern – das Leben gekostet. Er hat der Wirtschaft Deutschlands und der Sowjetunion unermeßlichen Schaden zugefügt. Das Schicksal von Generalfeldmarschall Friedrich Paulus, der zehn Jahre und neun Monate in sowjetischer Gefangenschaft und unter Bewachung verbrachte (vom 1. Februar 1943 bis zum 24. Oktober 1953), macht uns Spätgeborenen, deren Väter bei Stalingrad gekämpft haben, bewußt: Der Krieg ist nicht nur schrecklich, weil er Menschenleben fordert, er ist auch furchtbar, weil er das Schicksal von Menschen zerstört, die Menschen selbst zerbricht ...

Der Autor möchte sich herzlich bei der Archivverwaltung des FSK der Russischen Föderation, insbesondere bei General Anatoli Krajuschkin bedanken, der ihm beim Auffinden und der Sichtung der Dokumente große Unterstützung gewährt hat.

Gleicher Dank gilt auch Wladimir Winogradow, Wadim Gussatschenko, Alexander Sjubtschenko, Alexander Nikolajew und Juri Rasbojew.

Herzlichen Dank sagt der Autor Alexander Korotkow, dem Direktor des Archivs des Präsidenten der Russischen Föderation, und dem Archivmitarbeiter Sergej Meltschin.

Die Arbeit an den Dokumenten wurde 1992 begonnen. Der Autor hat Dokumente, die Fragen ausländischer Kriegsgefangener in der UdSSR betreffen, bewußt ausgeklammert, weil dies den Rahmen des vorliegenden Buches sprengen würde und Thema für eine gesonderte umfangreiche Studie ist.

Moskau, im Sommer 1996 Leonid Reschin

1

Die ersten Monate der Gefangenschaft

Worüber sich gefangene deutsche Generale unterhielten

Am 8. April 1943 – zwei Monate nach Paulus' Gefangennahme am 1. Februar – schickte das Mitglied des Kriegsrats der Stalingrader Front, Nikita Chrustschow, ein Schreiben an Josef Stalin:

„Hiermit übersende ich Ihnen die von einem Dolmetscher der Aufklärungsabteilung des Stabs der Donfront angefertigte Aufzeichnung von Gesprächen, die deutsche gefangene Generale untereinander führten. Dieser Dolmetscher hielt sich in dem Haus auf, in dem die deutschen Generale unter der Führung von Feldmarschall von Paulus untergebracht waren."

Für Chrustschow stand außer Frage, daß der Oberbefehlshaber der 6. deutschen Armee, Generalfeldmarschall Friedrich Ernst Paulus – Sohn eines Beamten aus Breitenau in Hessen – wie die deutsche Generalität in ihrer Mehrheit adliger Herkunft war. Deshalb nannte er ihn irrtümlich von Paulus.

Dem Schreiben waren Aufzeichnungen des Dotmetschers der Aufklärungsabteilung, Oberleutnant Lew Besymenski, beigefügt:

„In der Nacht vom 31. Januar zum 1. Februar 1943 hielt ich mich auf Befehl von Generalmajor Wawilow in dem Haus auf, in dem die gefangenen Generale der deutschen und der rumänischen Armee Drebber, Dimitriu, Wulz, Daniels, Schloemer, Deboi, Renoldi und Oberstleutnant Weber untergebracht waren.

Zwischen den genannten Personen wurden folgende Gespräche geführt:

1. Nach der Rückkehr vom Verhör erklärte Generalleutnant Schloemer auf die Fragen der übrigen Gefangenen, daß er mit dem Gespräch sehr zufrieden sei. Marschall Woronow sei ein sehr erfahrener Militär und habe ihn sehr beeindruckt. ‚Der Marschall', so sag-

te Schloemer, ‚hat die Lage sehr überzeugend dargelegt, seine Argumente waren gewichtig.'

2. Generalleutnant Daniels war aufgeregt, als er vom Verhör zurückkam. Er sagte, man habe ihm komische Fragen gestellt, und erklärte: ‚Die Russen denken, daß ich als General alles sagen muß, während ich das überhaupt nicht will.' Die anderen Generale stimmten diesen Worten zu, wobei einer von ihnen (ich glaube Deboi) äußerte: ‚Kameraden, wir müssen uns wie früher verhalten.'

3. Einer der Generale (ich glaube Renoldi) erklärte, daß die Deutschen unglaubliche personelle Verluste erlitten hätten. Ein anderer antwortete: ‚Wie mir Paulus selbst sagte, waren wir zu Beginn der Umzingelung 270.000 Mann. Davon wurden 20.000 ausgeflogen, die übrigen sind hier geblieben.' Ein dritter General warf ein: ‚Wir haben nur unsere Pflicht erfüllt.'

4. Einer der Generale sagte: ‚Die russischen Offiziere sind beträchtlich undisziplinierter als die deutschen.' Die anderen stimmten ihm zu und stellten fest, daß die russischen Offiziere viel versprechen, aber wenig halten. Beispielsweise wurden ihnen Zigaretten und Wodka versprochen, doch bisher sei nichts davon da. Ein anderer antwortete: ‚So ist es. An der Front herrscht Disziplin, aber jetzt sind wir im Hinterland.'

5. General Wulz berichtete bei seiner Ankunft, daß der Kommandeur der 371. Panzerdivision, General Stempelt, nachdem die Lage ausweglos geworden war, Selbstmord begangen haben soll. Paulus lebe noch. Vor kurzem habe er noch vom Gebäude eines ehemaligen OGPU-Gefängnisses aus operiert, dann sei er näher an die Wolga vorgerückt.

General Drebber berichtete Oberstleutnant Weber von einer Begegnung mit Wulz und sagte, daß er nicht erwartet hätte, daß es den eingekesselten Truppen nach dem 25. Januar noch gelingen würde, sich zu halten und Widerstand zu leisten. Offensichtlich habe Paulus das fertiggebracht.

In der Nacht vom 1. zum 2. Februar 1943 begleitete ich dann, auf Befehl von Generalmajor Wawilow, Oberst Jakimowitsch auf der Fahrt zu dem gefangenengenommenen Generalfeldmarschall Paulus.

Auf die Erklärung, daß Paulus und seine beiden Begleiter General Schmidt und Oberst Adam die Messer, Rasiermesser und alle spitzen Gegenstände abzugeben hätten, fragte General Paulus: ‚Und das verlangen Sie von einem Feldmarschall?'

Generalleutnant Schmidt erklärte sichtlich erregt: ‚Ihre Forderung ist eine Verhöhnung des Oberbefehlshabers der Armee und ein völ-

Der Oberbefehlshaber der 6. deutschen Armee im Kessel von Stalingrad, Ende 1942.

liger Bruch der uns gegebenen Versprechungen. Wir werden uns beim Oberkommandierenden Rokossowski über Sie beschweren. Sie haben keinen einfachen Gefreiten, sondern einen Feldmarschall vor sich. Glauben Sie wirklich, daß sich Generale der Wehrmacht die Pulsadern mit einem Taschenmesser aufschneiden werden?'

Paulus schwieg während dieser Erklärung und fragte erst dann lächelnd: ‚Muß ich nun meinen Rasierapparat abgeben?'

Nach dem Verhör äußerte Paulus: ‚Wissen Sie, ich befinde mich seit zehn Tagen zum erstenmal in einem Haus. Ich habe zehn Tage unter der Erde verbracht.'

Nachdem Paulus im Wagen Platz genommen hatte, sagte er: ‚Es hat mich einfach belustigt, daß man uns Messer und Rasiermesser abnimmt. Mit meinem Rasierapparat kann man sich nur das Gesicht massieren. Das ist offensichtlich die überall verbreitete Bürokratie.'

Dann fragte er: ‚Wie mir der Herr Marschall sagte, ist General Renoldi hier?‘ Ich bestätigte es. Auf meine Frage, ob er schon wisse, daß General Drebber in Gefangenschaft sei, antwortete Paulus, das sei ihm bekannt. Drebber hätte dem Stab über seine ausweglose Lage Meldung gemacht, doch in diesem Moment sei die Verbindung abgebrochen.

Weiter sagte Paulus. daß General Harmann gefallen sei. Er habe die Kämpfe auf dessen Gefechtsstand selbst beobachtet (einen knappen Kilometer von Paulus entfernt): ‚Ihre Soldaten sind bis zu meinem Gefechtsstand vorgedrungen. Ich wurde um 4.00 Uhr geweckt und konnte gerade noch mit General Roske sprechen, als die Russen schon im Korridor waren. Im Korridor lagen überall Verwundete.‘ In der Nacht vom 2. zum 3. Januar 1943 hielt ich mich auf Befehl von Generalmajor Wawilow in dem Haus auf, in dem die Generale Heitz, Pfeffer und Rodenburg untergebracht waren. Dorthin wurden auch die gefangenen Generale Strecker, Lenski, Lattmann und Magnus gebracht. Bei ihrer Ankunft stand Heitz auf und fragte Strecker aufgeregt: ‚Was ist mit unserer nördlichen Gruppierung?‘ Strecker winkte ab: ‚Alles vorbei.‘ Heitz fragte nach den übrigen. Strecker antwortete, daß die meisten bei ihm gewesen seien, er aber die Verbindung zu General von Armin verloren habe. Er wandte sich an Heitz: ‚Herr Generaloberst, ich habe am meisten befürchtet, daß Sie Selbstmord begehen werden.‘ Heitz schwieg. Auf die Frage, was mit dem Feldmarschall sei, antwortete Heitz, daß er es nicht wisse, Paulus aber lebe. Strecker fuhr fort: ‚Sender Berlin meldete, als ich ihn das letzte Mal hörte, daß Paulus im Gebäude eines OGPU-Gefängnisses letzten Widerstand leiste.‘

‚Und hat Moskau gemeldet, daß wir in Gefangenschaft sind?‘

‚Nein, bisher war von uns nicht die Rede, aber über Seydlitz wurde bereits berichtet.‘

General Lattmann sagte zu Rodenburg: ‚Ja, nach uns sind nur noch Einheiten der 11. und 305. Infanteriedivision übriggeblieben. Wo Armin ist, weiß ich auch nicht.‘

Auf die Frage, wie hier die Bedingungen seien, antwortete Rodenburg: ‚Hier ist es warm, die Verpflegung ist sehr gut, doch die Russen durchsuchen uns und nehmen uns alle scharfen Gegenstände, sogar die Taschenmesser, weg.‘ “

Dem Schreiben Nikita Chrustschows an Stalin waren ebenfalls die Niederschriften eines Abwehroffiziers der Donfront in Tagebuchform beigefügt:

„31. Januar 1943
Ich erhielt den Befehl, mich in der Unterkunft gefangener deutscher Generale einzuquartieren. Ich sollte mir nicht anmerken lassen, daß ich deutsch verstehe.

Um 21.20 Uhr traf ich als Vertreter des Frontstabs am Bestimmungsort, in einem Holzhaus im Dorf Sawarygino, ein.

Außer mir sind noch eine Außenwache, ein Stabsoffizier von der Kommandantur und ein Abwehroffizier anwesend.

‚Wird es Abendessen geben?' war der erste deutsche Satz, den ich hörte, als ich das Haus betrat, in dem der Befehlshaber der 6. deutschen Armee, Generalfeldmarschall Paulus, sein Stabschef, Generalleutnant Schmidt, und sein Adjutant, Oberst Adam, die am 31. Januar 1943 gefangengenommen wurden, untergebracht waren.

Paulus ist etwa 1,90 Meter groß, hager, hat eingefallene Wangen, eine Hakennase und schmale Lippen. Sein linkes Auge zuckt ständig.

Der mit mir eingetroffene Vertreter der Kommandantur, Oberst Jakimowitsch, forderte sie über den Dolmetscher der Aufklärungsabteilung, Besymenski, höflich auf, Taschenmesser, Rasiermesser und andere scharfe Gegenstände abzugeben.

Paulus nahm wortlos und beherrscht zwei Taschenmesser aus der Tasche und legte sie auf den Tisch.

Der Dolmetscher blickte Schmidt abwartend an. Dieser wurde erst blaß, dann rot, holte ein kleines weißes Taschenmesser aus der Tasche, warf es auf den Tisch und schrie dabei hysterisch: ‚Denken Sie vielleicht, daß Sie einfache deutsche Soldaten vor sich haben? Vor Ihnen steht ein Feldmarschall, ihm gebührt eine andere Behandlung. Einfach unmöglich! Uns stehen andere Bedingungen zu, wir sind hier Gäste von Generaloberst Rokossowski und Marschall Woronow.'

Paulus sagte: ‚Beruhigen Sie sich, Schmidt. So sind nun einmal die Vorschriften.' Schmidt ließ sich nicht beruhigen: ‚Was heißt hier Vorschrift, wenn man es mit einem Feldmarschall zu tun hat!'

Er nahm sein Messer vom Tisch und steckte es erneut in die Tasche.

Einige Minuten später, nachdem Jakimowitsch bei Malinin angerufen hatte, wurde der Streit beigelegt. Sie erhielten die Messer zurück.

Das Abendessen wurde hereingebracht. Alle setzten sich an den Tisch. Fünfzehn Minuten lang herrschte Stille, die nur von knappen Sätzen wie ‚Reichen Sie mir mal die Gabel', ‚Noch ein Glas Tee' unterbrochen wurde. Nach dem Essen zündete man sich eine Zigarre

Generalfeldmarschall Paulus mit seinen Adjutanten Schmidt und Adam (v. l.) treffen als Gefangene bei der 64. sowjetischen Armee ein, 31. Januar 1943.

an. ‚Das Abendessen war gar nicht so schlecht', stellte Paulus fest.

‚Die russische Küche ist grundsätzlich gut', antwortete Schmidt.

Einige Zeit später wurde Paulus zur Führung bestellt. ‚Sie gehen allein?' fragte Schmidt. ‚Und ich?'

‚Ich soll allein kommen', antwortete Paulus ruhig.

‚Ich werde nicht schlafen, bevor Sie zurück sind', erklärte Adam, zündete sich eine weitere Zigarre an und legte sich in Stiefeln auf das Bett. Schmidt folgte seinem Beispiel.

Nach etwa einer halben Stunde kam Paulus zurück.

‚Nun, wie ist der Marschall?' fragte Schmidt. ‚Er ist wie jeder Marschall.' – ‚Worüber wurde gesprochen?' – ‚Ich wurde aufgefordert, den restlichen Truppen den Befehl zur Kapitulation zu geben, was ich abgelehnt habe.' – ‚Und was weiter?' – ‚Ich habe mich für unsere verwundeten Soldaten eingesetzt. Man antwortete mir: Ihre Ärzte sind geflohen, und nun müssen wir uns um Ihre Verwundeten kümmern.'

Einige Zeit später sagte Paulus: ‚Erinnern Sie sich an den NKWD-Mann mit den drei Orden, der uns hierher begleitet hat? Was hat er doch für furchteinflößende Augen!'

Adam antwortete: ‚Furchteinflößend wie alle vom NKWD.'

Damit endete das Gespräch. Man bereitete sich auf die Nachtruhe vor.

Die Ordonnanz von Paulus war noch nicht da. Er deckte selbst das bezogene Bett auf, legte seine zwei Decken auf, zog sich aus und legte sich nieder.

Schmidt durchwühlte das ganze Bett, leuchtete mit einer Taschenlampe das Bettzeug ab (es war frisch gewaschen und völlig sauber), verzog angewidert das Gesicht, zog die Bettdecke wieder darüber und sagte: ‚Nun beginnt das Vergnügen.' Er überzog das Bett mit seiner einen Decke, legte sich darauf, deckte sich mit der anderen zu und befahl im schroffen Ton: ‚Licht aus!' Doch keiner der im Zimmer anwesenden Russen reagierte darauf. Schmidt setzte sich im Bett auf, gab mir mit Gesten zu verstehen, was er wollte. Die Lampe wurde mit Zeitungspapier abgedunkelt.

1. Februar 1943

Nach dem Frühstück begannen Paulus, Schmidt und Adam, die erlittenen Verluste zu berechnen. Einige Zeit später wurde Feldwebel Hain, die Ordonnanz von Generalfeldmarschall Paulus, ins Haus gebracht. Nachdem er die Fragen von Paulus und den anderen nach seiner Unterbringung beantwortet hatte, nahmen sie die unterbrochene Tätigkeit wieder auf.

‚Er hat sich offenbar erschossen', sagte Schmidt (es ging um irgendeinen General).

Adam runzelte die Brauen und starrte zur Decke: ‚Wer weiß, was besser ist. Vielleicht ist die Gefangenschaft ein Fehler?'

Paulus: ‚Wir werden es ja sehen.'

Schmidt: ‚Die ganze Geschichte dieser vier Monate läßt sich mit einem Satz zusammenfassen – das Schicksal war uns nicht hold.'

Adam: ‚Zu Hause werden sie uns für tot halten.'

Paulus: ‚Im Krieg ist das nun einmal so.'

Sie begannen erneut, Zahlenaufstellungen zu betrachten und die Gesamtzahl derer zu ermitteln, die sich in der Umzingelung befanden. Paulus sagte: ‚Möglich, aber wir wissen es selbst nicht genau. Schmidt versucht zwar, es mir zu erklären. Er zeichnet die Frontlinie, den Durchbruch, die Umzingelung, spricht von dem großen Troß und den vielen anderen Einheiten. Uns fehlt einfach der Überblick.'

Eine halbe Stunde herrscht Schweigen, sie rauchen.

Schmidt: ‚In Deutschland steckt die militärische Führung möglicherweise in einer Krise.'

Niemand antwortet.

Schmidt: ‚Bis Mitte März wird die Offensive wohl dauern.'

Paulus: ‚Wahrscheinlich noch länger.'

Schmidt: ‚Sie werden an den früheren Grenzen Halt machen.'

Paulus: ‚Ja, das alles wird als ein hervorragendes Beispiel der operativen Kunst des Gegners in die Militärgeschichte eingehen.'

Beim Mittagessen achteten sie darauf, daß die gereichten Gerichte nicht wieder abgeräumt wurden. Besonders Adam war darauf bedacht, er aß am meisten. Paulus ließ die Hälfte übrig und gab sie seiner Ordonnanz.

Nach dem Essen versuchte die Ordonnanz dem Vertreter der Abwehr zu erklären, daß er sein Taschenmesser, welches der Stabsarzt noch hat, wiederhaben möchte. Paulus wandte sich an mich und verdeutlichte die deutschen Worte mit Gesten: ‚Das Messer ist ein Geschenk von Feldmarschall Reichenau, bei dem Hain als Ordonnanz diente, bevor er zu mir kam. Er war bei dem Feldmarschall bis zu dessen Tod.'

Das Gespräch geriet erneut ins Stocken. Die Gefangenen legten sich hin und schliefen.

Beim Abendessen wurde unter anderem Teegebäck gereicht.

Schmidt: ‚Das Gebäck ist gut, wahrscheinlich aus Frankreich.'

Adam: ‚Ja, es ist gut, wahrscheinlich aus Holland.'

Erstes Gespräch mit dem gefangenen Feldmarschall Paulus beim Stab der 64. sowjetischen Armee, 1. Februar 1943.

Sie setzten die Brillen auf und betrachteten aufmerksam das Gebäck .

Adam: ‚Sehen Sie mal, es ist russisches.'

Paulus: ‚Hören Sie doch auf, so darauf zu starren. Das macht keinen guten Eindruck.'

Schmidt: ‚Haben Sie bemerkt, daß jedesmal andere Mädchen servieren?'

Adam: ‚Und hübsche Mädchen.'

Den weiteren Abend verbrachten sie schweigend und rauchend. Die Ordonnanz machte die Betten, und sie legten sich schlafen. Schmidt hat in der Nacht nicht geschrien.

Morgen des 2. Februar

Adam holte sein Rasiermesser heraus: ‚Wir werden uns jeden Tag rasieren, wir müssen anständig aussehen.'

Paulus: ‚Völlig richtig. Ich werde mich nach Ihnen rasieren.'

Nach dem Frühstück rauchten sie. Paulus sah aus dem Fenster: ‚Schauen Sie mal, die russischen Soldaten blicken neugierig herüber, um einmal einen deutschen Feldmarschall zu sehen, aber der unterscheidet sich von anderen Gefangenen lediglich durch die Rangabzeichen.'

Schmidt: ‚Ist Ihnen aufgefallen, wie hier die Bewachung organisiert ist? Eine Menge Leute, aber man fühlt sich nicht wie im Gefängnis. Bei den gefangenen russischen Generalen im Stab von Feldmarschall Busch war allerdings, soviel ich weiß, niemand im Zimmer. Die Posten standen auf der Straße, nur ein Oberst durfte zu ihnen.'

Paulus: ,So ist es besser. Gut, daß man sich nicht wie im Gefängnis fühlt. Das ändert aber nichts an der Tatsache.'

Die Stimmung der drei ist ziemlich gedrückt. Sie sprechen wenig, rauchen viel und denken nach. Adam nahm das Foto seiner Frau und seiner Kinder heraus und sah es sich mit Paulus an.

Schmidt und Adam verhalten sich Paulus gegenüber achtungsvoll, besonders Adam. Schmidt ist verschlossen und egoistisch. Er vermeidet es, eigene Zigarren zu rauchen, und nimmt lieber angebotene.

Tagsüber ging ich in das andere Holzhaus, in dem sich die Generale Daniels, Drebber, Wulz und andere befinden. Die Atmosphäre und die Stimmung sind hier ganz anders. Es wird viel gelacht, Daniels erzählt Witze. Hier konnte ich nicht verbergen, daß ich die deutsche Sprache beherrsche, weil dort ein Oberstleutnant war, mit dem ich schon einmal gesprochen hatte.

Man fragte mich nach der Lage und wer noch in Gefangenschaft sei.

In einer Ecke saß der rumänische General Dimitriu mit finsterem Gesichtsausdruck. Schließlich hob er den Kopf und fragte in gebrochenem Deutsch, ob Popescu in Gefangenschaft sei. Offensichtlich war das die Frage, die ihn am meisten bewegte.

Ich blieb dort noch einige Minuten und ging dann zurück in das Haus von Paulus. Alle drei lagen im Bett. Adam lernte Russisch und wiederholte laut auf ein Blatt geschriebene russische Worte.

3. Februar 1943

Heute um 11.00 bin ich erneut bei Paulus, Schmidt und Adam. Als ich hereinkam, schliefen sie noch. Paulus wachte auf und nickte mit dem Kopf. Auch Schmidt wurde munter.

Schmidt: ,Guten Morgen. Was haben Sie geträumt?'

Paulus: ,Was kann ein gefangener Feldmarschall schon träumen?'

Adam: ,Haben Sie schon mit dem Rasieren begonnen? Lassen Sie mir etwas heißes Wasser übrig.'

Die übliche Morgentoilette beginnt – Waschen, Rasieren usw. Dann Frühstück und die obligatorischen Zigarren.

Paulus steht noch immer unter dem Eindruck des gestrigen Verhörs.

Paulus: ,Seltsame Leute. Sie befragen einen gefangenen Militär zu operativen Plänen.'

Schmidt: ‚Nutzlos, niemand von uns wird sprechen. Wir schreiben schließlich nicht 1918, als alle schrien, daß zwischen Deutschland, der Regierung und der Armee unterschieden werden müsse. Diesen Fehler werden wir jetzt nicht wiederholen.'

Paulus: ‚Ich stimme Ihnen voll und ganz zu, Schmidt.'

Erneut langes Schweigen. Schmidt legt sich auf das Bett und schläft ein. Paulus folgt seinem Beispiel. Adam nimmt sein Notizheft heraus, in dem er russische Worte aufgeschrieben hat, liest und flüstert etwas. Dann legt er sich ebenfalls hin.

Plötzlich fährt der Wagen von Jakimowitsch vor. Den Generalen wird vorgeschlagen, eine russische Sauna zu besuchen. Paulus und Adam willigen mit Vergnügen ein. Schmidt war nach einigem Zögern (er befürchtete, sich zu erkälten) ebenfalls einverstanden, nachdem Paulus erklärt hatte, daß die russische Sauna etwas Gutes und es darin immer warm sei.

Alle vier fuhren zur Sauna. Die Generale und Adam in einem Pkw. Hain folgte ihnen auf einem Lastkraftwagen. Ein Begleitkommando der Stabswache fuhr mit ihnen.

Etwa anderthalb Stunden später kamen sie zurück. Sie sind begeistert und tauschen lebhaft ihre Meinungen über die Qualität und die Vorzüge der russischen Sauna gegenüber anderen aus. Sie warten auf das Mittagessen und wollen sich danach gleich wieder hinlegen.

Dann fahren mehrere Personenkraftwagen vor. Der Leiter der Aufklärungsabteilung, Generalmajor Winogradow, und eine Dolmetscherin treten ein. Er läßt Paulus mitteilen, daß dieser sogleich alle seine Generale, die sich bei uns in Gefangenschaft befinden, sehen würde.

Während die Dolmetscherin das übersetzt, erfahre ich von Winogradow, daß geplant ist, Filmaufnahmen der gesamten gefangenen Generalität für die Wochenschau zu machen.

Trotz gewisser Vorbehalte, nach der Sauna in den Frost hinaus zu müssen, ziehen sich alle schnell an. An einem Treffen mit den anderen Generalen sind sie interessiert. Von den Aufnahmen wissen sie nichts, doch vor dem Haus warten bereits die Kameraleute. Schmidt und Paulus treten heraus. Die ersten Bilder werden aufgenommen.

Paulus: ‚Das kann doch wohl nicht wahr sein.'

Schmidt: ‚Das ist eine Frechheit.' (Er wendet sich von der Kamera ab.)

Sie setzen sich in die Wagen und fahren zu einem Nachbarhaus, in dem sich die anderen Generale befinden. Gleichzeitig kommen von der anderen Seite Generaloberst Heitz und weitere Generale.

Sie treffen sich. Die Kameraleute drehen fieberhaft. Paulus drückt allen seinen Generalen die Hand und wechselt mit ihnen einige Sätze: ‚Guten Tag, meine Freunde. Kopf hoch und Würde bewahren.'

Die Aufnahmen werden fortgesetzt. Die Generale stehen in Gruppen zusammen und unterhalten sich angeregt. Das Gespräch dreht sich hauptsächlich um das Thema, wer hier ist und wer nicht.

Die Hauptgruppe bilden Paulus, Heitz und Schmidt. Die Kameraleute konzentrieren sich auf sie. Paulus blickt gelassen in das Objektiv. Schmidt ist nervös und will sich abwenden. Als ein besonders eifriger Kameramann ganz dicht an ihn herantritt, lächelt Schmidt mit verbissener Wut und verdeckt das Objektiv mit der Hand.

Die meisten übrigen Generale reagieren fast gar nicht auf die Aufnahmen. Einige jedoch drängen sich förmlich vor die Kamera und sind bemüht, neben Paulus aufgenommen zu werden.

Ein Oberst geht von einer Gruppe zur anderen und wiederholt immer wieder: ‚Ruhe bewahren! Nicht aufregen! Die Hauptsache ist, wir leben . . .' Aber niemand beachtet ihn.

Nach Abschluß der Aufnahmen trennt man sich wieder. Paulus, Schmidt und Adam kehren in das Haus zurück.

Schmidt: ‚Einfach wunderbar organisiert, nach der Sauna werden wir uns sicherlich eine Erkältung holen. Man hat es darauf angelegt, daß wir krank werden.'

Paulus: ‚Noch schlimmer sind die Aufnahmen! Eine Schande! Marschall Woronow weiß wahrscheinlich nichts davon! So wird unsere Würde verletzt! Doch wir können nichts machen, wir sind in Gefangenschaft.'

Schmidt: ‚Ich kann schon die deutschen Journalisten nicht ausstehen, aber die russischen sind noch schlimmer! Einfach widerlich!'

Sie unterbrechen das Gespräch, weil das Mittagessen serviert wird. Sie essen und loben die Küche. Die Stimmung bessert sich. Nach dem Essen schlafen sie fast bis zum Abendessen, das sie wiederum loben. Sie rauchen und blicken den Rauchringen nach.

Im Nachbarzimmer geht Geschirr zu Bruch. Hain hat die Zuckerdose herunterfallen lassen.

Paulus: ‚Das ist Hain, ein Tolpatsch!'

Schmidt: ‚Alles fällt ihm aus der Hand. Erstaunlich, daß er das Lenkrad halten konnte. Hain! Ist Ihnen jemals das Lenkrad aus der Hand gefallen?'

Hain: ‚Nein, Herr Generalleutnant. Damals war ich in anderer Stimmung.'

Schmidt: ‚Stimmung hin, Stimmung her. Es geht um Geschirr,

noch dazu um fremdes.'

Paulus: ‚Er war der Liebling von General Reichenau. Der ist in seinen Armen gestorben.'

Schmidt: ‚Wie ist er eigentlich ums Leben gekommen?'

Paulus: ‚Durch einen Herzanfall beim Frühstück nach der Jagd. Hain, erzählen Sie Genaueres.'

Hain: ‚An diesem Tag sind der Feldmarschall und ich zur Jagd gefahren. Er war bei bester Laune und fühlte sich wohl. Er setzte sich an den Frühstückstisch, ich goß ihm Kaffee ein. In diesem Moment erlitt er einen Herzanfall. Der Stabsarzt erklärte, daß er unverzüglich nach Leipzig zu einem gewissen Professor gebracht werden müsse. Schnell wurde ein Flugzeug beschafft. Das Flugzeug mit dem Feldmarschall, dem Arzt, dem Piloten und mir startete mit Kurs auf Lwow. Dem Feldmarschall ging es immer schlechter. Nach einer Stunde Flugzeit starb er im Flugzeug. Dann verfolgte uns das Pech. Über dem Flugplatz von Lwow setzte der Pilot zur Landung an, brach sie aber ab und ging dann wieder höher. Wir flogen dann noch zwei Schleifen über dem Flugplatz. Der Pilot begann zum zweiten Mal den Landeanflug und setzte dann aber entgegen allen Regeln in Windrichtung auf. Deshalb krachten wir in ein Gebäude des Flugplatzes. Ich war der einzige, der das Unglück überlebte.'

Danach herrscht erneut Schweigen. Sie rauchen und hängen ihren Gedanken nach.

Paulus: ‚Welche Nachrichten gibt es denn?'

Adam: ‚Wahrscheinlich rücken die Russen weiter vor. Jetzt hindert sie nichts mehr daran.'

Schmidt: ‚Und wie geht es weiter? Immer wieder diese belastende Frage. Meiner Meinung nach wird der Krieg genauso unverhofft enden, wie er begonnen hat. Es wird kein militärisches, sondern ein politisches Ende geben. Wir werden Rußland nicht besiegen können, die Russen aber uns.'

Paulus: ‚Politik ist nicht unsere Sache. Wir sind Soldaten. Der Marschall hat gestern gefragt, warum wir in hoffnungsloser Lage, ohne Munition und Lebensmittel, Widerstand geleistet hätten. Ich habe ihm geantwortet, daß wir den Befehl dazu hatten. Befehl ist Befehl. Wir sind Soldaten. Disziplin, Befehl und Gehorsam sind die Grundlagen einer Armee. Er stimmte mir zu. Überhaupt ist es doch lächerlich. Als ob ich eigenmächtig etwas hätte ändern können. Übrigens hat der Marschall einen sehr guten Eindruck auf mich gemacht. Er ist kulturvoll, gebildet und ausgezeichnet über die Lage informiert. Schloemer hat er über das 29. Regiment befragt, von dem niemand in Gefangenschaft geraten ist. Er registriert selbst solche Kleinigkeiten.'

Schmidt: ‚Ja, manchem ist Fortuna hold.'

Paulus: ‚Es ist gut so, daß man sein Schicksal nicht voraussehen kann. Wie konnte ich ahnen, daß ich Feldmarschall werde und dann in Gefangenschaft gerate! Ich hätte das früher für eine Theaterposse gehalten.'

Sie bereiteten sich auf die Nachtruhe vor.

4. Februar 1943

Frühmorgens. Paulus und Schmidt liegen noch im Bett. Adam kommt herein. Er ist bereits rasiert und fertig angezogen. Er streckt die linke Hand zum Gruß vor und sagt ‚Heil'.

Paulus: ‚Dieser römische Gruß bedeutet, daß Sie, Adam, mir wohlgesonnen sind und keine Waffe bei sich haben.'

Adam und Schmidt lachen.

Schmidt: ‚Auf Lateinisch heißt es: Morituri tea salutam – die in den Tod ziehen, grüßen dich.'

Paulus: ‚Genau wie wir.' Er zündet sich eine Zigarette an.

Schmidt: ‚Es ist schädlich, vor dem Essen zu rauchen.'

Paulus: ‚Macht nichts, Gefangenschaft ist noch schädlicher.'

Schmidt: ‚Wir müssen uns mit Geduld wappnen.'

Sie stehen auf. Es folgen Morgentoilette und Frühstück. Major Oserjanski von der Aufklärungsabteilung holt Schmidt zum Verhör.

Schmidt: ‚Endlich interessieren sie sich auch für mich.' (Er war gekränkt, daß er nicht schon eher geholt wurde.)

Schmidt fährt weg. Paulus und Adam legen sich hin. Sie rauchen und schlafen dann. Anschließend warten sie auf das Mittagessen. Einige Stunden später kommt Schmidt zurück.

Schmidt: ‚Immer dasselbe. Warum haben Sie Widerstand geleistet, der Kapitulation nicht zugestimmt usw. Das Gespräch war sehr schwierig, denn die Dolmetscherin hat mich nicht verstanden. Sie hat die Fragen unverständlich übersetzt. Dann kam die Frage, wie ich die operative Kunst der Russen einschätze. Ich habe natürlich eine Antwort verweigert und erklärt, daß die Beantwortung dieser Frage meiner Heimat schaden könne. Zu diesem Thema würde ich mich erst nach dem Krieg äußern.'

Paulus: ‚Richtig, das habe ich auch geantwortet.'

Schmidt: ‚Überhaupt reicht es nun langsam. Warum können sie nicht verstehen, daß kein deutscher Offizier gegen seine Heimat handelt.'

Paulus: ‚ Es ist einfach taktisch falsch, uns Soldaten derartige Fragen zu stellen. Im Augenblick wird keiner darauf antworten.'

Schmidt: ‚Und dann immer diese Propagandatricks – wir würden nicht gegen die Heimat handeln, sondern zu deren Wohl, gegen die Regierung usw. Ich habe schon einmal erklärt, daß nur die Kamele von 1918 Regierung und Volk geteilt haben.'

Paulus: ‚Propaganda bleibt Propaganda. Objektivität ist ein frommer Wunsch.'

Schmidt: ‚Ob sich die Geschichte überhaupt objektiv interpretieren läßt? Ich denke nicht. Allein die Frage, wer den Krieg begonnen hat. Wer ist schuld? Warum? Wer kann das beantworten?'

Adam: ‚Nur die Archive nach vielen Jahren.'

Paulus: ‚Soldaten sind und bleiben Soldaten. Sie kämpfen und erfüllen ihre Pflicht getreu ihrem Eid, ohne nach Gründen zu fragen. Anfang und Ende des Krieges sind Sache der Politiker, die aus der Lage an der Front ihre Schlüsse ziehen.'

Das Gespräch wechselt dann zur griechischen und römischen Geschichte über. Sie sprechen über Malerei und Archäologie. Adam erzählt, wie er an einer Ausgrabungsexpedition teilgenommen hat. Zur Malerei behauptet Schmidt kategorisch, daß die deutsche die beste in der Welt und Rembrandt der beste deutsche Maler sei! (Angeblich, weil Holland und Flandern ‚urdeutsche Gebiete' sind.)

So ging es bis zum Abendessen, nach dem sie zu Bett gingen.

Am Morgen des 5. Februar erhielt ich den Befehl, zur Abteilung zurückzukehren, weil sie verlegt wird. Mein Aufenthalt bei den Generalen war beendet."

Soweit diese Aufzeichnungen. Die gefangenen deutschen Generale lebten bis Ende Februar 1943 im Dorf Sawarygino. Doch alles hat einmal ein Ende. Am 20. Februar wurden sie über ihre Verlegung in ein Kriegsgefangenenlager informiert.

Die Personenwagen des Zuges waren den Generalen vorbehalten. Paulus erhielt ein Abteil für sich allein. In diesem Wagen fuhr auch eine etwa vierzigjährige, sympathisch wirkende Frau in der Uniform eines Offiziers der Staatssicherheit mit. Einige Tage später erhielt ihr Chef den folgenden Bericht:

„Hiermit melde ich, daß ich am Morgen des 24. Februar 1943 von meinem Einsatz nach Stalingrad zurückgekehrt bin, von wo die deutschen Generale geholt wurden. Die Fahrt ist ohne jeden Zwischenfall verlaufen. Vor der Ankunft in Moskau haben die deutschen Offiziere, die als Wagenälteste fungierten, dem Transportleiter, Oberstleutnant der Staatssicherheit Gen. Pazkewitsch, für die gute Behandlung und Verpflegung gedankt.

Zu meinen Aufgaben gehörte es, Kontakt zwischen den Kriegsgefangenen, dem Transportleiter, der Wache und dem Bedienungspersonal zu halten. Mißverständnisse aufgrund von Verständigungsschwierigkeiten gab es nicht. Um Kontakt zu den rumänischen Offizieren herzustellen, mußte ich auf die französische Sprache zurückgreifen.

Vor der Abreise hatte ich keine Vorstellung, was bei diesem Auftrag auf mich zukommen wird, so daß ich nicht Ihre Weisungen hinsichtlich möglicher Kontakte zu den Kriegsgefangenen einholen konnte. Unterwegs mußte ich mehrmals selbst Entscheidungen treffen. Sie haben mich mitunter in private Gespräche einbezogen, denen ich nicht ausweichen konnte, um nicht unhöflich und taktlos zu erscheinen.

Ich halte es für meine Pflicht, Sie über den Inhalt dieser Gespräche zu informieren:

1. Gespräch mit Generalfeldmarschall Paulus (er war im übernächsten Abteil untergebracht).

Bei einem Zwischenaufenthalt auf einem Bahnhof versuchten die Kriegsgefangenen, russische Losungen zu lesen, und baten mich, ihnen dabei zu helfen. Wie es sich herausstellte, hatten sie begonnen, von einem sprachkundigen gefangenen Offizier Russisch zu lernen. Plötzlich kam einer der Generale mit einer russischen Zeitung und bat mich, ihm beim Lesen der *Prawda* behilflich zu sein. Mehrere Personen kamen in das Abteil des Generalfeldmarschalls, in dem sich nun Generalfeldmarschall Paulus, Generalleutnant Schmidt, Oberst Adam, Generalleutnant Schloemer und ein weiterer General, dessen Namen ich nicht kenne, befanden. Sie baten mich, ihnen den Artikel ‚Trauer in Deutschland' zu übersetzen. Ich sagte, daß ich es nicht für angebracht hielte, diesen Artikel vorzulesen, da er möglicherweise Angriffe gegen ihr Land und ihre Regierung enthalte. Darauf sagten sie, daß dies alles ‚Geschwätz von Journalisten' sei, das sie aus Deutschland zur Genüge kennen, und sie diese Ausfälle nicht beachten würden. Nachdem ich den Artikel zu Ende gelesen hatte, sagte Generalleutnant Schmidt, daß er Journalisten nicht ausstehen könne, da man gewöhnlich in ihrer Berichterstattung die eigenen Worte nicht wiedererkenne. Dann baten sie, einen zweiten Artikel über die totale Mobilmachung in Deutschland vorzulesen, wobei vier von ihnen erklärten, davon noch nichts gehört zu haben. Generalleutnant

Schloemer sagte aber, daß er das selbst im Radio gehört hat, und alle glaubten ihm sofort. Danach verließ ich das Abteil, wurde aber fünf Minuten später von Generalfeldmarschall Paulus zurückgerufen. Diesmal waren nur er und Generalleutnant Schmidt anwesend. Der Generalfeldmarschall holte mit geheimnisvoller Miene eine Zeitung aus der Tasche. Er sagte, daß Marschall Woronow sie ihm gegeben habe, damit er den Artikel ‚Die große Stalingrader Schlacht' liest, wenn er Russisch gelernt hat. Aber ihn interessierte mehr der Artikel ‚Die Gefangennahme von Paulus', den ich ihm übersetzen sollte. Ich erfüllte ihm die Bitte, schwächte aber den Ton des Artikels etwas ab, indem ich beleidigende Beiworte wegließ und seinen Dienstgrad vor seinen Familiennamen setzte (in dem Artikel wird er nur einfach Paulus genannt). Als ich ihm vorlas, daß der rumänische General Bratescu erklärt habe, deutsche Generale hätten seine Pferde aufgefressen, fing Generalfeldmarschall Paulus an zu lachen und sagte heiter: ‚Das stimmt, ja das stimmt! Ich habe selbst Pferdefleisch gegessen . . . sie aber auch!' Dann fragte der Generalfeldmarschall, ob es wahr sei, daß er in Deutschland offiziell für tot erklärt würde. Ich sagte ihm, daß ich das nicht als offizielle Meldung gelesen hätte, mich aber erinnerte, daß in einem Artikel die Rede davon war, daß man in Deutschland annimmt, er sei gestorben, weil er kurz vor seiner Gefangennahme verwundet worden sei. Er sagte, daß ihn das wegen seiner Familie beunruhige, die über die Todesnachricht erschüttert sein werde. Er erzählte mir, daß er eine Frau, eine achtundzwanzigjährige Tochter (Mutter von Zwillingen) und zwei Söhne, ebenfalls Zwillinge, habe. Der eine sei in Frankreich und der andere im Lazarett in Deutschland. Er wurde an der Ostfront an beiden Armen, beiden Beinen und der Lunge schwer verwundet, doch ist nun auf dem Weg der Genesung. Während der ganzen Stalingrader Schlacht hat der Generalfeldmarschall regelmäßig Post von seiner Familie erhalten und sogar mit seinen Angehörigen zu Hause telefoniert. Beiläufig erzählte er, daß Generalleutnant Schmidt Junggeselle sei (er hat nur seine Mutter in Deutschland). Dieser sagte im Scherz, daß er eine Russin heiraten werde, worauf ihm Paulus antwortete, daß Russinnen ihn nicht nehmen würden, weil sie ‚Patriotinnen' seien. Auf die Frage nach meiner Familie sagte ich, daß mein Sohn und mein Bruder an der Front sind – der Sohn bei Leningrad. Schmidt stellte daraufhin fest, daß es dort offenbar ruhig sei. Ich widersprach und erwähnte das Durchbrechen der Blockade, wovon sie offensichtlich schon gehört hatten. Mein Bruder sei meiner Meinung nach gefallen, da es von ihm seit Kriegsbeginn keine Nachricht gibt. Paulus äußerte die

Vermutung, daß er in Gefangenschaft sei. Trotz meiner festen Überzeugung, daß mein Bruder gefallen ist, widersprach ich nicht, weil ich erfahren wollte, was er über die deutsche Gefangenschaft sagt und ob er sie mit der bei uns vergleicht. Er sagte, daß es den sowjetischen Gefangenen schlecht gehe, solange sie in Frontnähe seien, weil es nichts zu essen gebe. Sobald sie aber ins Hinterland gebracht würden, besserte sich ihre Lage. Sie würden für Arbeiten in der Landwirtschaft eingesetzt. Dann erinnerte Paulus an die Tage im Kessel. Ihm traten Tränen in die Augen und er begann darüber zu sprechen, wieviel er in dieser Zeit hätte durchmachen und ertragen müssen. Jetzt leide er am meisten unter dem Nichtstun, das ihn besonders nach der ihm gewohnten rastlosen Tätigkeit quäle.

Zu diesem Zeitpunkt wurde ich von dem stellvertretenden Transportleiter abberufen, der fand, daß sich mein Gespräch mit dem Feldmarschall allzu sehr in die Länge zog.

Am nächsten Tag standen wir am Fenster und sprachen über die russische Landschaft und die Natur in Deutschland. Der Generalfeldmarschall berichtete von den Eindrücken, die sein Freund, der durch Sibirien nach Japan gefahren war, von Rußland gewonnen hatte. An dem Gespräch beteiligte sich auch Generalleutnant Schmidt, der unter anderem zum Ausdruck brachte, daß jeder seine Heimat liebt und jedes Land seine Reize hat, besonders zu Friedenszeiten.

Vor Ende der Fahrt gab der Transportleiter dem Generalfeldmarschall ein Buch von mir in deutscher Sprache zu lesen, das dieser mir am nächsten Tag zurückgab. Dabei unterhielten wir uns über Goethe und die alte deutsche Orthographie.

Während der ganzen Fahrt war Generalfeldmarschall Paulus sehr liebenswürdig zu mir und unterhielt sich, wie mir schien, gern mit mir. Beim Abschied dankte er mir für die Hilfe und bat, dem Bedienungspersonal des Wagens seinen Dank zu übermitteln.

2. Gespräch mit Generalleutnant Schmidt

Ich schaute aus dem Fenster, als Generalleutnant Schmidt zu mir trat. Er sprach über die russische Natur und den russischen Winter und wollte wissen, ob es bald Frühling werde. Ich antwortete, daß das sehr unbestimmt sei, der Winter sich in den letzten Jahren aber stets hingezogen habe und es spät Frühling geworden sei.

Er selbst führte als Beispiel dafür den Frühling des vergangenen Jahres an. Er wollte wissen, wie in Rußland geheizt wird. Ich sagte ihm, daß die kleinen Häuser Öfen haben, während die großen Häuser zentral geheizt werden. Daraufhin sagte Generalleutnant Schmidt:

‚Aber für Zentralheizung wird doch Kohle gebraucht.' Darauf belehrte ich ihn darüber, daß wir genug Kohle haben. Er erzählte mir, daß er aus Hamburg stamme, beschrieb mir diese Stadt und erwähnte das viele Grün. Als ich ihm sagte, daß ich es gern habe, wenn eine Stadt viel Grün hat, erwiderte er: ‚In diesem Fall, Madame, sollten Sie nach Holland fahren. Es ist ein einziger Garten.'

3. Zweimal kam es zu einem Gespräch in größerer Runde.

Einmal ging es um deutsche und russische Orden und Dienstgradabzeichen, das andere Mal um Fremdsprachen, wobei zur Sprache kam, daß Generalfeldmarschall Paulus am Gymnasium Griechisch und Latein gelernt hat. Bei der Übersetzung eines Artikels ins Deutsche suchte ich nach einigen Worten, nannte sie auf Französisch und Englisch. Die Generale registrierten das, und ich nutzte die Gelegenheit zu der Erklärung, daß die deutsche Sprache nicht mein Hauptgebiet sei, um mich so für mögliche Ungenauigkeiten bei der Übersetzung zu entschuldigen.

Ich war bemüht, mich im Hintergrund zu halten und den Kriegsgefangenen nicht aufzudrängen. Von selbst habe ich nur einmal Generalleutnant Schloemer angesprochen und gefragt, wie er geschlafen habe und wie es ihm gehe. Weil er sehr blaß aussah, dachte ich, daß er ärztliche Hilfe brauche. Er antwortete darauf mürrisch, daß er schlecht geschlafen und nichts Gutes geträumt habe.

Bei allen Gesprächen bin ich bewußt politischen und ideologischen Fragen ausgewichen, weil ich der Meinung war, daß ich nicht befugt bin, derartige Fragen mit den Kriegsgefangenen zu besprechen. Außerdem befürchtete ich, daß solche Gespräche zu Unstimmigkeiten führen und die ungezwungene freundliche Atmosphäre im Zug beeinträchtigen könnten.

Moskau, den 27. Februar 1943"

Noch wurden die gefangenen Generale zuvorkommend und rangmäßig behandelt . . .

Russischer Winter

Am 4. Februar 1943 schickte der Volkskommissar des Innern der UdSSR, Lawrenti Berija, an Josef Stalin eine Information über die deutschen Kriegsgefangenen:

„Die Verwaltung für Kriegsgefangene des NKWD der UdSSR hat seit Kriegsbeginn mit Stand vom 3. Februar 196.515 Kriegsgefangene in den Lagern und Frontsammelstellen des NKWD registriert.

In den Kriegsgefangenenlagern	86.894 Personen
In den Frontsammelstellen	78.951
In den Lazaretten des Volkskommissariats für Gesundheitswesen	11.995
Unterwegs zu Lagern und Sammelstellen	8.477
Todesfälle infolge von Erschöpfung und Krankheit in den Lagern und unterwegs	10.198

Außerdem befinden sich nach unvollständigen Angaben der Front- und Armeestäbe 16.000 Personen auf dem Weg zu den Frontsammelstellen des NKWD.

Von den Kriegsgefangenen in den Lagern werden 16.059 Personen für Arbeiten eingesetzt.

Unter den Kriegsgefangenen in den Lagern befinden sich:

Offiziere	2.448 Personen
untere Kommandeurskader	18.243
Mannschaften	66.203

Offiziere: 4 Generale, 23 Oberste, 31 Oberleutnante, 68 Majore, 330 Hauptleute, 141 Oberleutnante, 625 Leutnante, 1.078 Unterleutnante, 6 Offiziere der Handelsflotte und 141 weitere Offiziere.

Außerdem befinden sich nach Angaben des Stabs der Donfront 2.500 kriegsgefangene Offiziere, darunter 24 Generale, im Frontbereich."

Lawrenti Berija teilte außerdem mit, daß unter den Kriegsgefangenen 60.985 Deutsche, 38.291 Rumänen, 37.673 Italiener, 31.299 Ungarn und 638 Österreicher seien.

In der Information wurde weiter gemeldet:

„Die Unterbringung in den Lagern ist wie folgt festgelegt: Die Offiziere sind getrennt von den Mannschaften untergebracht. In jeder Unterkunft des Lagers wird ein Ältester aus den Reihen der Kriegsgefangenen benannt, der für Ordnung, Sauberkeit und die Einhaltung der Lagerordnung durch die Kriegsgefangenen verantwortlich ist.

Die Unterkünfte für die Kriegsgefangenen – Kasernen, Baracken und Erdhütten – werden nachts nicht verschlossen. Die Kriegsgefangenen dürfen sich vom Wecken bis zur Nachtruhe frei auf dem mit Stacheldraht umzäunten Lagerterritorium bewegen.

Für die Verpflegung der Kriegsgefangenen gelten die durch Beschluß des Rats der Volkskommissare Nr. 1874-874ss vom 24. November 1942 festgelegten Normen.

Für die zu Arbeiten eingesetzten Kriegsgefangenen gilt ein differenziertes Verpflegungssystem.

Kriegsgefangene, die sich freiwillig ergeben haben, erhalten 100 Gramm Brot mehr.

Die Offiziere erhalten eine Schlafdecke, einen Strohsack, zwei Kissenbezüge und zwei Laken. Die Mannschaft erhält keine Laken und keine Kissenbezüge. Matratzen werden soweit vorhanden ausgegeben.

Die äußere Bewachung der Lager und Sammelstellen des NKWD erfolgt durch Wachpersonal des NKWD. In jedem Lager gibt es operativ-tschekistische Abteilungen für die agenturmäßig-operative Bearbeitung der Kriegsgefangenen.

Für alle Fragen in Angelegenheiten der Kriegsgefangenen ist im NKWD der UdSSR die Verwaltung für Kriegsgefangene unter Leitung von Major der Staatssicherheit Gen. Soprunenko zuständig. Die Tätigkeit der Verwaltung wird vom Stellvertreter des Volkskommissars des Innern der UdSSR, Gen. Serow, kontrolliert.

Angesichts des kranken und erschöpften Zustands der in die Lager gebrachten Kriegsgefangenen und der niedrigen Verpflegungsnormen in den Lagern erachtet das NKWD der UdSSR für zweckmäßig:

1. Um ihren Gesundheitszustand zu verbessern, ist für die geschwächten Kriegsgefangenen in den ersten drei Monaten Lageraufenthalt eine Zusatzverpflegung in Höhe von 30 Prozent der vorgeschriebenen Lebensmittelration (ohne Brot) einzuführen.

2. In dem Maße, wie sich der Gesundheitszustand der neuangekommenen Kriegsgefangenen stabilisiert, sind sie für Arbeiten einzusetzen, in erster Linie zur Kohleförderung in Karaganda und an der Petschora, zum Wiederaufbau des Donezbeckens, zum Bau von Betrieben der Eisen- und Nichteisenmetallurgie im Ural, für den Wiederaufbau von Stalingrad sowie zum Holzeinschlag am Oberlauf der Kama, um die befreiten Rayons im Süden und das Donezbecken mit auf der Wolga transportiertem Nutzholz und Grubenholz zu versorgen.

Ich erwarte Ihre Weisungen.“

Am 26. Februar 1943 schickte Berija einen weiteren Bericht an Stalin:

„Seit Beginn des Vaterländischen Kriegs hat die Verwaltung für Kriegsgefangene des NKWD der UdSSR von den kämpfenden Truppen der Roten Armee 290.029 Kriegsgefangene übernommen.

In dieser Zeit sind auf dem Weg in die Lager, in den Lagern und Lazaretten 33.111 Personen verstorben.

Gegenwärtig befinden sich in den Lagern, Sammelstellen des NKWD und Lazaretten 256.918 Kriegsgefangene.

Davon werden 35.657 in abgelegenen Lagern des NKWD für unterschiedliche Arbeiten eingesetzt. Die übrigen Kriegsgefangenen – 221.261 Personen, die hauptsächlich im Januar und Februar d. J. übernommen wurden – sind in frontnahen Gebieten untergebracht.

Das NKWD der UdSSR hält es für zweckmäßig, die arbeitsfähigen Kriegsgefangenen in den frontnahen Lagern und Sammelstellen für Arbeiten im zentralen Teil der UdSSR, in der Kasachischen und Usbekischen SSR einzusetzen und die schwachen, zeitweilig nicht arbeitsfähigen Personen in den Lagern zu belassen. Die kriegsgefangenen Offiziere sollten ausnahmslos in Offizierslager verlegt werden.

Der Entwurf des Beschlusses des Staatlichen Komitees für Verteidigung sieht vor, 140.000 arbeitsfähige Kriegsgefangene zu verlegen und zu Arbeiten einzusetzen.“

Die hohe Sterblichkeitsrate unter den Kriegsgefangenen bewegte Lawrenti Berija allein aus wirtschaftlichen Erwägungen. Schließlich stellten die Hunderttausenden von Kriegsgefangenen, die nach der Zerschlagung der Stalingrader Gruppierung in die Lager kamen, eine beachtliche Reserve zur Behebung des seit Kriegsbeginn herrschenden Arbeitskräftemangels im Lande dar.

Um die Sterblichkeit zu senken, schlug Berija – der vorausschauend ein neues „Kontingent“ Kriegsgefangener von der Donfront erwartete – Ende November 1942 vor, die für die Häftlinge des GULAG geltende Verpflegungsration auch für die Kriegsgefangenen einzuführen. Diese Verpflegungsnorm wurde dann auch mit dem streng geheimen Beschluß des Rats der Volkskommissare der UdSSR Nr. 1874-874ss vom 24. November 1942 sanktioniert.

Doch das zu erwartende große Kontingent neuer Kriegsgefangener eröffnete noch andere Perspektiven. Offensichtlich erhielt Berija am 4. Februar 1943 diesbezügliche Weisungen Stalins, nachdem er darum gebeten hatte. Jedenfalls ist der Bericht vom 26. Februar nicht nur von ihm, sondern auch von Generalmajor Iwan Petrow, dem neuen Leiter der Verwaltung für Kriegsgefangene und Internierte des NKWD der UdSSR, unterzeichnet worden. Um Kriegsgefangene für Maßnahmen zur Zersetzung der Armee und des Hinterlands des Gegners einzusetzen, brauchte man sachkundige und kompetente Leute. Zum Stellvertreter von Iwan Petrow wurde Nikolai Melnikow mit dem Rang eines Kommissars der Staatssicherheit ernannt. Die Führer des „Bunds Deutscher Offiziere" nannten ihn General Melnikow. Doch davon wird erst später, nach dem 12. September 1943, die Rede sein.

Am 7. Juni 1943 schickten der Leiter des Rückwärtigen Dienstes der Roten Armee, General Andrej Chruljow, und der Leiter der Militärmedizinischen Hauptverwaltung der Roten Armee, Jefim Smirnow, einen Bericht an Josef Stalin:

„Hiermit übermitteln wir das Protokoll über die Beisetzung von Soldaten und Offizieren der faschistischen Truppen im Raum Stalingrad.

Vom 10. Februar bis 30. März 1943 wurden in Stalingrad, in den Vororten der Stadt und in den angrenzenden Rayons des Gebiets Stalingrad 138.572 Leichen von Soldaten und Offizieren der feindlichen Truppen geborgen und in Massengräbern beigesetzt."

Dem Bericht lag ein Protokoll vom Mai 1943 bei, unterzeichnet vom Chef des Wolga-Militärbezirks, Generalleutnant Kalinin, dem Leiter der Medizinischen Abteilung des Bezirks, Oberst des Medizinischen Diensts Chenkin, dem Stellvertreter des Vorsitzenden des Stalingrader Gebietsexekutivkomitees der KPdSU(B), Wjasowzew, dem Sekretär des Stalingrader Gebietskomitees der KPdSU(B), Tschujanow, dem Staatlichen Sanitätsinspektor des Stalingrader Gebiets, Litwinow, dem Stadtkommandanten Stalingrads, Major Demtschenko, den Militärärzten General Redkin und General Ratgaus, Oberst Wassiljew und Oberst Berschadski sowie vom Militärarzt 3. Ranges Mardis:

„Vom 10. Februar bis 30. März 1943 wurden, nach der Zerschlagung der von Truppen der Roten Armee im Raum Stalingrad eingekesselten Gruppierung faschistischer deutscher Truppen, auf dem Territorium der Kampfhandlungen die Leichen von Soldaten und

Offizieren der faschistischen deutschen Armee geborgen und beerdigt.

Die während der Gefechte angelegten riesigen Minenfelder und die starke Schneedecke erschwerten die Bergung der Leichen. Ein Teil der Leichen konnte erst nach dem Einsetzen der Schneeschmelze gefunden werden.

Während der Bergungsarbeiten wurde eine beträchtliche Zahl zwei bis drei Monate alter Leichen von Soldaten und Offizieren der faschistischen Armee gefunden, die bereits starke Verwesungsmerkmale aufwiesen und von den deutschen Soldaten nicht rechtzeitig beerdigt worden waren.

An der Bergung und Beerdigung der Leichen waren beteiligt:

- Die Führung und der Medizinische Dienst des Wolga-Militärbezirks;
- das Exekutivkomitee des Sowjets der Werktätigen-Deputierten und das Gebietskomitee der KPdSU(B) Stalingrad;
- die örtlichen Machtorgane der Rayons und Dörfer;
- die Militärmedizinische Hauptverwaltung der Roten Armee;
- Einheiten der 62., 64. und 66. Armee;
- die Sanitätsabteilung für Seuchenbekämpfung der Stalingrader Gruppe der Streitkräfte;
- Einheiten der Stalingrader Garnison;
- Hilfskräfte aus der hiesigen Bevölkerung.

In der Stadt Stalingrad, ihren Vororten und in den angrenzenden Rayons des Gebiets Stalingrad wurden 138.572 Leichen von Soldaten und Offizieren der faschistischen deutschen Armee geborgen und in Massengräbern beigesetzt.“

Die gefangenen deutschen Generale fragten sich, wie dieser furchtbare Krieg angefangen hatte, wer ihn angezettelt hatte und warum.

Die gleiche Frage stellten sich die Soldaten und Offiziere, die die Kämpfe und den Kessel von Stalingrad überlebt hatten und nun auf dem Weg in die Kriegsgefangenenlager waren, wo sie Pritschen ohne Matratzen und Schlafdecken und Verpflegungssätze wie die der GULAG-Häftlinge erwarteten. Der Tod ereilte viele noch in den Lagern, weil die Verpflegungsrationen einfach nicht reichten und die Mangelkrankheiten, an denen sie seit der Umzingelung litten, nicht mehr zu heilen waren.

Eine Antwort auf diese Frage hätte schon gefunden werden können, denn unter ihnen gab es ziemlich gut informierte Leute, die es jedoch einstweilen vorzogen, ihr Wissen nicht preiszugeben.

Am meisten jedoch quälte die Frage, wofür sie in der Umzingelung gekämpft hatten, bis Lebensmittel und Munition endgültig aufgebraucht waren . . .

Krasnogorsk, Lager Nr. 27

Nikolai Melnikow beherrschte sein Metier. Die ersten Berichte von Informanten über Stimmungen und Äußerungen von Generalfeldmarschall Friedrich Paulus sowie Äußerungen von Offizieren über den Feldmarschall trafen bereits am 1. März 1943, praktisch unmittelbar nach der Ankunft des Zuges mit den Kriegsgefangenen aus Stalingrad, in Moskau ein.

Wie die Informanten mitteilten, übten fast alle, die bei Stalingrad in Gefangenschaft geraten waren, heftige Kritik an ihrer Führung – den Generalen und vor allem an Feldmarschall Paulus. Viele Offiziere nannten die Ereignisse von Stalingrad „einen einzigen Schandfleck" in der Geschichte der Wehrmacht, der sich nirgends und niemals wiederholen dürfe. Besonders erbost waren Nachrichtenoffiziere, die erzählten, Paulus habe mit seinen Stabsoffizieren im Luftschutzkeller beim Tee gesessen, während die Soldaten längst weder über Munition noch über Nahrungsmittel verfügten.

So soll Hauptmann Domaschk, Kommandeur eines Panzerbataillons, geäußert haben, daß die Armeeführung in der Tat verantwortungslos gehandelt habe, weil sie den wahnsinnigen Befehl Hitlers ausführte und die 6. Armee in der Umzingelung zu einem Zeitpunkt dem Untergang preisgab, als es noch möglich war, aus der Umzingelung auszubrechen und die Armee zu retten.

Nikolai Melnikow hingegen hielt am 26. März 1943 in Auswertung der Berichte der Informanten fest:

„Im Lager herrschen herzliche Beziehungen zwischen den Vorgesetzten und ihren ehemaligen Unterstellten. Generell betrachten die Offiziere die Generale als ihre Vorgesetzten, bringen ihnen Achtung entgegen und grüßen sie militärisch. Einige Offiziere äußern sich allerdings auch kritisch:

– Ein Teil der Offiziere hatte erwartet, daß sich die Generale nicht in Gefangenschaft begeben, sondern auf dem Schlachtfeld sterben oder sich erschießen würden;

– Generalfeldmarschall Paulus wird mangelnde Zivilcourage vorgeworfen.

Die Generale machen sich Gedanken über ihre Verantwortung für die Stalingrader Ereignisse. Sie beschweren sich über die Lebensbedingungen in der Gefangenschaft, z. B. daß sie selbst waschen und die russischen Soldaten als erste grüßen müssen, die Verpflegung schlechter geworden ist, die Unterkünfte klein sind und nicht den internationalen Vereinbarungen über die Unterbringung von Kriegsgefangenen entsprechen."

Am 8. März 1943 richtete Generalfeldmarschall Paulus in der Tat mehrere Fragen an den Leiter des Kriegsgefangenenlagers Nr. 27, unter anderem, ob er mehr Geld erhalten und seine Uniform ausbessern lassen könne. Paulus fragte nach den Vorschriften für Briefsendungen in die Heimat, bat um die Auswechslung seiner Ordonnanz sowie um die Erlaubnis, Kriegsgefangene in anderen Baracken aufsuchen und sie empfangen zu dürfen, insbesondere Oberst Schildknecht den Zutritt zu seinem Zimmer zu gestatten, damit er von ihm die russische Sprache lernen könne. Außerdem bat Generalfeldmarschall Paulus darum, daß künftig die jeweils ranghöchsten kriegsgefangenen Offiziere zu Zimmer- und Barackenältesten ernannt werden sollten.

In einem Bericht an den Leiter der 2. Verwaltung des NKWD der UdSSR, Kommissar der Staatssicherheit 3. Ranges Fedotow, teilte Nikolai Melnikow mit, Paulus sei klargemacht worden, daß er nur ihn persönlich betreffende Fragen ansprechen dürfe, die anderen Kriegsgefangenen hätten die Möglichkeit, ihre Bitten auf dem vorgeschriebenen Weg zu äußern.

Melnikow nutzte hier sofort die Möglichkeit, dem nicht zu duldenden Zustand entgegenzutreten, daß das Kriegsgefangenenlager eine geschlossen auftretende militärische Einheit unter Führung eines Kommandeurs darstellen könnte, denn dies hätte die Erfüllung seines Sonderauftrags sehr erschwert.

Am leichtesten ließ sich die von Paulus geäußerte Bitte erfüllen, seine Uniform auszubessern. Was das ihm zur Verfügung stehende Geld betraf, so wurde ihm erklärt, daß die von der übergeordneten Dienststelle festgelegte Summe gezahlt werde und ohne deren Zustimmung nichts geändert werden dürfe.

Im kleinen Kreis beschwerte sich Feldmarschall Paulus:

„Das Leben im Lager wird immer unerträglicher. Wie man mit uns umgeht, ist ein Skandal. Ich erhalte dreißig Rubel im Monat, das reicht nicht einmal für Zigaretten. Sie haben den Ordonnanzen verboten, unsere Stiefel zu putzen und die Öfen in den Zimmern zu heizen.

General Schloemer hat mir erzählt, daß er in Ahrenswalde in Pommern gesehen hat, wie russische kriegsgefangene Offiziere und Generale leben. Sie haben gute Unterkünfte in einer Kaserne, dürfen zu einer festgelegten Zeit das Kino in der Stadt besuchen, erhalten Geld und können sich in Sonderläden im Lager alles kaufen. Wir dagegen werden hier wie Verbrecher behandelt ..."

Hier irrte Schloemer. In Ahrenswalde lebten ehemalige sowjetische Offiziere und Generale, die in den „Osttruppen" der Wehrmacht dienten. General Wlassow, der in der Liste der Ostpropagandaabteilung geführt wurde, erhielt wie ein deutscher Feldwebel 70 Mark pro Dekade. Doch gefangene sowjetische Offiziere erhielten von den deutschen Behörden ganze 6 Mark monatlich. Für die gewöhnlichen Gefangenen auf beiden Seiten der Front war das Leben alles andere als paradiesisch ...

Generalfeldmarschall Paulus wurde ebenfalls erklärt, daß laut Vorschrift Besuche verboten seien, seine Bitte aber der Leitung unterbreitet und er über die Entscheidung informiert werde. Man versprach, ihm anstelle des bisherigen Jugoslawen einen deutschen Kriegsgefangenen als Ordonnanz zuzuteilen.

Melnikow interessierte sich für Oberst Schildknecht, um dessen Besuch der Feldmarschall gebeten hatte. Ihm wurde mitgeteilt, daß Friedrich Schildknecht, Jahrgang 1906, Oberst im Generalstab, Stabschef des VIII. Korps der 6. Armee, die russische Sprache beherrsche und sich 1932 und 1934 anderthalb Monate in der UdSSR – in Leningrad, Moskau, Gorki, Stalingrad, Rostow, Batumi, Jalta und Odessa – aufgehalten hatte.

Paulus wurde außerdem davon in Kenntnis gesetzt, daß die Zimmer- und Barackenältesten von der Lagerverwaltung nach eigenem Ermessen ausgewählt würden.

Und schließlich erhielt der Feldmarschall die Auskunft, daß er sich in der Bibliothek eine Postkarte vom Roten Kreuz abholen und auch selbst Briefe schreiben könne, die dann vorschriftsgemäß mit der Post befördert werden würden.

Ein solcher Brief wurde am 24. Juni 1943 abgeschickt, nach vorheriger Abschrift durch das NKWD. Adresse: Frau Constanze Paulus, Berlin, Altenstraße 19. Absender: Generalfeldmarschall Paulus, Kriegsgefangenenlager Nr. 160, UdSSR (zu dieser Zeit waren die

Generale für kurze Zeit in das Kriegsgefangenenlager Nr. 160 nach Susdal verlegt worden):

„Meine liebe Coka!

Das ist bereits die vierte kurze Nachricht, die ich Dir schicke. Ich hoffe sehr, daß Dich wenigstens einer meiner Briefe erreicht hat. Ich habe keinerlei Nachricht von Dir und den Kindern, hoffe aber, bald von Dir einen Gruß zu erhalten.

Kürzlich erhielt ich eine Nachricht von Frau Keßler aus Zürich, Toberstraße 107, vom 5. Februar 1943. Daraus kann ich schließen, daß die Briefe mehrere Monate unterwegs sind. Sie hat meine Adresse über das Internationale Rote Kreuz in der Schweiz erfahren.

Um mich brauchst Du Dir keine Sorgen zu machen. Ich bin gesund, lese viel und lerne Sprachen.

Ach wenn ich doch etwas von Euch hören würde. Wie geht es Dir und den Kindern? Ich bin stets mit allen meinen Wünschen und Gedanken bei Euch.

Viele herzliche Grüße und Küsse

Dein Fritz"

Am 13. Oktober 1943 schickte der Stellvertreter des Leiters der GUPWI des NKWD der UdSSR, Kommissar der Staatssicherheit Nikolai Melnikow, ein Schreiben an den Leiter der 1. Verwaltung des NKWD der UdSSR, Kommissar der Staatssicherheit 3. Ranges Fitin:

„Ich bitte anzuweisen, daß der beiliegende offene Brief des Kriegsgefangenen Generalfeldmarschall Paulus in Ankara aufgegeben wird."

Auch dieser Brief – festzuhalten ist Melnikows Bereitschaft zur Weiterleitung – sollte die Verbindung zur Familie wieder herstellen, denn die Sorge um die Seinen lastete schwer auf dem gefangenen Feldmarschall – da ihm klar war, daß diese weder über Ersparnisse noch Immobilien verfügten und auf eine Rente nicht hoffen konnten. Und Unterstützung seinerseits war ganz unmöglich. Die 30 Rubel monatlich, die er als Kriegsgefangener erhielt, reichten nicht einmal für die einfachsten persönlichen Bedürfnisse, zumal die Verpflegungsration im Lager von Tag zu Tag geringer wurde. Nicht wenig Sorgen also.

Ein Informant berichtete über ein Gespräch zwischen den Paulus neu zugewiesenen Ordonnanzen Maier und Welke. Letzterer habe geäußert:

„Ich weiß nicht, aber der Feldmarschall gefällt mir irgendwie nicht. Er wird von Tag zu Tag schweigsamer. Wenn ich das Essen bringe, dann kommt er aus seinem Zimmer, hebt den Deckel von allen Terrinen und beschwert sich: ,Was soll denn das? Das reicht doch nie für sechs Personen. Die Portionen werden immer kleiner. Damit kann man sechs Tauben füttern, aber doch nicht sechs erwachsene Männer.' Nachdem er etwas in dieser Art gesagt hat, geht er wieder in sein Zimmer. Früher haben der Feldmarschall und General Schmidt immer mit mir ein paar Worte gewechselt. Ich verstehe nicht, warum sie sich über das schlechte Essen beschweren, andererseits aber Leutnant Bärenbrock mit durchschleppen."

Nachdem Paulus den Lagerleiter aufgesucht hatte, verbesserte sich die Lage der Kriegsgefangenen etwas. So wurden nun Besuche erlaubt. Am 5. April 1943 stattete Generalfeldmarschall Paulus dem gefangenen Piloten Leutnant Bärenbrock einen Besuch ab, der ihm erzählte, daß er an diesem Tag zum Verhör geholt worden war und die „Kommissare" alles wüßten, selbst das Geburtsjahr des Kommandeurs seiner Staffel.

Ebenfalls am 5.April 1943 übergab Feldmarschall Paulus der Administration des Lagers Nr. 27 einen Brief an die Kaiserliche Japanische Botschaft in Moskau. Darin bat er, einen beiliegenden Brief an den Militärattaché der deutschen Botschaft in Tokio, Generalmajor Kretschmer, weiterzuleiten. Darin hieß es:

„Mein lieber Kretschmer!

Sie werden wohl erfahren haben, daß ich mit meiner Armee in Gefangenschaft geraten bin. Wenn ich mich nun mit nachstehender etwas reichlicher Wunschliste an Sie wende, so entschuldigen Sie dies bitte mit dem Umstand, daß ich fast nur das habe, was ich am Leibe trage. Dürfte ich Sie um die Freundlichkeit bitten, mir folgendes zu übersenden:

1. 1 Pullover mit langen Ärmeln, Farbe möglichst dunkelgrau. Meine Körpergröße ist Ihnen ja ungefähr bekannt (1,87 m).
2. 1 Paar lange Wadenstrümpfe, Größe 11 1/2, Farbe möglichst dunkelgrau.
3. 3 Paar Socken, Größe 11 1/2, mittelstark, Farbe beliebig.
4. 2 Taghemden aus japanischer Seide (naturfarben), Halsweite 38,

Kragenweite 39, besonders lange Ärmel!, dazu 1 Krawatte möglichst in der gleichen Farbe wie die Hemden (sonst dunkelgrün).

5. 1 Hosenträger
6. 1 Block Schreibpapier + 2 Tintenstifte

Ferner gewünscht:

7. Schokolade + Kekse
8. Marmelade
9. Kafee + Tee
10. Zigaretten + Zigarren
11. Eau de Cologne
12. Hautcreme

Wie Sie sich vielleicht von früher erinnern, habe ich seit Jahren Schwierigkeiten mit Magen und Darm. Die Genußmittel zu 7. und 8. wären mir daher besonders wertvoll, um nicht zu sehr von Kräften zu kommen.

Wenn es Ihnen nicht unbescheiden erscheint, würde ich bitten, mir von den erbetenen Dingen zu 7. bis 12. jeden Monat eine Sendung zukommen zu lassen.

Falls es zu machen ist, wäre mir die einmalige Überweisung von 100 Rubel erwünscht.

Ich nehme an, daß dort ein Fonds zur Verfügung steht, aus dem Sie die Kosten verauslagen können bis zur späteren Verrechnung."

Doch dieser Brief wurde nicht weitergeleitet. Offensichtlich gehörte ein Kontakt zur deutschen Botschaft in Japan in die Kategorie „unerwünscht".

Dazu muß gesagt werden, daß General Kretschmer nicht der erste war, den Feldmarschall Paulus um materielle Hilfe ersuchte. Bereits am 25. März hatte ein Informant mitgeteilt, daß Paulus, nach eigenen Worten, einen Brief nach Ankara, an den deutschen Botschafter in der Türkei, von Papen, geschrieben habe, in dem er diesen um ein Paket mit Stiefeln und anderen Dingen bat. Paulus brachte seine Hoffnung zum Ausdruck, daß von Papen ihm antworten werde, und bat seinen Gesprächspartner, zu niemand darüber zu sprechen, weil es ihm peinlich sei, um Hilfe zu bitten.

Wir wissen nicht, ob der Brief an von Papen abgeschickt wurde. Offenbar jedoch wollte der Feldmarschall zweierlei erreichen: seine Familie über seine Lage informieren und gleichzeitig seine materielle Notlage lindern.

Aber die Verbindung zum ehemaligen Reichskanzler und Minister im ersten Kabinett Hitler, von Papen, der jetzt als deutscher Botschafter in Ankara saß, versprach nach Meinung der Führung der sowjetischen Staatssicherheit zwar einiges, doch dazu waren das Einverständnis und die aktive Mitwirkung von Paulus erforderlich . . .

Der kriegsgefangene Feldmarschall Friedrich Paulus litt sehr unter der verhängten Informationssperre. Ein Informant meldete am 26. März 1943, er sei zu Oberst Adam gerufen worden, um dem kranken Major Kanstein, Adjutant im Stab des XIV. Panzerkorps, ein Stück Brot zu bringen. Der anwesende Feldmarschall Paulus habe ihn gefragt, was es Neues an der Front gebe. Als der Informant antwortete, daß er selbst nichts wisse, meinte Paulus:

„Es ist schrecklich, hier ohne jede Information rumzusitzen. Wir haben schon in Stalingrad, im Kessel, darunter gelitten, daß wir keine regelmäßigen Informationen außer denen aus dem Radio hatten, doch jetzt erfahren wir überhaupt nichts mehr. Das ist einfach furchtbar! Ich verstehe das nicht, in Deutschland erhalten die Kriegsgefangenen täglich den *Völkischen Beobachter*. Warum geben die Russen uns nicht die *Prawda?* Überhaupt leben die kriegsgefangenen Generale in Deutschland wie Menschen, sie können in die Stadt, ins Kino gehen usw., wir aber werden hier wie Verbrecher behandelt. . . Es sind Gerüchte im Umlauf, daß unsererseits eine Offensive im Süden begonnen wurde, aber ich kann das nicht bestätigen. Ich glaube nicht, daß wir noch im März dieses Jahres zur Offensive übergehen werden."

Einige Tage später wurde ein Gespräch zwischen Paulus und seiner Ordonnanz festgehalten. Thema waren Gerüchte über die Gründe für die Verlegung von Kriegsgefangenen einer Baracke in eine andere. Paulus vermutete, daß dies mit der Ankunft neuer Kriegsgefangener zusammenhänge. Nachdem er zur Antwort erhalten hatte, daß man das erst dann wisse, wenn die Gefangenen bereits vor dem Wachgebäude stünden, wandte er sich General Schmidt zu und sagte:

„Es ist schon möglich, daß neue Kriegsgefangene kommen. Das wäre sehr gut, dann werden wir Neuigkeiten erfahren!"

Schmidt antwortete: „Ja, wir müssen unbedingt mit ihnen sprechen. Mich interessiert am meisten, wie man Stalingrad in der Heimat aufgenommen hat und was man darüber denkt. Gut wäre, wenn wir erfahren, was im Süden geschieht und wieviel Tonnage unsere U-Boote versenkt haben. Die Russen lassen uns keinerlei Informationen zukommen. . ."

Paulus glaubte nicht an eine deutsche Offensive im Frühjahr 1943, wie auch aus einem anderen Informantenbericht hervorgeht, der ihn mit den Worten zitiert: „Vielleicht werden unsererseits Gegenschläge unternommen, um die Ausgangspositionen für die kommende Offensive zu sichern. Doch wir können schwerlich 32 Divisionen im Süden konzentrieren, wie einige hier sagen."

Die Meinung des kriegsgefangenen Feldmarschalls und seiner Mitgefangenen über den Verlauf der Kriegshandlungen interessierte die sowjetischen Geheimdienste nicht nur hinsichtlich der Planung von Truppenoperationen. Diese Meinung ließ auch auf ihre Moral und demnach auf die Möglichkeit schließen, sie für bestimmte Aktionen zur Zersetzung der Truppen und des Hinterlands des Gegners einzusetzen.

Das Gespenst der Lubjanka

Von operativem Interesse waren ebenfalls die Diskussionen über die Verhöre der Kriegsgefangenen im Lager. Informanten meldeten, daß Feldmarschall Paulus diese Verfahrensweise der sowjetischen Behörden als unrechtmäßig bezeichnete, umso mehr, als auch gefangene Offiziere inhaftiert wurden, um sie zur Preisgabe militärischer Geheimnisse zu bewegen.

So wurde u. a. ein Gespräch zwischen Oberst Bergmann und Oberst Steidle festgehalten, die dabei neueste Informationen austauschten. Es ging darum, daß der gefangene Pilot Leutnant Bärenbrock, Träger des Ritterkreuzes mit Eichenlaub, in Moskau im Gefängnis gesessen hatte, bevor er ins Lager gebracht wurde. Die Gesprächspartner verurteilten diese Behandlung.

Einige Tage später besuchte Leutnant Bärenbrock den gefangenen Feldmarschall, um sich für die ihm geschickten Lebensmittel zu bedanken. Bärenbrock berichtete erneut, daß er verhört worden sei und die Russen alles wüßten.

Paulus meinte dazu:

„Ja, wir sollten von den Russen lernen. Wir messen dem Verhör von Kriegsgefangenen nicht solche Bedeutung bei, dabei sind sie die beste Informationsquelle. Wenn mir noch einmal Kommandogewalt vergönnt sein sollte, dann werde ich mich bemühen, diesem Aspekt mehr Aufmerksamkeit zu schenken. Wenn mir früher ein kriegsgefangener Offizier oder Soldat unter Berufung auf seinen Eid erklärte, daß er nicht zur Aussage bereit sei, dann habe ich ihn in der Regel gehen lassen."

Der Feldmarschall sagte nicht die Wahrheit. Als er 1941 die Dienststellung des Oberquartiermeisters beim Generalstab des deutschen Heeres innehatte, war er bestens darüber informiert, wie auf sowjetische Kriegsgefangene eingewirkt wurde. Gemäß einem Maßnahmeplan, den die VI. Verwaltung des Reichssicherheitshauptamts (RSHA) gemeinsam mit dem Propagandaministerium, der Abwehr und dem Amt Rosenberg ausgearbeitet hatte, wurde im April 1942 im Offizierslager XIII-D des Kriegsgefangenenlagers Hammelsburg ein „Militärhistorisches Kabinett" eingerichtet. Den gefangenen sowjetischen Offizieren bot man an, bei der Dokumentation der „Geschichte des Feldzugs 1941-1942" mitzuarbeiten, wofür sie Zusatzverpflegung und ein Entgelt von sechs Mark monatlich erhielten.

Es war zudem allgemein üblich, die Verhörprotokolle kriegsgefangener sowjetischer Soldaten, Offiziere und Generale, sofern sie gewisse interessante Informationen enthielten, an die Stäbe der deutschen Divisionen, Korps und Armeen zu verschicken. Somit hatte Feldmarschall Paulus nicht die Wahrheit gesagt, als er Leutnant Bärenbrock gegenüber behauptete, daß die deutsche Führung dem Verhör Gefangener nicht die gebührende Bedeutung beimaß.

Offensichtlich versuchte Feldmarschall Paulus in Erkenntnis der Tatsache, daß die sowjetischen Geheimdienste Informationen über die Vergangenheit eines jeden Kriegsgefangenen einholten, sie vermittels Bärenbrock und anderer Offiziere zu desinformieren.

In einem anderen Gespräch äußerte Feldmarschall Paulus, daß die Russen von ihm persönlich keine Informationen verlangten, die Deutschland schaden konnten. Er schränkte jedoch ein:

„Das schließt allerdings nicht aus, daß die Russen irgendwo in meinem Zimmer ein Mikrofon versteckt haben, um jedes meiner Worte abzuhören. Das ist auch eine Möglichkeit, um meine Ansichten in Erfahrung zu bringen."

Jedenfalls waren Paulus und seine Kameraden durch die laufenden Verlegungen von Kriegsgefangenen ins Lager Nr. 27 und in andere Lager beunruhigt. Natürlich konnten sie nicht wissen, daß dieses Lager auf Weisung Lawrenti Berijas als „operatives Lager" eingerichtet und unmittelbar der Verwaltung für Kriegsgefangene und Internierte des NKWD der UdSSR unterstellt war.

Mit spezieller Zielstellung wurden von überallher gefangene

Deutsche, Italiener, Rumänen, Slowaken sowie Vertreter anderer Nationen – Soldaten und Offiziere – in das Lager Nr. 27 gebracht. Die wirkliche Bestimmung des Lagers sollte sich seinen Insassen etwas später offenbaren . . .

An einem Märztag unternahmen Feldmarschall Paulus, Generalleutnant Schmidt und Oberst Adam einen Spaziergang im Lager. Doch bald darauf wurden sie aufgefordert, in die Häuser zurückzukehren: Ein Gefangenentransport verließ das Lager.

Oberst Adam fragte: „Wohin werden sie gebracht? Wahrscheinlich in die Lubjanka, ins Gefängnis. Ich möchte wissen, ob ich sie alle noch einmal wiedersehe?"

Ordonnanz Maier, der bei diesem Gespräch anwesend war, fragte, ob es denn in der Lubjanka so schlimm sei. General Schmidt antwortete: „Sie können mir glauben, es ist unbeschreiblich, mit welchem Sadismus dort oder in einem anderen Gefängnis gefangene Offiziere verhört werden. Dabei redet man ständig von Kultur."

Adam fügte hinzu: „Sehen Sie sich doch einmal diesen Dreck an. Und das in einem Offizierslager, 20 Kilometer vor Moskau. Es fehlt nur noch, daß man es für ein Musterlager ausgibt."

Feldmarschall Paulus griff in das Gespräch ein: „Reden wir doch von etwas anderem, Maier. Wissen Sie, was in den anderen Unterkünften des Lagers vor sich geht? Haben Sie etwas von Verhören oder dergleichen gehört?"

Maier: „Herr Feldmarschall, leider kann ich Ihnen nichts Genaues sagen. Ich weiß nur, was Sie selbst gesehen haben, daß die russischen Posten Personen zum Verhör bringen."

„Auch abends?" fragte Paulus. „Werden sie etwa auch nachts verhört? Sind das immer die gleichen Kommissare oder lösen sie sich ab?"

„Davon weiß ich nichts", antwortete Maier. „Ich räume dort nur auf und heize. Weiter höre und sehe ich dort nichts."

Paulus stellte fest: „Ja, ja, die Russen sind vorsichtig. Einer traut dem anderen nicht."

Einige Tage später, Anfang April 1943, als Maier das Haus, in dem Feldmarschall Paulus untergebracht war, betrat, fragte ihn dieser, ob heute neue sowjetische Offiziere angekommen seien, um Verhöre durchzuführen. Maier antwortete, er wisse das nicht und habe niemanden gesehen.

Darauf Paulus: „Ich habe vom Fenster aus gesehen, wie sie hineingegangen sind. Ich dachte, daß Sie sie kennen würden. Mich interessiert, welche Waffengattung sie heute verhören und wer heute an der Reihe ist."

Oberst Adam griff in das Gespräch ein: „Dort wird heute offensichtlich wieder gearbeitet – es ist ein ständiges Kommen und Gehen. Draußen stehen zwei Autobusse – ein hellblauer und ein schwarzer. Ob sie mit diesen Autobussen gekommen sind? Wissen Sie, wer in den Zimmern uns gegenüber arbeitet?"

Maier gab an, diese Herren nicht zu kennen.

Feldmarschall Friedrich Ernst Paulus, der zu diesem Zeitpunkt dreiunddreißig Jahre in der deutschen Wehrmacht gedient hatte, davon zweiunddreißig im Offiziersrang – als Stabschef eines Korps und einer Armee, als Generalquartiermeister des Generalstabs und Oberbefehlshaber der 6. Armee –, war sich wohl bewußt, daß dieses ganze hektische und vor den Augen Außenstehender abgeschirmte Treiben eine ganz bestimmte Zielstellung hatte: die Wehrmacht zu zersetzen und dafür speziell Kriegsgefangene, die sich für diese Aufgabe eigneten, auszuwählen.

In den Berichten der Informanten tauchen Oberst Steidle, Hauptmann Domaschk und andere Offiziere der 6. Armee auf, die ihre Führung dafür kritisierten, daß sie den wahnsinnigen Befehl Hitlers ausgeführt und die 6. Armee in der Umzingelung dem Untergang preisgegeben hatte, obwohl es zu einem bestimmten Zeitpunkt noch möglich gewesen wäre, durchzubrechen und die Armee zu retten.

Ein Informant berichtete über ein Gespräch mit Oberfeldwebel Hain, dem früheren Fahrer von Paulus, der gesagt haben sollte, daß bei Stalingrad auf Befehl von Paulus etwa zweihundert sowjetische Partisanen erschossen wurden, die sich im Wald versteckt gehalten, in deutschen Uniformen Anschläge auf Verbindungswege im Hinterland verübt und schweren Schaden angerichtet hatten. Paulus habe für die Liquidierung der Partisanen eine Division eingesetzt, die den Wald abriegelte und durchkämmte. Er habe den Befehl zur Erschießung der gefangenen Partisanen gegeben und dabei gesagt, daß ihr Mut Achtung verdiene.

Einige Informanten meldeten, daß Feldmarschall Paulus seiner Zukunft pessimistisch entgegensehe und annehme, daß er im Fall einer Niederlage der Roten Armee von den Russen erschossen werden würde; andererseits sei er durch seine Fehler bei Stalingrad bei Hitler in Ungnade gefallen.

Alle diese Meldungen wurden ergänzt, geprüft und präzisiert.

Nachdem Unnötiges und Nebensächliches ausgeschieden war, kam der Stellvertreter des Leiters der 2. Verwaltung des NKWD der UdSSR, Kommissar der Staatssicherheit Nikolai Melnikow, Ende April 1943 zu dem Schluß, daß zwischen den gefangenen Offizieren und Generalen korrekte Beziehungen wie zwischen Vorgesetzten und Unterstellten bestünden. Die Offiziere sähen in den Generalen ihre Vorgesetzten, brächten ihnen Achtung entgegen und grüßten sie militärisch. Einige Offiziere hätten allerdings erwartet, daß sich die Generale nicht gefangengeben, sondern auf dem Schlachtfeld sterben oder sich erschießen würden. Feldmarschall Paulus werde dabei mangelnde Zivilcourage vorgeworfen.

Am 15. Mai 1943 wurde schließlich die folgende Einschätzung zu Papier gebracht:

„Generalfeldmarschall Paulus vertritt profaschistische politische Ansichten. Er rechnet nach wie vor damit, daß er gegen einen gefangenen General ausgetauscht wird und nach Deutschland zurückkehrt.

Unter den Generalen genießt er wie vor der Gefangenschaft große Autorität und Achtung. In besonders freundschaftlicher Beziehung steht er zu Generalleutnant Schmidt und Oberst Adam sowie zu dem rumänischen Divisionsgeneral Masarini.

Mit der Verpflegung, den Lebensbedingungen im Lager und dem Verhältnis zur Lagerleitung ist er zufrieden, ebenso mit seinen Ordonnanzen.

Paulus war ungehalten über den sozialistischen Charakter der Würdigung des 1. Mai, hielt es aber aus Höflichkeit trotzdem für notwendig, dem Leiter des Lagers, Oberst Nowikow, zum Feiertag zu gratulieren.

Sein Appell an die Generale, Ordnung und Disziplin zu wahren, ist ernst gemeint und resultiert aus dem Wunsch, Ansehen und Würde des deutschen Offiziers zu wahren.

Er äußert sich lobend über Oberst Nowikow, den er als Soldaten schätzt. Er hält den Dolmetscher der Operativen Abteilung, Blank, für den Adjutant von Oberst Nowikow. Paulus äußert sich sehr unzufrieden darüber, daß die Weisung, die Generale dreimal täglich aufzusuchen, um alle ihre Wünsche und Belange zu erfüllen, nicht genau befolgt wird.

Paulus ist zufrieden, daß ihm ein gesondertes Stück Garten zugewiesen wurde. In Anwesenheit der Ordonnanzen spricht er nicht über seine Familie.

Wenn sich Paulus mit den anderen gefangenen Generalen trifft, grüßt er leise mit ‚Heil Hitler!'.

Paulus zieht sich täglich mit General Schmidt und Oberst Adam zur Beratung zurück, über deren Inhalte nichts bekannt ist."

Im Grunde genommen gelang es dem NKWD bis Mai 1943 nicht, etwas Wesentliches über den kriegsgefangenen Generalfeldmarschall Friedrich Paulus in Erfahrung zu bringen.

Doch das Gespenst der Lubjanka versetzte den Feldmarschall nach wie vor in Schrecken ...

Feldmarschall Paulus lernt die Antifa-Schule kennen

Für die praktische Arbeit mit den deutschen Kriegsgefangenen – um sie zur Zersetzung der deutschen Armee und für einige andere Maßnahmen einzusetzen – war das „Wissenschaftliche Forschungsinstitut Nr. 99" zuständig. Unter dieser Tarnbezeichnung wirkte die „Kommission für die politische Arbeit unter den Kriegsgefangenen". Sie war anfangs ein Organ des Exekutivkomitees der Komintern und wurde nach deren Auflösung organisatorisch der Allgemeinen Verwaltung des ZK der KPdSU(B) und methodisch der Internationalen Abteilung des ZK der KPdSU(B) unterstellt, die Georgi Dimitroff leitete. Mit den Kriegsgefangenen beschäftigten sich außerdem die Organe der militärischen Aufklärung und der Staatssicherheit sowie die 7. Abteilung der Politischen Hauptverwaltung der Roten Armee, deren Aufgabe es war, die Truppen und das Hinterland des Gegners zu zersetzen.

Offensichtlich hatte die Arbeit zur Zersetzung der deutschen Armee bis zu dieser Zeit noch keine besonderen Ergebnisse gebracht, obwohl buchstäblich von den ersten Kriegstagen an einzelne deutsche Soldaten zur Roten Armee übergelaufen waren.

Das „Institut Nr. 99" suchte also neue Arbeitsformen. Bereits am 4. April 1942 hatten der verantwortliche Mitarbeiter im ZK der KPdSU(B) und des Exekutivkomitees der Komeintern, Dmitri Manuilski, und der Stellvertreter des Volkskommissars für auswärtige Angelegenheiten der UdSSR, Solomon Dridso (besser bekannt unter dem Pseudonym A. Losowski), Stalin und Molotow Vorschläge unterbreitet, wie die Arbeit zur Zersetzung der Wehrmacht verbessert werden könne. Sie schlugen vor, ein Komitee von bedeutenden deutschen Persönlichkeiten ins Leben zu rufen, das den deutschen Soldaten den Schritt in die Gefangenschaft erleichtern sollte – das Konzept für das im Sommer 1943 gegründete Nationalkomitee „Freies Deutschland".

Die Wende im Krieg trat Ende 1942/Anfang 1943 ein. In die Lager für deutsche Kriegsgefangene kamen nun Soldaten, Offiziere und Generale, die bittere militärische Niederlagen erlitten und Umzingelung, Hunger, Kälte und Krankheiten überstanden hatten. In ihren Armen waren verwundete Kameraden gestorben, die nicht mehr aus den Kessel evakuiert werden konnten.

Bis zum Sommer 1943 war die Verteilung des neuen Kontingents von Kriegsgefangenen auf die Lager beendet. Auch die Auswahl der nächsten Gruppe von Lehrgangsteilnehmern für die antifaschistischen politischen Schulen – die Zentrale Schule im Lager Nr. 27 in Krasnogorsk sowie Außenstellen in einigen anderen Lagern und Erfassungsstellen an der Front – war abgeschlossen.

Viele dieser Schulen gehörten zum „Institut Nr. 99", ebenso die Redaktionen der Zeitungen, welche für die Kriegsgefangenen in deutscher, italienischer, rumänischer, ungarischer und russischer Sprache herausgegeben wurden. Mitarbeiter des „Instituts Nr. 99" waren die deutschen politischen Emigranten Walter Ulbricht, Wilhelm Florin, Marta Arendsee, Erich Weinert, Willi Bredel u. a. sowie politische Mitarbeiter der Roten Armee und Experten für die Zersetzung der gegnerischen Truppen und des gegnerischen Hinterlands.

Zu den Leitern einer Schule an der Nordwestfront gehörte übrigens auch der Major der Roten Armee Lew Kopelew . . .

Zunächst wurden die Lehrgangsteilnehmer an den antifaschistischen Schulen streng nach dem Prinzip der Klassenzugehörigkeit ausgewählt. Am 22. Juni 1942 schickte Walter Ulbricht einen Brief an den Leiter der GUPWI, Major der Staatssicherheit Soprunenko, und den verantwortlichen Mitarbeiter der Abteilung Propaganda des ZK der KPdSU(B), Kodakow, in dem es hieß, daß „für die Ausbildung an den Schulen zunächst Vertreter des Industrieproletariats ausgewählt wurden, die Aufmerksamkeit aber auch bestimmten anderen Schichten des deutschen Volkes gelten muß, die sich als Konsequenz der Ausplünderung des eigenen Volkes durch die Faschisten und des verheerenden Krieges folgerichtig der breiten antifaschistischen Bewegung des deutschen Volkes anschließen werden – Landarbeiter, arme Bauern und Intellektuelle der Mittelschicht." Nach Meinung Ulbrichts würde das dazu beitragen, große Kreise des deutschen Volkes für den Kampf gegen die Hitler-Clique zu aktivieren.

Der bekannte Germanist und Historiker Lew Besymenski, der an den ersten Verhören von Paulus teilnahm, erinnert sich, daß er kurz nach Kapitulation der 6. Armee Walter Ulbricht auf einer Fahrt zu einer Frontsammelstelle für Kriegsgefangene begleitet hatte. Ulbricht stellte sich ihnen mit den Worten vor: „Ich bin der Reichstagsabgeordnete der kommunistischen Fraktion Walter Ulbricht." Die Soldaten konnten nichts damit anfangen – was für ein Reichstag und was für eine kommunistische Fraktion?

Mitte Februar machte auch der gefangene Feldmarschall Paulus (zumindest von außen) Bekanntschaft mit der Antifa-Schule.

Am 13. April 1943 suchte ihn der dem Leser bereits bekannte Maier auf. Das Gespräch ging um die Antifa-Schule. Paulus äußerte sich verwundert, wieviel deutsche Generale sie besuchten. „Wenn mir jemand das erzählt hätte, hätte ich es nicht geglaubt. Nun habe ich es aber mit eigenen Augen gesehen."

Oberst Adam meinte: „Unter ihnen sind sehr viele Rumänen, aber von denen ist ja nichts anderes zu erwarten. Mich wundert nur, daß auch unser Lagerfurier Konrad Fischer in die Schule geschickt wurde. Noch mehr erstaunt mich, daß unter den Schulbesuchern auch Gefangene mit sowjetischen Orden sind. Stimmt es etwa, daß deutsche Soldaten auf der Seite der Russen gekämpft haben?"

Maier antwortete, daß dies der Fall sei.

„Ich finde keine Worte", entrüstete sich Paulus. „Ich hätte nie gedacht, daß die Russen zu dieser Gemeinheit fähig sind. Und wer als Deutscher derart schamlos handelt, sollte erschossen werden. Werden die Kriegsgefangenen, die an der Front für die Russen gekämpft haben, besser behandelt?"

Maier wußte es nicht.

General Schmidt mischte sich in das Gespräch: „Wissen Sie, Maier, die größte Schweinerei ist für mich, daß hier Deutsche gezwungen werden, gegen Deutsche zu kämpfen. Wo ist da die praktische Anwendung der Theorie von Marx, Engels und Lenin? Wenn Sie diese Theorie studieren, dann werden Sie sich wundern, wie sie hier umgesetzt wird. Achten Sie darauf, wie die Russen hier deutsche Kriegsgefangene unter Druck setzen. Ist das vielleicht die Nächstenliebe, von der in Lenins Programm die Rede ist? Hier stehen Theorie und Praxis im krassen Widerspruch."

Paulus sagte: „Ich habe gehört, daß auch Hauptmann Hadermann mit Teilnehmern der Schule in die Sauna gegangen ist. Ich habe seine Broschüre gelesen und würde mich gern mit ihm unterhalten."

„Ist er Kaderoffizier?" fragte General Schmidt. Maier bezweifelte das, weil Hadermann bereits am ersten Weltkrieg teilgenommen habe und trotzdem nur Hauptmann sei.

Paulus: „Mir tut der Mann leid. Er verkennt offensichtlich die Situation. Er schreibt, daß die Leute, die aus dem Krieg 1914–18 Kapital geschlagen haben, auch heute als Kapitalisten am Krieg verdienen. Er bezeichnet Krupp, Feller und die anderen Großindustriellen als die Hauptschuldigen am Krieg. Damit zeigt Hadermann, daß er keine Ahnung hat. Feller und Krupp haben in diesem Krieg selbst Söhne verloren, welches Interesse sollten sie also an diesem Krieg haben? Sie verdienen überhaupt nichts an dem Krieg, denn ihre Betriebe gehören heute dem Staat."

Schmidt fügte hinzu: „Dieser Mann wird wahrscheinlich nicht nach Deutschland zurückkehren. Aber mir ist unverständlich, wie er sich derart der von den Russen propagierten Idee von der Weltrevolution hingeben konnte. Meiner Meinung nach ist er ein ganz großer Verräter. Es interessiert mich, ob er das Recht hat, sich frei zu bewegen, und ob er eine sowjetische oder eine deutsche Uniform trägt."

Maier sagte, daß er die meisten Fragen nicht beantworten könne, Hadermann aber einmal in deutscher Uniform gesehen habe.

Damit war das Gespräch beendet.

Natürlich verdient die Haltung von Feldmarschall Paulus und seinen Kollegen Achtung. In der Regel verachtet man Verräter und ist zu Recht empört, wenn Landsleute und Regimentskameraden auf die Seite des Gegners überlaufen. Doch diese konsequente Haltung muß man immer und unter allen Umständen vertreten, sonst ist sie kein Charakterzug, sondern lediglich eine Reaktion auf äußere Einflüsse.

War es doch gerade Paulus, der 1942 als General der Panzertruppen und Oberquartiermeister beim Generalstab des Heeres die Einbeziehung „überprüfter" und „zuverlässiger" sowjetischer Kriegsgefangener in die „Osttruppen" sanktioniert hatte, um die „turkestanischen", „Kosaken"- und anderen Bataillone und Kompanien aufzufüllen. Es galt, die Verluste der Wehrmacht zu kompensieren, deshalb wurden die „Ostbataillone" gegen ihr eigenes Volk eingesetzt . . .

Im August 1943 erteilte der Volkskommissar des Innern der UdSSR, Lawrenti Berija, die Weisung zur grundlegenden Umgestaltung der Arbeit mit den Kriegsgefangenen, um sie umfassend zur Zersetzung der gegnerischen Truppen, für die Propaganda an der Front und für die Aufstellung nationaler (polnischer, tschechoslowakischer, jugoslawischer und rumänischer) Truppenteile einzusetzen. Die Aufstellung deutscher, ungarischer und italienischer Truppenteile wurde nicht ausgeschlossen.

Bei der Neugestaltung der Arbeit mit den Kriegsgefangenen war den gefangenen deutschen, italienischen, rumänischen und ungarischen Generalen eine wichtige Rolle zugedacht. Natürlich sollten die Ranghöchsten führende Positionen übernehmen. Aus dieser Sicht war Generalfeldmarschall Paulus unter den ersten Kandidaten, doch aus allen Berichten der Informanten ging hervor, daß mit ihm praktisch nicht zu rechnen war.

Ein Informant von offensichtlich ziemlich hohem militärischen Rang gab den von Paulus vertretenen Standpunkt wie folgt wieder:

„Die Russen machen immer einen Fehler. Sie unterscheiden zwischen Hitler und seiner Regierung einerseits und dem deutschen Volk andererseits. Sie machen einen Fehler, wenn sie sagen, daß sie mit dem deutschen Volk, aber niemals mit Hitler Frieden schließen werden. Sie vergessen dabei, daß Hitler und das deutsche Volk eins sind. Ich habe den Russen schon mehrfach gesagt: Wenn Sie die Regierung Hitlers und den Nationalsozialismus ausrotten wollen, dann müssen Sie das deutsche Volk ausrotten. . . Doch das glauben sie nicht, und das wird ihr Untergang sein."

2

Feldmarschall Paulus und der Bund Deutscher Offiziere

Der Bund Deutscher Offiziere

Am 8. März 1944 erstatteten der Leiter der GUPWI, Generalmajor Iwan Petrow, und sein Stellvertreter Melnikow, Kommissar der Staatssicherheit, dem Volkskommissar des Innern Lawrenti Berija Bericht über ihre Arbeit:

„In Übereinstimmung mit den Weisungen der Führungsorgane wurde im Jahr 1943 von der Verwaltung des NKWD für Kriegsgefangene und Internierte (GUPWI) in Zusammenarbeit mit der Politischen Hauptverwaltung der Roten Armee in Moskau die Gründung des Nationalkomitees ‚Freies Deutschland' organisiert."

Petrow und Melnikow teilten mit, daß nach entsprechender Vorbereitung und politischer Arbeit in den Lagern der deutschen Kriegsgefangenen am 12. und 13. Juli 1943 im Lager Nr. 27 in Krasnogorsk eine Konferenz kriegsgefangenener Soldaten und Offiziere der Wehrmacht einberufen worden war. Weiter hieß es:

„An der Konferenz nahmen insgesamt 208 Personen teil – Delegierte aus 18 Kriegsgefangenenlagern, das antifaschistische Aktiv des Krasnogorsker Lagers Nr. 27, Lehrgangsteilnehmer der politischen Antifa-Schule und aus Deutschland in die Sowjetunion emigrierte Persönlichkeiten des öffentlichen Lebens.

Die Konferenz behandelte und erörterte die gegenwärtige Lage und die Aufgaben, vor denen die kriegsgefangenen deutschen Soldaten und Offiziere stehen.

An der Diskussion zum Bericht beteiligten sich 22 Konferenzteilnehmer, darunter elf kriegsgefangene deutsche Offiziere. Alle Redner unterstützten die Vorschläge des antifaschistischen Aktivs des Lagers Nr. 27, in der UdSSR aus gesellschaftlich engagierten deutschen Emigranten und antifaschistisch gesinnten Kriegsgefangenen das Nationalkomitee ,Freies Deutschland' zu gründen. In das Nationalkomitee wurden 38 Personen gewählt – 13 Emigranten und 25 Kriegsgefangene, davon 12 Offiziere (der höchste Rang Major) sowie 13 Soldaten und Unteroffiziere."

Die Vorschläge von D. Manuilski und A. Losowski waren also in die Tat umgesetzt worden.

Zugleich aber hielten Petrow und Melnikow - acht Monate nach der Gründung – fest, daß die Wahl von kommunistischen Reichstagsabgeordneten (Wilhelm Pieck, Walter Ulbricht, Wilhelm Florin u. a.) in das Nationalkomitee sowie der Umstand, daß keine höherrangigen Offiziere und Generale im „Komitee" vertreten waren, in der internationalen Presse zu zahlreichen Kommentaren über die mangelnde Autorität und geringe Bedeutung der Bewegung „Freies Deutschland" geführt hätten.

Zu analogen Stimmungen kam es auch unter den deutschen Offizieren in den Kriegsgefangenenlagern. Die kriegsgefangenen Generale und Offiziere bekundeten offen ihre feindliche Haltung gegenüber der Bewegung „Freies Deutschland" und beschuldigten all jene Kriegsgefangenen, die sich der Bewegung angeschlossen hatten, des Landesverrats. Sie lehnten es kategorisch ab, sich dieser Bewegung anzuschließen.

Zu diesen Offizieren gehörte auch Generalfeldmarschall Paulus.

Um in die Bewegung „Freies Deutschland" einflußreiche deutsche Generale und höhere Offiziere einzubeziehen, deren aktive Mitarbeit sich bei der geplanten Tätigkeit zur Zersetzung der Truppen und des Hinterlands der Wehrmacht als äußerst effektiv erweisen könnte, faßte die sowjetische Führung den Beschluß, den „Bund Deutscher Offiziere" zu gründen.

In Verwirklichung dieses Beschlusses betrieb die GUPWI des NKWD der UdSSR im August 1943 gezielte „Bearbeitungstätigkeit" unter den kriegsgefangenen Offizieren, um die Gründung des Bundes vorzubereiten

Nach entsprechender Bearbeitung der Offiziere wurde dann der Kern der Initiativgruppe des „Bundes Deutscher Offiziere" gebildet, dem Oberstleutnant Gerhard Bechly, Oberstleutnant Alfred Bredt, Major Hermann Lewerenz, Major Hermann Schulze und Hauptmann Erich Domaschk angehörten. Diese Offiziere gewannen Oberst Luitpold Steidle (Kommandeur des 757. Grenadierregiments), Oberst Hans-Günter van Hooven (Nachrichtenführer der 6. Armee), Major von Frankenberg und Prochlitz (Kommandeur des

51. Bombengeschwaders), Isenhardus von Knobelsdorff (Militärgerichtsrat der 295. Infanteriedivision) und weitere Offiziere für die Mitarbeit in der Initiativgruppe.

Mitte August hielten die Offiziere dieser Initiativgruppe in einigen Lagern Versammlungen der kriegsgefangenen deutschen Offiziere ab, um den Bund Deutscher Offiziere zu organisieren, für ihn zu werben und Delegierte für die Gründungskonferenz zu wählen.

Petrow und Melnikow berichteten, daß „reaktionäre faschistische Elemente“ sehr aktiv versuchten, der Initiativgruppe Widerstand entgegenzusetzen. Sie würden diese des Verrats an der Heimat und der Wehrmacht bezichtigen und die Gründung des Bundes Deutscher Offiziere als von den sowjetischen Staatssicherheitsorganen inspiriert und als Dolchstoß in den Rücken der kämpfenden Wehrmacht bezeichnen. Doch durch politisch-operative Maßnahmen hätte der Widerstand eingedämmt werden können.

Für die Gründungsversammlung wurden 87 Delegierte gewählt, darunter vier Oberste, drei Oberstleutnante und vierundzwanzig Majore. Ende August 1943 wurden die Initiativgruppe und die gewählten Delegierten im Objekt Nr. 15-W, einem Erholungsheim des NKWD, in der Siedlung Lunowo bei Moskau untergebracht. Dort hielten sich bereits die Mitglieder des Nationalkomitees „Freies Deutschland“ auf.

Mit diesem Schritt sollten die Offiziere und die Mitglieder des Nationalkomitees – vorwiegend Emigranten und Wehrmachtsangehörige, die auf die Seite der Roten Armee übergelaufen waren – einander nähergebracht werden.

Zur gleichen Zeit wirkten einige Mitglieder der Initiativgruppe dabei mit, kriegsgefangene Generale, die damals mit Generalfeldmarschall Paulus im Lager Nr. 48 – einem Sonderlager für Generale im Dorf Leshnowoi, Gebiet Iwanow – interniert waren, entsprechend zu bearbeiten und für den Offiziersbund zu werben.

Nach Abschluß dieser „vorbereitenden Bearbeitungsphase“ wurden am 20. August 1943 der General der Artillerie Walter Alexander von Seydlitz-Kurzbach, Kommandierender General des LI. Armeekorps, Generalmajor Dr. Otto Korfes, Kommandeur der 295. Infanteriedivision, und Generalmajor Martin Lattmann, Kommandeur der 14. Panzerdivision, ebenfalls in das Objekt Nr. 15-W gebracht, wo weiter mit ihnen „gearbeitet“ wurde.

Am 23. August 1943 meldete Lawrenti Berija Stalin, daß die Generale bereit seien, dem Bund Deutscher Offiziere beizutreten und die Grundsatzdokumente – „Bund Deutscher Offiziere. Aufgaben und Zielstellung" sowie „Aufruf an Wehrmacht und Volk" unterzeichnet hätten. Die Generale stellten zwar noch einige Bedingungen, aber die Hauptarbeit sei geleistet.

Wie weiter mitgeteilt wurde, hätte General von Seydlitz die Hoffnung zum Ausdruck gebracht, daß die anderen Generale seinem Beispiel folgen würden.

Offensichtlich kamen Berija und Stalin zu dem Schluß, daß die Zahl der Generale im Bund Deutscher Offiziere noch nicht ausreichte. Deshalb traf am 30. August der Kommissar der Staatssicherheit, Nikolai Melnikow, im Lager Nr. 48 ein. Noch am gleichen Tag führte er ein Gespräch mit Paulus. Am nächsten Tag wurden in das Zimmer von Paulus die nach Lebensjahren ältesten Generale geladen – Heitz, Strecker und Renoldi.

Paulus leitete die Generalsversammlung am 1. September 1943 um 11 Uhr morgens mit folgenden Worten ein:

„Ich möchte darum bitten, daß der General die Hauptthesen seiner gestrigen Ausführungen wiederholt. Mir persönlich ist alles klar, ich habe meinen Standpunkt. Doch es wäre angebracht, sie für die anderen Generale zu wiederholen."

Melnikow erklärte hierauf:

„Ich möchte Ihnen einige Informationen geben. Erstens: Die Lage Deutschlands ist so, daß es den Krieg in strategischer Hinsicht verloren hat. Als Beweis führe ich folgende Fakten an. Während die deutschen Truppen in den Jahren 1941-1942 erfolgreich angriffen, ist in diesem Sommer der Versuch einer Offensive gescheitert. Die Rote Armee ist vielmehr selbst zur Offensive übergegangen. Charkow, Taganrog, Orjol, Sewsk, Belgorod, Jelnja und Gluchow wurden eingenommen. Die Hoffnungen, die die Deutschen auf ihre Militärtechnik und schweren Panzer setzten, haben sich nicht erfüllt, denn nunmehr verfügt die Rote Armee über hervorragende Verteidigungsmittel und rückt erfolgreich nach Westen vor. Obwohl Deutschland keine zweite Front hat und seine ganzen Elitekräfte und die beste Technik an der Ostfront zum Einsatz kommen, kann es uns dennoch nicht widerstehen. Was in Italien geschieht, ist den Herren Generalen wahrscheinlich bereits bekannt. Ich kann nur hinzufügen, daß die anglo-amerikanischen Truppen Sizilien vollständig besetzt haben und von den Flugplätzen Siziliens zu Luftangriffen in das Innere Deutschlands starten. In den nächsten Tagen ist offensichtlich damit zu rechnen, daß die anglo-amerikanischen Truppen ihre Operationen von Sizilien auf das italienische Festland verlegen werden.

Die englischen und amerikanischen Fliegerkräfte bombardieren intensiv italienische und deutsche Industriestädte. Während Deutschland an der Ostfront vollkommen gebunden war, konnten die Engländer und Amerikaner eine Basis für die Truppenverlegung über das Meer vorbereiten.

Die Hoffnungen, die die Deutschen auf die U-Boote setzten, haben sich ebenfalls nicht erfüllt, denn der Aufbau der englischen und amerikanischen Handelsflotten geht immer schneller voran. Der Verlust durch die deutschen U-Boote ist geringer als der Zuwachs, besonders in letzter Zeit. Da der Begleitschutz der Schiffe gut organisiert ist, wurden viele deutsche U-Boote versenkt.

Wie kam es dazu, daß Deutschland, obwohl es praktisch keine zweite Front gibt, von der Offensive zur Verteidigung übergegangen ist und jetzt in nahezu allen Kampfzonen zurückweicht?

Der Übergang zur Verteidigung bedeutet, daß Deutschland alle seine personellen und materiellen Reserven erschöpft hat und nicht mehr zu einer Verteidigung von Stellungen oder gar zu einer Offensive imstande ist. Deutschland kann sich nicht mehr verteidigen, geschweige denn angreifen. Die Reserven der UdSSR hingegen sind bei weitem nicht erschöpft. Für uns Militärs hat Stalingrad den Beweis dafür erbracht. Nach der deutschen Offensive im Jahr 1942 ging die Rote Armee selbst zur Offensive über. Das zeigt, daß wir noch über ausreichend Reserven verfügen. Außer unseren Reserven wären auch noch die vollkommen frischen und einsatzfähigen angloamerikanischen Truppen zu nennen.

Angesichts dieser Tatsachen ist der Krieg für Deutschland verloren. Es ist nur eine Frage der Zeit. Wenn er noch lange andauern wird, dann bedeutet das sinnlose Opfer. Verständlicherweise kann die Hitlerregierung, die allzu weit gegangen ist, jetzt nicht auf den Krieg verzichten. Selbst wenn sie versuchen würde, ihre Absichten zu ändern, würde ihr aufgrund der zahlreichen Täuschungsmanöver niemand glauben.

Wenn Hitler an der Macht bleibt, wird der Krieg weitergehen und werden die sinnlosen personellen wie auch materiellen Opfer andauern. Die schnellstmögliche Beendigung des Krieges ist deshalb auch für unser Volk von Vorteil, weil wir dann weniger Verluste haben. Doch für Deutschland bringt sie noch weitaus mehr Vorteile.

Die gutnachbarlichen Beziehungen unserer Regierung zum deutschen Volk kommen deutlich in den Rede des Genossen Stalin zum Ausdruck. Von dieser Haltung zum deutschen Volk zeugt auch die Veröffentlichung des Manifests der Bewegung ‚Freies Deutschland', in dem die Deutschland gestellten Bedingungen angeführt sind.

Unsere Prinzipien lauten, kurz gesagt: keinerlei Verträge mit Hitler, ein gutnachbarliches Verhältnis zum deutschen Volk und gute wechselseitige Beziehungen zu einer Regierung, die das Vertrauen des Volkes genießt.

Wir sind hierher gekommen, um Ihnen zu berichten, was gegenwärtig geschieht und welche Arbeit kriegsgefangene Soldaten und Offiziere im Nationalkomitee leisten. Sie wissen bereits, daß sich ihnen u. a. die Generale Korfes, Seydlitz und Lattmann sowie Oberst Steidle angeschlossen haben.

In Moskau sind gegenwärtig Delegierte der kriegsgefangenen Soldaten und Offiziere versammelt, die von diesen Generalen aktiv unterstützt werden. Sie hatten alle Vollmachten und haben ein Programm ausgearbeitet, das die Konferenz bestätigen sollte.

Die Konferenz war für den 30. August angesetzt, doch wir haben sie verschoben und sind hierher gekommen, um darüber zu berichten und den Generalen die Möglichkeit zu geben, nachzudenken, alles ausführlich zu erörtern und zu entscheiden, ob sie abseits stehen oder dem Komitee ihre Stimme geben und es mit allen Mitteln unterstützen wollen.

Das ist alles, was ich Ihnen sagen wollte. Wenn es noch Fragen gibt, dann stellen Sie diese bitte."

Feldmarschall Paulus sagte: „Mir ist alles klar, doch vielleicht haben die anderen Generale Fragen?"

Lautes Stimmengewirr setzte ein. Der Stenograph hatte große Mühe, die Wortmeldungen auseinanderzuhalten, zumal er nicht alle Teilnehmer des Treffens mit Namen kannte. Er schrieb die Worte eines Generals nieder:

„Wir kennen die Absichten des Nationalkomitees für die Zukunft nicht. Wir wissen auch nicht, welche Methoden eingesetzt werden. Deshalb meine ich, daß es für eine Antwort jetzt noch zu früh ist ..."

Die Generale redeten heftig durcheinander. Melnikow antwortete: „Die Arbeitsmethoden werden Sie selbst wählen . . ." Doch seine Worte gingen in der allgemeinen Unruhe unter. Der erwähnte General meldete sich erneut zu Wort:

„Ja, das alles hätten wir gern und würden wir wünschen. Aber dazu sind die Genehmigung und Billigung der russischen Regierung erforderlich ..."

Die Unruhe dauerte an. Melnikow ergriff erneut das Wort:

„Ihr Name kann auf keinen Fall befleckt werden. Von unseren ehrlichen Absichten zeugt die Gründung des Nationalkomitees, das vor allem den angestauten Haß des russischen Volkes auf das deutsche Volk abbauen soll. Dies schließt aber eine konkrete Erörterung der Fragen nicht aus. Wenn die Generale private oder allgemeine Fragen haben, sind wir bereit, darauf zu antworten. Wir werden uns hier im Lager aufhalten."

Melnikow und seine Begleiter verließen die Versammlung. General Heitz, der bisher geschwiegen hatte, sagte:

„Ich schlage vor, diesen ehrlosen Vorschlag mit der Begründung abzulehnen, daß wir keine Landesverräter sein wollen, und diese Renegaten, die sich von uns getrennt haben, als Abtrünnige zu behandeln."

Die Versammelten spendeten Beifall. General Strecker fügte hinzu:

„Für mich ist vollkommen klar, was sich Seydlitz dabei gedacht hat, als er dorthin ging. Er befürchtete, daß ihm der Feldmarschall als Dienstgradältester zuvorkommen könnte. Deshalb hat er, der immer der erste sein will, sich so beeilt. Das wirkt schon lächerlich."

Wie sich zeigen sollte, hatten die Generale die Situation falsch eingeschätzt. Doch damals, im September 1943, entwickelten sich die Ereignisse wie folgt:

Noch am selben Tag, gegen Abend, erhielt der Kommissar der Staatssicherheit Nikolai Melnikow von den gefangenen Generalen eine an die sowjetische Regierung gerichtete Erklärung folgenden Wortlauts:

„Kriegsgefangene deutsche Offiziere, unter ihnen General der Artillerie von Seydlitz, Generalmajor Lattmann und Generalmajor Korfes, haben sich bereit gefunden, einen ‚Bund Deutscher Offiziere' zu gründen, um für einen für beide Seiten erträglichen Frieden zwischen Deutschland und Rußland zu wirken.

Zu diesem Zweck wollen sie in einem Aufruf an das deutsche Volk und die deutsche Wehrmacht die Ersetzung des deutschen Führers durch eine andere Staatsführung fordern, weil nur die Entfernung des Führers einen solchen Frieden ermögliche.

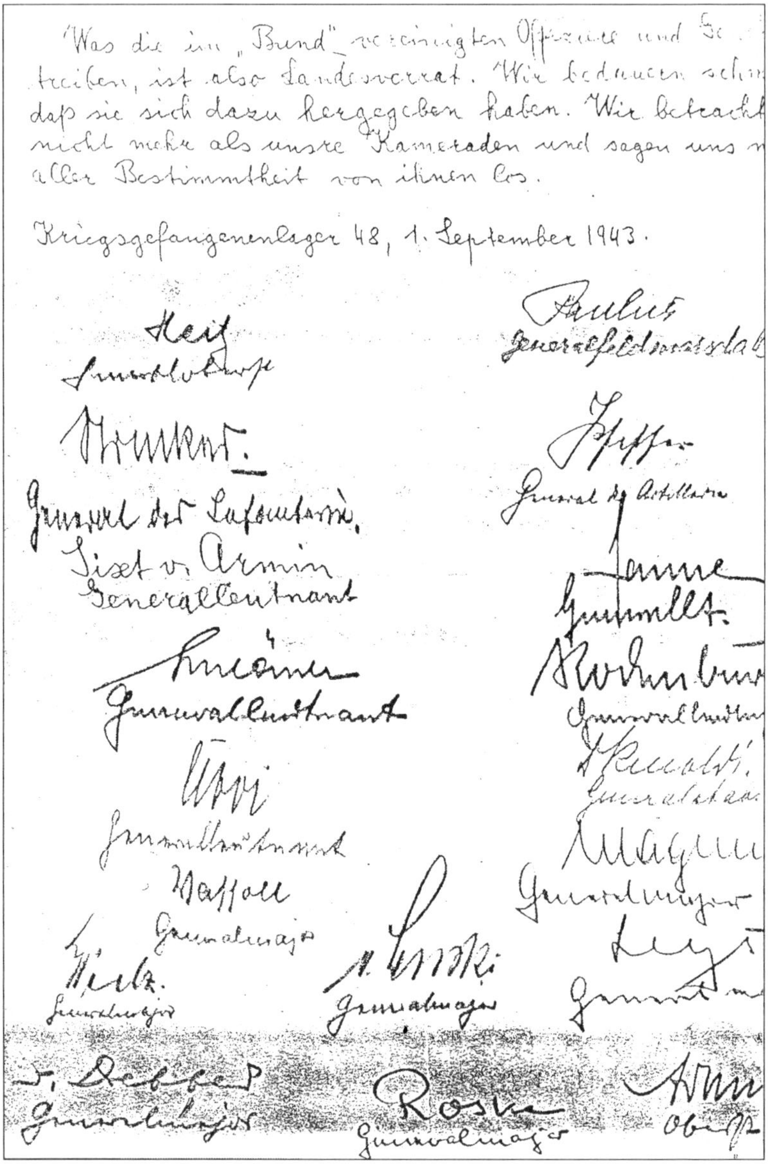

Was die im „Bund" vereinigten Offiziere und Ge-
treiben, ist also Landesverrat. Wir bedauern sehr,
daß sie sich dazu hergegeben haben. Wir betrachten
nicht mehr als unsere Kameraden und sagen uns mit
aller Bestimmtheit von ihnen los.

Kriegsgefangenenlager 48, 1. September 1943.

Heitz
Generaloberst

Paulus
Generalfeldmarschall

Strecker
General der Infanterie

Sixt v. Armin
Generalleutnant

Roske
Generalmajor

Unterschriftsblatt der Erklärung gegen den Bund Deutscher Offiziere vom 1. September 1943.

Jeder Deutsche wie jeder Russe und besonders jeder Soldat wünscht den Frieden herbei. Wir alle hoffen, daß Deutschland und Rußland künftig nicht nur in Frieden, sondern in Freundschaft miteinander leben werden, denn wir glauben, daß gerade die nach dem Krieg aus beiden Ländern in großer Zahl zurückkehrenden Kriegsgefangenen in ihrer Heimat für die Freundschaft arbeiten werden.

Den Weg aber, den der ‚Bund Deutscher Offiziere' gehen will, können wir nur scharf verurteilen. Der Kriegsgefangene kennt, auch wenn ihm alle vorhandenen Nachrichten ungeschminkt mitgeteilt werden, die Lage seines Landes nicht so genau, daß er beurteilen könnte, was dort jetzt nützen oder schaden muß. Der Kriegsgefangene, der Volk und Wehrmacht gegen ihren Führer aufruft, trägt Zersetzung in ihre Reihen und schwächt sein Volk in schwerster Zeit.

Was die im ‚Bund' vereinten Offiziere und Generale betreiben, ist also Landesverrat. Wir betrachten sie nicht mehr als unsere Kameraden und sagen uns mit aller Bestimmtheit von ihnen los."

Die Erklärung hatten unterzeichnet: Generalfeldmarschall Paulus, Generaloberst Heitz, General der Artillerie Pfeffer, Generalleutnant Strecker, Generalleutnant von Armin, Generalleutnant Schloemer, Generalleutnant Deboi, Generalleutnant Sanne, Generalleutnant Rodenburg, Generalleutnant Renoldi, Generalmajor Vassol, Generalmajor Wulz, Generalmajor Leyser, Generalmajor Roske, Generalmajor Magnus, Generalmajor von Lenski, Generalmajor von Drebber, Oberst Adam.

Eine Verständigung kam also nicht zustande. Allerdings trat noch am gleichen Tag Generalleutnant Alexander von Daniels dem Bund Deutscher Offiziere bei.

Widerspruch wird nicht geduldet

Mit dieser Lage konnten sich Melnikow, seine Führung und die Leute vom „Institut Nr. 99" keinesfalls abfinden. Dieser Aufruhr der kriegsgefangenen Generale, die aus ihrer Sicht ja im Recht waren, konnte die ganze Arbeit zur Zersetzung der Wehrmacht zunichte machen. Die Situation mußte also geändert werden.

Am nächsten Tag sprach General von Seydlitz, der mit Melnikow in das Lager Nr. 48 gekommen war, vor den hier untergebrachten Soldaten.

Ein Informant berichtete:

„In seiner Rede rief er alle auf, sich der uns bereits bekannten Sache des Nationalkomitees anzuschließen. Danach wurde eine Delegation gewählt, der auch ich angehörte. Unsere erste Aufgabe war, den Feldmarschall zu bitten, uns wie bisher weiter zu führen. Der Herr Feldmarschall empfing uns sehr freundlich in Gegenwart von Oberst Adam und General von Rodenburg. Der Feldmarschall hörte uns an und fragte uns, wie wir uns das vorstellen und welchen Weg wir gewählt haben. Wir antworteten, daß wir ihn zu unserem Führer auserkoren haben und denken, unter seiner Führung den richtigen Weg zu finden. Doch leider konnte sich der Feldmarschall nicht entscheiden, sich unserer Sache anzuschließen. Ich hatte den Eindruck, daß er innerlich schwer mit sich ringt. Er sagte, daß er dieses Unterfangen für verfrüht hält. Deshalb könnten letztlich beträchtlich mehr Menschen als bisher ihr Leben verlieren.

Dann sagte er noch: ‚Im Manifest heißt es, daß die Soldaten unter dem Befehl der Offiziere in die Heimat zurückkehren sollen. Hieraus ist ersichtlich, daß die Sache nicht ohne Kampf abgehen wird.' Er weiß jedoch nicht, welche Absichten seine Söhne haben, und gegen sie will er nicht kämpfen. Auch General Rodenburg sprach kurz mit uns. Im Prinzip vertrat er den Standpunkt des Feldmarschalls.

Als Antwort auf unser Ersuchen sagten sie weder ja noch nein. Daraufhin antworteten wir den Herren Generalen, daß wir diesen Weg dann leider ohne ihre Führung gehen müssen. Zum Abschied reichten wir uns die Hand und äußerten den Wunsch, uns als Kameraden wieder zu treffen.

Beim Abschied sagte der Feldmarschall: ‚Ich ringe schon einige Wochen mit mir, doch den richtigen Weg kann ich einfach nicht finden.' "

Die Delegation – Böttcher, Fleischerowitsch, Fielenbach, Heine und Skorsets – zog sich ergebnislos zurück. Es ist nicht anzunehmen, daß Melnikow wirklich mit einem Erfolg ihrer Aktion gerechnet hatte. Es handelte sich eher um eine Warnung und um ein Signal, daß die Soldaten die Haltung des Feldmarschalls und der sich ihm anschließenden Generale verurteilten.

Am nächsten Tag wurde der Gefangene Generalfeldmarschall Paulus ohne vorherige Ankündigung aus dem Lager Nr. 48 abgeholt. Oberst Adam äußerte:

„Der Feldmarschall wurde ins Gefängnis, in die Lubjanka, gebracht! Was werden sie ihm dort antun?"

Doch Feldmarschall Paulus war in ein Objekt in der Ortschaft Saretschje bei Moskau verlegt worden, das speziell für die „Bearbeitung" von gefangenen Generalen zwecks Beitritt zum Bund Deutscher Offiziere vorgesehen war. Vor der Abfahrt hatte Paulus noch einen Brief an Melnikow begonnen, der jedoch unvollendet blieb.

Am 5. September 1943 besuchte Wolf Stern, ein operativer Mitarbeiter der GUPWI des NKWD, der zur Bearbeitung von Paulus hinzugezogen wurde, den Feldmarschall. Stern hatte keinen militärischen Dienstgrad, sprach ausgezeichnet deutsch und besaß offensichtlich große Erfahrungen bei der Erfüllung verschiedener schwieriger und verantwortungsvoller Aufträge.

In seinem Bericht an Melnikow schrieb er:

„Am 5. September fand das erste Gespräch mit Paulus statt, das vier Stunden dauerte. Ich vermied absichtlich, Fragen der aktuellen Politik anzuschneiden, und sprach nur über Kriegskunst. Doch Paulus unterbrach mich sehr bald und fragte, ob die anderen Generale aus dem Lager Nr. 48 auch hierher gebracht würden. Ich antwortete, daß nach den Worten des Kommissars der Staatssicherheit Melnikow beschlossen wurde, sie in der Nähe von Moskau unterzubringen. Darauf fragte Paulus nach Oberst Adam. Ich antwortete, daß dieser sicherlich hierher kommen wird. Dann sagte Paulus in der Absicht, das Gespräch auf ein ihn interessierendes Thema zu lenken, daß er nicht an der Konferenz des Bunds der Offiziere teilnehmen will, und begann Gründe dafür anzuführen.

Seiner Meinung nach kann das, was General von Seydlitz und die anderen tun, zwar nicht als unehrenhaftes Verhalten bezeichnet werden, da sie aus ideologischen und nicht aus niederen Motiven handeln. Eine vollkommen andere Frage sei jedoch, ob ihre Handlungsweise richtig ist. Er, Paulus, habe sich als Soldat sein ganzes Leben lang nur auf sichere Angaben gestützt, die es ihm ermöglichten, das ‚Für' und ‚Wider' abzuwägen. Er sei an die Arbeitsmethode gewöhnt, erst nach sorgfältiger Abwägung einen Handlungsplan auszuarbeiten. Aber hier, in der Gefangenschaft, stünden ihm nicht alle Angaben zur Verfügung, weshalb er lieber gar nichts tue, als aufgrund von Vermutungen zu handeln. Vermutungen seien keine unwiderlegbaren Fakten.

‚Vielleicht', sagte Paulus, ‚haben von Seydlitz und die anderen Generale die Fähigkeit, in Vermutungen Fakten zu sehen.' Doch er, Paulus, könne hier nicht wissen, ob es für Deutschland nlcht doch noch andere akzeptable Auswege aus der entstandenen Lage gebe.

Auf die Argumente von Paulus antwortete ich, daß es für die von ihm angedeuteten anderen Auswege, d. h. irgendwelche Verbindungen mit England und Amerika, keine reale Grundlage gibt, denn diese Länder haben schon damals zu Hitler keinen Kontakt aufgenommen, als er noch große Autorität besaß und seinen ganzen Kriegsapparat gegen die Sowjetunion richtete. Es ist nicht zu erwarten, daß Realpolitiker wie die Engländer und Amerikaner sich jetzt auf Verbindungen mit Hitler einlassen, da sein Autoritätsverlust auf militärischem Gebiet in der Innen- und Außenpolitik offensichtlich ist. Der Beweis dafür ist, daß Hitler Himmler zum Reichsinnenminister ernennen mußte, um sich an der Macht zu halten. In dieser Phase der politischen Entwicklung kommt Hitler bereits nicht mehr als Partner für Verbindungen mit den Engländern und Amerikanern in Frage.

Großen Eindruck machte auf Paulus das von mir angeführte Beispiel, daß Hindenburg, als er Deutschlands Lage erkannt hatte, nicht lange zögerte, sondern darauf bestand, daß Wilhelm II. abdankt und den Weg für die Rettung Deutschlands freigibt. Man kann nicht sagen, daß Hindenburg ein schlechter Soldat und ein gegenüber der Hohenzollern-Dynastie illoyaler General war. Zwischen den Hohenzollern und Hitler besteht jedoch ein Unterschied.

Dann erweckte ich den Anschein, daß ich das Gespräch abbrechen will, und schlug Paulus vor, mit mir in das Gebäude zu gehen, weil es im Park kühl ist. Doch als Paulus sah, daß vor dem Haus die anderen im Objekt untergebrachten Generale standen, die uns wohl kaum passieren lassen würden, ohne uns in ein Gespräch zu verwickeln, was das Ende unserer Unterhaltung bedeutet hätte, bat er mich, im Park zu bleiben und unsere interessante Unterredung fortzusetzen.

Dann sagte Paulus, daß er den Eindruck hat, die Russen glaubten, das von allen Generalen im Lager Nr. 48 unterzeichnete Dokument sei auf seine Initiative hin verfaßt und unterschrieben worden. Das sei nicht der Fall. Die nach Lebensjahren älteren Generale, z. B. Heitz, Strecker und Renoldi, hätten sehr konsequent ihre Meinung geäußert, der er sich nur anschloß. Er teile zwar ihren Standpunkt, aber die Initiative sei nicht von ihm ausgegangen."

Nichts Menschliches ist uns fremd. So ist es auch Generalfeldmarschall Paulus nicht zu verdenken, daß er nicht darauf erpicht war, eine Gefängniszelle der Lubjanka von innen kennenzulernen. Das veranlaßte ihn zu einem ersten Schritt, genauer gesagt zu einem entgegenkommenden Schrittchen . . .

Wolf Stern führte dann noch weitere Gespräche mit Paulus. Am 9. September berichtete er:

„Die jüngsten Ereignisse in Italien hat Paulus mit gespieltem Gleichmut aufgenommen. Er sagte, daß die Kapitulation Italiens Deutschland nicht überrascht hat, sie war schon lange abzusehen. Und die Ereignisse an der Ostfront müssen im Zusammenhang mit der neuen Lage in Italien gesehen werden. Die operativen Reserven (60 Divisionen) Deutschlands konnten daher nicht nach Osten geschickt werden, was den Rückzug am Dnepr zur Folge hatte. Dafür hat Deutschland seine Kräfte auf dem Balkan und in Italien konzentriert. Die nächste Kriegsphase wird zur Entfaltung und Konzentration der Kräfte an der Westfront führen, dann folgt eine Atempause. Erst im Frühjahr 1944 werden die entscheidenden Kämpfe im Westen beginnen.

Ich äußerte die Meinung, daß sich das Ziel der Offensive der Roten Armee nicht darauf beschränkt, die Dnepr-Linie zu erreichen, sondern es darum geht, die Okkupanten von unserem Territorium zu vertreiben.

Paulus erklärte, daß das vollkommen verständlich ist, doch eine Offensive dieses Ausmaßes die Kräfte der Roten Armee zermürbt, was sich bei den Kämpfen am Dnepr auswirken wird.

Als ich darauf hinwies, daß wir noch eine voll einsatzfähige Armee im Fernen Osten haben, fragte Paulus verwundert: ‚Nimmt diese Armee denn nicht schon an dieser Offensive teil?'

Ich sagte ihm, daß davon überhaupt nicht die Rede sein kann. ‚Dann ist die Lage bedeutend ernster', stellte Paulus fest."

Der Aufstand der Generale wurde durch die Verlegung von Paulus in ein anderes Objekt weitgehend führerlos und nahm denjenigen, die gegen die Gründung des Bundes Deutscher Offiziere protestierten, die Möglichkeit, sich auf die Position des Dienstgradältesten zu berufen.

Feldmarschall Paulus aber befand sich nun in der Umgebung von Personen, deren Standpunkt er nicht teilte. Die Operation zur Aufweichung der geschlossenen Reihen der kriegsgefangenen deutschen Generale und Offiziere lief an. Auf Feldmarschall Paulus sollten die Offiziere und Generale des Bundes Deutscher Offiziere und Mitarbeiter der Verwaltung des NKWD für Kriegsgefangene Einfluß nehmen. Und Paulus sollte dann, sofern seine „Bearbeitung“ von Erfolg gekrönt war, auf die übrigen Generale einwirken.

Objekt besonderer Aufmerksamkeit

Die Gründungsversammlung des Bundes Deutscher Offiziere fand am 11. und 12. September 1943 im Objekt Lunowo statt. Zum Präsidenten wurde General von Seydlitz gewählt, Vizepräsidenten wurden General von Daniels und Oberst van Hooven.

Am nächsten Tag gingen Oberst van Hooven und General von Seydlitz im Park spazieren und sprachen über die anstehenden Aufgaben. Im Park hielt sich auch Feldmarschall Paulus auf, anfangs allein, später dann in Begleitung der Generale Lattmann und von Daniels. Van Hooven stellte fest, daß sich der Generalfeldmarschall wieder erholt habe und gut aussehe. Gegen 12 Uhr begegnete der Feldmarschall van Hooven und fragte ihn, ob er Zeit für ein Gespräch mit ihm habe. Das Gespräch dauerte drei Stunden.

Hauptthema war die Einschätzung der Möglichkeiten des Bundes Deutscher Offiziere. Van Hooven kam zu dem Schluß, daß Paulus hinsichtlich der Einschätzung der Lage den Standpunkt des Bundes vollinhaltlich teilte. Doch er bedauerte sehr, daß er keine Möglichkeit habe, Radio zu hören, und so auch die Rede des Führers vom 10. September nicht verfolgen konnte. Van Hooven sagte später, daß für Paulus vieles, was er ihm berichtete, neu war. Anderes wußte er zwar bereits, allerdings nicht genau.

Wie van Hooven später schilderte, bestand ein Unterschied bei der Einschätzung der Lage in der unterschiedlichen Bewertung des Einflusses des Bundes. Der Feldmarschall meinte, daß es in Deutschland genügend kluge Menschen gebe, die nicht tatenlos herumsitzen, sondern sich zweifellos Gedanken über die Lösung des Problems machen würden. ‚Unser Schritt könnte', so Paulus, ‚Schaden anrichten, denn er kann unkalkulierbare Folgen haben.' Paulus verglich die Handlungen des Offiziersbunds mit einem Handgranatenwurf über einen hohen Zaun, ohne daß man das Ziel ausgemacht und erkannt habe.

Nach Meinung van Hoovens ließen das große Interesse von Paulus für alle diese Fragen und seine freimütigen Argumente den Schluß zu, daß der Feldmarschall sich noch nicht endgültig gegen den Offiziersbund entschieden hatte und ihn vielleicht doch noch anerkennen würde.

Van Hooven erklärte auch, daß er sich Paulus gegenüber besonders zurückgehalten und die erforderliche Etikette gewahrt habe, weil das der einzig richtige Weg gewesen sei. Jegliche Aggressivität wäre falsch am Platz gewesen, ohne stichhaltige Argumente sei bei ihm nichts zu erreichen.

Paulus kam auch gern mit den Generalen von Daniels und Lattmann zusammen. Der Inhalt dieser Treffen interessierte auch die Führung der UdSSR.

Am 18. September 1943 schickte Nikolai Melnikow an Lawrenti Berija einen Sonderbericht über den kriegsgefangenen Generalfeldmarschall Paulus:

„Am Abend des 16. September erörterten Paulus und General von Daniels beim gemeinsamen Tee die letzten Ereignisse in Italien. Paulus sagte, daß sich die Deutschen nicht aus Italien zurückziehen werden, um ihre Grenzen nicht zu schwächen.

Paulus schätzte ein, daß die Außenpolitik Italiens in letzter Zeit vom Wunsch Mussolinis geprägt ist, sich im Bündnis mit Deutschland vom englischen Einfluß zu lösen, und verurteilte die Engländer scharf, die sich seiner Meinung nach unverfroren verhalten.

Von Daniels stimmte zu und sagte, die Logik der Ereignisse zeuge davon, daß freundschaftliche Beziehungen zwischen Deutschland und der Sowjetunson notwendig sind:

‚Sie, Herr Feldmarschall, widersprechen sich selbst. Sie sagen selbst, daß England Deutschland feindlich gesinnt ist. Ich kann mir vorstellen, was die Engländer nach dem Einmarsch in Deutschland tun werden.'

Paulus wich einer direkten Antwort aus. Er äußerte sein Bedauern darüber, daß Italien gegenwärtig gegen Deutschland militärische Aktionen durchführt. Von Daniels sagte:

‚Das ist das Ergebnis des verbrecherischen Überfalls Deutschlands auf die Sowjetunion. Denken Sie denn, Herr Feldmarschall, daß nicht auch Rumänien und Ungarn bei der ersten sich bietenden Gelegenheit Krieg gegen Deutschland führen werden?'

Paulus antwortete, daß er eine solche Entwicklung der Ereignisse für möglich hält.

Nachdem Paulus gegangen war, schilderte von Daniels seinen Eindruck von Paulus:

‚Ich habe mich in diesen zwei Tagen häufig und lange mit ihm unterhalten. Gegenwärtig hat er keine Argumente gegen uns und ist mit allem einverstanden, doch er äußert den Vorbehalt, daß seine zwei Söhne an der Ostfront sind. Paulus fürchtet, daß Hitler, wenn er von seiner Zugehörigkeit zu unserer Bewegung erfährt, seine Söhne standrechtlich erschießen läßt.

Außerdem interessierte sich Paulus dafür, welche Position die Sowjetunion beziehen wird, wenn Deutschland seine Truppen an der Ostfront zu seinen Grenzen zurückzieht, die Alliierten aber die zweite Front im Westen eröffnen werden.

Notfalls kommen wir auch ohne Paulus aus, von größerem Wert wäre es, von Brauchitsch an der Spitze der Bewegung zu haben. Übrigens habe ich den Eindruck, daß sich Paulus eher auf eine geheime Zusammenarbeit einlassen wird, als daß er offiziell politisch in Erscheinung tritt. Dazu ist er zu konservativ.' "

Im folgenden Sonderbericht schrieb Melnikow an Berija:

„Um den Generalfeldmarschall entsprechend den Weisungen für den Bund Deutscher Offiziere und die Bewegung ‚Freies Deutschland' zu gewinnen, wurde er in unser Objekt 25-W verlegt.

In diesem Objekt wurden Treffen von Paulus mit unseren operativen Mitarbeitern und den Generalen von Seydlitz, Korfes, Lattmann und von Daniels sowie mit den Obersten Steidle und van Hooven arrangiert.

Aus den Gesprächen mit Paulus sind folgende Äußerungen von Interesse:

Am 9. September sagte Paulus in einem Gespräch mit unserem operativen Mitarbeiter, daß er sich bereits früher der Sowjetunion gegenüber wohlwollend verhalten hat: ‚Ich habe seinerzeit als Dozent an der Militärakademie in Berlin der Sowjetunion gewisse Dienste erwiesen. Zu meinem Auditorium gehörten einige russische Generale, die meine Vorlesungen über Taktik besuchten. Das waren die Generale Jegorow, Dubowoi (oder Dybenko), Below und Jakowenko. Jakowenko war Militärattaché in Berlin, er besuchte mich und wir speisten zusammen. Ich wurde einige Male zu Empfängen in die sowjetische Botschaft eingeladen, kenne Botschafter Suriz und seine Gattin persönlich.'

Am 10. September ging es in dem Gespräch unseres operativen Mitarbeiters mit Paulus um allgemeinpolitische Fragen, im einzelnen um seine Haltung zum Offiziersbund.

Auf die Frage, ob er die Meinung vieler Generale teilt, daß Hitlers Politik nach dem 22. Juni 1941 katastrophal ist, äußerte Paulus Unverständnis darüber, daß uns sein Standpunkt noch nicht bekannt ist:

‚Ich habe eine hohe Meinung von Ihrer Aufklärung und bin verwundert, daß sie meine früheren Äußerungen und Handlungen gegenüber der UdSSR noch nicht ermittelt hat.'

Auf den Hinweis unseres operativen Mitarbeiters, daß bei ihm Wort und Tat nicht immer übereinstimmen und er sich dem Offiziersbund gegenüber ablehnend verhält, antwortete Paulus, daß Hitler das erfolgreich bewirken kann, was der Offiziersbund will:

‚Laden Sie Hitler zu Verhandlungen ein, und Sie werden sehen, welche Position ich vertrete.'

Paulus ist der Meinung, daß die Tätigkeit des Offiziersbunds auch dann nicht erfolgreich sein wird, wenn er sich dem Bund anschließt. Nach seinen Worten schwächt der Offiziersbund die Wehrmacht, was England und Amerika zugute kommt. Es sei jedoch zweifelhaft, ob das den Interessen der Sowjetunion entspricht.

Am 13. September, nach der Gründungsversammlung des Offiziersbunds, wurden sein Präsident, General von Seydlitz, die Vizepräsidenten General von Daniels, Oberst van Hooven und Oberst Steidle sowie die Mitglieder des Komitees General Lattmann und General Korfes in das Objekt 25-W gebracht.

Am nächsten Tag beim Frühstück stellte Paulus, obwohl er von der Gründungsversammlung des Offiziersbunds wußte, den tags zuvor angekommenen Generalen und Offizieren keine Fragen. Diese wiederum sagten Paulus ebenfalls nichts und warteten ab, daß er das Gespräch beginnen würde.

Nach dem Frühstück, gegen 12 Uhr, lud Paulus Oberst van Hooven zu einem Spaziergang ein. Dieser hat über das Gespräch mit Paulus einen Bericht geschrieben. (. . .)

Am 15. September äußerte General von Daniels, daß Paulus die Entwicklung der Ereignisse abwarte und hoffe, daß die Engländer, sowie sie die italienisch-deutsche Grenze erreicht haben, Verhandlungen mit Hitler aufnehmen würden. Dann werde auch die Sowjetunion dazu bereit sein.

Zur Charakterisierung der Stimmung von Paulus ist folgende Mitteilung unseres Informanten von Interesse:

‚General Korfes berichtete nach seiner Rückkehr von einem Gespräch mit Paulus, daß der Feldmarschall gesagt hat: Wenn General von Reichenau an meiner Stelle wäre, hätte er sich längst zu diesem

Schritt entschlossen. Doch ich weiß nicht, ob ich damit dem deutschen Volk helfe.'

Der Informant teilte weiter mit, daß Paulus nach Meinung von Korfes nahe daran sei, seine Unterschrift unter den Brief an Feldmarschall von Bock oder einen anderen Oberbefehlshaber der Wehrmacht zu setzen. Paulus wird weiter bearbeitet."

Wir haben aus dem Bericht alle Episoden ausgeklammert, die dem Leser bereits bekannt sind – das Treffen von Paulus mit Stern am 5. September, das Treffen mit Oberst van Hooven und einige Einzelheiten des Treffens mit General von Daniels am 15.September.

Nachdem Lawrenti Berija diesen Bericht gelesen hatte, wies er Melnikow an: „Auskunft anfertigen! L. B."

Auskünfte wurden immer an die Staatsführung – an Stalin, manchmal an Molotow – geschickt. Bei der Abfassung der Auskunft legte Melnikow Nachdruck auf das, was Berija am meisten interessierte: die Anerkennung der ideologischen Motive der Handlungsweise von Seydlitz durch Paulus; die Ausführungen von Paulus über die hohen sowjetischen Militärs, die an der Militärakademie in Berlin studiert hatten; die Empfehlung von Paulus, Hitler zu Verhandlungen einzuladen; die Ausführungen von Paulus gegenüber van Hooven, daß es in Deutschland genug kluge Leute gebe, die nicht tatenlos zusehen; den Hinweis von Daniels, daß Paulus um das Schicksal seiner Söhne besorgt war; und schließlich die Äußerung von Paulus über General von Reichenau.

Die Bearbeitung von Paulus wurde, wie Nikolai Melnikow versprochen hatte, fortgesetzt.

In einem Sonderbericht, den Melnikow am 25. September 1943 an Berija schickte, heißt es:

„In Zusammenhang mit der nachdrücklichen Bearbeitung durch Generale und Offiziere vom Offiziersbund wandte sich Paulus am 23. September d. J. an unseren operativen Mitarbeiter mit der Bitte um ein Gespräch am nächsten Tag, wobei er auf die um ihn entstandene Lage hinwies.

Am nächsten Tag erklärte Paulus im Gespräch mit dem operativen Mitarbeiter:

‚Ich möchte mit Ihnen sprechen, denn ich fühle mich hier nicht wohl. Ich lebe in einem Haus mit Generalen, deren Positionen ich nicht teile. Doch ich spüre, daß sie von mir eine Entscheidung erwarten. Ich bin charakterlich anders veranlagt als diese Generale und werte die Probleme als sehr ernst. Aufgrund meiner nüchternen Betrachtungsweise kann ich noch keine Entscheidung treffen, denn ich schätze die allgemeine Lage etwas anders ein als die Generale. Dadurch entsteht eine für mich unangenehme Situation. Man appelliert an mich und fragt mich nach Dingen, über die ich mich mitunter ausschweigen muß. Sie halten mich daher nun offenbar für borniert, für einen Soldaten im wahrsten Sinne des Wortes. Ich befürchte, daß ich meine gute Behandlung Ihrer Nachsicht verdanke. Aber glauben Sie mir, daß ich und die anderen Generale in Woikowo oft alle die gegenwärtig aktuellen Fragen diskutiert haben. Sie dürfen nicht glauben, daß wir zu denen gehören, die hier bis zum Schluß herumsitzen wollen. Alle Probleme, die General von Seydlitz und die anderen auf diesen Weg führten, haben wir die ganze Zeit hier in der Gefangenschaft erörtert. Diese Probleme bewegen mich besonders stark, nicht weniger als General von Seydlitz und die anderen, doch ich bin überzeugt, daß die Stunde meiner Entscheidung noch nicht gekommen ist.'

Auf die Frage. wie er die Lage der Wehrmacht an der Ostfront und ihren Rückzug einschätzt, antwortete Paulus:

‚Ich betrachte die Lage der Wehrmacht nicht als katastrophal, und auf eben dieser Einschätzung beruhen meine Position wie die der Generale im Lager. Sondere ich mich damit ab? Wie Sie sehen, haben die Generale unter Führung von Seydlitz', wie auch die Generale im Lager, Vertrauen zu mir. Wenn von Seydlitz und die anderen Generale auch eigene Wege gegangen sind, so kommen sie doch zu mir und erörtern freimütig alle Fragen der Bewegung. Offen gesagt, interessiert mich der Umgang mit den Generalen von Seydlitz und Lattmann; wenn auch eine merkwürdige und ungewöhnliche Form des Zusammenlebens entstanden ist.'

Am selben Tag bat Feldmarschall Paulus darum, für ihn ein Treffen mit General Lattmann, den er für den Klügsten und Ehrlichsten in der Führung des Offiziersbunds hält, zu arrangieren, um mit diesem über seine Mitarbeit im Bund Deutscher Offiziere zu sprechen. Diese Gespräche, an denen auch General Daniels teilnahm, fanden am 25. und 26. September 1943 statt.

Nachdem Paulus nochmals eingeräumt hatte, daß er die Motive und Absichten der Mitglieder des Offiziersbunds für ehrlich halte, erklärte er, daß er noch keine endgültige Entscheidung treffen könne, weil er über die tatsächliche Lage in Deutschland, die Stimmung in der Wehrmacht und der Bevölkerung unzureichend informiert sei, die Absichten der Hitlerregierung nicht kenne und über keine objektiven Angaben zur Lage an der Front verfüge.

Paulus bezweifelte, daß es zum gegebenen Zeitpunkt richtig sei, den Weg der Zersetzung der kämpfenden Wehrmacht zu gehen:

‚Stellen Sie sich vor, daß Sie die Losung verkünden, die Kriegshandlungen einzustellen. Manche Soldaten werden dann in Kriegsgefangenschaft gehen, andere fordern den Rückzug und dritte sind dagegen. Am Ende kämpfen alle gegeneinander. Wer garantiert, daß die Rote Armee nicht die einen wie die anderen bekämpfen wird? Anstatt die Wehrmacht zu retten, werden Sie sie vollständig vernichten.'

Paulus interessierte sich besonders dafür, wie die Rote Armee handeln und ob sie ins Innere Deutschlands vordringen werde, wenn sich die Wehrmacht bis zu den deutschen Grenzen zurückzieht und im Westen die zweite Front eröffnet wird.

Auf die Ausführungen Lattmanns und von Daniels', daß eine mögliche Verzögerung der Offensive der Roten Armee am Dnepr die endgültige Niederlage Deutschlands nur um einige Monate aufschieben werde, antwortete Paulus:

‚Sie haben recht, dagegen kann ich nichts sagen. Doch es gibt auch in Deutschland Generale, die genauso klug sind wie wir.' “

Als sie Paulus verlassen hatten, berieten sich die anderen Generale. Im Bericht heißt es dazu:

„General Lattmann wollte die Frage der Mitgliedschaft von Paulus im Offiziersbund kategorisch stellen. Falls Paulus ablehnt, sollten die Beziehungen zu ihm abgebrochen werden.

Die Generale Korfes und von Daniels waren anderer Meinung. Von Daniels sagte:

‚Paulus schließt sich uns auf jeden Fall an, das ist nur eine Frage der Zeit. Gegenwärtig hofft er, daß Deutschland noch nicht ganz verloren ist. Deshalb schreckt er vor einer endgültigen Entscheidung zurück.' “

Seinen Sonderbericht über diese Gespräche beendete Nikolai Melnikow mit den Worten: „Ich bitte Sie um Weisungen für die weitere Arbeit mit Paulus.“

Offensichtlich war der kriegsgefangene Generalfeldmarschall Paulus für Melnikow eine zu harte Nuß. Aber Berija und Kruglow entschieden, daß sich die Mühe auch weiterhin lohne. Deshalb wurde die Spezialbehandlung von Paulus fortgesetzt.

Wer nicht mit uns ist, ist gegen uns!

Am 30. September 1943 schickte Wolf Stern an Melnikow einen weiteren Bericht:

„Am 27. September übergab ich Paulus tagsüber die deutsche Übersetzung der Reden von Roosevelt und Churchill. Beim Abendessen begann Paulus ein Gespräch über diese Reden und fragte, wie wir und die anderen Länder die Worte Roosevelts über die Vernichtung des preußischen Militarismus interpretieren würden.

Paulus sagte: ‚Verstehen Roosevelt und Churchill darunter etwa die Vernichtung der Generalität, die der Träger des deutschen Militarismus ist? Erklären Sie mir, was preußischer Militarismus bedeutet. Jede Armee, auch die Rote Armee, wird im Geiste des Sieges über den Gegner erzogen.'

Ich antwortete, daß der deutsche Militarismus die zielstrebige Erziehung der deutschen Armee im Geiste von Eroberungskriegen zur Errichtung der Weltherrschaft ist. Doch in den Reden von Churchill und Roosevelt müsse der Umstand berücksichtigt werden, daß es zu dieser Formulierung nach der Wortmeldung des Offiziersbunds in der Presse kam, in dessen Aufruf die Rede davon ist, daß die Wehrmacht erhalten bleibt, was auch der Standpunkt der Sowjetunion sei. Daraus werde deutlich, worin das große Verdienst des Bunds Deutscher Offiziere bestehe.

Oberst van Hooven griff meinen Gedanken auf:

‚Der Standpunkt Rußlands ist klar. Oberst Schwez hat gelacht, als wir die Rede Roosevelts lasen, und gesagt, daß die Formulierung ‚preußischer Militarismus' aus militärischer Sicht unverständlich und irreal ist, denn das bedeutet, daß die ganze Armee bis auf den letzten Soldaten vernichtet werden müßte.'

(Als Melnikow den Bericht nach Eingang las, unterstrich er diese Zeilen. Oberst Schwez, der Stellvertreter Melnikows, schrieb an den Rand des Papiers: „Das habe ich nie gesagt." – L. R.)

Den ganzen Abend kam Paulus immer wieder auf die Reden von Roosevelt und Churchill zurück.

General von Seydlitz sprach über die Rede von Goebbels, der das deutsche Volk zu Ruhe und zum Durchhalten aufruft, denn die Regierung suche einen Ausweg aus der schweren Lage. Diese Ausführungen imponierten Paulus. Er sah darin eine Bestätigung seiner Auffassung, daß die Regierung selbst einen Weg für die Klärung dieser Lage finden wird. Aus seinen Worten wurde deutlich, daß er von der Richtigkeit seiner Einschätzung der Lage in Deutschland überzeugt ist.

Am 28. September ging Paulus nach dem Frühstück allein spazieren, während von Seydlitz, von Hooven und Trenkmann zusammenblieben. Etwas später, ich leistete zu dieser Zeit bereits Paulus Gesellschaft, schloß sich auch von Seydlitz Paulus an.

Paulus kam erneut auf die Reden von Roosevelt und Churchill zu sprechen. General von Seydlitz sagte darauf aufgebracht und heftig zu Paulus:

‚Warum machen Sie Ausflüchte, dieses Gesindel (der preußische Militarismus) muß ausgemerzt und vernichtet werden. Ich werde bald der ganzen Welt aufzeigen, was für Dreck unsere Führer am Stecken haben. Ich habe mit eigenen Augen die schmutzigen Machenschaften von Göring gesehen. Er steckt sich aus der Staatskasse Millionen Mark in die eigene Tasche. Ich sammle jetzt Unterlagen von allen Offizieren aus der unmittelbaren Umgebung dieser Schurken – Hitler, Göring und anderer. Das deutsche Volk muß alles wissen. Wer wagt es, uns Verräter zu nennen? Nur Feiglinge. Ich halte es für meine heilige Pflicht, vor das deutsche Volk zu treten und ihm die Wahrheit zu sagen, diese Schurken beim Namen zu nennen und das Volk von ihnen zu befreien. Sie, Herr Feldmarschall, sprechen von Eid und Landesverrat. Zum Teufel mit solchen Phrasen, hier geht es um das Volk – das ist die Hauptsache.'

Auf die Bemerkung von Paulus, daß sich die Wehrmacht saubere Hände bewahrt habe, antwortete von Seydlitz:

‚Das stimmt nicht, die Wehrmacht hat Zuarbeit geleistet und nicht protestiert. Auf der Wehrmacht lastet die Schuld, daß sie die Existenz dieser Schurken zuläßt. Rußland ist bereit, mit uns zusammenzuarbeiten, das sollten wir nutzen. Doch wir werden als Verräter bezeichnet. Was bedeutet das? Es ist schon lächerlich, wenn es nicht so traurig wäre.' “

Zu einer Wende in den Beziehungen kam es in der Nacht vom 2. zum 3. Oktober 1943. Im erhaltenen Tagebuch von Stern ist vermerkt, daß Kommissar Melnikow am 2. Oktober nach dem Abendessen vor den Generalen gesprochen hat:

„In seiner kurzen Rede ging er auf die Ziele und Aufgaben des Offiziersbunds im Nationalkomitee ‚Freies Deutschland' ein und erklärte die Gründe, aus denen die Führung der UdSSR die Gründung dieser Organisation auf ihrem Territorium gestattet hatte.

Am Schluß seiner Rede wandte sich Melnikow an Feldmarschall

Paulus und äußerte die Überzeugung, daß dieser den ehrenhaften Charakter der Aufgaben des Offiziersbunds, die den Interessen des sowjetischen und des deutschen Volkes entsprechen, verstehen werde.

‚Wer nicht mit uns ist, ist gegen uns!' sagte Melnikow. Er machte Paulus klar, daß die im Lager Nr. 48 unter dessen Anleitung verfaßte gemeinsame Erklärung der kriegsgefangenen Generale gegen die Initiativgruppe Schaden gestiftet habe, da sie die Selbständigkeit und Initiative der anderen Generale in ihrer Haltung zum Offiziersbund hemme. Deshalb sollte Paulus in einem Brief die anderen Generale von ihrer moralischen Pflicht entbinden. Als Beispiel führte Melnikow General Schloemer an und bat diesen zu bestätigen, daß er sich durch diese Verpflichtung bei seiner Entscheidung, dem Bund Deutscher Offiziere beizutreten, wesentlich beeinträchtigt fühlte."

Tatsächlich hatte sich Generalleutnant Helmut Schloemer, Kommandeur der 3. Motorisierten Infanteriedivision, im September 1943 bereit erklärt, dem Bund Deutscher Offiziere beizutreten, doch darum gebeten, dies geheim zu halten, was er damit motivierte, daß er sich um das Schicksal seines Sohns, eines Frontoffiziers, sorge.

Doch weiter mit Stern:

„Der neben Schloemer sitzende General Korfes flüsterte ihm zu, die Worte von General Melnikow nicht zu bestätigen. Schloemer wurde verlegen, geriet beim Sprechen ins Stocken und antwortete ausweichend, daß er sich durch diese Verpflichtung solange gebunden fühle, bis er sich von der Aufrichtigkeit des Offiziersbunds überzeugen könne.

Als zweiter Redner sprach General von Seydlitz. Er dankte Melnikow für seine Ausführungen und versicherte ihm bewegt und mit Tränen in den Augen, daß er alle seine Kräfte und erforderlichenfalls sein Leben für die Sache, die sie begonnen hätten, geben werde.

Wie Beobachtungen und Meinungsäußerungen zeigten, hat die Rede Melnikows durch ihre Offenheit, Überzeugungskraft und Klarheit alle Generale tief beeindruckt.

Unter dem Einfluß dieser Rede sprach General von Daniels die ganze Nacht hindurch mit Paulus:

‚Sie sehen und konnten sich nochmals davon überzeugen, Herr Feldmarschall, daß die Wahrheit der Geschichte auf unserer Seite ist und die Russen in dieser Frage die ihnen eigene Großherzigkeit und Aufrichtigkeit zeigen. Jetzt oder nie müssen wir die feste Grundlage der Freundschaft zwischen dem deutschen und dem russischen Volk schaffen. Gegenwärtig bieten die geschichtliche Situation und das Entgegenkommen der Russen eine Möglichkeit dafür, nachher wird es zu spät sein. Ihr Versuch, die Entscheidung hinauszuzögern, kann sich für Sie verhängnisvoll erweisen.' "

Auch General Korfes schrieb die wichtigsten Ausführungen des Kommissars der Staatssicherheit Melnikow in sein Notizbuch. Die Generale von Seydlitz und Lattmann äußerten, daß sie die Rede von Melnikow stark beeindruckt und ihnen Zuversicht in ihrer Arbeit vermittelt habe.

Im Tagebuch von Stern ist unter dem 3. Oktober vermerkt, daß die Generale von Seydlitz und Lattmann lange mit Paulus darüber gesprochen haben, daß er an die Generale im Lager Nr. 48 einen Brief richten solle, in dem er sie von der kollektiven Verpflichtung entbindet, den Bund Deutscher Offiziere zu verurteilen:

„General von Daniels sagte, daß die Rede Melnikows Paulus sehr beeindruckt hat. Paulus spürte, daß die sowjetische Führung ehrliche Absichten verfolgt. Daniels war der Meinung, daß Paulus nunmehr einer Entscheidung beträchtlich näher gekommen sei. Während des Gesprächs wurden nochmals grundsätzliche Fragen und die gegenwärtige Lage erörtert.

Nach Meinung von Daniels sei es gegenwärtig wichtig, Paulus mit dem der sowjetischen Führung vorliegenden Material über die innere Lage und die Stimmung in Deutschland vertraut zu machen. Es war zu spüren, daß Paulus unablässig nachdenkt, jedoch nicht zu einer endgültigen Entscheidung kommt, vor allem, weil ihm Informationen über die Lage in Deutschland fehlen. Paulus äußerte:

‚Wie kann ich eine Entscheidung treffen, wenn Sie, Mitglieder des Bunds Deutscher Offiziere, selbst nichts wissen und keine Informationen haben. Was hat sich in dieser Hinsicht durch Ihren Beitritt zum Offiziersbund geändert? Sie wissen ebenso viel wie ich, und Ihre Organisationsmöglichkeiten sind ebenfalls begrenzt.'

Abschließend sagte von Daniels zu mir:

‚Sie müssen Paulus Berichte über die Lage und Stimmung in Deutschland lesen lassen und ihm die jüngste Rede von Goebbels zur Kenntnis geben, vor allem, weil darin pessimistische Töne anklingen. Außerdem muß General Melnikow mit Paulus ein Gespräch führen, in dem die heiklen Fragen direkt angesprochen werden.' "

Am Abend fragte General Korfes im Beisein der Generale Schloemer und von Daniels, ob die Rede Melnikows als offizielle Stellungnahme, die den Standpunkt der sowjetischen Regierung wiedergibt, zu werten sei. Das wurde bestätigt.

Etwas später, vor dem Abendessen, bat Paulus Stern, zu ihm ins Zimmer zu kommen, weil er mit ihm sprechen möchte. Dort sagte Paulus:

„Die letzte Nacht war für mich außergewöhnlich. Sowohl die Rede von General Melnikow als auch meine jetzige persönliche Lage sind ohnegleichen. Ich muß Ihnen sagen, daß ich immer noch unter dem Eindruck der Rede von General Melnikow stehe. Ich hätte ihm bis zum Morgen zuhören können. Obwohl es tiefe Nacht war, verspürte ich nicht die geringste Müdigkeit. Seine Rede hat vieles geklärt. Ich bedauere sehr, daß General Melnikow glaubt, die Initiative zu dem Dokument, das am 1. September in Woikowo abgefaßt wurde, sei von mir ausgegangen. Ich versichere Ihnen, daß ich dabei nur eine sehr geringe Rolle gespielt habe. Einige Generale unterbreiteten den Plan für die Abfassung des Dokuments, ich habe mich ihnen nur angeschlossen. Nach der Rede von General Melnikow wurde mir klar, daß ich als Dienstgradältester die Verantwortung für dieses Dokument trage. Ich habe beschlossen, die erforderlichen Schritte zu tun, um die Generale von ihrer Unterschrift zu entbinden. Gegenwärtig überlege ich, wie ich das am besten tun kann. Ich befürchte, daß ein Brief an die Generale in Woikowo nicht den gewünschten Erfolg haben wird. Sie müssen wissen, daß die Generale dort von der Außenwelt isoliert sind. Und die Generale, die Woikowo verlassen hatten und dorthin zurückgekehrt sind, haben sich um 180 Grad gewendet. Den im Lager verbliebenen Generalen ist eine solche Veränderung innerhalb kurzer Zeit unverständlich, sie sind daher mißtrauisch. Hieraus erklärt sich auch der Mißerfolg des Generals von Seydlitz in Woikowo. Ich befürchte, daß einem solchen Brief von mir ein ähnliches Schicksal beschieden sein wird. Deshalb halte ich es für besser, wenn ich nach Woikowo fahre und mit den Generalen selbst spreche.

Leider müssen wir jetzt zum Abendessen, die Herren Generale erwarten uns schon. Ich möchte Sie bitten, mir morgen, am 4. Oktober, Zeit und Gelegenheit für ein ausführliches Gespräch über die Rede von General Melnikow und die Form der Rücknahme des Dokuments vom 1. September zu geben."

Wolf Stern sprach mit Feldmarschall Paulus am 4., 5. und 6. Oktober. Die Ergebnisse der Gespräche faßte er in einem Bericht an den Kommissar der Staatssicherheit Nikolai Melnikow zusammen:

„Am 4. Oktober 1943 setzte ich das Gespräch mit Paulus über die Lage fort, die für ihn nach der Rede von General Melnikow am 2. Oktober entstanden war. Paulus erklärte mir:

‚Ich möchte den Wünschen von General Melnikow, die er am 2. Oktober geäußert hat, nachkommen. Sie unterteilen sich meiner Meinung nach in zwei Gruppen:

– Entbindung der Generale im Lager Nr. 48 von der, wie ich meine, vermeintlichen Verpflichtung mir gegenüber, die sie bei der Abfassung und Unterzeichnung des Dokuments vom 1. September eingegangen sind;

– Rücknahme unserer in dem erwähnten Dokument dargelegten Meinung, daß wir die Handlungen des Generals von Seydlitz und der anderen Offiziere, die sich der Bewegung angeschlossen haben, als Landesverrat und Eidbruch bezeichnen.

Ich kann dem nur dann nachkommen, wenn mir die Möglichkeit gegeben wird, in das Lager Nr. 48 zu fahren, denn eine Erklärung, die ich hier abgebe, wird bei den Generalen Unverständnis hervorrufen und nicht die gewünschte Wirkung haben. Den Grund habe ich ihnen gestern bereits dargelegt.

Ich bitte um die Möglichkeit, mit jedem der Generale zu sprechen und die neue Lage aus der Sicht zu erklären, wie ich sie verstehe, nachdem ich Beobachtungen anstellen, Informationen einholen und die Rede von General Melnikow hören konnte.

Ich bin überzeugt, daß die Generale, wenn ich mit ihnen in der mir eigenen Art ruhig rede, mir zustimmen werden. Dann kann ich im Namen aller Generale eine Erklärung zu diesen beiden von General Melnikow in seiner Rede angesprochenen Themen abgeben, d. h. das Dokument vom 1. September zurücknehmen. Allerdings bin ich nicht überzeugt, daß sich die Generale Heitz, Strecker und Pfeffer meinen Vorschlägen anschließen werden. Die anderen werde ich wohl überzeugen können. Ich nehme an, daß es für Sie nicht so wichtig sein wird, wenn sich Heitz, Strecker und Pfeffer uns nicht anschließen werden. Na und, sie werden dann isoliert sein, während wir eine neue Position gegenüber dem Bund Deutscher Offiziere einnehmen werden. Glauben Sie, daß dieser Vorschlag General Melnikow zufriedenstellen wird?' “

Stern antwortete: „Ihr Vorschlag ist ernst gemeint und überzeugend. Aus der Sicht unserer freundschaftlichen persönlichen Beziehungen zu Ihnen kann man ihn akzeptieren. Doch wir sind Realpolitiker und betrachten politische Fragen aus realpolitischer Sicht. In diesem Fall kann uns Ihr Vorschlag nicht zufriedenstellen.

Bisher haben Sie mit keinem Wort Ihre positive Haltung zum Offiziersbund bekundet. Ihren Ausführungen nach sind Sie vielmehr ein Gegner des Bunds. Wie können wir Ihnen in diesem Fall eine Möglichkeit für Gespräche mit den Generalen im Lager Nr. 48 geben? Welche Garantie haben wir, daß Sie dort Gespräche zu unserem Nutzen, d. h. zum Nutzen der UdSSR und Deutschlands führen werden?

Sie müssen verstehen, daß das von Ihnen am 1. September abgefaßte Dokument jetzt nicht mehr so wichtig ist und mit jedem Tag mehr an Bedeutung verliert. Sie wissen, daß sich einige Generale bereits von der Position des Dokuments vom 1. September distanziert haben oder sich mit dem Gedanken tragen – Schloemer, Drebber und Rodenburg.

Unser Vorschlag, die Generale von ihren Unterschriften zu entbinden, ist unsererseits lediglich ein Entgegenkommen, ein Abkommen unter Gentlemen. Ich denke, daß Ihr Vorschlag, zuerst in das Lager Nr. 48 zu fahren und uns dann eine Erklärung über die Rücknahme des Dokuments vom 1. September zu bringen, General Melnikow nicht zufriedenstellen wird. Ich schlage Ihnen vor, zuerst die Erklärung zu schreiben und dann zu fahren. Natürlich werde ich General Melnikow Ihren Vorschlag unterbreiten und Ihnen seine Meinung mitteilen."

Darauf Paulus: „Wenn Sie es wünschen, kann ich eine Erklärung schreiben, die allerdings nur die Entbindung der Generale von ihrer Verpflichtung mir gegenüber betrifft. Doch ich bitte darum, diese Erklärung den Generalen im Lager Nr. 48 nicht bekanntzugeben, bevor ich selbst mit ihnen gesprochen habe. Ist General Melnikow damit gedient?"

Stern: „Sie können uns nur zufriedenstellen, wenn Sie dem Offiziersbund beitreten."

Paulus: „Damit gehen Sie zu weit. Wir wollen erst einmal dieses unglückselige Dokument aus der Welt schaffen."

Am 5. Oktober 1943 betrat Stern das Zimmer von Feldmarschall Paulus und übermittelte ihm einen Gruß von Melnikow sowie die Bitte, besagte Erklärung zu schreiben. Später dann werde Melnikow mit dem Feldmarschall über alle Fragen sprechen.

Paulus bemerkte scherzhaft:

„Demnach ist meine Erklärung die Fahrkarte für die Reise? Nun gut, ich werde sie schreiben."

Er bat Stern darum, daß man ihm, wenn er mit den Generalen gesprochen und eine zweite Erklärung abgegeben habe, die erste zurückgeben möchte. Und er sagte:

„Ich empfehle, Material über den Bund der Offiziere mitzunehmen und den Generalen alle sie interessierenden Fragen zu erläutern, sie jedoch nicht zum sofortigen Beitritt zum Bund aufzufordern. Geben Sie ihnen Zeit zum Nachdenken, wiederholen Sie nicht die Fehler, die von Seydlitz gemacht hat."

Am 6. Oktober übergab Feldmarschall Paulus dem operativen Bevollmächtigten Stern folgende handgeschriebene Erklärung:

„Zur Erklärung der deutschen Generale vom 1. 9. 1943 im Kriegsgefangenen-Lager 48 sehe ich mich veranlaßt, folgendes festzustellen: Die Unterschrift jedes einzelnen beruht auf eigener Auffassung und ist freiwillig erfolgt. Eine besondere Verpflichtung gegenüber meiner Person ist darin nicht enthalten. Sofern jedoch einer der Beteiligten hierbei eine solche Verpflichtung mir gegenüber annehmen sollte, entbinde ich ihn hiermit von dieser vermeintlichen Verpflichtung.

6. Oktober 1943 Paulus

Generalfeldmarschall"

Am nächsten Tag schickte Nikolai Melnikow folgenden Sonderbericht an Lawrenti Berija:

„Am 1. September d. J. gaben im Lager Nr. 48 des NKWD die kriegsgefangenen deutschen Generale, die sich geweigert hatten, dem Bund Deutscher Offiziere und der nationalen Bewegung ‚Freies Deutschland' beizutreten, eine kollektive Erklärung ab, in der sie die Handlungsweise der deutschen Generale, die sich dem Offiziersbund angeschlossen haben, verurteilten und sie als Landesverräter bezeichneteten. Zur Führung dieser Gruppe von Generalen, die die Erklärung unterzeichneten, gehörten Generalfeldmarschall Paulus und Generaloberst Heitz.

Am 6. Oktober unterschrieb Paulus ein Dokument, das die Generale, die die Erklärung vom 1. September unterzeichnet haben, von

Verpflichtungen ihm gegenüber, die er für vermeintlich hält, entbindet.

Bei der Übergabe des Schreibens bat Paulus, ihm die Reise in das Lager Nr. 48 zu gestatten, um mit den Generalen, die die Erklärung vom 1. September unterschrieben haben, über die Rücknahme dieses irrigen Dokuments zu sprechen.

Wir übersenden die Übersetzung der Dokumente vom 1. September und 6. Oktober d. J. als Anlage zu diesem Schreiben und erwarten Ihre Weisungen."

So ergab sich, daß der Kommissar der Staatssicherheit Nikolai Melnikow nunmehr auf die Entscheidung Berijas wartete, der operative Bevollmächtigte Wolf Stern seinerseits auf Melnikows Entscheidung und der kriegsgefangene Generalfeldmarschall Friedrich Paulus wiederum auf Sterns Information . . .

Generalfeldmarschall Paulus wird Vertrauen geschenkt

Die Wartezeit währte nicht lange. Am 9. Oktober 1943 schickten Iwan Petrow und Nikolai Melnikow an den Volkskommissar des Innern Lawrenti Berija einen Bericht:

„In Ergänzung unseres Sonderberichts vom 7. Oktober d. J. teilen wir Ihnen mit:

Am 8. Oktober wiederholte Paulus in einem Gespräch mit dem Kommissar der Staatssicherheit Gen. Melnikow die Bitte, ihm die Reise in das Lager Nr. 48 zu gestatten, um mit den deutschen Generalen über die Rücknahme ihrer kollektiven Erklärung vom 1. September d. J. zu sprechen.

Unter Hinweis darauf, daß ein Brief an die Generale, um sie zur Revision ihrer Haltung zum Offiziersbund zu motivieren, nicht die erforderliche Wirkung haben wird, legte Paulus seinen Standpunkt wie folgt dar:

'Ich möchte wissen, warum Sie mir noch immer kein Vertrauen schenken. Es muß doch klar sein, daß ich, wenn ich in das Generalslager fahren will, um mit den Generalen zu sprechen, daran interessiert bin, die Aufgabe zu Ihrer vollen Zufriedenheit zu erledigen.

Ich kann Ihnen nicht sagen, warum ich nicht schon jetzt, vor der Reise, eine Stellungnahme zu der von uns in dem unglückseligen Dokument vom 1. September bezogenen Position abgeben kann.'

Am 9. Oktober berichtete unser operativer Bevollmächtigter aus dem Objekt, daß Paulus ihm gegenüber geäußert hat:

‚Ich bin überzeugt, daß meine Reise erfolgreich sein wird. Die Generale und ich werden eine schriftliche Erklärung abgeben, in der unsere Haltung zum Offiziersbund und zu den ihm angehörenden Offizieren in für Sie positivem Sinne revidiert wird.

Sollte meine Reise nicht erfolgreich sein, dann gebe ich in meinem Namen eine schriftliche Erklärung über die Revision meiner Haltung ab, die Ihren Wünschen voll und ganz entsprechen wird.'

Wir gehen davon aus, daß die Reise von Paulus in das Lager Nr. 48 und seine Arbeit mit den Generalen günstige Bedingungen dafür schaffen kann, sie für den Offiziersbund zu gewinnen und in unserem Interesse einzusetzen.

Wir bitten um Ihre Weisungen."

Nachdem Berija diesen Bericht gelesen hatte, wies er an: „Genehmigt. L. B., 11. 10. 43"

Am nächsten Tag reiste Paulus in Begleitung von Oberst Schwez, Stellvertreter Melnikows, und Hauptmann Peters, operativer Bevollmächtigter der Operativen Abteilung der UPWI, ab.

Am Morgen des 14. Oktober traf sich Peters mit Feldmarschall Paulus im Lager.

„Ich möchte Sie über die Lage informieren", sagte Paulus. „Die Hälfte des Weges habe ich zurückgelegt. Am 12. und 13. Oktober habe ich mit Generalen aus verschiedenen Gruppen gesondert gesprochen. Ich will nichts überstürzen, wie seinerzeit General von Seydlitz, und Ihnen daher sagen, daß ich vor Sonntag wohl kaum mit meiner Aufgabe fertig werde. Sie müssen verstehen, es handelt sich durchweg um ältere Menschen, die Zeit brauchen und keine schnellen Entscheidungen treffen."

Peters antwortete, daß er ihn nicht zur Eile antreiben wolle und er sich wegen der benötigten Zeit keine Gedanken zu machen brauche. Wichtig sei allein ein umfassendes Ergebnis.

Paulus bat Peters, Oberst Schwez darüber zu informieren, daß gegenwärtig eine Formulierung des Dokuments ausgearbeitet werde, die alle zufriedenstellen könnte – die UPWI wie auch die verschiedenen Gruppen von Generalen.

Dann kamen sie auf General Rodenburg zu sprechen. Paulus sagte, daß Rodenburg entgegen den Angaben Sterns vor der Abreise zwar mit dem Lagerleiter gesprochen, jedoch keine Initiative bekundet habe, sich mit den Dokumenten des Offiziersbunds vertraut zu machen, obwohl das in Moskau behauptet werde. „Im übrigen“, fügte Paulus hinzu, „ist Rodenburg einer positiven Entscheidung sehr nahe.“

Peters kam erneut auf das Ziel der Reise zu sprechen:

„Ich möchte Ihnen raten, Herr Feldmarschall, den Generalen zu erklären, daß die Hoffnungen auf einen möglichen Friedensschluß mit Hitler vollkommen abwegig sind. Das hat Genosse Stalin in seiner Rede zum Ausdruck gebracht, und das ist auch für unser Volk vollkommen klar, das sich niemals mit Hitler und seinem Regime versöhnen wird. Deshalb halten wir die diesbezüglichen Hoffnungen der Generale für sehr naiv, um nicht zu sagen dumm.“

Während sie miteinander sprachen, kam Oberst Adam näher. Nach der Begrüßung erkundigte sich Peters nach Adams Befinden. Adam klagte über Herzbeschwerden, was Paulus merklich beunruhigte. Peters versprach zu helfen:

„Nur keine Bange, Oberst! Wir werden uns darum kümmern und Sie wieder auf die Beine stellen.“

Paulus sah Peters dankbar an: „Ja, das wäre zu wünschen.“

Am nächsten Tag trafen sie sich erneut im Lager. Peters erkundigte sich nach den Ergebnissen und sagte Paulus, daß er ihn über die letzten Ereignisse informieren möchte: Italien hat Deutschland den Krieg erklärt, die Rote Armee hat die Städte Saporoshje und Melitopol eingenommen. Paulus war von dieser Nachricht schockiert, doch er enthielt sich jeden Kommentares und fragte nur:

„Und wie steht es am rechten Ufer des Dnepr?“

Peters antwortete, daß dort um die Erweiterung des Brückenkopfes gekämpft werde.

Peters kam auf die Mission von Paulus im Lager zurück und fragte, wer ihm die größten Schwierigkeiten mache. Paulus antwortete: „Diese Leute sehen sich nur als Soldaten und halten sich von der Politik fern.“

Peters wollte in dieser Frage völlige Klarheit schaffen:

„In unserer Epoche, Herr Feldmarschall, gibt es keine unpolitischen Berufssoldaten. Die Zeiten sind vorbei, in denen Freiwillige wegen des Solds in die Armee eintraten und nicht danach fragten, gegen wen gekämpft und wer ermordet wird. Heute ist der Soldat das bewaffnete Instrument der Politik. Deshalb muß sich ein General, der am Krieg teilnimmt, nicht nur Rechenschaft über seine Handlungen ablegen, sondern sein Verhalten vor allem auch aus der Sicht seiner

Verantwortung gegenüber dem Volk und der Geschichte bewerten. In dieser Hinsicht denke ich, daß die Argumente, wir seien alle nur Soldaten, jeglicher Grundlage entbehren und lächerlich klingen."

Paulus antwortete: „Ja, im Prinzip haben Sie ja recht, doch wir wurden jahrelang in diesem Geist erzogen."

Dann kam die Sprache auf den von Paulus geäußerten Wunsch, im Lager Nr. 48 zu bleiben:

„Mir fällt es schwer, mich von meinen Kameraden zu trennen und in der Gefangenschaft bessere Bedingungen als sie zu genießen. Inzwischen haben Sie sicherlich feststellen und erkennen können, daß ich nicht an einer Sonderbehandlung interessiert bin und Kameradschaft über alles schätze."

Peters erwiderte: „Sie haben selbst gesagt, daß das Lager nach dem Aufenthalt in Saretschje auf Sie einen bedrückenden Eindruck gemacht hat. Wir sind wirklich bemüht, Ihnen alle erforderlichen Bedingungen zu schaffen, um Ihnen die Gefangenschaft zu erleichtern."

„Ja", sagte Paulus, „das merke ich und weiß ich zu schätzen. Doch Sie müssen verstehen, wie schwer der moralische Druck auf mir lastet, daß ich Kriegsgefangener bin. Deshalb möchte ich lieber das Schicksal, so wie es ist, mit allen teilen.

Außerdem stehe ich in Saretschje unter ständigem Druck."

Peters erwiderte: „Sie unterliegen einem großen Irrtum. Das ist eine allzu passive Position für einen so bedeutenden Mann und paßt nicht in unsere Zeit. Sie sind nicht nur für Ihre Armee, sondern auch für Ihre Generale verantwortlich. Deshalb müssen Sie ihnen helfen, aus ihrer gegenwärtigen Sackgasse herauszukommen, und dürfen sich nicht selbst vor der Wahrheit verstecken.

Sie stimmen mir doch wohl zu, daß die wahren Freunde nicht die sind, die Ihnen beim Selbstbetrug helfen, sondern jene, die die Wahrheit sagen. Sie sagen, daß Sie in Saretschje ständigem Druck ausgesetzt sind. Aber was geschieht dort eigentlich? Man sagt Ihnen die Wahrheit und hilft Ihnen, der moralischen Gefangenschaft zu entrinnen. Der Begriff ‚Kriegsgefangener' unterscheidet sich heute völlig von dem früherer Kriege. Früher war für einen Offizier, der in Gefangenschaft geraten war, der Krieg vorbei. Heute bleibt ein Kriegsgefangener so lange in Gefangenschaft, bis er die Wahrheit dieses Krieges erkannt und dazu Stellung genommen hat. Ich habe daher den Eindruck, daß Sie, Herr Feldmarschall, sich durch Ihre passive Haltung zu den Ereignissen Ihre Lage selbst erschweren. Der Sowjetstaat führt den Krieg gegen den Hauptkriegsherd – den Hitlerfaschismus, der in gleichem Maße auch dem deutschen Volk Schaden zufügt.

Deshalb möchte ich Ihnen raten, sich endlich darüber klar zu werden, wer Ihre Freunde und wer Ihre Feinde sind."

Paulus antwortete darauf sichtlich aufgewühlt: „Aber diese kategorische Formulierung ‚Wer nicht mit uns ist, ist gegen uns!' ist doch sehr hart."

Peters sagte: „Ja, Herr Feldmarschall, vielleicht ist sie hart; aber sie entspricht der Wahrheit."

Paulus begehrte auf: „Aber Sie müssen auch mich verstehen. Ich kann keine endgültige Entscheidung treffen, solange ich nicht überzeugt bin. Ich möchte meine Entscheidung aus reinem Herzen, ohne irgendwelche persönlichen Berechnungen, treffen. Sie sehen ja, daß ich mir die ganze Zeit darüber Gedanken mache, doch ich kann die Schranke einfach nicht überwinden. Ich möchte manchmal auch anders handeln und einfach erklären: Lassen Sie mich in Ruhe, ich will nichts hören. Doch das tue ich nicht, d. h. ich suche nach einem Weg."

Peters blieb stehen: „Sagen Sie, Herr Feldmarschall, was Sie brauchen, was Ihnen unklar ist und womit wir helfen können. Seien Sie ehrlich zu uns. Nur unter diesen Bedingungen lassen sich die Probleme lösen. Ich verstehe, daß es für Sie schwer ist und Sie aufrichtig wünschen, ehrlich zu bleiben. Doch man darf sich nicht so leicht von Stimmungen beeinflussen lassen. Gestern waren Sie noch zuversichtlich, doch heute beginnen Sie, offensichtlich unter dem Einfluß der Gespräche mit den Generalen, das Gleichgewicht zu verlieren. So kommen Sie niemals zu einer Entscheidung. Verzeihen Sie mir, Herr Feldmarschall, doch ich bin Ihnen gegenüber ehrlich und aufrichtig und will nur Ihr Bestes."

Paulus: „Nein, ich höre Ihnen gern zu und verstehe Sie. Ihre Gedanken erscheinen mir aufrichtig, ich werde sie bedenken. Aber glauben Sie nur nicht, daß meine Stimmung die Erfüllung der Aufgabe, zu der ich mich verpflichtet habe, irgendwie beeinflussen wird. Ich werde mein Wort halten. Ich hatte nur das Bedürfnis, mich Ihnen mitzuteilen, und bin Ihnen für das Gespräch sehr dankbar."

Sie gingen noch eine Zeitlang schweigend nebeneinander, dann verabschiedeten sie sich.

Am 21. Oktober 1943 schickten Iwan Petrow und Nikolai Melnikow an Sergej Kruglow, den Stellvertreter Berijas, folgenden Bericht:

„Entsprechend Ihrer Genehmigung wurde der kriegsgefangene

Feldmarschall Paulus am 12. Oktober d. J. in das Lager Nr. 48 zu den gefangenen Generalen gebracht.

Am 15. Oktober erklärte Generalleutnant Sixt von Armin schriftlich:

‚Die sowjetische Regierung nimmt allem Anschein nach an, daß wir Generale am 1. September 1943 die Erklärung unter einem gewissen Druck unseres Dienstgradältesten Generalfeldmarschall Paulus unterschrieben haben.

Es war indes faktisch mein Vorschlag, eine gemeinsame Erklärung auf die an uns ergangene Aufforderung abzugeben, dem Bund Deutscher Offiziere beizutreten. Ich dachte, daß das unsere gemeinsame Antwort sein wird, und habe den Entwurf dieser Antwort verfaßt. Leider hat die Form dieser Antwort Mißfallen erregt. Mir lag es fern, die Maßnahmen der sowjetischen Regierung zu erörtern oder zu verurteilen. Ich habe lediglich über die Mitglieder des Bundes Deutscher Offiziere geurteilt, was ich für notwendig hielt, da ich die Weigerung, dem Bund beizutreten, motivieren mußte.'

Am nächsten Tag fragte Paulus unsere Vertreter Schwez und Peters, ob ihnen die Erklärung von Sixt von Armin bekannt ist und was wir zu tun gedenken. Als ihm unsere Vertreter sagten, daß wir auf das Schreiben von Armin überhaupt nicht reagieren werden, erklärte Paulus, daß Sixt von Armin ohne sein Wissen und seine Zustimmung gehandelt hat und er über unsere Entscheidung erfreut ist.

Am selben Tag versicherte Paulus unseren Vertretern nochmals, daß er seiner Verpflichtung hinsichtlich der Abfassung eines Dokuments in einer uns befriedigenden Form nachkommen wird.

Am 17. Oktober unterbreitete Paulus ein von ihm und fünfzehn Generalen unterzeichnetes Dokument mit folgendem Inhalt:

‚Wie uns mitgeteilt wurde, wird unsere kollektive Erklärung vom 1. September als gegen die Regierung der Sowjetunion gerichtete Handlung gewertet.

Da mit unserer Handlung keinesfalls solche Absichten verfolgt wurden, nehmen wir, ohne unsere Auffassung hinsichtlich der Gesetze unserer Heimat zu revidieren, unsere an die Regierung der Sowjetunion gerichtete Erklärung zurück.'

Bei der Übergabe erklärte Paulus:

‚Diese Erklärung befreit jeden General von der kollektiven Verpflichtung und gibt ihm die Möglichkeit, seine persönliche Haltung zum Bund Deutscher Offiziere zum Ausdruck zu bringen. Es war nicht möglich, dieses Dokument anders zu formulieren, denn den

Alten fällt es schwer, ihre Überzeugungen ohne weiteres aufzugeben.' "

In Auswertung der Observierung von Paulus und der im Lager Nr. 48 durchgeführten Maßnahmen kam man zu dem Schluß:

„Paulus hat seine eingegangene Verpflichtung nicht erfüllt, von den Generalen ein vollwertiges Dokument zu erhalten, das die gegen die Generale, die sich dem Offiziersbund angeschlossen haben, in der Erklärung vom 1. September d. J. erhobene Anschuldigung des Landesverrats zurücknimmt.

Die deutschen Generale im Lager Nr. 48 leisten nach wie vor organisierten Widerstand gegen unsere Maßnahmen. Paulus hat sich nicht dazu entschlossen, den Generalen offen zu erklären, daß er in unserem Objekt 25-W anerkannt hat, daß die Generale, die sich dem Offiziersbund angeschlossen haben, aus ehrlichen Motiven handeln. Er weigerte sich, dies den Generalen im Lager Nr. 48 einzugestehen, als unsere Vertreter ihnen seine bekundete Auffassung mitteilten.

Am 19. Oktober wurde Paulus in das Objekt 25-W zurückgebracht.

Genossen L. P. Berija wurde Bericht erstattet."

Offensichtlich waren die Generale Petrow und Melnikow bitter enttäuscht, daß Generalfeldmarschall Paulus ihre Erwartungen nicht erfüllt und den verantwortungsvollen Auftrag nicht ausgeführt hatte, die Generale von ihrer Meinung abzubringen, daß sich Kriegsgefangene nicht an Handlungen beteiligen dürften, die die Kampfkraft ihres Landes zersetzen. Eigentlich hatten sie ja recht – sowohl ethische Normen als auch die Haager Landkriegsordnung verbieten und verurteilen die Einbeziehung von Kriegsgefangenen in Kampfhandlungen gegen ihr Land.

Das überzeugte Verhalten der Generale Heitz, Pfeffer, Renoldi, Strecker und anderer ist somit nicht zu verurteilen. Aber Überzeugung darf nicht einseitig sein. Wenn die deutschen Generale gegen die Teilnahme gefangener deutscher Offiziere an der Bewegung „Freies Deutschland" protestierten, dann hätten sie auch die auf deutscher Seite aufgestellten Ost-Legionen, Kosakeneinheiten und anderen Formationen verurteilen müssen, die überwiegend aus Personen gebildet wurden, die in Gefangenschaft geraten waren, weil sie keinen Widerstand mehr leisten konnten.

Offensichtlich begann nun die Führung der UPWI, kompromittierendes Material über Feldmarschall Paulus zu sammeln. Am 21. Oktober 1943 schickten Petrow und Melnikow einen Bericht an Lawrenti Berija:

„Am 18. Oktober d. J. führten Oberst Schwez und Hauptmann der Staatssicherheit Peters im Lager Nr. 48 im Zusammenhang mit der Ankunft von Paulus im Generalslager ein Gespräch mit Generalstabsarzt Renoldi, um die Stimmung der deutschen Generale zu sondieren.

Renoldi wurde mitgeteilt, daß Paulus in unserem Objekt 25-W anerkannt hat, daß die Generale, die sich dem Bund Deutscher Offiziere angeschlossen haben, aus ehrenvollen Motiven handeln und dieser Schritt nichts mit Landesverrat zu tun hat. Wie sich im Gespräch mit Renoldi herausstellte, hat Paulus diese von ihm geäußerte Auffassung den Generalen im Lager Nr. 48 verschwiegen. Die Nachricht löste bei den Generalen große Empörung aus und veranlaßte sie zu heftigen und unvorsichtigen Äußerungen auf ihren Zimmern.

Aus den erfaßten Äußerungen geht hervor, daß Generalmajor Roske und Oberst Adam, der Adjutant von Paulus, die Flucht eines Kriegsgefangenen aus dem Lager Nr. 48 vorbereiten. Er soll einen Brief der Generale, die sich in diesem Lager befinden, nach Deutschland bringen.

Aus diesen Äußerungen ist auch ersichtlich, daß Paulus die Flucht dieses Kriegsgefangenen sanktionierte.

Um die Flucht zu verhindern, den Brief abzufangen und die Umstände zu nutzen, halten wir folgende Maßnahmen für erforderlich:

1. Paulus ist direkt und kategorisch mitzuteilen, daß wir von der vorbereiteten Flucht wissen und von ihm eine Erklärung verlangen. Er wird einer Leibesvisitation unterzogen.

2. Wir fahren in das Lager Nr. 48, um Ermittlungen und sorgfältige Untersuchungen bei allen kriegsgefangenen deutschen Generalen und Soldaten vorzunehmen. In Abhängigkeit von den Durchsuchungs- und Ermittlungsergebnissen werden Generalmajor Roske, Oberst Adam und andere an der Fluchtvorbereitung beteiligte Personen verhaftet.

3. Vor Ort ist die Bewachung des Lagers Nr. 48 zu kontrollieren, Verstärkung ist einzuleiten.

4. Unabhängig von den Ermittlungs- und Untersuchungsergebnissen ist das aus Kriegsgefangenen bestehende Bedienungspersonal der Generale vollständig auszuwechseln.

Wir bitten um Ihre Weisungen."

Doch offensichtlich hielt die sowjetische Führung die Zeit noch nicht für gekommen, um über den Generalen den Stab zu brechen. Man hielt einen offenen Konflikt mit Paulus und den anderen Generalen für verfrüht, da immer noch versucht werden konnte, sie einzeln für die Bewegung „Freies Deutschland“ zu gewinnen. Immerhin war das bei anderen, die zuvor gegen die Gründung des Nationalkomitees „Freies Deutschland“ und die Einbeziehung von Überläufern in die Bewegung protestiert hatten, auch gelungen. Beispielsweise war von Seydlitz eine Woche nach der Gründungsversammlung des „Bunds“ dem Nationalkomitee beigetreten, wurde dessen Vizepräsident und hatte sich einige Tage später mit dem Vorschlag an die sowjetische Führung gewandt, aus deutschen Kriegsgefangenen eine „Deutsche Befreiungsarmee“ aufzustellen. Aller Anfang ist schwer . . .

Einige Wochen später wurde beschlossen, Generalfeldmarschall Paulus wieder in das Lager Nr. 48 zu verlegen.

Den Auftrag, Paulus aus dem Objekt 25-W in das Lager zurückzubringen, übernahm der Leiter der GUPWI, Generalmajor Petrow, persönlich. Die ganze lange Fahrt saßen sie nebeneinander im Wagen und sprachen über verschiedene Themen. Eine Niederschrift des Inhalts der Gespräche ist erhalten geblieben:

„Auf dem Weg vom Objekt 25-W zum Lager Nr. 48 drückte Paulus seine Freude darüber aus, daß er zu ‚seinen Generalen‘ zurückkehrt. Auf die Bemerkung, daß er im Objekt auch von deutschen Generalen umgeben war, antwortete er: ‚Das sind nicht meine Generale, sie haben sich von mir getrennt. Außerdem bin ich der endlosen Gespräche mit ihnen im Objekt überdrüssig.‘

Zur Niederlage der deutschen faschistischen Truppen, zur sinnlosen Politik der Hitlerregierung und zum Kriegsausgang sagte Paulus, daß ein Kriegsgefangener keine Meinung zu haben hat. Er wird auch nicht unter Druck von seiner Haltung abweichen, selbst wenn er deshalb sterben muß.

Während des weiteren Gesprächs gab er sein Wort, im Lager freundschaftliche Neutralität zu wahren. Er bat darum, seinen Umgang mit den Generalen nicht als Konspiration seinerseits gegen uns zu interpretieren und zu berücksichtigen, daß sich die Generale ihm wie schon früher mitteilen und ihn um Rat ersuchen würden.

Den Vorschlag, uns im gemeinsamen Interesse über die Stimmung der einzelnen Generale zu informieren, lehnte Paulus ab.

Er stimmte der Anregung zu, gemeinsam mit Generalmajor Gen. Petrow eine operativ-taktische Studie des modernen Kriegs zu verfassen. Allerdings meinte er, daß der Zeitpunkt dafür gegenwärtig noch zu früh sei.

Besonders lebhaft reagierte er beim Vergleich der deutschen Strategie mit der französischen; wobei er auf die Mängel der französischen Strategie beim Einsatz großer motorisierter Verbände im modernen Krieg einging."

Das erste Jahr der Gefangenschaft geht zu Ende

Am 30. Oktober 1943 teilte ein Informant, der offenbar im Kreis der Generale verkehrte, mit:

„Über die Stimmung der deutschen Generale kann ich nur wenig berichten, weil meine Kontakte zu ihnen in letzter Zeit begrenzt waren.

Zu den Mitteilungen des Informbüros meinen die deutschen Generale, daß die Verteidigung der Deutschen am Dnepr bedeutend stärker ist, als die Russen behaupten. Sie sind auch der Auffassung, daß die deutschen Truppen am Dnepr die Verteidigungslinien noch lange halten können. Deshalb hat Deutschland noch die Chance, sich so lange zu verteidigen, bis es mit Rußland einen Separatfrieden schließen kann. Einen Weg zu diesem Frieden halten einige auch dann für möglich, wenn Hitler an der Macht bleibt. Andere meinen jedoch, daß ein Friedensschluß nur möglich ist, wenn Hitler entmachtet wird. Sie sehen dafür jedoch keine praktische Möglichkeit. Anhänger der ersten Auffassung sind die Generale Heitz, Pfeffer, Strecker, von Armin, Vassoll und Roske. Zur zweiten gehören Sanne, Leyser und Deboi. Die übrigen sind unentschlossen, tendieren jedoch zur zweiten Gruppe.

General Vassoll sagte:

‚Wir können uns nicht gegen Hitler wenden, denn Hitler hat für Deutschland nur Gutes getan. Deutschland kann den Krieg nicht gewinnen, doch der Sieg der Alliierten, und besonders der Russen, ist für sie mit großen Opfern verbunden. Rußland ist daran interessiert, daß es nicht zu sehr geschwächt wird und an seiner Seite ein starkes Deutschland hat, um sich gegen den Westen behaupten zu können. Daher ist es möglich, daß Rußland mit Deutschland einen Separatfrieden schließt.'

Er sagte noch, daß sich die Russen bemühen, Feldmarschall Paulus zu beeinflussen, doch der Feldmarschall wohl kaum nachgeben wird. Ich habe aber den Eindruck, daß die Generale Paulus bereits verurteilen, denn ich hörte, wie General Pfeffer die Befürchtung äußerte, daß Paulus in einer schwachen Minute unter dem Einfluß der Russen seinen Widerstand aufgibt und sich dem Komitee ‚Freies Deutschland' anschließt."

Am 6. November 1943 schickten der Leiter des Lagers Nr. 48, Oberstleutnant Chudjakow, und der Leiter der Operativen Abteilung des Lagers, Oberstleutnant Pusyrow, dem Leiter der GUPWI, General Petrow, einen Bericht über die Reaktion der deutschen Generale auf die Konferenz der Außenminister der Sowjetunion, Großbritanniens und der USA in Moskau. Darin wird festgestellt, daß Feldmarschall Paulus, General Roske und General Leyser sehr nervös wirkten, als in einer Lagerversammlung über das Ergebnis der Konferenz informiert wurde. In dem anschließenden Gespräch habe Paulus erklärt:

„Diese Konferenz hat nichts Neues gebracht. Seit anderthalb Jahren wird davon gesprochen, daß die Alliierten bis zur bedingungslosen Kapitulation gegen Deutschland kämpfen werden. Auch der Gedanke von der Demokratisierung Italiens ist nicht neu. Aber das italienische Volk kann dennoch nicht so bald selbst über das Schicksal seines Staates entscheiden, weil Großbritannien und Amerika die Politik Italiens uneingeschränkt bestimmen werden. Die Unabhängigkeitserklärung Österreichs ist eine Propagandamaßnahme. Überhaupt werden die Pläne der Alliierten, Deutschland zu zerstückeln, kaum Erfolg haben, denn Österreich hat nach dem Ersten Weltkrieg selbst den Wunsch geäußert, sich Deutschland anzuschließen, was die anderen Länder allerdings verhindert haben. Ich weiß nur, daß das Unabhängigkeitsstreben in Österreich nicht sehr verbreitet ist."

Oberst Adam fügte hinzu: „Österreich kann nicht selbständig, ohne Unterstützung durch einen starken Staat, existieren, weil es keine eigene Industrie und keine Bodenschätze hat. Es ist ein reines Agrarland, und im Fall seiner Selbständigkeit ist das Volk zu einem Leben in Armut verurteilt."

Weiter wurde festgestellt, daß sich Paulus und Adam nicht zu der Deklaration über die Verantwortung der Hitlerfaschisten für begangene Verbrechen äußerten.

Am 8. November berichtete derselbe Informant über die deutschen Generale:

„Was die Aufweichung der Geschlossenheit der deutschen Generale betrifft, so wurde ein großer Fehler gemacht, daß man Feldmarschall Paulus erneut in das Lager Nr. 48 verlegte. Bis zu seiner Ankunft waren unter den deutschen Generalen Niedergeschlagenheit, Verzweiflung und Isolierung zu verspüren. Ihre Moral war zweifellos angeknackst.

Bis zu seiner Abreise nach Moskau war der Feldmarschall in den Augen der deutschen Generale nichts Besonderes, nur sein Dienstgrad hatte Bedeutung. Nach seiner Rückkehr in das Lager Nr. 48 ist seine Autorität bei den Generalen merklich gestiegen. Paulus vermochte es, den Generalen moralischen Halt zu geben und ihnen den Gedanken zu suggerieren, daß nichts Schreckliches passiert ist, Deutschland noch hinlänglich stark ist und trotz des Rückzug siegen wird.

Im Unterschied zu früher, als noch Gespräche im kollektiven Rahmen geführt wurden, ist Paulus nun zu individuellen Gesprächen mit den Generalen übergegangen. Er sucht sie in ihrem Zimmer auf, um mit ihnen zu reden.

Als Paulus mit Generalmajor Petrow in das Lager kam, fragte ich ihn, ob er für immer bleibt. ‚Ja', sagte er, ‚alles, was die Russen mit mir besprechen wollten, wurde besprochen. Jetzt nehmen sie sich andere vor . . .'

Die deutschen Generale, die in den Stab des Lagers bestellt wurden, erstatteten Paulus danach sofort Bericht – entweder direkt oder über Adam. So ging am 3. November 1943 General Rodenburg nach der Rückkehr von der ‚Jagd' sofort zu Paulus, um ihm zu berichten.

Der Fall von Kiew hatte auf die Deutschen eine niederschlagende und demoralisierende Wirkung. Nachdem sie diese Nachricht erfahren hatten, verließ niemand von ihnen sein Zimmer.

Am 7. November erklärte General Roske im Gespräch mit italienischen und rumänischen Generalen: ‚Die Deutschen haben Kiew selbst verlassen, weil sie die Einkreisung fürchteten. Um Kiew ist nicht gekämpft worden.'

Im Zusammenhang mit dem Befehl des Lagerleiters, zweimal täglich eine Anwesenheitskontrolle und andere Sicherheitsmaßnahmen durchzuführen, meinten die deutschen Generale, daß damit die Stimmung gedrückt werden soll und jetzt noch Schlimmeres zu erwarten ist. Der Befehl rief bei den Deutschen großen Unmut hervor und verschlechterte ihren moralischen Zustand noch mehr.

Die Rumänen sind gegen die Deutschen aufgebracht und geben ihnen die Schuld. Nedoliea sagte aus diesem Anlaß: ‚Dieser alte Affe' - er meint General Heitz - ‚hat ein Dokument verfaßt, auf das mit strengen Maßnahmen reagiert wurde, unter denen auch wir zu leiden haben. Er selbst ist jedoch davon befreit.' "

Die Zeit verging, und jeder General verbrachte sie auf seine Weise.

General von Seydlitz unternahm Frontbesuche an der Nordwestfront und sprach dort mit deutschen Soldaten und Antifaschisten, die von Major Lew Kopelew für den Einsatz im Hinterland der deutschen Truppen geschult wurden.

Die Generale und Oberste im Bund Deutscher Offiziere schrieben Artikel und Briefe an ihre Kollegen, die noch Regimenter, Divisionen, Korps und Armeen der Wehrmacht befehligten, und riefen diese auf, sich bis zur deutschen Grenze zurückzuziehen.

Die Generale, die nicht dem Bund Deutscher Offiziere angehörten, erörterten untereinander und mit Feldmarschall Paulus den Verlauf der Kriegshandlungen, Aspekte der internationalen Politik und die Zukunft Deutschlands. Sie sprachen auch über das Verhalten derer, die bereits von Worten zu Taten übergegangen waren.

So verging die Zeit bis Weihnachten.

Ein Informant beschrieb die Weihnachtsfeier im Lager Nr. 48:

„An der Weihnachtsfeier nahmen alle Generale außer den Italienern teil. Zu Beginn des Abends hielt Feldmarschall Paulus eine kurze Ansprache. Er hatte Tränen in den Augen:

‚Wir denken heute an unsere Angehörigen. Gebe Gott, daß wir das nächste Weihnachtsfest in der Heimat feiern. Wir denken an die Soldaten, die an der Front die Heimat verteidigen. Wir sind hier eine einzige große Familie geworden. Ich wünsche Ihnen einen angenehmen Abend.'

Die Generale hörten andächtig zu. Auch Pfeffer hatte Tränen in den Augen. Von Armin fuhr sich mit der Hand nervös über das Gesicht. Dann standen alle auf und sangen das Weihnachtslied ‚Stille Nacht, heilige Nacht'. Nach dem Abendessen verteilten Oberst Beaulieu und Oberst Pätzold Geschenke, die die Generale vorbereitet hatten. Zu jedem Geschenk wurde ein kurzes Gedicht vorgetragen, was die Stimmung der Anwesenden hob.

Einer der Anwesenden teilte Paulus mit, daß heute noch ein Film gezeigt wird. Hierauf sagte der Feldmarschall:

‚Ich hoffe, daß Sie, wenn wir nach Hause zurückkehren können, diese Nachricht im gleichen freudigen Ton vermelden werden.'

Jener antwortete: ‚Jawohl, Herr Feldmarschall. Und lieber heute als morgen. Doch leider können wir nichts tun, um unsere Heimkehr zu beschleunigen. Wir können nur warten.'

Paulus stimmte zu: ‚So ist es, das tun wir auch . . .'

Der Film ‚Lenin im Jahre 1918' gefiel den Generalen besser als der ihnen zuvor gezeigte Film ‚Die Schweinezüchterin und der Schäfer'. Die Schauspieler und die Aufnahmetechnik waren besser. General Pfeffer träumte in der Nacht von Lenin.

Die Generale Drebber und Deboi unterhielten sich und betrachteten die Karte. Als sie auf die deutschen Truppen zu sprechen kamen, die an der Leningrader Front und am Dnepr-Bogen kämpfen, sagte Drebber: ‚Bald müssen auch sie sich zurückziehen, wenn sie nicht unser Schicksal teilen wollen.'

Mit dieser traurigen Feststellung endete die Weihnachtsfeier."

Das Jahr 1944 brach an. Am Neujahrstag gab Feldmarschall Paulus in seinem Zimmer ein Essen, zu dem er Generaloberst Heitz als ältesten General im Lager einlud. Am Abend besuchten General von Lenski, General Leyser und Oberst Pätzold, die er zum Tee eingeladen hatte, den Feldmarschall. Dabei meldete sich ein Soldat, der mitteilte, daß seine Kameraden auf Vorschlag des kriegsgefangenen Soldaten Alfred Heine ein Glückwunschschreiben an General von Seydlitz verfaßt hätten, und den Feldmarschall fragte, ob er den Brief unterschreiben solle und wie der Feldmarschall das sehe. Paulus antwortete:

„Sie müssen selbst wissen, was Sie tun. "

Der Soldat antwortete, daß er wirklich nicht wisse, wie er sich verhalten solle. Darauf der Feldmarschall:

„Behelligen Sie mich nicht mit solchen Fragen . . . "

Feldmarschall Paulus wurde ständig und unerwartet auf den Zahn gefühlt. Besonders interessierte man sich für seine Haltung zu von Seydlitz.

„Bollwerk des Widerstands"

Mitte Januar 1944 besuchte Nikolai Melnikow das Lager Nr. 48. Sein Besuch beunruhigte Feldmarschall Paulus sehr. Er war äußerst nervös und versuchte, die Gründe für Melnikows Eintreffen zu ermitteln. General Strecker suchte die Generale in ihren Zimmern auf und empfahl jedem, nach dem Gespräch mit Melnikow den Feldmarschall über den Inhalt zu informieren. Der Informant, der dies mitteilte, versicherte, daß es auf Weisung von Paulus geschah und jeder General den Rat befolgte.

In diesen Tagen sagte Paulus im Gespräch mit General Strecker und Oberst Adam:

„Ich hatte erwartet, daß Melnikow mich und die anderen Generale einer propagandistischen Exekution unterzieht. Das ist glücklicherweise nicht geschehen, doch der Ton der Gespräche mit den Generalen hinterließ einen unangenehmen Eindruck und offenbarte Feindseligkeit uns gegenüber. Das zeugt davon, daß die Lage an der Front für die Russen gut und für uns ungünstig ist.

Zu unserer Schande habe ich mich für einige Generale schämen müssen. Ich hatte sie gewarnt, sich nicht durch Kleinigkeiten verleiten zu lassen, doch offensichtlich hat sich die Gefangenschaft bei einigen negativ ausgewirkt."

Die Geschlossenheit der Generale zeigte also die ersten Risse. Noch im Herbst 1943 war General Schloemer dem Bund Deutscher Offiziere beigetreten, und nach der Abreise von Nikolai Melnikow wurde Generalleutnant Karl Rodenburg in das Objekt Lunowo verlegt. Dann war General von Lenski an der Reihe . . .

Am 16. Januar 1944 veröffentlichte die Zeitung „Freies Deutschland" den Artikel von General von Seydlitz „Kapitulieren verboten!" Einige Tage später fand ein Gespräch zwischen Paulus und Strecker statt, der von Seydlitz beschuldigte, bei der Beschreibung der Katastrophe von Stalingrad nicht ehrlich zu sein. Paulus erklärte, daß die Generale von Lenski und Lattmann noch vor von Seydlitz die Frage der Kapitulation gestellt hätten, und sagte:

„Alles wäre nicht so schlimm, wenn diese Artikel sachlich wären. Sollen diese Leute doch anderer Meinung und Ansicht sein. Alles wäre nicht so schrecklich, wenn sie Artikel mit ihren eigenen Ansichten veröffentlichen würden. Aber das ist einfach Hetze! Eine Schande . . ."

Im Februar wurde Woikowo erneut von einer Unruhewelle erfaßt. Es gab Meldungen über Verbrechen deutscher Truppen in Smolensk. General Roske äußerte General Leyser gegenüber, dies sei Propaganda und man könne nicht glauben, daß diese Verbrechen begangen wurden.

Generaloberst Heitz erkrankte und wurde zur Behandlung nach Moskau gebracht. Beim Mittagessen übermittelte Paulus den Anwesenden, daß sich General Heitz dafür entschuldigen lasse, daß er sich nicht von allen verabschieden konnte, und sagte:

„Der Generaloberst bittet nochmals alle Herren zu grüßen, vor allem seine engsten Kampfgefährten. Man hat ihn mit einem Schlitten abtransportiert – einen Schwerkranken, eingezwängt zwischen Koffern, noch dazu bei dieser Kälte."

Er schüttelte den Kopf und verließ den Speiseraum. Am Abend sagte General Renoldi:

„Generaloberst Heitz ist wohlbehalten in Moskau angekommen und wurde in einer guten Klinik untergebracht."

In der Zwischenzeit gingen die Einzelgespräche mit den Generalen weiter, darunter auch mit Arno von Lenski, der den Generalen Sanne und Battisti berichtete:

„Heute habe ich das erstemal seit dem vergangenen Jahr wieder Alkohol getrunken. Doch es kann nicht davon die Rede sein, daß ich gegen meine Überzeugung handeln werde. Man will uns offensichtlich einzeln agitieren, dem Bund Deutscher Offiziere beizutreten. Doch ich bleibe mir treu. Ich werde über alles mit jedem russischen Bürger sprechen, doch mit den Mitgliedern des Bunds will ich nichts zu tun haben. Daran gibt es nichts zu deuteln. Ich werde mit einem unserer Kameraden hinfahren, man will uns alles zeigen. Doch deswegen kann und werde ich, als Kriegsgefangener, meine Überzeugung nicht verraten."

Im April und Mai war das Hauptgesprächsthema die Eröffnung der zweiten Front. Paulus war davon überzeugt, daß der Krieg für Deutschland glücklich ausgehen würde, und sagte am Schluß eines Gesprächs mit General Strecker:

„Das wird der Wendepunkt des Krieges sein. Die landenden Truppen müssen den Gegner überrumpeln, nur dann können sie Erfolg haben."

Zugleich aber räumte er ein: „Sie sind hervorragend bewaffnet. Wenn wir diese Waffen an der Ostfront hätten, dann wäre alles schnell beendet . . . Flugzeuge mit einer Ladefähigkeit von 8 bis 10 Tonnen, die Waffen und alle möglichen Lasten transportieren können . . . In England sind gegenwärtig 50 amerikanische Divisionen. Das ist wirklich keine Kleinigkeit."

Im Februar/März beurteilte ein Informant den Feldmarschall wie folgt:

Friedrich Paulus bei der Besichtigung einer Ausstellung über die Arbeit deutscher Kriegsgefangener in einem sowjetischen Lager, 1944.

„Es hat den Anschein, daß Feldmarschall Paulus noch immer das Bollwerk des Widerstands ist. Doch faktisch steht er, bewußt oder unbewußt, unter dem Einfluß der Gruppe von Generalen, die sich keinesfalls beeinflussen lassen und nicht zu einer Zusammenarbeit mit Rußland bereit sind.

Diese Gruppe bestimmt sein Handeln. Im Grunde genommen ist er von der Notwendigkeit der Zusammenarbeit mit der Sowjetunion ehrlich überzeugt, jedenfalls bisher, unter der Bedingung, daß die Existenz eines freien und unabhängigen Deutschland garantiert wird."

Die Rolle des „Bollwerks des Widerstands" im Kriegsgefangenenlager war für den Feldmarschall zweifellos riskant. Doch bisher hatte man noch nichts unternommen, um dieses Bollwerk unschädlich zu machen. So debattierte er also mit den Generalen weiter über die Eröffnung der zweiten Front, die Rede Churchills, die drohende Teilung Deutschlands, die Kapitulation Italiens . . .

Am 13. Juli 1944 sagte Paulus zu General von Armin, daß Oberst Adam und Oberst Beaulieu in die Kommandantur bestellt worden seien und sie dabei eine Garnitur Wäsche und Toilettenartikel anfordern würden. Man habe sie fortgebracht, ohne daß sie sich verabschieden konnten. Das sei unglaublich.

General Vassoll bemerkte dazu: „Das ist ein schlechtes Zeichen – Leute werden weggebracht, ohne daß man ihnen die Möglichkeit gibt, sich zu verabschieden und das Notwendigste mitzunehmen."

„Ich weiß sehr gut, was eine so schnelle Abreise bedeutet", sagte Oberst Pätzold. „Man holt sie mit Wagen der GPU ab. Das kenne ich aus der Lubjanka."

Noch am gleichen Tag kam es zu einem Gespräch zwischen den Generalen Drebber, Strecker, Pfeffer und Deboi. Drebber sagte:

„Heute hat man mich erneut bestellt und gefragt, ob ich meine Meinung geändert habe. Ich antwortete, daß das nicht der Fall sei. Darüber waren die Herren ungehalten und sagten, daß mich ein Volksgericht zur Verantwortung ziehen wird."

„Unser Verhalten ist doch unsere Sache", reagierte Deboi.

Drebber sagte: „Immer wieder ein und dieselbe Frage – sie drohen sogar mit dem Galgen."

„Aber Lenski hat uns doch geschrieben, daß sie uns jetzt in Ruhe lassen werden!" meinte hoffnungsvoll Deboi .

Die Niedergeschlagenheit griff immer mehr um sich. Am 19. Juli 1944 wurde ein Gespräch zwischen Feldmarschall Paulus und General Roske aufgezeichnet. Roske begann:

„Haben Sie schon gehört, daß in Moskau 20 Generale und 10.000 Kriegsgefangene aus dem Raum Minsk an General Petrow vorbeimarschiert sind? Wenn das wahr ist, dann ist Deutschland verloren. Es ist ein Volk von Knechten, das zur Unterwürfigkeit erzogen wurde. Masarini hat Pfeffer davon erzählt, der es nicht glauben wollte. Warten wir ab, bis wir mehr wissen. Masarini fragte höhnisch, ob sie mit Degen und militärischer Ehrenbezeugung vorbeimarschiert seien. Diese Rumänen sind wirklich kein liebenswertes Volk. Ich möchte mit ihnen nichts zu tun haben. . .

Degö stellte dazu sehr treffend fest, daß den Generalen wahrscheinlich gesagt worden war, daß man ihnen Moskau zeigen wolle. Und so sind sie also an der Spitze ihrer Soldaten marschiert und wurden dabei fotografiert. Wenn das stimmt, dann muß wirklich morgen Frieden geschlossen werden."

Weiter schreibt der Informant:

„Sie warteten, was ich dazu wohl sagen werde, doch ich habe geschwiegen und nicht gesagt, was ich darüber denke.

Paulus fragte: ‚Wurde das im Rundfunk gemeldet?'

‚Ja', antwortete Roske. ‚Und die Bilder werden in den Zeitungen der ganzen Welt veröffentlicht . . . Sollten die Russen bis zum Rhein vorrücken, dann ist England erledigt, auf jeden Fall wird es Indien verlieren. Das kann England einfach nicht zulassen. Aber vielleicht sind die Amerikaner daran interessiert?'

‚Das ist schon möglich', antwortete Paulus.

‚Wie kann man ohne die Unterstützung des Volkes kämpfen? Die Franzosen stützen sich auf die Engländer und Amerikaner. Sowohl Frankreich als auch Deutschland werden englische Kolonien', sagte Roske.

Paulus antwortete ihm im Flüsterton:

‚Generale sind doch keine kleinen Kinder. Man hat sie offensichtlich getäuscht, irgendwie durch Moskau geschleppt.'

‚Nun, wir werden ja erfahren, was Sache ist', meinte Roske."

General Roske bezog sich hier auf ein Gespräch mit dem rumänischen General Masarini und dem ungarischen General Degö über den Marsch der im Kessel von Bobruisk gefangengenommenen deutschen Soldaten und Offiziere durch Moskau. Roske hatte davon im Stab des Lagers Nr. 48 gehört, wohin man ihn zu einer weiteren Aussprache bestellt hatte.

Kurze Zeit später unterhielten sich Paulus und Roske erneut und erörterten einen Bericht des gefangenen Generalleutnants Bammler über ein Gespräch, das zwischen diesem und seinem Vorgesetzten stattgefunden hatte. Die Gesprächspartner kamen zu dem Schluß, daß die Armee in den fünf Jahren Krieg müde geworden sei . . .

Das Bollwerk des Widerstands begann zunehmend zu wanken.

Stauffenbergs Bombe findet Widerhall in Woikowo

Am 20. Juli 1944 legte Oberst Claus Graf Schenk von Stauffenberg in Hitlers Bunker eine Bombe, die um 12.40 Uhr explodierte. Hitler wurde nur leicht verletzt – der schwere Eichentisch rettete ihm das Leben. Die Nachricht von dem Attentat erreichte auch Woikowo.

Ein Informant, der in Kreisen der Generale verkehrte, berichtete: „Von den Ereignissen in Deutschland wissen die Generale nur lückenhaft aus Rundfunkmeldungen, denn bisher sind noch keine Zeitungen eingetroffen. Diese Meldungen haben unter den kriegsgefangenen Generalen eine lebhafte Diskussion ausgelöst und ihre Niedergeschlagenheit verstärkt.

Ich führe einige besonders charakteristische Meinungen von Generalen an, mit denen ich gesprochen habe.

Feldmarschall Paulus äußerte bereits vor den Ereignissen in Deutschland Befürchtungen: ‚Die größte Gefahr für uns ist die Ostfront. Wenn sie zerbricht, sind wir verloren.' Mitte Juli, nach den erfolgreichen Handlungen der Roten Armee in Belorußland, sagte der Feldmarschall: ‚Mein Gott! Was wird aus unserer Heimat. Nun hat begonnen, was ich vermutet und am meisten befürchtet habe. Die Russen rücken unglaublich schnell vor und wir ziehen uns noch schneller zurück. Demnach steht die Ostfront kurz vor dem Zusammenbruch.'

Am 23. Juli sprach ich mit dem Feldmarschall über die Ereignisse in Deutschland. Anfangs wollte er mich davon überzeugen, daß es sich um einen Propagandatrick handelt, diese Meldungen nicht korrekt und unklar sind usw. Schließlich konnte ich ihm begreiflich machen, daß diesen Meldungen Glauben geschenkt werden muß und sie, falls sie übertrieben sind, dennoch ein Quentchen Wahrheit enthalten. Der Feldmarschall sagte darauf:

‚Wenn der Aufstand gelingt, dann nützt das Deutschland. Wird er aber unterdrückt, dann gestaltet sich die Lage für Deutschland noch schwerer, weil es dadurch noch mehr geschwächt wird. Das alles schwächt Deutschland und beschleunigt seinen Zerfall.'

In diesem Sinne äußerte sich auch General Renoldi.

General Leyser erwähnte, daß er Feldmarschall von Brauchitsch und Feldmarschall von Bock persönlich kennt, mit ihnen sympathisiert und ihre Handlungen billigt. Leyser sagte hierzu: ‚Der von Brauchitsch und von Bock unternommene Schritt bringt Deutschland das Beste, was es gegenwärtig noch zu erwarten hat.'

General Magnus stellte fest: ‚Deutschland hat den Krieg verloren – das ist klar. Der Widerstand im Osten wird bald gebrochen sein, dann folgt die unvermeidliche Katastrophe. Ich sympathisiere mit von Brauchitsch und von Bock und billige ihr Verhalten Es gibt keinen anderen Ausweg.' Das sagte Magnus zu Deboi, der ebenfalls Zustimmung äußerte."

Nicht nur die Generale im Lager Nr. 48, sondern auch die Generale in der Führung des Bundes Deutscher Offiziere und des Nationalkomitees „Freies Deutschland“ hatten keine exakten Informationen über die Ereignisse während und nach dem Attentat auf Hitler. Walter von Seydlitz sagte dazu:

„Was hat dieser Lump der Wehrmacht angetan! Das sind doch Balkanmethoden! Es ist nicht zu fassen – ein Offizier verübt auf seinen Obersten Befehlshaber einen Bombenanschlag!“

Die Generale kannten nicht alle Einzelheiten des Attentats. Oberst von Stauffenberg wurde von ihnen kein einziges Mal namentlich erwähnt, dafür aber zahlreiche Generale, die Hitler als Truppenkommandeure abgesetzt hatte und die offenbar den Kern der Opposition bildeten.

Offensichtlich verfügten auch die operativen Mitarbeiter der GUPWI, die die praktische Arbeit zur Aufweichung der geschlossenen Haltung der Generale leisteten, nicht über sichere Informationen für gezieltes Handeln. Allerdings läßt die Tatsache, daß am 13. Juli 1944 Oberst Beaulieu und Oberst Adam, ein erfahrener Aufklärungsoffizier, überstürzt aus dem Lager Nr. 48 weggebracht wurden, aufmerken. Doch das stand wahrscheinlich eher mit der Zerschlagung des Kessels von Bobruisk und dem bevorstehenden Eintreffen einer großen Zahl deutscher Generale im Kriegsgefangenenlager im Zusammenhang.

Jedenfalls verliehen das Attentat auf Hitler und die Zerschlagung der deutschen Truppen in Belorußland der Arbeit zur Zersetzung der Wehrmacht einen neuen Impuls.

Am 26. Juli 1944, um 2.30 Uhr morgens, schickte der Leiter der GUPWI, Generalleutnant Iwan Petrow, einen Bericht an Sergej Kruglow. Er war so dringend, daß Petrow ihn mit Bleistift auf einen Kopfbogen seines Stellvertreters schrieb, weil im Moment nichts anderes verfügbar war:

„Es ist uns gegen Tagesende gelungen, Oberst Adam, den Adjutanten von Paulus, zu bewegen, dem Bund Deutscher Offiziere beizutreten. Das ist eine gute Gelegenheit, um Zugang zu Paulus zu erlangen.

In der Nacht ist Paulus im Objekt Nr. 35-W eingetroffen. Am Abend wurde über allgemeine Themen gesprochen.

Heute früh werden Adam und Seydlitz in das Objekt Nr. 35-W gebracht. Am Tag werden wir beginnen, mit Paulus zur Sache zu sprechen.

Gen. Abakumow muß dringend Hofmeister für den 26. Juli d. J.

zur Verfügung stellen. Er wird für den Beginn der Bearbeitung gebraucht.

Eine erhebliche Schwierigkeit ergibt sich aus der Nachricht von der Gründung des Polnischen Komitees.

Ich werde heute (26. Juni 1944) im Tagesverlauf persönlich ausführlich Bericht erstatten."

Inzwischen hatte Nikolai Melnikow Selbstmord begangen. Konnte er die Arbeit nicht mehr ertragen? Wie dem auch sei, am nächsten Tag schickte Oberst Schwez, der nun dessen Funktion übernommen hatte, Berija und Kruglow einen Bericht zur Übernahme von sechs gefangenen deutschen Generalen aus dem Butyrka-Gefängnis: General der Infanterie Gollwitzer, Generalleutnant Böhme, Generalleutnant Heine, Generalleutnant Hitter, Generalmajor Michaelis und Generalmajor Konradi.

Von SMERSCH wurde Generalleutnant Hofmeister herbeigeschafft, und aus Minsk Generalleutnant Oxner in das Lazarett des Lagers Nr. 27 überführt.

Weiter wurde informiert, daß die Generale Gollwitzer und Hofmeister zur Arbeit mit Paulus hinzugezogen werden. Schwez schrieb:

„Aus dem Gespräch mit Gollwitzer und Hofmeister, das zuerst getrennt und dann zusammen mit von Seydlitz geführt wurde, ergab sich, daß sie beide entschiedene Hitlergegner sind und für antifaschistische Aktionen und zur Zersetzung der Wehrmacht eingesetzt werden können. Hofmeister ist sehr aktiv, während Gollwitzer aus Angst um das Schicksal seiner Familie noch Hemmungen hat.

Nachdem wir sie instruiert und die Generale vom Offiziersbund mit ihnen gesprochen haben, werden wir sie zur Bearbeitung von Paulus hinzuziehen."

In einem Sonderbericht vom 31. Juli an Berija und Kruglow meldete Schwez, daß eine weitere Gruppe von Generalen aus dem Butyrka-Gefängnis eingetroffen war: General der Infanterie Völkers, Generalleutnant Vincenz Müller, Generalleutnant Lützow, Generalleutnant Traut, Generalmajor Trowitz, Generalmajor Gier, Generalmajor Steinkeller, Generalmajor Klammt und Generalmajor Engel. Mitgeteilt wurde zugleich, daß die Generale Völkers, Müller und Baron von Lützow für die Arbeit mit Paulus vorgesehen seien, wobei Müller bereits am 30. Juli nach Osjory gebracht worden sei und mit Paulus gesprochen habe. Weiter heißt es:

„Im Gespräch mit uns hat Müller offen und energisch antifaschistische Stimmung bekundet und den Wunsch geäußert, gegen Hitler aktiv zu werden." Und dann:

„Im Gegensatz zu Müller und anderen Generalen hat Paulus bisher nicht die erforderliche politische Aktivität bekundet."

Bereits am 27. Juli 1944 hatte Oberst Schwez an die gleiche Adresse – Berija und Kruglow – einen Sonderbericht über die Arbeit mit dem kriegsgefangenen Feldmarschall Paulus geschickt:

„Am 25. Juli d. J. wurde der kriegsgefangene Feldmarschall Paulus aus dem Lager Nr. 48 in unser Sonderobjekt Nr. 35-W (Osjory) gebracht.

Im Gespräch mit ihm wurde festgestellt, daß Paulus gegenwärtig nicht beabsichtigt, seine Haltung zur antifaschistischen Bewegung zu ändern.

Im Unterschied zu seinem Verhalten im Herbst 1943 interessiert sich Paulus gegenwärtig stärker für die politische und militärische Lage, sucht jedoch nach wie vor nach Gründen, mit denen er eine Beteiligung an der antifaschistischen Bewegung erneut ablehnen kann.

Am 24. Juli d. J. haben wir gemeinsam mit Generalen vom Offiziersbund – von Seydlitz, von Lenski und Lattmann – den Adjutant und persönlichen Freund von Paulus, Oberst Adam, für den Bund Deutscher Offiziere geworben.

Am 26. Juli hat Oberst Adam Paulus im Beisein von Seydlitz' erklärt, daß er dem Offiziersbund beigetreten ist. Paulus nahm diese Erklärung Adams ruhig auf und sagte: ‚Ich verstehe Sie, Oberst. Doch was mich betrifft, so möchte ich eine klare Vorstellung von der Lage haben.'

Am gleichen Tag wurde Paulus ein Aufruf von 16 kriegsgefangenen Generalen übergeben, der ihn stark beeindruckte. Nachdem er sich mit der Erklärung vertraut gemacht hatte, bat er uns um eine Gelegenheit, mit diesen Generalen zu sprechen, wobei er erwähnte, daß er den Mitunterzeichner General Müller persönlich kennt.

Im Gespräch am 26. Juli bat Paulus, unsere Gespräche mit ihm vertraulich zu behandeln, die Generale vom Offiziersbund nicht darüber zu informieren und nichts darüber in der Presse zu veröffentlichen.

Die Arbeit mit Paulus wird fortgesetzt."

Der nächste Bericht von Oberst Schwez an Berija und Kruglow stammt vom 1. August 1944:

„Am 30. Juli d. J. berichtete der kriegsgefangene deutsche Generalleutnant Vincenz Müller nach einem Treffen mit Paulus:

‚In Fragen der politischen Lage Deutschlands vertritt Paulus weiter seine frühere Haltung und Meinung, daß die Hitlerführung mit den aufständischen Generalen fertig werden und imstande sein wird, den Krieg fortzusetzen.

Zur militärischen Lage glaubt Paulus, daß es Hitler gelingen wird, die Lage an der Ostfront wiederherzustellen und für Deutschland annehmbare Friedensbedingungen zu erreichen.

Den Aufruf der 16 deutschen Generale betrachtet Paulus als Dolchstoß in den Rücken der Wehrmacht und erklärt ihn damit, daß er von den Generalen noch unter dem starken Schock der Niederlage unterzeichnet worden ist.'

Paulus ließ Müller wissen, daß er selbst einen solchen Schritt nicht tun kann, weil das seinen Überzeugungen widerspräche.

Müller hat sich in den Gesprächen mit Paulus hervorragend verhalten und die von uns festgelegte Linie gewissenhaft verfolgt.

Am 31. Juli haben wir das Gespräch mit Paulus fortgesetzt. Entsprechend den Weisungen des Stellvertreters des Volkskommissars, Genossen Kruglow, wurde Paulus nachdrücklich gefragt, ob er seine Position ändern und an den Aktionen gegen Hitler teilnehmen will.

Paulus berief sich wie üblich auf seinen Status als Kriegsgefangener und weigerte sich erneut, aktiv gegen Hitler zu wirken, wobei er alle seine Argumente wiederholte, die er bereits General Müller gegenüber anführte.

Die Arbeit mit Paulus wird fortgesetzt."

Die konkrete Arbeit mit Paulus lag, wie schon im Jahre 1943, in den Händen von Wolf Stern. Am 2. August 1944 übermittelte dieser Oberst Schwez den folgenden Bericht:

„Heute habe ich drei Stunden mit Paulus gesprochen.

Das Gespräch begann Paulus mit der Bitte, General Petrow zu übermitteln, daß er, Paulus, sich nicht mehr mit dem kriegsgefangenen General Sixt von Armin treffen will, obwohl er gestern noch um dieses Treffen gebeten hatte. Er befürchtet, daß ihm General Petrow Vorwürfe macht, wenn von Armin bei seiner alten ablehnenden Haltung gegenüber der Bewegung ‚Freies Deutschland' bleibt. Man könnte dann sagen, daß er, Paulus, ihn beeinflußt hat. Er, Paulus, wird selbst eine Entscheidung treffen, ohne sich vorher mit seinem Freund Sixt von Armin zu beraten.

Dann sagte Paulus, daß der ständige Druck auf ihn nur Unbeugsamkeit bewirkt und er unter solchem Druck keine Entscheidung treffen kann. Die Vorschläge, die ihm General Petrow unterbreitet hat, sind für ihn unannehmbar. Die einzige Frage, die er überdenken möchte, ist seine Mitwirkung in Organen der Selbstverwaltung auf dem befreiten Territorium Deutschlands. Doch auch diese Frage ist für ihn schwierig, denn er konnte bisher noch keine Linie finden, die es ihm ermöglicht, aktiv an der Arbeit der Verwaltung auf dem besetzten Territorium Deutschlands teilzunehmen und andererseits die Gesetze seiner Heimat nicht zu verletzen.

Im Ergebnis des Gesprächs wurde mir klar, daß Paulus bereits die Position aufgibt, die er im Gespräch mit General Petrow und Oberst Schwez am Abend des 1. August 1944 bezogen hatte. Deshalb beschloß ich, in die Offensive zu gehen.

Ich sagte ihm, daß der Aufruf der 16 Generale uns das Recht gibt, von ihm eine konkrete Meinung zu verlangen – betrachtet er sich als Marschall des deutschen Volkes oder als Marschall Hitlers, denn wir haben das Recht, entsprechend politisch zu verfahren, d. h. ihn vor der Welt als Feind des künftigen demokratischen Deutschland, der das Schicksal der Hitlerclique teilen wird, zu behandeln. In diesem Fall werden die Deutschen selbst dafür sorgen, daß sein Name nicht mit dem Heiligenschein eines Märtyrers verbrämt wird. Ein solch schmachvoller Tod ist für ihn, meiner Meinung nach, noch unannehmbarer als der Vorschlag General Petrows – Marschall des deutschen Volkes zu sein."

Die Argumente des operativen Bevollmächtigten Stern waren gewichtig. Es bestand kein Zweifel, daß er nicht nur in seinem und General Petrows Namen, sondern im Namen maßgebender Persönlichkeiten sprach.

Stern verfaßte also seinen üblichen Bericht, unterstrich beim Durchlesen die wichtigsten Stellen und übergab das Dokument Oberst Schwez.

Die Arbeit mit Feldmarschall Paulus wurde fortgesetzt, und am 4. August 1944 schrieb Wolf Stern einen weiteren Bericht an Oberst Schwez:

„Während des Gesprächs fragte mich Paulus: ‚Welche Veränderungen in dem Deutschland bestimmten Schicksal sind zu erwarten, wenn ich mich der Bewegung anschließe?'

Ich antwortete: ‚Erstens bedeutet Ihr Aufruf an die Wehrmacht die

Rettung des Lebens vieler Deutscher, denn es erhebt ein Mann seine Stimme, den die ganze Wehrmacht verehrt und kennt, und er zeigt einen Ausweg aus der katastrophalen Lage. Zweitens wird mit Ihrem Beitritt zur Bewegung die Repräsentation eines neuen demokratischen Deutschland zu einem ernstzunehmenden Faktor, den man nicht vernachlässigen kann, wenn das Schicksal des künftigen Deutschland entschieden wird.'

Paulus fragte ironisch: ‚Und die verdienstvollen Herren vom Nationalkomitee?'

Hierauf antwortete ich: ‚Die verdienstvollen Herren vom Nationalkomitee können verdientermaßen von Ihnen erwarten, daß Sie sich ihnen anschließen und sich an die Spitze der Bewegung stellen.'

Paulus verwies auf das gestrige Gespräch mit General Petrow und sagte: ‚Aber man hat mir gesagt, daß ich kein Gewissen habe . . .'

Ich erwiderte: ‚Sie dürfen das gestrige Gespräch nicht als ein Privatgespräch zwischen zwei Gentlemen auffassen, sondern müssen es als Gespräch mit einem Vertreter eines Staates werten, der den einzigen Wunsch hat, dieses sinnlose Blutvergießen zu beenden. Wir diskutieren mit Ihnen schon ein Jahr darüber, doch sie führen naive und lächerliche Argumente an, um ihre ablehnende Haltung zu begründen. Deshalb hat Genosse Petrow die Dinge beim Namen genannt.

Die Lage ist doch so, daß inzwischen 27 Generale der Wehrmacht sagen und schreiben: Hitler muß weg, er führte und führt uns in den Abgrund. Aber Sie, Herr Marschall, schweigen.

Ihr Schweigen in diesem gegebenen Moment ist gleichbedeutend mit einem Aufruf zur Fortsetzung des Blutvergießens, aber das werden weder die Generale noch wir zulassen. Sie müssen sich entscheiden.'

Paulus schwieg lange und sagte dann: ‚Wenn Sie die Frage so stellen, dann müssen Sie auch bedenken, daß ich meine Position nicht unter dem Druck eines Ultimatums ändern kann – ich muß nachdenken. Zweifellos hat das Gespräch mit General Müller meiner Konzeption neue Orientierungspunkte gegeben. Doch ich muß sie nochmals überdenken und mit meinen Freunden in Woikowo sprechen. Dann kann ich eine Entscheidung treffen.

Sagen Sie, wie steht es mit der Aufstellung einer deutschen Armee aus den Reihen der Kriegsgefangenen?'

Ich antwortete: ‚Dazu kann ich ihnen keine genaue Auskunft geben. Bisher wurde sie nicht aufgestellt, obwohl dies deutsche Kriegsgefangene massenhaft fordern. Sie wollen gegen Hitler kämpfen.

Doch die Rote Armee läßt sich nicht von egoistischen Motiven leiten. Bei der Entscheidung dieser Frage will sie vermeiden, daß Deutsche auf Deutsche schießen. Aber es steht außer Zweifel, daß während der Besetzung Deutschlands deutsche Einheiten zur Aufrechterhaltung der inneren Ordnung eingesetzt werden.'

Paulus war mit dieser Antwort sehr zufrieden und sagte: ‚Die künftige Freundschaft zwischen unseren Völkern wäre in Gefahr, wenn die Rote Armee zuläßt, daß Deutsche auf Deutsche schießen und sich nicht auf das Hauptziel – Hitler – konzentrieren.'

Paulus beklagte sich, daß es keine Informationen aus Deutschland gibt und unsere Presse sehr wenig über den Putsch meldet."

Wolf Stern war zweifellos ein talentierter Propagandist. Dem Objekt seiner Bemühungen war klar geworden, daß es sich nun entscheiden mußte . . .

Am gleichen Tag, 4. August 1944, schickte der Leiter der Operativen Abteilung der GUPWI, Oberst Schwez, eine Sondermeldung an Wassili Tschernyschew, einen der Stellvertreter Berijas:

„Am 3. August d. J. erklärte Paulus, nachdem wir von ihm nachdrücklich verlangt hatten, seine Position zu ändern, daß er im Ergebnis der Gespräche mit ihm sowie unter dem Einfluß der veränderten Lage und seiner Unterredungen mit General Müller ernsthaft beabsichtigt, seine Haltung bezüglich einer öffentlichen Stellungnahme gegen den Hitlerfaschismus zu revidieren. Doch er suche nach einer geeigneten Form, die in Deutschland nicht als ‚Dolchstoß in den Rücken der Wehrmacht' ausgelegt wird.

Paulus äußerte den Wunsch, daß sein Aufruf überparteilich sein soll, denn er möchte, daß die deutsche Öffentlichkeit seine Person in der gleichen Rolle wie seinerzeit Hindenburg sieht.

Um sich endgültig zu entscheiden und über die geeignete Form seiner Stellungnahme zu befinden, bat Paulus um die Möglichkeit, diese Frage mit dem kriegsgefangenen Generalleutnant Sixt von Armin zu besprechen. Wie Paulus erklärte, genießt von Armin sein volles Vertrauen und ist ein allseitig gebildeter General.

Da wir es im Interesse der Sache für zweckmäßig hielten, sagten wir ihm die Erfüllung seiner Bitte zu. Von Armin wird in der Nacht zum 5. August in das Objekt Nr. 35-W (Osjory) gebracht.

Sixt von Armin ist von allen kriegsgefangenen Generalen der 6. Armee der Klügste – Professorentyp, Historiker, mit einer Enkelin von Hegel verheiratet. Er analysiert die Lage kritisch und ist der Meinung, daß Deutschland den Krieg verloren hat und es im Interesse der Deutschen liegt, wenn sich Deutschland nach dem Krieg auf die UdSSR orientiert.

Im Rahmen der Bearbeitung von Sixt von Armin organisieren wir ein Zusammentreffen zwischen ihm und vor kurzem gefangengenommenen Generalen, die auf ihn einen positiven Einfluß ausüben sollen können.

Zur weiteren Bearbeitung von Paulus wird eine Gruppe von Generalen – Müller, Hofmeister, von Seydlitz, von Lenski und Lattmann – instruiert, die im Namen des Offiziersbunds verlangen wird, daß er politisch in Erscheinung tritt und sich an der antifaschistischen Bewegung beteiligt.

Die Meldung, daß die Türkei die diplomatischen Beziehungen zu Deutschland abgebrochen hat, hat Paulus erschüttert. Als er davon hörte, konnte er kaum die Tränen zurückhalten. Nachdem er sich wieder gefaßt hatte, erklärte er, daß mit dem Abbruch der Beziehungen die Landung der Alliierten auf dem Balkan zu erwarten ist, und mit dem Abbruch der Beziehungen und ähnlichen anderen Schritten das Ziel verfolgt wird, die offiziellen deutschen Vertreter und Agenturen, die die Vorbereitung der Landung registrieren und melden könnten, aus der Türkei zu entfernen."

Kurz darauf erklärte Feldmarschall Paulus dann endlich, daß er im Prinzip zu einer politischen Stellungnahme bereit sei. Alles andere war sozusagen nur noch eine Frage der Technik. Am 9. August 1944 schickten Generalleutnant Petrow und Oberst Schwez einen Bericht an den Kommissar der Staatssicherheit zweiten Ranges Tschernyschew:

„Gemäß Ihren Weisungen wurde der kriegsgefangene deutsche Feldmarschall Friedrich Paulus agenturmäßig-operativ bearbeitet.

Im Ergebnis dessen willigte Paulus am 8. August d. J. ein, sich mit einer Stellungnahme gegen Hitler an das deutsche Volk zu wenden und in der Presse den beigefügten Aufruf zu veröffentlichen.

Zur Arbeit mit Paulus wurden die jüngst dem Bund Deutscher Offiziere beigetretenen Generale Müller, Hofmeister und Baron von Lützow eingesetzt.

Vom Offiziersbund nahmen von Seydlitz, Lattmann, von Lenski und Major im Generalstab Lewerenz an der Arbeit teil.

Aus der Operativen Abteilung wurden Major der Staatssicherheit Parparow und der operative Bevollmächtigte Stern hinzugezogen.

Paulus befindet sich gegenwärtig im Objekt Nr. 35-W (Osjory).

An die
Kriegsgefangenen deutschen Offiziere und
Soldaten in der U.d.S.S.R. und an das
deutsche Volk.

Bei Stalingrad hat die 6. Armee unter
meiner Führung, dem Befehl Adolf Hitlers
folgend, bis zum äussersten gekämpft in der
Hoffnung, durch ihr Opfer der Obersten Führung
die Möglichkeit zu schaffen, den Krieg zu einem
für Deutschland nicht allzu ungünstigen
Ende zu führen. Diese Hoffnung hat sich
nicht erfüllt.
Die Ereignisse der letzten Zeit haben die
Fortsetzung des Krieges für Deutschland zu
einem sinnlosen Opfer gemacht. Die Rote
Armee geht in breiter Front vor und hat die
Reichsgrenze in Ostpreussen erreicht. Im
Westen haben Amerikaner und Engländer
die deutsche Abwehr am Westflügel durchbrochen
und gehen in den offenen französischen Raum
vor. Weder im Osten noch im Westen verfügt
Deutschland über Reserven, die die Lage
wieder herstellen könnten. Die feindliche
Überlegenheit in der Luft und zur See ist
so erdrückend, dass die Lage dadurch noch

Blatt 1 des handgeschriebenen Aufrufs vom 8. August 1944.

Bei ihm ist der kriegsgefangene General Sixt von Armin, der sich ebenfalls der Position von Paulus angeschlossen hat.

Von den im Lager Nr. 48 untergebrachten kriegsgefangenen Generalen wurden auf Bitte von Paulus die Generale Strecker und Leyser in das Objekt Nr. 35-W gebracht. Paulus will sie persönlich beeinflussen und für die antifaschistische Bewegung gewinnen.

Wir unterbreiten anbei die Übersetzung des Aufrufs von Paulus."

Dieses Ergebnis wurde als akzeptabel gewertet; kurz darauf meldete der Volkskommissar des Innern der UdSSR, Lawrenti Berija, dem Vorsitzenden des Staatlichen Verteidigungskomitees, Josef Stalin:

„Am 8. August d. J. hat der kriegsgefangene deutsche Feldmarschall Fritz Paulus einen Aufruf an das deutsche Volk und die kriegsgefangenen deutschen Offiziere und Soldaten in der UdSSR unterzeichnet.

Anbei unterbreiten wir das Original des Aufrufs und die russische Ubersetzung:

'An die kriegsgefangenen deutschen Offiziere und Soldaten in der UdSSR und an das deutsche Volk.

Bei Stalingrad hat die 6. Armee unter meiner Führung, dem Befehl Hitlers folgend, bis zum äußersten gekämpft in der Hoffnung, durch ihr Opfer der Obersten Führung die Möglichkeit zu schaffen, den Krieg zu einem für Deutschland nicht allzu ungünstigen Ende zu führen. Diese Hoffnung hat sich nicht erfüllt.

Die Ereignisse der letzten Zeit haben die Fortsetzung des Krieges für Deutschland zu einem sinnlosen Opfer gemacht. Die Rote Armee geht auf breiter Front vor und hat die Reichsgrenze in Ostpreußen erreicht. Im Westen haben Amerikaner und Engländer die deutsche Abwehr am Westflügel durchbrochen und stoßen in den offenen französischen Raum vor. Weder im Osten noch im Westen verfügt Deutschland über Reserven, die die Lage wieder herstellen könnten. Die feindliche Überlegenheit in der Luft und zur See ist so erdrückend, daß die Lage dadurch noch aussichtsloser wird. Der Krieg ist für Deutschland verloren.

In diese Lage ist Deutschland trotz des Heldentums seiner Wehrmacht und des ganzen Volkes durch die Staats- und Kriegsführung Adolf Hitlers geraten.

Dazu kommt, daß die Art, wie ein Teil seiner Beauftragten in be-

Freies Deutschland im Bild

ORGAN DES NATIONALKOMITEES »FREIES DEUTSCHLAND«

Nr. 9 August 1944

Generalfeldmarschall Paulus — Oberbefehlshaber der Stalingrader Armee — erhebt seine Stimme für die Rettung Deutschlands, gegen Hitler

Deutschland muss sich von Adolf Hitler lossagen und sich eine neue Staatsfuehrung geben, die den Krieg beendet und Verhältnisse herbeifuehrt, die es unseren Volke ermöglichen, weiter zu leben und mit unseren jetzigen Gegnern in friedliche, ja freundschaftliche Beziehungen zu treten.

Moskau, 8. August 1944

Paulus
Generalfeldmarschall

An das deutsche Volk und an seine kriegsgefangenen Kameraden in der Sowjetunion wandte sich Generalfeldmarschall Paulus mit folgendem Aufruf:

[illegible]

Moskau, 8. August 1944

Paulus
Generalfeldmarschall

[illegible]

Titelseite der Zeitung "Freies Deutschland" vom August 1944. Auf dem Foto begrüßt der Präsident des Bundes Deutscher Offiziere, von Seydlitz, Generalfeldmarschall Paulus als neues Mitglied im Bund.

setztem Gebiet gegen die Bevölkerung vorgegangen ist, jeden wirklichen Soldaten und jeden wirklichen Deutschen mit Abscheu erfüllt und uns in der ganzen Welt schwerste Vorwürfe zuziehen muß.

Wenn sich das deutsche Volk nicht selbst von diesen Handlungen lossagt, wird es die volle Verantwortung für sie tragen müssen. Unter diesen Umständen halte ich es für meine Pflicht, vor meinen kriegsgefangenen Kameraden und vor dem ganzen deutschen Volk zu erklären:

Deutschland muß sich von Adolf Hitler lossagen und sich eine neue Staatsführung geben, die den Krieg beendet und Verhältnisse herbeiführt, die es unserem Volk ermöglichen, weiterzuleben und mit unseren jetzigen Gegnern in friedliche, ja freundschaftliche Beziehungen zu treten.

Moskau, den 8. August 1944
Paulus
Generalfeldmarschall' “

Der Text des Aufrufs von Paulus war entsprechend vorbereitet worden. In der ersten Variante – auf drei anderthalbzeilig geschriebenen Schreibmaschinenseiten – hieß es noch:

„Der sich in russischer Kriegsgefangenschaft befindende Generalfeldmarschall Paulus hat dem Präsidenten des Bundes Deutscher Offiziere, General der Artillerie von Seydlitz, und den anderen Generalen vom Offiziersbund folgende Erklärung übergeben: . . .“

Diese Worte tauchten später nirgendwo auf. Auch der Stalin unterbreitete Text wurde zweimal gekürzt. Offenbar waren sich alle, die mit der Abfassung dieses Dokuments zu tun hatten, darin einig, daß der Kürze Vorrang zu geben war. . .

Die Geschichte endete damit, daß die Leiter der GUPWI des NKWD der UdSSR Stalin am 16. August 1944 einen Auszeichnungsvorschlag unterbreiteten, in dem darum ersucht wurde, den leitenden operativen Mitarbeiter der Operativ-tschekistischen Abteilung der GUPWI, Wolf Solomonowitsch Stern, „für seine geleistete Arbeit zur Gewinnung von Feldmarschall Paulus für die Bewegung ‚Freies Deutschland‘ “ mit dem Orden „Ehrenzeichen“ auszuzeichnen.

Dieser Orden besaß in der Rangliste sowjetischer Auszeichnungen keinen hohen Stellenwert. Von gewisser Bedeutung war jedoch, daß Josef Stalin auf diese Weise vom persönlichen Einsatz Wolf Sterns erfuhr.

3
Der Weg nach Nürnberg

Der Stab des Feldmarschalls im Objekt 35-W

Die Erklärung von Feldmarschall Paulus, sich dem Bund Deutscher Offiziere anzuschließen, und sein Aufruf an das deutsche Volk und die in der UdSSR kriegsgefangenen Soldaten und Offiziere haben nicht nur die gefangenen deutschen Soldaten und Offiziere, sondern auch die Weltöffentlichkeit befremdet, zumindest den Teil, den sein Appell erreichte.

Viele konnten nicht verstehen, daß ein General mit dem höchsten militärischen Dienstgrad im deutschen Heer, der sich so lange von der antifaschistischen Bewegung ferngehalten hatte, der dafür verurteilt worden war, daß er die Stalingrader Gruppierung des Heeres in den Tod führte; ein Mann, der als eingefleischter Reaktionär und Anhänger Hitlers galt, einen solchen Schritt tun konnte.

Dies berichteten zahlreiche Informanten aus allen Lagern. Sie meldeten, daß sich sowohl antifaschistisch gesinnte Kriegsgefangene wie auch jene über die Handlungsweise von Paulus entrüsteten, die sich von der Bewegung „Freies Deutschland" distanzierten:

„Er ist etwas spät zur Vernunft gekommen. Diese Erklärung hätte nicht jetzt, da sie nichts mehr nützt, sondern sofort nach der Katastrophe von Stalingrad abgegeben werden müssen."

Einige meinten, daß die Trennung von Generalleutnant Schmidt, dem Stabschef der 6. Armee, zu dieser Entscheidung von Paulus beigetragen habe. Durch die Trennung sei seine Oppositionshaltung erschüttert worden.

So dachten überwiegend die Soldaten und Unteroffiziere.

Die Offiziere vertraten die Meinung, daß auf Paulus die doppelte Schuld gegenüber dem deutschen Volk laste – seine Unentschlossenheit bei Stalingrad und seine Unentschlossenheit im Herbst 1943, als der Bund Deutscher Offiziere gegründet wurde. Für seine derzeitige Handlungsweise sei schon keine große Entschlossenheit mehr erforderlich. Seine Aufnahme in den Bund bedeute seine Entlastung

Generalfeldmarschall Paulus und weitere gefangene Offiziere bei der Diskussion der Erklärung vom August 1944.

von dieser doppelten Schuld und einen verbindlichen Schutz für den Fall, daß ihn das deutsche Volk vor Gericht stellen werde. In seiner politischen Entwicklung sei er hinter den erst vor kurzem gefangengenommenen Generalen – Müller, Hofmeister u. a. – weit zurückgeblieben. Es gehe nicht an, daß er die Führung des Bunds Deutscher Offiziere oder eine führende Position darin übernehme, das würde die gerechte Empörung der Mitglieder des Bundes und vor allem der Soldaten und Offiziere von Stalingrad hervorrufen.

Für die propagandistische und politische Einwirkung auf das Ausland sei es ebenfalls nicht erforderlich, daß Feldmarschall Paulus eine führende Rolle im Offiziersbund spiele. Dort frage niemand danach, ob er Ehrenpräsident des Bundes sei. Man registriere lediglich, daß sich Paulus der Bewegung angeschlossen habe.

So dachten auch einige Führer des Bundes Deutscher Offiziere und des Natlonalkomitees „Freies Deutschland" aus den Reihen der Kriegsgefangenen.

Von diesen Informationsberichten hatte Feldmarschall Paulus natürlich keine Kenntnis, er stellte sich seine Rolle etwas anders vor. Einige diesbezügliche Erklärungen sind in dem Tagebuch des operativen Bevollmächtlgten der GUPWI Wolf Stern nachzulesen, dem er den Titel „Meine Gespräche mit Paulus"gab:

„9. August 1944

Abends um 22.30 Uhr bat mich Paulus in das Gästezimmer, um mit mir zu reden. Während des Gesprächs sagte er, daß er sich entschlossen hat, hier auf der Datscha (Objekt 35-W) zu bleiben. Für seinen Stab hat er folgende Personen vorgesehen:

1. General Sixt von Armin
2. General Strecker
3. General Leyser
4. Oberst Schildknecht
5. Oberstleutnant von Below
6. Offiziersbursche Schulte

Er bittet, ihm für die Unterbringung dieser Personen die obere Etage des Hauses zur Verfügung zu stellen. General Petrow soll ihm das bereits zugesagt haben.

Dann erzählte Paulus, wie er die Generale Leyser, Sixt von Armin und Strecker geworben hat: ‚Sehen Sie, wie ich mit den neuen Generalen spiele. Ich setze sie für die Bearbeitung der alten Generale ein, ich lasse General Müller, dann Hofmeister und schließlich Lützow auf sie los, und am Abend erklärt sogar ein Konservativer wie General

Strecker, daß er mir zustimmt. Sehen Sie, meine Werbemethode ist besser als Ihre. Leyser mußte nicht geworben werden, er erklärte mir bereits beim ersten Treffen, daß er bei mir bleiben will.

Der klügste General ist Sixt von Armin. Er wird mein Berater . . .'

Er ging dann zur Lage der Heeresgruppe Nord über und sprach von einer historischen Analogie zwischen der Lage der Heeresgruppe im Baltikum und den Truppen von General Yorck im Raum Tilsit im Jahre 1813. Es müsse alles getan werden, damit sich diese Truppen von Hitler lossagen und die besagte historische Parallele in der Propaganda aufgegriffen wird.

Darauf sagte ich Paulus, daß er seine Erklärung handschriftlich abfassen solle.

Er war dazu bereit.

10. August 1944

Am Morgen erklärte mir Paulus, daß er General Leyser zum Verantwortlichen für Organisation ernannt hat. Leyser wird alle wirtschaftlichen Fragen mit mir und der Lagerleitung abstimmen. Dann sagte Paulus, er und die Generale hätten beschlossen, auf das luxuriöse Leben, das sie hier führen, zu verzichten. Die Generale im Lager Nr. 48 lebten bei weitem einfacher und könnten ihm, Paulus, später den Vorwurf machen, daß er seine Position und damit auch seine bescheidene Lebensweise aufgegeben habe. Er fügte hinzu, daß General Leyser mir heute noch einen Speiseplan übergeben wird, der sich nicht von der Verpflegung der Generale im Lager Nr. 48 unterscheidet. Er bat mich, daß diese Verpflegungssätze in Zukunft eingehalten werden.

Am Abend des 10. August unterbreitete mir Leyser den von ihm erstellten Speiseplan:

– Frühstück: Brot, Butter, Tee oder Kaffee;
– Mittagessen in drei Gängen: Vorspeise, Hauptspeise, Nachspeise;
– 5.00 Uhr nachmittags: Tee oder Kaffee, Kuchen;
– Abendessen: Kascha, Tee.

Alkoholische Getränke sollen nicht mehr auf dem Tisch stehen. Wer etwas trinken möchte, kann sich aus dem Schrank im Speisezimmer selbst bedienen.

Danach sagte General Leyser, daß General Strecker eine Krise durchmacht und sich mit seiner gegenwärtigen Lage noch nicht abfinden kann. Er muß die veränderte Position von Paulus, die dieser in seiner Erklärung bezogen hat, erst verarbeiten.

Am 10. August abends übergab ich Paulus eine Schreibmappe und erinnerte ihn daran, daß er seine Erklärung handschriftlich niederlegen solle, was er auch tat. Ich erklärte ihm, daß das erste wichtige Dokument immer mit der Hand geschrieben wird – das ist eine Archivvorschrift.

11. August 1944

Um 7.00 abends fuhr ich mit Paulus nach Moskau zum Medizinischen Dienst des NKWD (Stomatologische Klinik). Im Wagen sagte mir Paulus, daß ihn jetzt die Frage bewegt, wie er sich in die aktive Arbeit einreihen kann, um seinem Land zu helfen. Ich antwortete, daß die im Baltikum eingekreiste Gruppierung ein geeignetes Objekt für aktive Hilfe sei. Er muß sich Zugang und Gehör bei diesen dem Untergang geweihten Soldaten und Offizieren verschaffen, um sie zu retten. Paulus erklärte, daß er für Sonntag General von Seydltz zu sich eingeladen hat. Ihn werden die Genossen Pieck und Weinert begleiten. Mit ihnen will er alle Fragen seiner Zusammenarbeit mit dem Nationalkomitee sowie auch einen Aufruf an die eingekreiste Heeresgruppe Nord erörtern. Dann sagte Paulus, daß er voller Ungeduld die Ergebnisse der Reise von General von Armin in das Lager Nr. 48 und nach Susdal erwartet. Danach möchte er sich noch mit Oberstleutnant Below treffen, um zu erfahren, ob dieser zur Zusammenarbeit mit ihm bereit ist.

Die Aufnahme in der Zahnklinik und der behandelnde Arzt haben Paulus sehr beeindruckt. Er betonte wiederholt, daß eine solche stomatologische Behandlungstechnik auch in Deutschland selten sei.

12. August 1944

Heute ging ich mit General Leyser spazieren. Von ihm erfuhr ich, daß die Ergebnisse der Reise von General von Armin in das Lager Nr. 48 schlecht sind. Nur die Generale Roske und Drebber stimmten der neuen Position von Feldmarschall Paulus zu. Sie sind bereit, nach Moskau zu reisen, während sich die übrigen Generale zwar nicht durchweg geweigert, aber auch nicht zu diesem Schritt durchgerungen haben. Leyser erklärte das damit, daß sie alle den Bund Deutscher Offiziere hassen und deshalb keinen Feuereifer bekunden. Doch sie sind alle gegen Hitler. Er, Leyser, wisse das mit Sicherheit. Dann fragte mich Leyser, was mit General Rodenburg geschehen ist. Ich antwortete ihm, daß dieser seine Offiziersehre verloren hat, weil er Verschwörungs- und Fluchtpläne vorbereitete. Nach seiner Rückkehr aus Woikowo hat er mit dieser verbrecherischen Tätigkeit begonnen, offensichtlich auf Befehl einiger Generale in Woikowo. Dieses Doppelspiel wurde bald durchschaut. Wir haben ihn jedoch nicht verurteilt, sondern auf Fürbitte des Bunds Deutscher Offiziere nach Susdal verlegt.

General Leyser antwortete: ‚Ja, Rodenburg neigt zu Abenteurertum.'

In diesem Moment kam Paulus hinzu und sagte zu mir:

‚Nun, was sagen Sie zu den Ergebnisse der Reise von General von Armin? Ich bin sehr erstaunt, daß sich Oberst Schildknecht geweigert hat, zu mir zu kommen. Er könnte hier sehr nützlich sein.'

Ich antwortete, daß die Männer im Lager Nr. 48 ihre bisherige Position offensichtlich nicht von heute auf morgen ändern können, General von Armin müsse sich mehrere Tage dort aufhalten und ausführlich mit ihnen sprechen. Ich sei überzeugt, daß die Generale und Oberste im Lager Nr. 48 bald dem Feldmarschall melden würden, daß sie ihn unterstützten.

Dann erklärte Paulus, daß er General Strecker in das Lager Nr. 48 schicken will. Ihm werde es sicher gelingen, die Generale und Oberst Schildknecht zu überzeugen.

Der bei diesem Gespräch anwesende General Strecker erklärte sich bereit, für einige Zeit in das Lager Nr. 48 zu fahren, um dort die Generale zu werben.

Paulus fügte hinzu: ‚Wenn ich mich schon ohne Rücksicht auf meine Familie zu diesem Schritt entschlossen habe, dann muß ich die Sache auch zu Ende führen. Ich möchte alle Generale vereinen und in die aktive Arbeit einbeziehen. Die Generale in Woikowo haben die gleichen Vorbehalte, die ich hatte – die Ablehnung des Bundes Deutscher Offiziere, der auf die Zersetzung der Wehrmacht hinwirkt, und die Sorge um die Familie, die Hitlers Terror zum Opfer fallen wird. Doch man muß sich trotzdem entscheiden.'

Das Gesicht von Paulus war in diesem Augenblick kummervoll. Dann fragte er mich, warum er keine Informationen erhält, z. B. Berichte der deutschen Führung und abgefangene Funknachrichten. Ich sagte, daß er sie ab nächste Woche unbedingt erhalten wird, denn Oberst Schwez habe angewiesen, dieses Material Paulus direkt zu geben, ohne erst Post aus Lunowo abzuwarten. Das werde ab Montag organisiert.

13. August 1944 – Sonntag

Ich war den ganzen Tag nicht im Objekt, traf erst abends ein. Paulus erwartete mich vor dem Haus. Er begann das Gespräch mit der

Frage, ob man Mitglied des Offiziersbundes sein muß, um an der aktiven Arbeit teilzunehmen. Einige Generale hegten für den Offiziersbund keine Sympathie, seien aber bereit, unter Führung des Nationalkomitees zu arbeiten. Sie – Strecker, Sixt von Armin – meinten, daß der Offiziersbund nicht wie eine Gewerkschaft mit Mitgliedszwang aufgezogen werden dürfe.

Ich antwortete, daß der Offiziersbund natürlich nicht mit einer Zwangsgewerkschaft verglichen werden könne. Er leiste bereits ein Jahr lang bestimmte Arbeit im Rahmen des Nationalkomitees, betreibe Aufklärungsarbeit in der Wehrmacht und in deren Offizierskorps und habe durch seine offene legale Tätigkeit in großen Kreisen der Wehrmacht Autorität gewonnen. So berichtete General Hofmeister, daß SS-General Barnt (Kommandeur einer SS-Division) in der Umzingelung zu ihm gesagt habe: ‚Wenn es hart kommt, dann gehe ich zu Seydlitz über.'

Demnach schenkt die Wehrmacht den Worten von Seydlitz' als Präsident des Bundes Deutscher Offiziere Gehör. Wenn General von Armin jetzt irgendwelche neuen Ideen verbreitet, die den Bund Deutscher Offiziere kompromittieren und auf eine Abgrenzung zwischen Nationalkomitee und Offiziersbund hinauslaufen, dann werden das das Nationalkomitee wie auch der Offiziersbund verhindern. Sie werden lieber auf General von Armin ganz verzichten, als zuzulassen, daß er eine neue Gruppe von Offizieren außerhalb des Bundes organisiert. Ich fügte noch hinzu: ‚Wenn man konsequent ist und den alten Streit vergißt, dann sieht man auch ein, Herr Feldmarschall, daß der Offiziersbund notwendig ist und gebraucht wird.'

14. August 1944

Am Morgen bat mich Paulus, General Lattmann aus dem Objekt Nr. 25 holen zu lassen, weil er mit General von Armin einige Fragen klären müsse, die die Beziehungen zwischen dem Bund Deutscher Offiziere und dem Nationalkomitee betreffen.

Nach dem Abendessen ging ich in den Speiseraum, wo ich Paulus, Lattmann und Leyser antraf. Paulus bat mich, mit ihm an einem kleinen Tisch in einer Ecke des Speiseraums Platz zu nehmen. Lattmann und Leyser unterhielten sich am Fenster, so daß ich und Paulus allein waren. Paulus ersuchte mich um meine Meinung zu dem Brief, den er an Generaloberst Schörner geschrieben hat.

Ich lobte Inhalt und Stil des Briefes, fügte aber hinzu, daß der Oberbefehlshaber der Heeresgruppe Nord, Generaloberst Schörner, ein Anhänger Hitlers, diese Maßnahme vereiteln und den Brief an

Hitler weiterleiten wird, ohne seine Generale mit dem Inhalt vertraut zu machen. Paulus hielt das für möglich und meinte: ‚Zumindest habe ich alles getan, so daß ich ein reines Gewissen habe.'

Ich erwiderte: ‚Wenn im voraus bekannt ist, daß die Maßnahme erfolglos sein wird, dann kann das Gewissen erst rein sein, wenn alle Möglichkeiten ausgeschöpft sind. Oberst Schwez denkt, daß ein Aufruf an die Generale und Offiziere der Heeresgruppe Nord, den der Feldmarschall und andere Generale der Bewegung ‚Freies Deutschland' unterschrieben haben, Erfolg haben kann. Natürlich muß der Inhalt dieses Schreibens frei von Nebensächlichkeiten und ganz auf die Zersetzung der Wehrmacht gerichtet sein. Sie selbst können die Form wählen, um dem Kommandeur und den Offizieren die Wahrheit über die Lage zu sagen und ihnen einen Ausweg zu zeigen, wobei auf die Bedingungen verwiesen wird, die die Rote Armee stellt. Dann können Sie sagen, daß Sie ein reines Gewissen haben, weil alles getan wurde.'

Ich sagte weiter, daß dieser Aufruf erfolgreich sein könne, zumal nach Angaben unseres Generalstabs einige Divisionskommandeure und Stabsoffiziere der Heeresgruppe Nord die Erklärung der 17 Generale positiv aufnehmen. Das sei auch die Meinung von Oberst Schwez. Es wäre ein unverzeihliches Versäumnis, wenn der Feldmarschall ihnen die Möglichkeit nimmt, seine Meinung kennenzulernen, denn General Schörner wird ihnen den Inhalt seines Briefs nicht mitteilen.

Paulus dachte nach und sagte: ‚Das ist richtig, ich werde es bedenken. Bis wann soll ich diesen Aufruf schreiben?'

Ich antwortete: ‚Sie wissen, daß keine Zeit zu verlieren ist. Morgen müßte er fertig sein.'

Paulus: ‚Ich überlege, wie ich das schaffe.'

Ich hatte den Eindruck, daß sich Paulus ernsthaft Gedanken über die Form des Aufrufs macht und ihn schreiben wird."

Im Tagebuch von Wolf Stern werden die Namen der Generale von Seydlitz und Rodenburg erwähnt. Am 11. März 1944 schickte Lawrenti Berija an Stalin ein Dokument, das er „Memorandum des kriegsgefangenen Generals von Seydlitz" nannte. Der gefangene deutsche General hatte es schon im Februar geschrieben und Nikolai Melnikow mit der Bitte um Prüfung übergeben. Nach einer Analyse der Arbeit des Nationalkomitees „Freies Deutschland" zur Zersetzung der Wehrmacht und einer Auswertung der Fehler hatte von Seydlitz, natürlich mit Unterstützung anderer Generale und Offizie-

Erich Weinert und Wilhelm Pieck (v.l. in Zivil) zu Besuch bei den gefangenen Offizieren. Rechts neben Pieck Friedrich Paulus.

re, eine Reihe von Vorschlägen ausgearbeitet, die er dann in dem Memorandum zusammenfaßte.

Offensichtlich fand die sowjetische Führung – im Auftrag von Stalin und Molotow beschäftigten sich Manuilski, Losowski, der Leiter von GLAWPUR Generaloberst Alexander Stscherbakow und andere Leiter und Experten mit diesem Memorandum – an diesen Vorschlägen von Seydlitz keinen großen Gefallen.

Um die These der deutschen Gegenpropaganda zu widerlegen, daß die Mitglieder des Offiziersbunds willenlose Kriegsgefangene seien, wurde in dem Papier vorgeschlagen, alle leitenden Mitglieder des Nationalkomitees und des Bundes Deutscher Offiziere offiziell aus der Kriegsgefangenschaft zu entlassen, das Nationalkomitee diplomatisch als Exilregierung des neuen Deutschland anzuerkennen und ihr das Recht zu gewähren, Verbindungen zu analogen Organisationen im Ausland aufzunehmen. Weiter wurde vorgeschlagen, im Nationalkomitee eine breite nationale Front zu bilden. Zum wiederholten Male wurde auch angeregt, eine militärische Einheit des Nationalkomitees „Freies Deutschland" aufzustellen. Es gab noch andere Vorschläge, die es nach Meinung der Autoren des Memorandums gestatten, die Propaganda und Arbeit zur Zersetzung der Hitlerwehrmacht zu verbessern.

Von Seydlitz hatte die sowjetische Regierung ersucht, alle diese Vorschläge mit dem nötigen Ernst zu prüfen und ihnen zuzustimmen. Doch die Vorschläge wurden nicht akzeptiert. Sie widersprachen der Politik der Weltgemeinschaft gegenüber Deutschland.

Allerdings mußten in Zukunft solche Eskapaden verhindert werden. Man meinte, daß General von Seydlitz unter den schlechten Finfluß von Rodenburg geraten war. Deshalb wurde dieser aus Lunowo in das Lager Nr. 160 in Susdal verlegt.

Darum kann nicht ausgeschlossen werden, daß die Residenz des Feldmarschalls Paulus im Objekt 35-W als Reservestab für den Fall betrachtet wurde, daß von Seydlitz als Präsident des Bundes Deutscher Offiziere abgelöst werden mußte. Dazu kam es aber nicht.

Am 15. August 1944 unterzeichnete Feldmarschall Paulus den Aufruf an den Oberbefehlshaber der Heeresgruppe Nord, Generaloberst Schörner:

„Aus Sorge um die Zukunft unserer Heimat wende ich mich heute an Sie. Die Gesamtlage veranlaßt zu der Einsicht, daß Deutschland den Krieg verloren hat. Weitere Kampfhandlungen Ihrer Gruppe, die von den Hauptkräften abgeschnitten ist, führen zu sinnlosem Blutvergießen.

In dieser Lage bietet Ihnen das Oberkommando der Roten Armee Bedingungen an, nach denen die Teilnahme Ihrer Truppen am Krieg zwar ausgeschlossen wird, sie aber als militärische Einheit für den weiteren Einsatz in Deutschland erhalten bleiben.

Ich konnte mich davon überzeugen, daß die Regierung der Sowjetunion ehrlich nach baldigem Friedensschluß im Interesse beider Völker und künftigen freundschaftlichen Beziehungen mit Deutschland strebt. Mit der gegenwärtigen deutschen Regierung wird jedoch niemand Frieden schließen.

Vor dem deutschen Volk läßt sich eine Opferung Ihrer Truppen nicht rechtfertigen.

Im Namen des deutschen Volkes bitte ich Sie, die Ihnen angebo-

Friedrich Paulus und Wilhelm Pieck während einer Veranstaltung des Nationalkomitees „Freies Deutschland."

tenen Bedingungen zu akzeptieren und damit die Truppen Ihrer Gruppe für Deutschland zu erhalten."

Am Tag zuvor, dem 14. August, hatte Paulus Stern seine Vorschläge für die Bedingungen eines Abkommens zwischen der Roten Armee und der deutschen Heeresgruppe Nord übergeben.

Man wollte offensichtlich prüfen, ob Paulus es ehrlich meinte.

Feldmarschall Paulus bittet Marschall Stalin um eine Aussprache

Der Reservestab des Feldmarschalls Paulus zur Ablösung des Stabs von General der Artillerie von Seydlitz wurde nicht gebraucht. Die sowjetische Führung hatte offensichtlich erkannt, daß es nicht gut ist, mitten im Strom die Pferde zu wechseln.

Inzwischen war es dringend notwendig, die Gegenpropaganda der Hitlerregierung verstärkt zu bekämpfen. Am 3. Oktober 1944 schickte Oberst Schwez einen Sonderbericht an die Führung des NKWD:

„Nach entsprechender Bearbeitung erklärte der kriegsgefangene Feldmarschall Paulus am 26. Oktober d. J. seine Bereitschaft, im Rundfunk eine Stellungnahme gegen die Hitlerpropaganda abzugeben, die den Bund Deutscher Offiziere und dessen Präsidenten von Seydlitz des Verrats beschuldigt.

Generaloberst A. S. Stscherbakow hat den Text der Stellungnahme gebilligt und bestätigt."

Am 28. Oktober wurde diese Stellungnahme von Paulus mehrmals über Kurzwelle ausgestrahlt:

„Deutsche!

Anfang August dieses Jahres sah ich mich durch die Entwicklung der Gesamtlage veranlaßt, aus der mir durch die Kriegsgefangenschaft auferlegten natürlichen Zurückhaltung herauszutreten. Ich fühlte mich meinem Vaterland gegenüber verpflichtet, im Bewußtsein meiner besonderen Verantwortung als Feldmarschall, meinen Kameraden – ja unserem ganzen Volk zuzurufen, daß es jetzt nur noch einen Weg gibt, der aus der scheinbaren Ausweglosigkeit unsrer Lage herausführt:

<u>Trennung von Hitler und Beendigung des Krieges!</u>

Heute wende ich mich zum zweiten Mal an meine Kameraden und das ganze deutsche Volk, in tiefer Abscheu über die in diesen Tagen durch den Rundfunk im Zusammenhang mit der Errichtung des Volkssturms verbreiteten persönlichen Beschimpfungen eines um unser Volk und Vaterland hochverdienten Mannes, des Eichenlaubträgers General der Artillerie <u>Walter von Seydlitz,</u> der als Kommandierender General des LI. A. K. zu der von mir geführten 6. Armee gehörte. Als ehemaliger Oberbefehlshaber stelle ich vor aller Welt fest:

<u>Es ist eine infame Lüge,</u> wenn der Reichssender behauptet, daß General von Seydlitz vor anderthalb Jahren seine Truppen in Stich gelassen hat und zum Feind übergelaufen ist.

<u>Wahrheit ist vielmehr,</u> daß er, getreu seinem Fahneneid und der in zwei Weltkriegen immer von neuem bewiesenen persönlichen Tapferkeit und Einsatzbereitschaft, in den Trümmern der Stadt Stalingrad bis zuletzt seine Pflicht getan hat und, nachdem seit Tagen weder Munition noch Verpflegung vorhanden waren, ehrenvoll mit den Resten der 6. Armee in Kriegsgefangenschaft geraten ist.

Wie ich schon Anfang August sagte, hat die 6. Armee gehorsam den von Hitler gegebenen Befehlen und in ehrlichem Glauben gekämpft, durch ihr Opfer Deutschland zu dienen. Wenn ich damals gewußt hätte, wie wir betrogen worden sind, hätte ich anders gehandelt.

Es ist eine infame Lüge, wenn Herr Himmler behauptet, daß die deutschen Soldaten in russischer Kriegsgefangenschaft unmenschlich behandelt und daß sie mit Peitschen und Genickschuß zur Propaganda gegen ihr eigenes Vaterland gezwungen werden.

Die Wahrheit ist vielmehr: Trotz der zahllosen bestialischen Greueltaten, die, durch Herrn Himmler veranlaßt, an Hunderttausenden wehrloser Männern, Frauen und Kindern – Angehörigen aller Völker – in besetzten Gebieten wie in deutschen Konzentrationslagern verübt worden sind, werden die deutschen Kriegsgefangenen in der Sowjetunion menschlich und korrekt behandelt.

Hier in Rußland haben sich vaterlandsliebende deutsche Männer aller Stände in der Bewegung ‚Freies Deutschland' zusammengeschlossen, um unserem Volk den Weg aus allem Elend in eine bessere Zukunft zu weisen und um der Welt zu zeigen, daß das deutsche Volk mit den Verbrechen Hitlers nichts gemein hat. Sie fühlen sich ihrem Volk gegenüber zu dieser Tat verpflichtet. Einer der ersten, die sich mutig zu diesem Entschluß durchrangen, war General von Seydlitz. Das Vertrauen seiner Kameraden hat ihn dann an dle Spitze des bald gegründeten Bundes Deutscher Offiziere gerufen.

Völlig freiwillig, nur geleitet von dem heißen Wunsch, dem eigenen Volk in seiner Not zu helfen, haben sich Hunderttausende deutscher Kriegsgefangener dieser Bewegung angeschlossen, darunter Tausende von deutschen Offizieren und über 30 Generale.

Auch Herr Himmler weiß sehr wohl, daß es sich hier nicht um gepreßte ehrlose Subjekte handelt.

Ein Himmler, der durch seine Handlungen unserem Volke die Ehre genommen hat, das er jetzt mit seinem Volkssturm gewissenlos in den Selbstmord treiben will, hat kein Recht, über Ehre zu befinden.

Der Bund Deutscher Offiziere aber, mit General von Seydlitz an der Spitze, kämpft in den Reihen der großen Bewegung ‚Freies Deutschland' für die Wiederherstellung der Ehre des deutschen Volkes, für seine Freiheit, für den Frieden, der auch unserem Volke wieder seinen Platz unter den Nationen bringen wird."

Offensichtlich hatte sich Feldmarschall Paulus erst nach Überwindung einiger Zweifel zu diesem Aufruf durchringen können.

Unter dem maschinengeschriebenen Text stehen zwei Unterschriften des Feldmarschalls Paulus vom 26. Oktober 1944 – eine ist seiner Handschrift ähnlich, wurde aber eindeutig von fremder Hand geschrieben, und die zweite ist echt. . .

Einige Tage später, am 30. Oktober 1944, wandte sich Feldmarschall Paulus mit einem Schreiben an Oberst Schwez:

„Herrn Oberst Schwez
NKWD
Moskau

Sehr geehrter Herr Oberst!
Ich wäre Ihnen sehr verbunden, wenn Sie den beiliegenden Brief möglichst schnell an den Adressaten weiterleiten.
In dem Brief habe ich meine verborgenen Gedanken und Wünsche hinsichtlich der Gesamtlage dargelegt, über die ich mich ohne Zustimmung von Marschall Stalin nicht ausführlich äußern kann.
Mit dem Ausdruck meiner besonderen Hochachtung
Paulus
Feldmarschall

Anlage: 1 Brief an Marschall Stalin"

Etwas später vermerkte Oberst Schwez auf diesem Schreiben: „Brief an Gen. Mamulow übergeben – persönlich." Mamulow war Leiter des Sekretariats des NKWD, einer der engsten Vertrauten Berijas.

Lawrenti Berija handelte sofort, und schon am 31. Oktober schickte er Josef Stalin den Brief von Paulus zusammen mit der Übersetzung ins Russische:

„Herr Marschall!
In stets wachsender tiefer Sorge um das Schicksal meines Vaterlandes und geleitet von dem Bestreben, die weitere Fortsetzung dieses blutigen Krieges, der allen Völkern noch unabsehbare Opfer und Leiden auferlegt, verhindern zu helfen, wende ich mich heute an Sie persönlich.

Die von mir nie geteilte Hoffnung, allein durch Propaganda in Deutschland einen Umsturz und dadurch die Beendigung des Krieges herbeizuführen, hat sich als trügerisch erwiesen. Das deutsche

30. Oktober 1944

Herr Marschall !

Jn stets wachsender tiefer Sorge um das Schicksal meines Vaterlandes und geleitet von dem Bestreben, die weitere Fortsetzung dieses blutigen Krieges, der allen Völkern noch unabsehbare Opfer und Leiden auferlegt, verhindern zu helfen, wende ich mich heute an Sie persönlich.

Die von mir nie geteilte Hoffnung, allein durch Propaganda in Deutschland einen Umsturz und dadurch die Beendigung des Krieges herbeizuführen, hat sich als trügerisch erwiesen. Das Deutsche Volk ist durch die langen Jahre einer brutalen Unterdrückung und masslosen aber ungemein geschickten Propaganda völlig entmündigt worden und besitzt nach den ungeheuren Anstrengungen des langwierigen Krieges nichtmehr die Kraft, in diesem Sinne selber zu handeln. Nachdem der Umsturzversuch vom 20.VII. fehlschlug, setzte eine neue Terrorwelle und Konzentrierung der Macht in den Händen der radikalsten und skrupellosesten Elemente ein, die schliesslich in der Errichtung des Volkssturmes gipfelte. Hieraus wie aus der begleitenden Propaganda und der Tatsache, dass selbst zusammengewürfelte und wenig ausgebildete Verbände überall da, wo es nunmehr um die Verteidigung des Heimatbodens geht, erbittert kämpfen, muss die Möglichkeit abgeleitet werden, dass noch lange und sehr blutige Kämpfe bevorstehen, die dann zur völligen Verwüstung Deutschlands und weitgehenden Ausblutung meines Volkes führen müssen.

Blatt 1 des Briefs an Josef Stalin vom 30. Oktober 1944.

Volk ist durch die langen Jahre einer brutalen Unterdrückung und maßlosen, aber ungemein geschickten Propaganda völlig entmündigt worden und besitzt nach den ungeheueren Anstrengungen des langwierigen Krieges nicht mehr die Kraft, in diesem Sinne selbst zu handeln. Nachdem der Umsturzversuch vom 20. VII. fehlschlug, setzte eine neue Terrorwelle und Konzentrierung der Macht in den Händen der radikalsten und skrupellosesten Elemente ein, die schließlich in der Errichtung des Volkssturmes gipfelte. Hieraus wie aus der begleitenden Propaganda und der Tatsache, daß selbst zusammengewürfelte und wenig ausgebildete Verbände überall da, wo es nunmehr um die Verteidigung von Heimatboden geht, erbittert kämpfen, muß die Möglichkeit abgeleitet werden, daß noch lange und sehr blutige Kämpfe bevorstehen, die dann zur völligen Verwüstung Deutschlands und weitgehenden Ausblutung meines Volkes führen müssen.

Aus Ihren persönlichen Äußerungen und den Handlungen Ihrer Regierung kenne ich Ihre weit vorausschauende Realpolitik und glaube, daß auch Sie, Herr Marschall, weder die Ausrottung des deutschen Volkes, noch die völlige Zerstörung Mitteleuropas wünschen, sondern im Gegenteil jederzeit bereit sein würden, alles zu tun, um weitere sinnlose Opfer zu verhindern!

Von der Million kriegsgefangener deutscher Männer aller Schichten unseres Volkes ist der weitaus größte Teil inzwischen hier in der Sowjet-Union überzeugter Streiter für den menschlichen Fortschritt sowie für die Freundschaft und künftige Zusammenarbeit unserer Völker geworden. Ich bin überzeugt, daß mit ihnen eine Kraft vorhanden ist, deren zweckmäßiger Einsatz von entscheidender Bedeutung für die schnelle Beendigung des Krieges sein kann, und daß dadurch Ströme von Blut erspart werden könnten, die sonst dieser sinnlose Endkampf noch fordern wird.

Seien Sie, Herr Marschall, versichert, daß mich nur das Bestreben leitet, alles, was in unserer Kraft liegt, für die baldige Befriedung unserer Völker einzusetzen, ohne daraus für uns irgendwelche Ansprüche ableiten zu wollen. Ich weiß mich darin eins mit allen meinen Kameraden, daß wir uns verpflichtet fühlen, unserem eigenen Volk in seiner Ohnmacht nicht nur mit Worten, sondern durch die befreiende Tat zu helfen. Dem russischen Volk gegenüber aber wollen wir durch unseren selbstlosen Einsatz einen Teil der Schuld abtragen, die Verbrecher auf den deutschen Namen geladen haben, und vor aller Welt beweisen, daß unser Volk ehrlich gewillt ist, einen neuen Weg zu beschreiten.

Im Vertrauen auf Ihre Großzügigkeit richte ich daher an Sie, Herr

Marschall, die Bitte, mir eine Aussprache zur Prüfung der gegebenen Möglichkeiten gewähren zu wollen.

Paulus

Generalfeldmarschall“

Demnach bot Feldmarschall Paulus Marschall Stalin an, von Worten zu Taten überzugehen und einen Teil der deutschen Kriegsgefangenen als „entscheidende Kraft“ einzusetzen. Übrigens hatte dasselbe, ein halbes Jahr zuvor, schon General der Artillerie von Seydlitz vorgeschlagen. Der eine wie der andere sahen sich an der Spitze dieser „entscheidenden Kraft“, die von Seydlitz ganz konkret beim Namen nannte – „Deutsche Befreiungsarmee“.

Einige Anzeichen lassen den Schluß zu, daß sowohl das „Memorandum“ von Seydlitz' als auch dieses an Marschall Stalin gerichtete Gesuch von Paulus von jenen Leuten inspiriert worden waren, die mit der Aufstellung fremder militärischer Einheiten in der UdSSR zu tun hatten, diese Operation, genauer gesagt, leiteten.

Gegen Ende 1944 wurde in Deutschland die Gründung des „Komitees für die Befreiung der Völker Rußlands“ (KONR) vorbereitet, als dessen Vorsitzender Generalleutnant Andrej Wlassow fungieren sollte. Heinrich Himmler hegte die Hoffnung, aus sowjetischen Kriegsgefangenen zehn Divisionen, eine Panzerbrigade, Artillerie- und Fliegerverbände aufzustellen. Eine sehr zuverlässige Quelle, die die sowjetische Führung über alle mit dem Einsatz sowjetischer Kriegsgefangener in der deutschen Wehrmacht verbundenen Fragen informierte, war der sowjetische Kundschafter Kim Philby, der Kenntnis von vielen, vom britischen Intelligence Service beschafften geheimen Informationen hatte. Er meldete auch die bevorstehende Gründung des KONR.

Offensichtlich sah sich Lawrenti Berija, der die meisten sowjetischen Geheimdienste leitete, dadurch veranlaßt, Stalin zur Aufstellung einer militärischen Einheit aus kriegsgefangenen Deutschen zu drängen. Auf die militärische Lage hatte das keinen wesentlichen Einfluß mehr, doch als Reaktion auf die Aktivitäten zur Schaffung des KONR und zur Aufstellung „russischer“ Divisionen in der Wehrmacht bot es sich an . . .

Die Antwort Stalins ließ aber auf sich warten. Paulus wurde zur Erholung in das Objekt Nr. 20-W im Moskauer Vorort Planernoje verlegt.

Am 16. November übermittelte ein Informant den Inhalt eines Gesprächs zwischen General Paulus und Oberst Beaulieu über das Leben im Objekt Nr. 20-W:

„Paulus sagte: ‚Ja, die Zeit haben wir gut verbracht. Allerdings wird wie überall auch im Objekt 20 nur über eines gesprochen – über Demokratie. Nicht alle haben eine klare Vorstellung davon, was Demokratie ist. Wenn der Staat neugestaltet und eine demokratische Regierung eingesetzt werden soll, dann erhebt sich die Frage: Was für eine Demokratie? Eine bürgerliche oder eine proletarische? Bisher hat niemand diese Frage beantwortet . . . Ansonsten lebt es sich im Objekt 20 gut. Hier herrscht eine angenehme Atmosphäre. Nach unseren kameradschaftlichen Gesprächen sagten die Generale zu mir: Ihnen, Feldmarschall, vertrauen wir voll und ganz. Wirklich, sympathische Menschen.'

Dann ging Paulus auf die unterschiedlichen Verpflegungssätze ein: ‚Die Russen handeln richtig, wenn sie die Verpflegungssätze für Generale, Offiziere und Soldaten unterschiedlich ansetzen. Soll etwa einem General und einem Soldaten das gleiche zustehen? Jeder erhält dienstgradmäßig, und das ist richtig.'"

Es schien, als ob der Feldmarschall übermäßig von sich eingenommen war. Doch der Bericht eines Informanten vom 28. November zeugt vom Gegenteil. Der Informant schildert ein Gespräch zwischen Paulus und General Lattmann:

„Paulus: ‚Wenn ich dort wäre, würde ich ebenso wie die Generale aus Überzeugung handeln . . . Wenn ich ein Flugblatt unterschreibe, muß ich wissen, an wen ich mich wende. Ich muß von dem, was ich unterschreibe, überzeugt sein.

Ich sage: Weg mit Hitler! Doch das ist nicht real. Warum? Weil ich nichts Reales zur Verwirklichung dieser Losung vorschlage. Volkskommissionen? Sie bringen die Sache nicht voran, daher ist der Vorschlag nicht real. Ich fordere zum Rückzug auf, aber das ist nicht real, weil es Kommandeure gibt, die sofort Maßnahmen einleiten werden; auch der Aufruf zum Überlaufen ist nicht real. Wie können Generale überlaufen? Diese Losung ist für Generale vollkommen unakzeptabel – Generale können das nicht.

Wir müssen die Gesamtlage in unserer Heimat kennen, von hier aus läßt sie sich nicht einschätzen. Mit unserer Kenntnis von der Lage werden wir in der Heimat nur Schaden stiften . . . Offiziere und

Soldaten müssen sich zusammenschließen und dem Volk sagen, wohin uns der Nationalsozialismus gebracht hat ... Über die möglichen Wege müssen Menschen befinden, die die Lage in der Heimat gut kennen. Wir aber haben unseren Beitrag geleistet, indem wir offen unsere Meinung äußerten. Nun muß die öffentliche Meinung stabilisiert werden ...

Was kann der kleine Mann tun? Ihm bleibt nichts weiter übrig, als gewissenhaft seine Pflicht zu erfüllen. Aber wir können uns doch nicht unterordnen, immer nur unterordnen.

Ich kann einfach nicht unvorbereitet sprechen. Das war schon früher so, doch jetzt spüre ich es besonders deutlich. Meine Sätze widersprechen einander ... Nachts liege ich lange wach ...'"

So war die Stimmung von Paulus zu Beginn des neuen Jahres 1945.

„Ich arbeite auf den Sturz der gegenwärtigen deutschen Regierung hin ..."

Diese Stimmung wurde offensichtlich von der Leitung der Verwaltung für Kriegsgefangene des NKWD der UdSSR berücksichtigt.

Der kriegsgefangene Feldmarschall Paulus brauchte moralische Unterstützung, die ihm im Interesse der Sache gewährt werden mußte. Was bewegte jeden Kriegsgefangenen – vom Soldaten bis zum Feldmarschall – wohl am meisten? Natürlich das Schicksal der Familie.

In den ersten Januartagen 1945 wandte sich Oberst Schwez mit einem Gesuch an den neuen Stellvertreter des Leiters der Verwaltung, Kommissar der Staatssicherheit 3. Ranges Amajak Kobulow, einen sehr einflußreichen Mann. Sein älterer Bruder Bogdan Kobulow war die rechte Hand von Lawrenti Berija.

„Ich bitte um Ihre Genehmigung, den Leiter des Kriegsgefangenenlagers Nr. 176, Hauptmann der Staatssicherheit Gen. Seregin, zu beauftragen, über unsere Instanzen in Rumänien einen Brief des kriegsgefangenen Feldmarschalls Paulus an seine Verwandte Nadeschda Sutzo, wohnhaft in Bukarest (Boulevard Catargu 66) zuzustellen und eine Antwort in Empfang zu nehmen.

Die russische Übersetzung des Briefs von Paulus liegt bei."

In dem Brief vom 1. Januar 1945 schreibt Paulus, nachdem er der Empfängerin und ihren Angehörigen die besten Wünsche übermittelt, Gesundheit und baldigen Frieden gewünscht hat, daß er von kriegsgefangenen Generalen einiges über seine Familie und die Gesundheit seiner Frau Constanze erfahren habe. So wisse er, daß sein ältester Sohn im Herbst 1943 in Italien gefallen und seine Tochter Pussy (so wurde Olga zu Hause genannt) gestorben sei.

Den letzten Brief von Nadeschda Sutzo hatte Paulus am 22. November 1943 erhalten – offensichtlich die Antwort auf den Brief, den Nikolai Melnikow im Oktober 1943 auf operativem Weg nach Ankara bringen und dort hatte aufgeben lassen.

Paulus teilte mit, daß er auf einer Datscha unweit von Moskau lebe (es handelte sich um das Objekt 35-W) und es ihm im allgemeinen gut gehe.

Er bat seine Verwandte, ihm doch einige Zeilen zu schreiben und sie dem Überbringer dieses Briefs mitzugeben. Auf ihre im letzten Brief geäußerte Frage, womit er sich beschäftige, schrieb Paulus: „Fast alle Generale, die hier in Gefangenschaft sind, arbeiten mit mir auf den Sturz der gegenwärtigen deutschen Regierung hin, die so viel Unheil angerichtet hat."

Die Haltung der sowjetischen Behörden zu Paulus verbesserte sich angesichts derartiger Bekundungen merklich. In einer Beurteilung seiner Person vom 23. Januar 1945 heißt es:

„Dank Stalingrad genießt er die hohe Achtung des deutschen Volkes als ein beispielhafter Kommandeur, der sich opfert und geopfert wird.

Daher hatte sein erster Aufruf entscheidende Bedeutung, weil die Front und die Heimat Paulus vertrauen. Sein Aufruf wurde als eine erste Nachricht der Kriegsgefangenen aus Rußland, als Bestätigung der Existenz des Nationalkomitees begrüßt. Diese Reputation von Paulus ist höher als das Ansehen, das er sich unter anderen Umständen durch eigene Verdienste hätte erwerben können. Er ist ein typischer Vertreter der veralteten Ansicht, daß das Wichtigste für einen Offizier korrektes Auftreten und Äußeres sind.

Paulus ist ein Mann mit Pflichtgefühl, von edler Denkweise, mit scharfem Intellekt und künstlerischen Neigungen. Er hat aber keinen kämpferischen Charakter und ist wenig entschlußfreudig. Da er längere Zeit Stellvertreter des Generalstabschefs war und in unmittelbarer Umgebung des Führers verkehrte, wurde er beträchtlich vom Hitlerfanatismus infiziert, der sich in blindem Glauben, Verblendung und darin äußerte, daß man nicht mehr nach eigener Verantwortung handelt und sich auf fehlerfreie Entscheidungen von oben beruft.

Gegenwärtig macht er einen durch sein Verantwortungsbewußtsein hervorgerufenen inneren Kampf durch, ihm fällt die endgültige Entscheidung schwer. Hat er aber einmal eine Meinung akzeptiert, dann vertritt er sie ehrlich.

Seine Frau ist Rumänin. Ein Sohn ist an der Front gefallen. Er kann politisch mit Erfolg eingesetzt werden, doch dafür ist eine starke Unterstützung durch seine Umgebung erforderlich."

Diese Beurteilung des Feldmarschalls, die ein gefangener General auftragsgemäß verfaßte, diente als Grundlage für die weitere Arbeit mit Paulus.

Etwa zur gleichen Zeit wurde General von Seydlitz zunehmend depressiv. Die Rote Armee war auf dem Vormarsch, die Frontpropaganda wurde eingestellt und im Objekt Lunowo schlenderten die sich selbst überlassenen Offiziere und Generale vom Bund Deutscher Offiziere und vom Nationalkomitee „Freies Deutschland" untätig umher.

Als auch noch die Besuche von maßgebenden – nach Meinung der deutschen Kriegsgefangenen – sowjetischen Vertretern im Objekt ausblieben, wandte sich von Seydlitz, der es nicht länger aushielt, an einen der Objektleiter mit der Bitte, doch diesen unverständlichen Zustand zu erklären. Wie dieser Leiter in seinem Bericht mitteilte, hatte der sich gekränkt fühlende von Seydlitz sogar geweint.

Der Bericht gelangte auf den Tisch von Lawrenti Berija, und am 8. und 9. Februar besuchten der neue Leiter der Verwaltung für Kriegsgefangene, Generalleutnant Kriwenko, und sein Stellvertreter Amajak Kobulow die beiden Kriegsgefangenen Paulus und von Seydlitz. Über ihren Besuch erstatteten sie Lawrenti Berija Bericht:

„Am 8. und 9. Februar besuchten wir die beiden Kriegsgefangenen Feldmarschall Paulus und General der Artillerie von Seydlitz. Im Gespräch mit uns erinnerte Paulus an seinen bereits vor langem geäußerten Wunsch, für ihn ein Treffen mit einem sowjetischen Spitzenpolitiker zu arrangieren, der ihm die Prinzipien der Politik der Sowjetunion gegenüber dem besiegten Deutschland erklärt. Paulus meinte, daß eine solche Erklärung ihm helfen wird, seine Aufrufe an das deutsche Volk und die Wehrmacht konkreter zu begründen. Ohne eine solche Orientierung, meinte Paulus, ist die von ihm gegenwärtig betriebene Propaganda allzu primitiv, er spürt sozusagen keinen Boden unter den Füßen. Außerdem verwies Paulus darauf, daß er und andere kriegsgefangene deutsche Generale große Verantwortung übernommen haben, als sie zum Sturz der Hitlerregierung aufriefen. Daher habe er das moralische Recht, die prinzipielle Position der sowjetischen Regierung kennenzulernen. Hierbei versicherte Paulus, daß er in seinen öffentlichen Stellungnahmen keinerlei Anlaß für eine Beeinträchtigung der Beziehungen zwischen den Alliierten geben wird.

Paulus verwies auf den beiderseitigen Vorteil von freundschaftlichen Beziehungen zwischen der UdSSR und Deutschland und erklärte, daß die vorgesehenen Kapitulationspläne dem deutschen Volk die Existenzgrundlage nehmen werden.

Paulus war über die jüngste Rede de Gaulles zu den französischen Grenzen am Rhein empört. Die Forderungen de Gaulles nach Anschluß des Rheinlands an Frankreich, das im Kampf gegen den Hitlerfaschismus eine unbedeutende Rolle gespielt habe, zeugten davon, daß die Großmächte beabsichtigten, Deutschland unter sich aufzuteilen . . .

Es ist festzustellen, daß die Stimmung der kriegsgefangenen Generale der Wehrmacht seit der Verlagerung der Kampfhandlungen auf das Territorium Deutschlands äußerst gedrückt ist. Charakteristisch hierfür sind Äußerungen des kriegsgefangenen Generals der Artillerie von Seydlitz.

Seydlitz war von der Information zur Konferenz der Führer der drei Großmächte stark beunruhigt. Im Gespräch mit uns erklärte Seydlitz, daß Deutschland offensichtlich zwischen den USA, Großbritannien, der UdSSR und Frankreich aufgeteilt wird. Er äußerte, daß der Bund Deutscher Offiziere dem deutschen Volk nichts mehr zu sagen hat und es den Deutschen nur übrig bleibt, sich zu unterwerfen. Eine freie Entscheidung hätten sie nicht. Von Deutschland bleiben nur Fetzen übrig, der beste Ausgang für Deutschland sei noch sein Anschluß an die Sowjetunion als ‚17. sowjetische Unionsrepublik'.

Paulus und Seydlitz warten ungeduldig auf das Kommuniqué über die Ergebnisse der Verhandlungen zwischen Genossen Stalin, Roosevelt und Churchill."

Am 20. Februar 1945 schickte Lawrenti Berija die Auskunft von Kriwenko und Kobulow an Josef Stalin. In dem Bericht waren einige Stellen unterstrichen, darunter auch die Passage, in der vom Wunsch des Generalfeldmarschalls Paulus die Rede war, sich mit einem sowjetischen Spitzenpolitiker zu treffen. Stalin wurde nicht namentlich genannt, doch es war ersichtlich, wer gemeint war.

Doch Josef Stalin fand auch diesmal keine Zeit für ein Treffen mit Friedrich Paulus. Das Schicksal Deutschlands war entschieden, und es gab eine Liste der Personen, denen der Aufbau des neuen Deutschland in der sowjetischen Besatzungszone anvertraut sein würde. Der Name des Feldmarschalls Paulus fand sich darauf allerdings nicht, ebenso wenig wie der des Generals von Seydlitz . . .

Der Krieg ging zu Ende. Am 2. Mai 1945 fiel Berlin.

Am 8. Mai 1945 schickte der Leiter der GUPWI einen Sonderbericht an das NKWD:

„Als die Zeitung mit dem Befehl des Oberkommandos zur Einnahme Berlins im Lager eintraf, hat Oberst Beaulieu diesen Befehl Feldmarschall Paulus, Generaloberst Strecker und General Leyser vorgelesen. Paulus stand anschließend auf, wünschte allen Anwesenden eine gute Nacht und ging. Strecker und Leyser folgten ihm schweigend."

An diesem Tag ging man im Objekt 35-W zeitig schlafen, doch die Bewohner fanden erst in den frühen Morgenstunden Ruhe.

Später, in einem Gespräch mit General Weinknecht, sagte Paulus:

„Schrecklich! Das Brandenburger Tor steht noch, und darauf weht die Rote Fahne. Wir hatten niemals Fahnen darauf. Die Reichskanzlei ist abgebrannt! Zum Teufel!"

Am 9. Mai 1945 berichtete die Leitung der GUPWI Lawrenti Berija:

„Im Zusammenhang mit der bedingungslosen Kapitulation der Wehrmacht wurden folgende Äußerungen des Führers des Bunds Deutscher Offiziere und anderer deutscher Kriegsgefangener registriert:

Feldmarschall Paulus: ‚Ich bin verwundert, daß Keitel die Kapitulationsurkunde unterschrieben hat – dieser ausgemachte Kriegsverbrecher.'

Als Paulus die Kapitulationsbedingungen mit General Weinknecht erörterte, äußerte er:

‚Das ist keine Unterzeichnung in einem Eisenbahnwaggon im Wald. Gott sei Dank, daß nun alles vorbei ist! Doch eines möchte ich sagen: Wäre ich aufgefordert worden, in Berlin die Kapitulationsurkunde zu unterzeichnen, hätte ich das vielleicht auch getan, mich aber nicht so zur Schau gestellt. Wozu dieses Spektakel? Ich verstehe Keitel nicht . . .' "

Als Paulus von dem Eisenbahnwaggon sprach, spielte er auf die Unterzeichnung der Kapitulation Frankreichs im Wald von Compiègne im Jahr 1940 an.

Offensichtlich hatte Feldmarschall Paulus noch in den letzten Kriegstagen gehofft, daß das Nationalkomitee „Freies Deutschland" in die politische Arbeit nach dem Krieg einbezogen würde. Noch am 15. April sagte er in einem Gespräch mit General von Seydlitz und anderen:

„Ich denke, daß wir die Bewegung erhalten sollten, denn das Nationalkomitee kann als Grundlage für die Bildung einer Regierung dienen. Es sollte entweder als Zentrum der Bewegung ‚Freies Deutschland' oder als Regierungsorgan weiterbestehen. In diesem Fall ist sein Platz in Ostpreußen."

Doch bald nach der Unterzeichnung der bedingungslosen Kapitulation wurde die Erklärung der vier Mächte über die Niederlage Deutschlands und die Übernahme der obersten Regierungsgewalt durch die Alliierten veröffentlicht. Als Paulus davon erfuhr, bemerkte er:

„Was für ein Unglück für das deutsche Volk! Furchtbar! Ihm bleibt aber auch nichts erspart!"

Oberst Beaulieu erwiderte darauf: „So ist es besser, Herr Feldmarschall! Es wird zweifellos zu Meinungsverschiedenheiten kommen. Und je mehr Meinungsverschiedenheiten zwischen ihnen entstehen, desto besser für uns . . ."

Über allem vergaß Feldmarschall Paulus jedoch nicht, sich auch um rein private Belange zu kümmern. Am 2. Juli 1945 bat er die Leitung des Objekts 15-W, wohin er verlegt worden war, um ein deutsches Panzertruppenhemd und eine zugehörige schwarze Krawatte.

„Ich werde nie wieder eine Waffe in die Hand nehmen ...“

Am 6. August 1945 suchte der Leiter der GUPWI, Generalleutnant Kriwenko, den kriegsgefangenen Feldmarschall Paulus auf. Er begann das Gespräch mit der Frage, womit Paulus sich gegenwärtig beschäftige. Dieser antwortete:

„Mich interessiert das weitere Schicksal meiner Heimat, wie sie sich entwickeln wird. Die Einheit Deutschlands ist zerstört. Ich hätte gern gewußt, ob es eine Verbindung zwischen den einzelnen Zonen gibt. Ich verstehe, daß es für ganz Deutschland geltende gemeinsame Weisungen gibt, doch wird jede Zone offensichtlich ein einzelnes Land darstellen. Die Zonen werden wie einzelne Staaten streng voneinander abgegrenzt sein, wie z. B. Belgien, Frankreich u. a. Eine Reise von einer Zone in eine andere wird, scheint mir, mit ebensolchen Schwierigkeiten verbunden sein wie eine Reise ins Ausland. Auch wenn es eine gemeinsame Verwaltung gibt, werden die Zonen dennoch voneinander getrennt sein.“

General Kriwenko schwieg. Paulus fuhr fort:

„Herr General, Sie haben es jetzt mit sehr vielen Kriegsgefangenen zu tun. Es gibt da sicherlich Schwierigkeiten bei der Nachforschung nach Familienangehörigen?“

Kriwenko bestätigte, daß die Lösung dieser Frage schwierig sei, und fragte Paulus, ob er beim Einholen von Informationen über seine Familie Hilfe brauche. Paulus antwortete:

„Ich möchte niemand wegen dieser Frage behelligen. Mit der Zeit werden sich meine Angehörigen schon melden.“

Im weiteren nahm das Gespräch folgenden Verlauf:

„Kriwenko: Sind alle von der Konferenz gefaßten Beschlüsse verständlich?

Paulus: Ja.

Kriwenko: Hat der Feldmarschall denn derartige Beschlüsse von der Konferenz erwartet?

Paulus: Die Beschlüsse der Konferenz waren, wie ich erwartet hatte, und nicht anders.

Kriwenko: Meinen Sie, daß alle Fragen gelöst wurden?

Paulus: Meiner Meinung nach sind nicht alle gelöst.

Kriwenko: Und welche?

Paulus: Die Grenzfrage ist nicht endgültig gelöst, offensichtlich wird sie später entschieden. Über die Kriegsgefangenen wurde nichts gesagt. In dieser Hinsicht kann es, meine ich, zwei Lösungen geben – entweder diese Frage wird vertagt und später von den Alliierten gemeinsam entschieden, oder sie wird jetzt von jedem der Alliierten selbständig geklärt. Und die dritte Frage betrifft das Kulturministerium. Es werden fünf Ministerien gebildet – für Finanzen, für Post- und Fernmeldewesen, für Wirtschaft, für Industrie, für Volksbildung. Wie aber steht es mit einem Ministerium für Kultur?

Kriwenko: Im Ministerium für Volksbildung wird es eine Abteilung Kultur geben . . . Und was hätte in der Frage der Kriegsgefangenen gesagt werden müssen?

Paulus: Nun, darüber muß nachgedacht werden.

Kriwenko: Das ist eine sehr dringende Frage, aber ihre Lösung ist mit großen Schwierigkeiten verbunden. Offensichtlich beschäftigt sie alle hier von früh bis spät?

Paulus: Das ist verständlich. Je länger die Gefangenschaft dauert, desto mehr nimmt die Psychose unter den Kriegsgefangenen zu. Die Fragen, die auf der Konferenz nicht geklärt wurden, sind außerordentlich kompliziert. Wenn es in Deutschland nur eine Besatzungsmacht geben würde, könnte alles bedeutend einfacher gelöst werden.

Kriwenko: Gibt es unter den Gefangenen Personen, die mit den Beschlüssen der Konferenz unzufrieden sind?

Paulus: In welchem Sinne?

Kriwenko: Vielleicht ist jemand mit einzelnen Punkten nicht zufrieden?

Paulus: Ich weiß nicht, welche Punkte der General meint.

Kriwenko: Nun, beispielsweise die Polenfrage.

Paulus: Die Frage der Grenzen mit Polen beschäftigt mich selbst seit einigen Monaten.

Kriwenko: Wenn Deutschland die Möglichkeit gehabt hätte, eine Regierung zu bilden, unter der es, wenn auch besiegt, als selbständiger Staat existieren würde, dann würden alle diese Fragen mit dieser Regierung gelöst werden.

Paulus: Mit anderen Worten, wenn Deutschland nach Kriegsende in der Lage gewesen wäre, eine Regierung zu bilden, der man mehr vertrauen könnte, dann wären solche Sicherheitsvorkehrungen nicht notwendig gewesen. Ich kann mir nicht vorstellen, daß diese Entscheidung über die Ostgrenze auch nur einen Deutschen gleichgültig läßt. Das wird bestimmt nicht das letzte Wort sein – alles wird vom künftigen Verhalten des deutschen Volkes abhängen. Soweit mir bekannt ist, sind die Menschen mit der allgemeinen Entwicklung der Ereignisse in Deutschland einverstanden.

Kriwenko: Mich interessiert, auf welches Land – Großbritannien, die USA oder die UdSSR – sich die gefangenen Offiziere und Generale mehr orientieren?

Paulus: Von mir kann ich sagen, daß ich mich dieser Bewegung aus Überzeugung angeschlossen habe. Wer fest auf der Plattform unseres Manifests steht, für den gibt es keine Zweifel bei der Wahl der Orientierung. Ich denke, daß es für das deutsche Volk sehr gefährlich wäre, wenn es jetzt zu Schwankungen kommen würde. Wer schwankt und die richtige und konkrete Linie nicht vor sich sieht, begeht einen großen Fehler. Die ganze Schwierigkeit besteht darin, wie die Menschen in den anderen Zonen überzeugt werden können.

Kriwenko: Mit Hilfe derer, die die Sowjetunion besser kennen.

Paulus: Aber diese Leute sind noch hier, nicht dort . . .

Kriwenko: Jedes Volk kann sein Verwaltungssystem wählen . . .

Paulus: Ich möchte dem General meinen Standpunkt dazu darlegen. Ich meine, daß das deutsche Volk die Verwaltungsform, die es für richtig hält, für sich wählen kann. Von hier aus kann ich nicht darüber urteilen, welche Ordnung das deutsche Volk anstrebt. Doch in dieser Hinsicht ist jedes Volk eigenständig. Jedes Land hat seine Besonderheiten und wählt dementsprechend die Form der Staatsführung. In Deutschland wird es zweifellos ein anderes System als vorher geben. Doch von hier aus kann ich nicht darüber urteilen, wie stark diese Entwicklung forciert werden muß. Es ist schon drei Jahre her, seit ich Deutschland verlassen habe, und in dieser Zeit hat sich dort viel verändert. Zuerst muß geklärt werden, welche Möglichkeiten bestehen, dann ist das Entwicklungstempo entsprechend anzupassen. Der Krieg hat den Boden für eine Änderung der Lebensform des deutschen Volkes vorbereitet. Wenn sein Leben in normalen Bahnen verläuft, ist es schwer vorstellbar, daß das Staatssystem geändert werden muß. Die derzeitige Katastrophe läßt sich aber mit einer Revolution vergleichen, die alles verändern wird.

Kriwenko: Herr Feldmarschall, womit würden Sie Ihr persönliches Leben beginnen, wenn Sie nach Deutschland zurückkehren?

Paulus: Das kann ich sehr schwer beurteilen, weil ich nicht weiß, ob ich dort eine Wohnung haben werde. Aber das ist unwichtig. Die Hauptsache ist, daß ich weder in die englische noch in die amerikanische, sondern in die russische Zone will. Ich werde mir eine politische Arbeit suchen, doch welche, kann ich gegenwärtig nicht sagen, weil ich nicht weiß, was mich in Deutschland erwartet. Ich kann nicht sagen, wie und was ich beginnen werde, doch ich weiß, daß ich Arbeit anpacken und leisten werde. Das deutsche Volk muß in vollkommen andere Bahnen gelenkt werden. Es ist vollkommen natürlich und verständlich, daß das deutsche Volk sein Leben verteidigen wird. Man muß zwischen normalen Zuständen und der jetzt in Deutschland herrschenden Lage unterscheiden. Ich möchte einen kleinen Vorgriff auf die Zukunft machen. Nehmen wir an, daß sich das deutsche Volk sowohl inne- als auch außenpolitisch gut und planmäßig entwickelt. Es sagt dann aber möglicherweise: ‚Ich habe schlimme Erfahrungen gemacht. Auf mir lastet der Vorwurf, daß ich den Krieg angezettelt habe. Ich werde deshalb nie mehr eine Waffe in die Hand nehmen.' Ich denke, daß die Sowjetunion nicht an einem Volk interessiert ist, das sich nicht bewaffnen will. Ein Volk, das seine Freiheit nicht verteidigen kann, ist dieser Freiheit nicht wert. Das russische Volk hat die Freiheit erkämpft und konnte sich verteidigen. Das ist der beste Beweis dafür, daß das russische Volk dieser Freiheit wert ist."

Hiermit endete das Gespräch zwischen Feldmarschall Paulus und General Kriwenko. Zweifellos sollte Kriwenko dem Feldmarschall und den anderen Generalen „auf den Zahn fühlen" und in Erfahrung bringen, wie sie zu den Beschlüssen der Potsdamer Konferenz standen und welche Vermutungen hinsichtlich des Schicksals der Kriegsgefangenen angestellt wurden. Vor allem sollte offensichtlich herausgefunden werden, wie sich Feldmarschall Paulus sein weiteres Leben vorstellte. Er antwortete darauf sehr offen: Ostdeutschland müsse sich bewaffnen, um seine Freiheit zu verteidigen, und er wolle sein persönliches Leben mit dieser Aufgabe verbinden . . .

Einige Tage später, am 8. August 1945, lud Feldmarschall Paulus einige Offiziere zu sich zum Kartenspiel ein. Als das Spiel im vollen Gange war, kam General von Seydlitz mit der Nachricht, daß die Sowjetunion Japan den Krieg erklärt habe. Er fragte Paulus:

„Was sagen Sie, Herr Feldmarschall, zu dieser Nachricht?"

Paulus antwortete: „Adam wird bestätigen, daß ich das schon lange erwartet habe."

„Mir ist das vollkommen unverständlich", sagte von Seydlitz. „Ich meine, daß das den Prinzipien der Sowjetunion widerspricht. Wenn das nicht Imperialismus ist, dann zumindest doch Gewaltpolitik."

Paulus antwortete: „Seydlitz, Sie müssen lernen, die internationale Politik im großen Zusammenhang zu sehen. Sie erfassen immer nur Details. Was soll die Sowjetunion denn tun? Ruhig zusehen, wie die Engländer und Amerikaner China zu ihrer ausschließlichen Einflußsphäre machen? Eine solche teilnahmslose Betrachtung der Ereignisse könnte für die Sowjetunion bedeuten, die eigene Sicherheit zu gefährden. Logischerweise muß sich die Sowjetunion, auch wenn das nicht von allen gebilligt wird, schon deshalb in den Krieg einmischen, um ihn schneller zu beenden."

„Ich bin nicht Ihrer Meinung", sagte von Seydlitz. „Mit Polen verhält sich die Sache ebenso. Die Sowjetunion nimmt sich einen Teil Polens, und dafür gibt sie ihm etwas auf Kosten Deutschlands. Ein Drittel Deutschlands ist im Osten verlorengegangen. 14 Millionen Deutsche müssen umgesiedelt werden. Das geht mir einfach nicht in den Kopf."

„Weil Sie nicht die Zusammenhänge sehen. Wir haben diese Frage doch so oft erörtert", antwortete Paulus. „Wer war denn die treibende Kraft in der Polenfrage? England. Churchill hat der polnischen Exilregierung eine Erweiterung Polens im Westen versprochen. Das würde in Polen die Schaffung eines Cordon sanitaire gegenüber dem Osten ermöglichen. Nachdem jetzt die Lubliner Regierung gebildet wurde, konnte die Sowjetunion sie doch nicht leer ausgehen lassen. Der Ostteil Polens wird Rußland angegliedert. Deshalb muß die Sowjetunion als Ausgleich, auch um die Londoner Exilregierung zu isolieren, der Lubliner Regierung etwas geben. Und noch etwas: Wenn das deutsche Volk vor einem Jahr Hitler zum Teufel gejagt, mit dem Nationalsozialismus gebrochen und den Krieg beendet hätte, dann wäre niemals so viel Territorium verlorengegangen. Denn dann hätte sich Deutschland als ein Sicherheitsfaktor erwiesen. Das ist jedoch bis heute nicht der Fall. So ist zu verstehen, daß die Sowjetunion den Sicherheitsfaktor, den sie in einem demokratischen Polen sieht, aufgreift und unterstützt."

Seydlitz erwiderte: „Das ist ja alles gut und schön, aber wenn man sich vorstellt, daß 14 Millionen Deutsche ausgesiedelt werden sollen? Ich halte das für unmöglich und nicht durchführbar."

Feldmarschall Paulus stand auf und sagte: „Seydlitz, Sie lassen nur das Gefühl sprechen. Natürlich ist es für uns alle sehr schmerzlich, daß so viele Menschen die Heimat verlassen müssen. Aber das ändert doch nichts an der Tatsache. Die Gebiete sind verloren, damit müssen wir uns abfinden. Es geht jetzt darum, daß wir unserem Volk Ruhe und Vernunft vermitteln. Noch ist diese Umsiedlung ausgesetzt, doch sie wird in bestimmter Weise kommen. Die Alliierten sind Realpolitiker. Deshalb halte ich es nicht für ausgeschlossen, daß die Frage der Aussiedlung aufgrund von Erfahrungen revidiert wird. Vielleicht kann ein Teil der Deutschen aus den abgetrennten Gebieten, wenn sie es wünschen und sich loyal verhalten werden, gegebenenfalls in der Heimat bleiben. Sie müssen endlich Realpolitiker werden, Herr von Seydlitz!"

Der Informant teilte in seinem Bericht weiter mit, daß Paulus, nachdem von Seydlitz gegangen war, erklärte, mit Seydlitz schon seit Monaten über dieses Thema zu sprechen, jedoch immer wieder auf Unverständnis zu stoßen. Paulus meine, daß es eine Kraft gibt, die bei Seydlitz ständig diese Unklarheiten schürt. Er hätte Seydlitz längst eine entsprechende Lektion erteilt, wenn er nicht befürchten müßte, dadurch den Frieden im „Haus" zu beeinträchtigen.

Unter „Haus" ist das Objekt 15-W zu verstehen, in dem die Generale und Offiziere vom Nationalkomitee und vom Bund Deutscher Offiziere untergebracht waren.

Offensichtlich hatte Feldmarschall Paulus seine Wahl getroffen.

Aussagen von Obersturmbannführer Scharpwinkel

Etwas, worin sich Feldmarschall Paulus und General der Artillerie von Seydlitz jedoch einig waren, war die Sorge um das Schicksal ihrer Familien, von denen sie seit langem keine Nachricht hatten. Beide Generale hatten sich in dieser Frage wiederholt an die Leitung der Hauptverwaltung für Kriegsgefangene und Internierte des NKWD der UdSSR gewandt. Sie erhielten jedoch keine Antwort und waren noch im August völlig im ungewissen.

Doch in dieser Richtung wurde intensiv gearbeitet, denn die Leiter der GUPWI hatten erkannt, wie wichtig diese Nachrichten sowohl für ihre Schützlinge als auch für sie selbst waren. Am 11. September 1945 schickte Amajak Kobulow, der inzwischen zum Generalleutnant ernannt worden war (nach der Umwandlung der Verwaltung für Kriegsgefangene in eine Hauptverwaltung wurden viele ihre Mitarbeiter befördert, wobei Amajak Kobulow, bisher Kommissar der Staatssicherheit 3. Ranges, den gleichrangigen militärischen Dienstgrad Generalleutnant erhielt), an den Vertreter des NKWD und NKGB in Berlin, Generaloberst Iwan Serow, ein Schreiben:

„Die kriegsgefangenen Generale Paulus und von Seydlitz haben sich an die Leitung des NKWD mit der Bitte gewandt, den Aufenthalt und die Lebenslage ihrer Familien festzustellen. Uns ist bekannt, daß die Familie von Paulus und von Seydlitz, wie auch andere verfolgte Familienangehörige von kriegsgefangenen Generalen, die sich dem Nationalkomitee ‚Freies Deutschland' angeschlossen hatten, im

November/Dezember 1944 nach Schirlichmühle im Sudetenland in ein Hotel gebracht wurden.

Der Sohn von Paulus, Hauptmann der Wehrmacht, war zu dieser Zeit in der Festung Küstrin in Haft.

In Schirlichmühle waren interniert:

Die Ehefrau von Paulus – Constanze; die verheiratete Tochter von Paulus – von Kutzschenbach, mit ihrem zweijährigen Sohn Axel; die Ehefrau des Sohns von Paulus – Lotti, mit ihrem Säugling.

Die Frau von Seydlitz mit ihren zwei Töchtern im Alter von 17 und 18 Jahren.

Ihre früheren Wohnorte waren:

1. Seydlitz – Verden an der Aller, Provinz Hannover.

2. Paulus – Baden-Baden im Schwarzwald und Berlin-Dahlem, Altensteinstraße 10.

Ich bitte Sie, die erforderlichen Maßnahmen zur Feststellung des Aufenthalts der genannten Familien einzuleiten und der Leitung des NKWD über die Ergebnisse Bericht zu erstatten."

Dem Schreiben von Kobulow waren folgende Ereignisse vorausgegangen:

Bei der Einnahme von Breslau war SS-Obersturmbannführer Scharpwinkel gefangengenommen worden. Bis kurz zuvor war dieser als Mitarbeiter des RSHA für die Verbannung/Festsetzung von Personen, die das Hitler-Regime verfolgte, zuständig gewesen. Anfang 1945 wurde er zur kämpfenden Truppe in die Garnison Breslau versetzt und geriet danach in Gefangenschaft.

Am 6. August 1945 wurde er von der Hauptverwaltung für Kriegsgefangene der UdSSR verhört. Seine erste Aussage machte der Kriegsgefangene Scharpwinkel in Form einer handschriftlichen Erklärung:

„Gegen November 1944 wurde auf Weisung des RSHA in dem Ort Schirlichmühle im Sudetenland ein Haus mit Hotel und Restaurant für sogenannte Sippenhäftlinge – verfolgte Familienangehörige – eingerichtet. Für diese Verhafteten war das RSHA zuständig, das auch die Bewachung stellte. Die meisten Verhafteten, etwa 30 bis 35 Personen, wurden über den Eisenbahnknotenpunkt Breslau nach Schirlichmühle gebracht. Da die Frauen, die die Mehrheit der Verhafteten ausmachten, oft Kleinkinder bei sich hatten, habe ich trotz des Kraftstoffmangels häufig meinen Lastwagen für den Weitertransport zur Verfügung gestellt.

Unter diesen Personen begegnete ich im Dezember 1944 der Frau des von den Russen gefangengenommenen Generalfeldmarschalls Paulus – Constanze Paulus, ihrer Tochter Maria von Kutzschenbach mit Sohn Axel, und der Schwiegertochter Lotti Paulus mit Kleinkind. Sie waren aus Berlin über Breslau in Begleitung eines Beamten gekommen. Wie sie mir erklärten, hatte man sie in einem Güterwagen befördert. Ich besorgte ihnen unverzüglich eine zeitweilige Unterkunft in Altheide-Bad und ärztliche Hilfe für die alte Dame.

Am 7. Januar brachte ich persönlich Frau von Kutzschenbach nach Schirlichmühle, um die anderen kümmerte sich einer meiner Mitarbeiter. Die alte Dame wurde mit einem von mir angeforderten Schlitten transportiert. Für die genannten Personen hatte ich im Haus in Schirlichmühle drei gute Zimmer reservieren lassen. Die beiden jungen Frauen haben mit mir lange über ihr Schicksal gesprochen. Ich versprach ihnen jede mögliche Hilfe und habe mein Wort gehalten. Ich riet ihnen, ein Freilassungsgesuch mit der Begründung zu schreiben, daß sie Kleinkinder haben, und dieses direkt an mich zu schicken. Obwohl ich mit dieser Frage weder auf dienstlicher noch territorialer Linie befaßt war, versprach ich trotzdem, ihr Gesuch zusammen mit meiner Fürsprache nach Berlin zu schicken. Diesen Rat haben sie dankend angenommen. Als ich bereits bei der Truppe war (Ende Januar/Anfang Februar 1945), erhielt ich von ihnen diese Freilassungsgesuche sowie persönliche Briefe mit Dankesworten. Diese Gesuche habe ich unverzüglich, zusammen mit meiner Fürsprache, an SS-Gruppenführer Müller im RSHA Berlin zur umgehenden Entscheidung des Falls geschickt.

Meine Fürsprache war entsprechend klar formuliert, so daß, wie ich annehme, diese Frauen bald darauf freigelassen wurden.

Kurz vor diesem Treffen hatte ich bereits schon einmal dieses Haus besucht, wo ich die Frau des von den Russen gefangengenommenen Generals von Seydlitz kennenlernte. Sie war hier mit ihren beiden Töchtern. Auch mit ihr habe ich – nicht als Beamter, sondern als Mensch – über ihr Schicksal gesprochen. Auch in diesem Fall schlug ich, obwohl ich keine Vollmachten hatte, dem RSHA vor, diese Frauen freizulassen, denn sie konnten nicht wissen, was ihr Mann und Vater in Rußland tut.

Als ich die Familie Paulus nach Schirlichmühle brachte, waren Frau von Seydlitz und ihre beiden Töchter gerade freigelassen worden. Ob das auf meine Fürsprache zurückzuführen ist, weiß ich nicht.

Soweit ich mich erinnere, befanden sich in Schirlichmühle außerdem Frau von Lenski und Frau Lattmann. Mit diesen Damen habe ich höflich und korrekt gesprochen und meine Dienste angeboten, doch im Zusammenhang mit meiner Versetzung zur Truppe in die Festung Breslau wurde nichts daraus, denn die Post von ihnen konnte nicht mehr zu mir gelangen – Breslau war bereits eingekesselt."

Das nächste Verhör des früheren Gestapo-Chefs der Stadt Breslau (so wird er im Protokoll bezeichnet), SS-Obersturmbannführer Scharpwinkel, fand am 25. August 1945 in Moskau statt:

„Frage: Sie nennen die Familie von Seydlitz und die anderen ‚Sippenhäftlinge'. Was ist unter diesem Begriff zu verstehen?

Antwort: Das altdeutsche Wort ‚Sippe' bedeutet Blutsverwandte. Sippenhäftlinge sind verhaftete Blutsverwandte. Dieser Ausdruck wurde zum erstenmal in Berlin auf die nach Schirlichmühle verbannten Personen angewendet.

Frage: Wo befindet sich Schirlichmühle und was stellt es dar?

Antwort: Das ist ein kleiner Ort im Sudetenland, im Raum Troppau. Er liegt etwa 120 bis 130 Kilometer von Breslau entfernt in der Nähe des Wintersportorts Grünwald. Dort gibt es nur einige Gebäude und ein Hotel mit Restaurant. Gewöhnlich wohnten in diesem Hotel Touristen. Es wurde vom RSHA speziell für die Unterbringung von Sippenhäftlingen requiriert, wobei dem Besitzer des Hotels alle Kosten für ihre Unterbringung erstattet wurden.

Frage: Wann und auf welcher Route trafen die ersten Verbannten in Schirlichmühle ein, wie groß waren die Gruppen?

Antwort: Die ersten trafen gegen Anfang November 1944 ein. Die Verbannten kamen in Gruppen von zwei bis drei Personen, manchmal mehr, manchmal wurde auch nur eine Person gebracht. Die meisten wurden über Breslau geschickt, einige über Görlitz oder Hirschberg.

Frage: Warum wurde die Reise in Breslau unterbrochen?

Antwort: In Breslau machten die aus Berlin kommenden Verbannten einen Zwischenhalt, um in den Zug nach Glatz-Reinerz in Richtung Schirlichmühle umzusteigen.

Frage: Welche Aufgabe hatte Ihnen die Zentrale in Berlin gestellt?

Antwort: Ich sollte den Berliner Mitarbeitern des RSHA, die in Schirlichmühle die Sippenhäftlinge bewachten und bedienten, und ihrem Lagerleiter jedmögliche Unterstützung gewähren; Zahlungen für den Unterhalt der Verbannten leisten; die Post der Verbannten nach Berlin zur Zensur schicken und aus Berlin die Post für die Verbannten entgegennehmen; den Weitertransport der in Breslau eintreffenden Verbannten sichern.

Frage: Wo und wann lernten Sie die Frau und die Töchter von Seydlitz kennen?

Antwort: Ich war zweimal in Schirlichmühle. Bei meinem ersten Besuch lernte ich Frau Seydlitz kennen, die sich selbst vorstellte. Das war im November/Dezember 1944. Ich sagte ihr, wer ich bin. Wir sprachen über das über sie hereingebrochene Unglück. Ihre beiden Töchter waren ebenfalls hier, aber mit ihnen habe ich nicht gesprochen.

Frage: Wo und wann wurde die Familie Seydlitz verhaftet?

Antwort: Das weiß ich nicht.

Frage: Geben Sie den Inhalt Ihres Gesprächs mit Frau Seydlitz wieder.

Antwort: Frau Seydlitz sagte, daß sie nichts über das Schicksal ihres Mannes weiß. Sie kann den Gerüchten nicht glauben, denen zufolge ihr Mann ein Verräter ist und in Rußland an der Spitze eines Befreiungskomitees steht. Doch jetzt, nach der Verurteilung von Seydlitz' durch ein Ehrengericht, bleibt ihr nur die Scheidung von ihrem Mann übrig. Für ihre und die Verhaftung ihrer Kinder gebe es keinen Grund, denn sie haben kein Verbrechen begangen.

Frage: Was veranlaßte Sie, sich für die Familie Seydlitz einzusetzen? Womit ist Ihre Fürsprache beim RSHA motiviert, an wen persönlich haben Sie Ihre Fürsprache gerichtet?

Antwort: Ich bin ein Gegner von Maßnahmen, durch die Familienmitglieder für die Schuld anderer Familienmitglieder bestraft werden. In Schirlichmühle sah ich das Schicksal von Personen, die für Vergehen ihrer Männer bestraft wurden. Deshalb habe ich in einem Schreiben an den Leiter der Abteilung IV des RSHA, SS-Gruppenführer Müller, die Frage prinzipiell gestellt und Zweifel an der Zweckmäßigkeit der Inhaftierung von sogenannten Sippenhäftlingen geäußert. Im einzelnen berichtete ich über die Absicht von Frau Seydlitz, sich in Anbetracht des Urteils des Ehrengerichts scheiden zu lassen.

Bei meinem zweiten Besuch in Schirlichmühle – am 7. Januar 1945 – erfuhr ich von dem Berliner Beamten Nibur (oder Niburg), daß die Familie Seydlitz freigelassen wurde. Von Müller habe ich keine Antwort auf meine Fürsprache erhalten. Ich weiß nicht, ob Frau Seydlitz die Scheidung eingereicht hat.

Frage: Wohin ist die Familie Seydlitz nach der Freilassung gefahren?

Antwort: Das weiß ich nicht.

Frage: Ist Ihnen der ständige Wohnsitz der Familie Seydlitz vor ihrer Verhaftung bekannt?

Antwort: Nein, den kenne ich nicht.

Frage: Wieso interessierten Sie sich nicht für den Aufenthalt von Personen, an deren Schicksal Sie so großen Anteil genommen haben?

Antwort: Es interessierte mich nicht, weil ich den Fall Seydlitz nicht bearbeitet habe.

Frage: Beschreiben Sie das Aussehen von Frau Seydlitz und ihrer Töchter.

Antwort: Frau Seydlitz ist etwa 50 Jahre, 1,65 Meter groß, hat hellblaue Augen und helles graumeliertes Haar. Von den Töchtern habe ich nur eine flüchtig gesehen, sie ist etwa 17 bis 18 Jahre alt.

Frage: Was ist Ihnen über die Familie Paulus bekannt? Wie und wann sind Sie dieser Familie begegnet?

Antwort: Mitte Dezember 1944 trafen aus Berlin in Breslau, auf dem Weg nach Schirlichmühle, als Sippenhäftlinge Frau Constanze Paulus, die Ehefrau von Generalfeldmarschall Paulus, die verheiratete Tochter Maria von Kutzschenbach mit ihrem zweijährigen Sohn Axel und die Schwiegertochter von Paulus, Lotti, mit einem Säugling ein. Der Ehemann von Maria, ein Rußlanddeutscher aus dem Kaukasus, war vier Monate zuvor an der Ostfront gefallen. Etwa zur gleichen Zeit ist auch ihr zweites Kind gestorben. Die Schwiegertochter Lotti ist die Frau des Sohns von Paulus, Hauptmann Paulus. Constanze Paulus konnte aufgrund ihres Gesundheitszustands nicht sofort nach Schirlichmühle, das eine Höhenlage von 800 Meter hat, gebracht werden. Mit Genehmigung Berlins habe ich die ganzen Familie für 10 bis 14 Tage im Tal, in dem Ort Altheide in der Nähe von Schirlichmühle, untergebracht.

Frage: Was erzählte Ihnen die Familie Paulus über die Umstände, den Ort der Verhaftung und den weiteren Verlauf des Falls bis zur Verbannung nach Schirlichmühle? Wo befindet sich der Sohn von Paulus?

Antwort: Darüber habe ich nur mit Frau von Kutzschenbach gesprochen. Sie sagte, glaube ich, daß sie bei ihrer Mutter in Baden gelebt hat. Ob sie dort auch verhaftet wurde, weiß ich nicht. Zuverlässig bekannt ist nur, daß sie alle in Berlin in Haft waren. Der Sohn des Feldmarschalls, Hauptmann Paulus, war in der Festung Küstrin inhaftiert. Von seiner Verhaftung erfuhr ich durch seine Frau. Aus ihren Briefen an ihn, die über mich nach Berlin gingen und die ich gelesen habe, ist mir bekannt, daß er in der Festung sitzt.

Frage: Berichten Sie über die Gespräche mit der Tochter, der

Schwiegertochter und der Ehefrau von Paulus. Wie bewerten sie das Verhalten von Paulus?

Antwort: Die Gespräche mit den jungen Frauen liefen auf die Erörterung ihres Schicksals hinaus. Frau von Kutzschenbach sprach von ihrer Niedergeschlagenheit nach dem Tode ihres Mannes und ihres Kindes. Sie lebt ausschließlich für ihren Sohn Axel. Lotti Paulus erzählte, daß man sie wegen des Säuglings nicht verhaften wollte, aber aus Solidarität mit ihrem Mann und auf seinen Wunsch hin habe sie dummerweise darauf bestanden, mit der ganzen Familie in die Verbannung zu gehen. Beide Frauen baten mich um Hilfe. Ich habe sie ihnen versprochen und mein Versprechen gehalten. Mit der Frau des Feldmarschalls hatte ich ein kurzes Gespräch in Breslau. Sie war sehr verschlossen. Niemand von ihnen sprach mit mir über das Verhalten des Feldmarschalls. Die jungen Frauen deuteten nur an, daß sie sich keinerlei Handlungen von Paulus gegen Deutschland oder Hitler vorstellen können.

Frage: Worin bestand Ihre Hilfe? Warum haben Sie das getan? Womit haben Sie das motiviert und wie bewerten Sie die Handlungen von Paulus?

Antwort: Die beiden jungen Frauen schickten mir ihre Freilassungsgesuche zur Weiterleitung nach Berlin. Das war im Januar oder Februar 1945. Ich war bereits bei der Truppe an der Front. Die Gesuche der Frauen habe ich, mit meiner Fürsprache, an das RSHA an SS-Gruppenführer Müller, Leiter der Abteilung IV, geschickt. Meine Bitte habe ich damit motiviert, daß Frau von Kutzschenbach vor kurzem Mann und Kinder verloren hat und Lotti Paulus sozusagen ‚freiwillig' mit Kind in die Verbannung gegangen ist. Wie man in Berlin darauf reagiert hat, weiß ich nicht, denn seit dem 13. Februar war Breslau von sowjetischen Truppen eingekesselt. Ich sah mich aus rein menschlichem Mitgefühl veranlaßt, den Damen zu helfen.

Über Paulus wurde in Deutschland nichts veröffentlicht. Der in einer schweizer Zeitung veröffentlichte Bericht war sehr verschwommen, ich habe ihm nicht geglaubt.

Frage: Was können Sie über Frau von Lenski mitteilen?

Antwort: Ich lernte sie in Schirlichmühle kennen und habe mit ihr einige freundliche Worte gewechselt. Wo und wann sie verhaftet wurde, kann ich nicht sagen.

Frage: Wen von den ‘Sippenhäftlingen' kannten Sie noch?

Antwort: Die Frau von General Lattmann. Außerdem kannte ich noch Oberst von Knobelsdorff, dessen Sohn sich in russischer Kriegsgefangenschaft befand und früher Nationalsozialist war. In Schirlichmühle befanden sich insgesamt 35 bis 40 Verbannte, einschließlich Kinder. Unter ihnen waren zwei Männer – von Knobelsdorff und ein junger Mann von 25 Jahren, dessen Namen ich nicht weiß.

Frage: Da die meisten ‚Sippenhäftlinge' über Breslau geschickt wurden, die gesamte Korrespondenz für sie und von ihnen über Sie lief, Sie selbst einige Briefe gelesen haben, in Schirlichmühle gewesen sind, Interesse für die Verbannten bekundeten und zu ihnen Beziehungen unterhalten haben, kann in Betracht ihrer geringen Zahl mit Bestimmtheit gesagt werden, daß Sie alle kannten. Daher verlangen wir von Ihnen, ihre Namen zu nennen.

Antwort: Wenn auch die meisten der Verfolgten über Breslau geschickt wurden, sind doch viele von ihnen ohne mein Zutun weitergereist. Mlr waren nur die bekannt, die ihre Reise nicht fortsetzen konnten und übernachteten. Ich interessierte mich auch nicht für alle, sondern nur für Verwandte hochgestellter Persönlichkeiten – Paulus und Seydlitz. Von den Briefen, die ich weitergeleitet habe, habe ich auch nur die der Familie Paulus und Briefe von Kobelsdorff wegen ihres positiven Inhalts gelesen. Andere Namen kenne ich nicht.

Frage: Nennen Sie die Namen der Beamten aus Berlin und Breslau, die in Schirlichmühle gearbeitet haben, und geben Sie ihre Funktionen an. Nennen Sie den Namen des Besitzers des Hotels, in dem die Internierten wohnten, und in dem er, wie Sie sagten, ebenfalls gewohnt hat.

Antwort: Leitender Beamter war der RSHA-Mitarbeiter Nibur (oder Niburg). Für die Verwaltung war Polizeiinspektor Prochnow (oder Pruchnow) zuständig. Aus Breslau sind meine Mitarbeiter Schrampel und Knappe nach Schirlichmühle gefahren. Den Namen des Hotelbesitzers kenne ich nicht.

Frage: Was konnte, Ihrer Meinung nach, mit den Verfolgten im Zusammenhang mit der Entwicklung der Kampfhandlungen geschehen?

Antwort: Bei unmittelbarer militärischer Bedrohung von Schirlichmühle hätte man sie evakuiert. Den Rundfunkmeldungen nach zu urteilen, bestand bis zum 30. April keine derartige Bedrohung. Angesichts der kritischen Lage an allen Fronten nach dem 30. April machte eine Evakuierung keinen Sinn mehr. Ich denke, man hätte sie freilassen müssen.

Frage: Wer könnte genauere Angaben über ihr weiteres Schicksal machen?

Antwort: Präzise Angaben könnten der Hotelbesitzer und der Leiter der Wache Nibur (oder Niburg) machen, der zweifellos entsprechende Weisungen aus Berlin hatte.

N.S. Ich erkläre, daß ich obige Angaben freiwillig und wahrheitsgetreu gemacht habe. Ich versichere, nichts verschwiegen zu haben.

Für die Richtigkeit meiner Aussagen übernehme ich die volle Verantwortung gegenüber den sowjetischen Machtorganen."

Ein Fehler war Scharpwinkel dennoch unterlaufen. Er nannte die Tochter von Feldmarschall Paulus, Olga von Kutzschenbach, Maria.

Somit lagen gewisse erste Angaben über das Schicksal der Familien der Generale von Seydlitz und Paulus vor . . .

„Herr Paulus hat mit diesen Verbrechen nichts zu tun . . ."

Am 18. November 1945 kam es in Lunowo, wo die Generale und Offiziere des Nationalkomitees „Freies Deutschland" und des Bundes Deutscher Offiziere untergebracht waren, zu großer Unruhe. In der Zeitung „Freies Deutschland" war die Anklageschrift des Internationalen Militärgerichtshofs in Nürnberg veröffentlicht worden. Unter Punkt III war von Kriegsverbrechen die Rede, und als Beispiel wurden Fälle von Folter, Mord und anderen Verbrechen angeführt, darunter auch solche, die in Stalingrad begangen wurden. Das beunruhigte die Generale Paulus, von Seydlitz, Lattmann und Korfes.

In einem Gespräch mit einem General sagte Paulus:

„Das ist mir vollkommen unverständlich. Die Russen haben mit mir nie darüber gesprochen. General Melnikow hat vielmehr wiederholt betont, daß im Dislozierungsraum der 6. Armee alles in Ordnung war. Natürlich kann ich die Angaben der Russen nicht anzweifeln, doch ich höre das zum erstenmal."

Der Gesprächspartner erwiderte, daß alle Generale und auch er, Feldmarschall Paulus, in der Wochenschau gesehen hätten, wie seinerzeit etwa die Bedingungen in den Kriegsgefangenenlagern gewesen seien. Paulus antwortete, daß er nichts davon wisse und überdies in der zweiten Januarwoche befohlen habe, die Kriegsgefangenen über die Frontlinie zu den Russen zu schicken.

Am stärksten regte sich General von Seydlitz auf, der erklärte, daß dies alles gegen ihn gerichtet sei, denn er habe die Front in Stalingrad befehligt.

Um 12 Uhr nachts trafen sich Feldmarschall Paulus und die Generale Lattmann und Korfes im Zimmer von Seydlitz.

Lattmann sagte: „Das widerspricht all dem, was man uns früher gesagt hat. Wir sind hier fast drei Jahre, doch erst jetzt erfahren wir davon aus der Zeitung. Wir müssen von den Russen sofort eine Bestätigung fordern, daß wir nichts damit zu tun haben."

Paulus: „Ich bezweifle, Lattmann, daß man Ihnen diese Bestätigung gibt. Im übrigen denke ich, daß wir die Sache erst einmal überschlafen sollten."

Korfes stimmte ihm zu.

Am nächsten Tag versammelten sich die Generale Strecker, Leyser und Weinknecht bei Feldmarschall Paulus. Das Gespräch drehte sich erneut um den Zeitungsbericht über Verbrechen im Gebiet Stalingrad.

Paulus eröffnete das Gespräch: „Ich bestreite nicht, daß es viele Opfer gegeben hat, doch das war die Folge von Kampfhandlungen. Schließlich war das Kampfzone . . .Wenn wirklich so etwas geschehen ist, warum haben die Russen dann drei Jahre geschwiegen, wie konnten sie mit ‚Verbrechern' zusammenarbeiten? Ich verstehe das nicht . . ."

Weinknecht antwortete darauf: „Eines ist klar – es gibt nichts Konkretes.Weder der Feldmarschall noch andere Kommandeure der 6. Armee werden namentlich genannt. Zweitens – das Gebiet Stalingrad. Das ist ein sehr weiter Begriff. Offensichtlich ist nicht von der Stadt Stalingrad die Rede. Und schließlich ist noch nicht bewiesen, daß diese Zahlen der Wahrheit entsprechen . . ."

Strecker ergriff das Wort: „Die ganze Stalingrader Geschichte ist lange beendet. Jetzt, einige Jahre später, kommt sie erneut an die Oberfläche. Wie vereinbart sich das mit den Worten von Oberst Braginski über die gute Einstellung zu den Generalen von Stalingrad?"

Leyser warf ein: „Für Stalingrad ist allein Seydlitz verantwortlich. Aber was ist eigentlich unter dem Gebiet Stalingrad zu verstehen?"

„Wir müssen mit Oberst Braginski sprechen", sagte Strecker.

Leyser sprang auf: „Es muß doch irgendwelche Beweise geben! Aber vielleicht ist noch nicht alles bekannt . . ."

Strecker bemerkte: „Wer ist für diese schmutzige Sache verantwortlich? Wer ist an allem schuld? Die Generale? Hier ist etwas passiert, sonst würde nicht darüber geschrieben. Der wesentliche Aspekt ist, daß diese Menschen direkt in Stalingrad, nach der Kapitulation, gefunden wurden! Wie sind sie umgekommen?!"

Paulus beendete das Gespräch mit den Worten, daß er bei Gelegenheit mit Oberstleutnant Gargadse über die umstrittene Beteiligung der 6. Armee an diesen Verbrechen sprechen werde. Am meisten beunruhige ihn jedoch die Frage seiner persönlichen Verantwortung.

Einige Zeit später gesellte sich General von Lenski zu ihnen und begann sofort wieder das Gespräch:

„Ich möchte an einen Vorfall erinnern. Wir waren damals in Gorodistsche. Auf dem Weg aus Gorodistsche nach Osten lag links, hinter dem Kreuzweg, eine Schlucht. Dort befand sich ein Kriegsgefangenenlager. Damals hatten wir den Sonderbefehl. daß Kriegsgefangene, die sich bei der Truppe befinden, wie deutsche Soldaten zu behandeln sind. Jemand hatte mir gesagt, daß beschlossen worden sei, die Kriegsgefangenen den Russen zu übergeben. Ich erinnere mich, wie wir damals argumentierten: daß es einerseits schade um die Arbeitskräfte, doch andererseits gefährlich sei, diese Leute bei der Truppe zu behalten. Bald darauf erfuhr ich, daß es uns nicht gelungen war, sie den Russen zu übergeben. Und noch ein weiterer Vorfall: Sie erinnern sich, daß man uns in den letzten Kriegstagen einen Überläufer gebracht hatte. Ich hatte ein ungutes Gefühl und befahl, da er eine Menge Unheil anrichten konnte, ihn fortzuschaffen und dem Führer des Pionierzugs zu übergeben, der sich um seine Verpflegung und Sicherheit kümmern sollte. Mir wurde gemeldet, daß der Befehl ausgeführt worden sei. Erinnern Sie sich an den Vorfall?"

Kurz darauf trat General von Seydlitz zu den Gesprächspartnern. Paulus beantwortete gerade eine Frage:

„Damit haben wir nichts zu tun! Wenn Gargadse kommt, werde ich ihm alles sagen, was ich darüber denke. Vielleicht sagt er, daß wir mit derartigen Befehlen nichts zu tun haben, aber . . . Ich werde ihn daran erinnern, was ich in Dubrowo gehört habe: ‚Herr Paulus hat mit diesen Verbrechen überhaupt nichts zu tun.'

Auf die Frage, wer denn persönlich dafür verantwortlich ist, werde ich antworten, daß ich es nicht weiß und nichts damit zu tun habe."

Seydlitz stimmte ihm zu, und Paulus fuhr fort:

„Und weiter. Was hat sich an unserer Lage im Zusammenhang mit den jüngsten Ereignissen verändert? In der Anklageschrift wird auch Stalingrad erwähnt. In dem Bericht ist von Verbrechen im Gebiet Stalingrad die Rede. Dafür gibt es Schuldige – so sehe ich die Sache. Bisher gibt es aber keine Schuldzuweisung.

Die Russen würden sich sonst uns gegenüber anders verhalten. Tatverdächtige werden entweder sofort ins Gefängnis gesteckt oder bei weitem schlechter behandelt als wir. Uns ist weder das eine noch das andere widerfahren. Ich kann mir nicht vorstellen, daß man uns etwas vorwirft. In der russischen Zeitung wurde dieser Artikel am 9./10. Oktober veröffentlicht. Danach haben wir mit Gargadse gesprochen, ohne daß er darauf einging. Wir wurden immer kameradschaftlich und freundlich behandelt. Müssen nun irgendwelche prophylaktische Maßnahmen ergriffen werden? Ja, ich werde als Hauptverantwortlicher mit Oberstleutnant Gargadse sprechen und ihn fragen, ob er mit mir in dieser Frage übereinstimmt oder ob etwas unternommen werden muß . . ."

„Gut wäre es, mit Braginski zu sprechen", meinte Strecker.

„Natürlich, ich werde auch mit Braginski sprechen, wenn ich ihn sehe. Aber er kommt selten her. Er hat viel zu tun und vergeudet keine Zeit. Aber es wäre gut, mit ihm zu sprechen.

Das Gebiet Stalingrad umfaßt ein großes Territorium, das etwa der Größe einer deutschen Provinz entspricht. Auf diesem Territorium befanden sich die 3. Rumänische Armee, ein deutsches Panzerkorps, die 2. Rumänische Division. Was dort geschehen ist, weiß ich nicht. Hier werden aber Angaben über Opfer im Stadtgebiet gemacht. Diese müssen verbrecherischen Elementen zugeordnet werden. Es wurden keine verbrecherischen Befehle erteilt. Solche Vorkommnisse wurden mir auch nicht gemeldet. Die Zahl der Opfer, die ich aus der Zeitung erfahren habe, hat mich einfach schockiert . . ."

Diese Gespräche wurden später noch im Zimmer von General Korfes fortgesetzt. Dort traf man sich, um ein alkoholisches Getränk, das in der Küche unter Anleitung von Korfes zubereitet worden war, zu probieren. Es erfreute sich großen Zuspruchs. Lattmann, Korfes und von Seydlitz dachten an ihre Verwandten und Bekannten, sprachen über die Arbeit des Nationalkomitees und ein künftiges Treffen der Bewohner von Lunowo in Berlin. Die Generale machten sich über Offiziere und Wachposten von Lunowo lustig, erzählten Anekdoten aus dem Leben von Göring, Goebbels und Ribbentrop. Großen Erfolg hatte der Trinkspruch „Auf gute freundschaftliche Beziehungen in diesem Haus, auf baldige Heimkehr, auf das Wiedersehen mit Verwandten und Bekannten, auf die Arbeit zum Wohle der Heimat!" Doch immer wieder kamen sie auf das Thema der Greueltaten der deutschen Wehrmacht in Stalingrad zurück. Als Paulus sich zu ihnen gesellte, sagte Lattmann:

„Greueltaten in Stalingrad! Bisher wurden sie mit keinem Wort erwähnt! Zusammen mit den Russen haben wir erklärt: Den Stalingradkämpfern ist nichts vorzuwerfen, die Stalingradkämpfer streiten für ein neues Deutschland gegen Hitler! Und nun das ..."

Paulus versprach, mit den Russen darüber zu reden.

Am 10. Dezember 1945 wurde die übliche Auskunft über den Feldmarschall des ehemaligen deutschen Heeres Paulus verfaßt. Amajak Kobulow schrieb:

„Die Dokumente der Anklageschrift gegen die Hauptkriegsverbrecher und die Schuldigen an der Vernichtung von 40.000 sowjetischen Menschen im Gebiet Stalingrad haben Paulus sehr aufgeregt. In Gesprächen mit den anderen Generalen bestreitet er seine Schuld und erklärt, daß dies außerhalb des ‚Kessels' geschehen sei.

Wie gemeldet wurde, hat Seydlitz zu Hofmeister über die Schuld von Paulus folgendes gesagt:

‚Sie können nicht im gleichen Ton über mich und Paulus sprechen. Meine Hände sind sauber. Es gibt Leute aus dem Armeestab, die immer noch im Gefängnis sitzen. Erinnern Sie sich an den Fall mit den Kriegsgefangenenlagern. Eine sehr große Zahl Menschen wurde auf seinen Befehl erschossen. Er ist verantwortlich für das, was er getan hat, denn er war der Oberbefehlshaber der 6. Armee und Stellvertreter des Generalstabschefs. Wer weiß, was die Leiter I-c und andere noch sagen werden, wenn es zum Prozeß kommt. Paulus muß sich für alles das verantworten, da helfen ihm auch seine verfaßten Schriften nicht ...'

Der kriegsgefangene Oberst Pätzold machte Paulus in seinen Aussagen vom 28. 10. 1945 für den Tod von 2.200 sowjetischen Kriegsgefangenen im Lager im Dorf Alexejewka durch Hunger und Erfrieren verantwortlich.

Im Gespräch mit General Lattmann sagte Paulus über den Plan ‚Barbarossa':

‚Ich wußte davon. Ich leugne das nicht. Doch sie sagen die Unwahrheit, wenn sie behaupten, nichts davon gewußt zu haben. Allen war der Sinn des Krieges klar. Ein Eroberungskrieg wurde vorbereitet. Man mußte nicht unbedingt beim Oberkommando sein, um das zu erkennen. Wenn sie jetzt zum Nürnberger Prozeß eine solche Position beziehen, dann tun sie das gleiche wie die Hauptkriegsverbrecher. Sie versuchen, die Schuld auf Hitler abzuwälzen. Weil wir mehr wissen als die einfachen Leute, müssen wir alles tun, um die Kriegsursachen und das Wesen des Nationalsozialismus aufzudecken. Nur so nützen wir dem deutschen Volk.'

Paulus hat in der zentralen sowjetischen Presse eine gegen Hitler gerichtete Erklärung abgegeben, woraufhin seine Familie in Deutschland verfolgt wurde."

Offensichtlich war es Paulus gelungen, nicht nur mit Oberstleutnant Gargadse von der GUPWI und Oberst Braginski von der Glawpur, sondern auch mit höhergestellten Persönlichkeiten zu sprechen.
Am 11. Januar 1946 schickte der Generalfeldmarschall des ehemaligen deutschen Heeres Friedrich Paulus General Amajak Kobulow eine Ausarbeitung, mit folgendem Anschreiben:

„Sehr geehrter Herr General!
Nach kurzem Ausruhen übersende ich Ihnen anbei eine Neubearbeitung zur Frage Stalingrad.
Ergänzungen zu meiner Tätigkeit im OKH (Einzelpunkte) folgen noch.
Ich versichere Ihnen, daß ich ohne Vorbehalt alles angeben werde, was mir noch in Erinnerung ist und kommt."

Die kurze Ruhepause, von der er sprach, hatte Friedrich Paulus gebraucht, nachdem er sich am 8. Januar 1946 mit der Bereitschaftserklärung an die sowjetische Regierung gewandt hatte, die Zusammenhänge, die zum Angriff Deutschlands auf die UdSSR nach dem Plan „Barbarossa" führten, aufzudecken.

Vorbereitung auf den Nürnberger Prozeß

Am 12. Januar 1946 wurde Feldmarschall Paulus vom Generalleutnant der Justiz Rudenko – sowjetischer Chefankläger im bevorstehenden Nürnberger Prozeß – als Zeuge verhört. Oberstleutnant Gargadse fungierte dabei als Dolmetscher.
Nachdem Paulus seine der sowjetischen Regierung am 8. Januar 1946 erklärte Bereitschaft bekräftigt hatte, fragte ihn Rudenko, ob es noch Zusätze zu dieser Erklärung gebe. Paulus antwortete, daß er das Zusammenwirken Ungarns mit Deutschland bei der Vorbereitung des Aggressionskrieges gegen die UdSSR ausführlicher beschreiben wolle. Paulus stellte fest, daß die Außenpolitik Ungarns damals von der vollständigen Anerkennung der Führungsrolle Deutschlands geprägt gewesen sei, was sich aus Ungarns Streben nach territorialer Eroberung und der Furcht vor einem erstarkenden Rumänien ergeben

hätte. Hitler sei den Ungarn gegenüber mit seinen Plänen zurückhaltend gewesen, was sich aus der „Geschwätzigkeit" der Ungarn erklärte. Deshalb wußte Ungarn auch nichts von der Existenz des Plans „Barbarossa". Außerdem wollte Hitler den Ungarn nicht die Erdölregion in Drogobyč überlassen. Als die Kampfhandlungen begannen, hatte die 17. Armee Stülpnagels Drogobyč auf Befehl des OKH vor dem Eintreffen der Ungarn eingenommen.

Es seien jedoch gemeinsame deutsch-ungarische Maßnahmen zur Vorbereitung des Angriffs auf die UdSSR ergriffen worden, wie z. B. die Umrüstung der ungarischen Armee im Jahre 1940, Panzer- und Flugzeuglieferungen u. a.

Teil des Angriffsplans gegen die UdSSR sei der Angriff auf Jugoslawien gewesen, denn Jugoslawien stellte beim Überfall auf die UdSSR eine Bedrohung der rechten Frontflanke dar.

Weiter sagte Paulus aus:

„Von der Bereitschaft Ungarns, gemeinsam mit Deutschland die UdSSR anzugreifen, zeugt unter anderem auch seine Teilnahme an der Planung des Krieges gegen die UdSSR.

Die Vorbereitung des gemeinsamen deutsch-ungarischen Überfalls auf Jugoslawien wurde mir übertragen. Am 27. oder 28. März 1941 wurde ich in die Reichskanzlei zu Hitler bestellt, wo auch Keitel, Jodl, Brauchitsch und Halder anwesend waren. Halder empfing mich mit folgenden Worten:

‚Der Führer hat beschlossen, Jugoslawien anzugreifen, um die Flankenbedrohung beim Angriff auf Griechenland zu beseitigen und die wichtige Eisenbahnlinie Belgrad-Nis in südlicher Richtung in die Hand zu bekommen.

Doch der Hauptzweck des Angriffs auf Jugoslawien ist, später bei der Verwirklichung des Barbarossaplans die rechte Flanke frei zu haben.

Sie haben die Aufgabe, mit meinem Sonderzug unverzüglich nach Wien zu fahren, Feldmarschall List (12. Armee), General von Kleist (1. Panzergruppe) und Oberst von Witzleben (Stabschef der 2. Armee) die Befehle zu überbringen und die Lage zu klären.

Von Wien reisen Sie dann nach Budapest und vereinbaren dort mit dem ungarischen Generalstab die strategische Entfaltung der deutschen Truppen auf ungarischem Territorium und die Teilnahme der ungarischen Truppen am Angriff auf Jugoslawien.'

Keitel fügte seinerseits hinzu, daß die Teilnahme Ungarns auf politischer Ebene vereinbart worden sei und der ungarische Generalstab den Vertreter des deutschen Generalstabs erwarte.

Halder untersagte mir, in Budapest den Barbarossaplan zu erwähnen, und begründete das damit, daß Hitler noch nicht entschieden habe, wann er die Ungarn in diesen Plan einweihen werde.

Auf meiner Reise begleiteten mich acht oder neun Generalstabsoffiziere, darunter der Stellvertreter des Leiters der Operationsabteilung, Oberstleutnant Grollmann, und Oberstleutnant Hansen von der Abteilung Fremde Heere Ost.

Die Verhandlungen in Budapest führte ich mit dem Generalstabschef Wert und dem Leiter der Operativgruppe Laszlo. Wir vereinbarten sehr rasch die gemeinsamen Angriffshandlungen der deutschen und ungarischen Truppen. Die koordinierten Handlungen wurden in die Karte eingetragen.

Auf der mir vom ungarischen Stab übergebenen Karte waren außer den Truppen für den Angriff auf Jugoslawien auch Truppenteile im Raum des ukrainischen Karpatenvorlands eingezeichnet, die für die Sicherung des Hinterlands vor russischer Bedrohung bestimmt waren.

Das zeugt davon, daß die Ungarn ihre Teilnahme am Angriff auf Jugoslawien auch als Aggressionsakt gegen die UdSSR sahen.

Nach der Rückkehr nach Berlin erstattete ich Halder und danach, am 2. oder 3. April, zusammen mit Halder Hitler Bericht über die Reiseergebnisse. Während der Berichterstattung wurde Hitler der Vorschlag des ungarischen Generalstabschefs Wert unterbreitet, die am Krieg gegen Jugoslawien teilnehmenden ungarischen Truppen unter deutsches Kommando zu stellen. Doch Hitler lehnte diesen Vorschlag mit den Worten ab: ‚Nein, darauf will ich nicht eingehen. Ich will ihren nationalen Stolz nicht verletzen. Sollen die Ungarn doch selbständig bleiben.'

Ich denke, daß ich hiermit veranschaulicht habe, daß Deutschland und Ungarn schon lange vor dem Überfall eine gemeinsame Aggressionspolitik gegen die UdSSR betrieben haben.

Ich bestätige die Richtigkeit des Protokolls, das mir in Deutsch verlesen wurde.

Paulus"

Am 15. Januar 1946 veröffentlichte die sowjetische Zeitung „Iswestija" die Aussagen des kriegsgefangenen Generals Buschenhagen über die Teilnahme Finnlands am deutschen Angriffsplan gegen Rußland.

Am nächsten Tag verfaßte der Generalfeldmarschall des ehemaligen deutschen Heeres Paulus eine Erklärung an die Regierung der UdSSR. Darin hieß es:

„. . . Im Interesse der notwendigen, vorbehaltlosen Aufdeckung der Gesamtzusammenhänge, die zum Hitler'schen Angriff auf die Sowjetunion führten, sehe ich mich veranlaßt, die Aussagen des Generals Buschenhagen zu ergänzen. Meine Kenntnisse stammen aus meiner Tätigkeit als Oberquartiermeister des Generalstabs des Heeres in der Zeit vom 3. 9. 1940 bis 20. 1. 1942. Dabei ist zu berücksichtigen, daß die Verhandlungen und die Vorarbeiten bezüglich Finnland vom Oberkommando der Wehrmacht (OKW) geleitet wurden, das von Anfang an die Absicht hatte, sich den künftigen finnischen Kriegsschauplatz unmittelbar zu unterstellen.

In der zweiten Dezemberhälfte 1940 besuchte erstmalig Generalleutnant Heinrieks, Chef des Generalstabs der finnischen Armee, mit einem Begleitoffizier das Oberkommando des Heeres (OKH) in Zossen. Dieser Besuch beim OKH war vom OKW veranlaßt worden, offenkundig zur Herstellung der ersten persönlichen Verbindung zwischen dem finnischen Generalstab und dem Generalstab des deutschen Heeres. Er fiel gerade zusammen mit der Weisung Nr. 21 des OKW vom 18. 12. 1940 betreffend Fall ‚Barbarossa' (das heißt Vorbereitung zum Angriff auf die Sowjetunion). In dieser Weisung war nicht nur die Mitwirkung Finnlands vorgesehen, sondern es waren bereits die ersten Aufgaben der finnischen Armee bei diesem Angriff gegen Sowjetrußland festgelegt.

General Heinrieks hatte eine Aussprache mit dem Chef des Generalstabs des Heeres, Generaloberst Halder, deren Inhalt mir nicht erinnerlich ist. Ferner hielt General Heinrieks vor Generalstabsoffizieren des OKH einen Vortrag über den finnisch-russischen Winterkrieg 1939/40. Der Vortrag hatte, wenn es auch nicht ausgesprochen wurde, seine Bedeutung im Zusammenhang mit dem Fall ‚Barbarossa' sowohl hinsichtlich der hohen Bewertung der Kampfkraft der finnischen Truppen wie auch bezüglich des Urteils über die Rote Armee als ernstzunehmender Gegner und schließlich hinsichtlich der dem deutschen Heere fremden Erfahrungen im Winterkrieg.

In der zweiten Maihälfte 1941 kam der Chef des finnischen Generalstabs, Generaloberst Heinrieks, mit einem Begleitoffizier nochmals zum OKH nach Zossen, nachdem er vorher eine Besprechung mit dem OKW (Keitel und Jodl) in oder bei Salzburg gehabt hatte. Die Besprechung beim OKH fand statt im Wohnhaus des Chefs des Generalstabs, Halder, im Lager Zossen. Teilnehmer waren die finnischen Besucher, Generaloberst Halder und außer mir der Oberquartiermeister IV (Fremde Heere), Generalmajor Matzky, sowie der Chef der Operationsabteilung, Horst Heusinger.

Generalleutnant Heindrieks trug zunächst die finnischen Absichten aufgrund der Verabredungen mit dem OKW vor: Hauptpunkt der Besprechung mit dem OKH war das Zusammenwirken der finnischen Armee mit der aus Ostpreußen antretenden Heeresgruppe Nord im Hinblick auf den späteren gemeinsamen Angriff auf Leningrad. Dafür waren bestimmte Zeitabschnitte vorgesehen, in denen das beiderseitige Verhalten in Übereinstimmung gebracht werden sollte. Im ersten Zeitabschnitt sollte die finnische Armee aus ihren Grenzstellungen angreifen und eine Linie etwa auf halbem Weg zwischen Grenze und Leningrad gewinnen, sobald die Heeresgruppe Nord in den baltischen Gebieten eine bestimmte Linie erreicht hatte. Im zweiten Zeitabschnitt sollte dann mit der Bereitschaft der Heeresgruppe Nord zum Angriff auf Leningrad auch die finnische Armee antreten.

Da die endgültige schriftliche Festlegung dieses Plans beim OKH noch nicht erfolgt war, sagte Generaloberst Halder baldige Überbringung durch besonders beauftragten Offizier nach Finnland zu. Außerdem wurde noch als Einzelfrage der Angriff auf Hangö besprochen. Dabei blieb meines Wissens offen, ob deutsche Truppen beteiligt werden sollten.

Die Besprechung verlief in voller Übereinstimmung.

Der Zusammenhang zwischen der Weisung Nr. 21 des OKW vom 18. 12. 1940 und den Besuchen des finnischen Generalstabschefs beim OKH im Dezember 1940 und Mai 1941 zeigt, daß die Mitwirkung Finnlands ein Teil des Hitler'schen Gesamtangriffsplanes gegen Sowjetrußland war."

Die Erklärung endete mit dem Nachtrag:

„Da der Inhalt der Weisung Nr. 21 des OKW durch Veröffentlichung in der Zeitung allgemein bekannt geworden ist, bin ich auf ihn nicht mehr eingegangen."

Offensichtlich wurde die Kompetenz von Generalfeldmarschall Paulus in Fragen, die die Vorbereitung des Angriffs auf die Sowjetunion betrafen, entsprechend gewürdigt.

Am 25. Januar 1946 wandte sich Generalleutnant Amajak Kobulow mit einem Schreiben an Sergej Kruglow, der nun Volkskommissar des Innern der UdSSR – damit zugleich Leiter des NKWD – war:

„Im Zusammenhang mit der Instruierung der Kriegsgefangenen der deutschen Wehrmacht – des ehemaligen Generalfeldmarschalls Paulus und des ehemaligen Generals der Infanterie Buschenhagen – als Zeugen im Hauptkriegsverbrecherprozeß in Nürnberg halte ich folgende Maßnahmen für erforderlich:

1. Paulus und Buschenhagen sind aus dem Objekt Nr. 15 (Lunowo) in eine konspirative Wohnung in Moskau zu bringen, um sie gegen negative Einflüsse abzuschirmen.
2. In der konspirativen Wohnung wird die Arbeit mit Paulus und Buschenhagen zur Vorbereitung ihrer Aussage im Prozeß fortgesetzt. Ihre Stimmung ist zu prüfen ...
   Ihre Lebensbedingungen werden verbessert, sie erhalten Zivilkleidung.
3. Für den Transport von Paulus und Buschenhagen nach Nürnberg und zurück ist aus Mitarbeitern der Operativen Verwaltung der GUPWI eine Operativgruppe in folgender Zusammensetzung zu bilden:
   Oberstleutnant Gen. F. K. Parparow
   Leutnant Gen. W. P. Sassopin
   Unterleutnant Gen. I. F. Filjajew
4. Paulus und Buschenhagen werden mit dem Flugzeug nach Berlin befördert. Von dort erfolgt die Weiterreise mit einem Wagen.
   In Deutschland werden sie in einer Wohnung in der sowjetischen Besatzungszone an einem Ort untergebracht, der gemeinsam mit Genossen Serow vereinbart wird.
   Von dort werden Paulus und Buschenhagen, wenn sie gebraucht werden, auf Verlangen des Hauptanklägers der Sowjetunion, Gen. Rudenko, zum Prozeß geholt; nach dem Verhör werden sie sofort wieder in die sowjetische Zone zurückgebracht.
   Hierfür sind Oberstleutnant Gen. Parparow zwei leistungsstarke geschlossene Wagen zur Verfügung zu stellen.
5. Mit der Ankunft von Paulus und Buschenhagen in Berlin ist Gen. Serow für deren Bewachung, Verpflegung und für erforderliche ärztliche Hilfe zuständig.
6. Genosse Serow erhält den Auftrag, umgehend den Aufenthalt der Familien von Paulus und Buschenhagen zu ermitteln, um ihnen die Möglichkeit zu geben, sich mit ihrer Familie zu treffen, jedoch nur in der sowjetischen Besatzungszone.
   7. Über die Realisierung dieser Maßnahmen erstattet Oberstleutnant Parparow täglich Gen. Serow Bericht, der das NKWD der UdSSR informiert."

Noch am gleichen Tag bestätigte Sergej Kruglow die Vorschläge Kobulows. Allerdings wurden in dem Plan der operativen Maßnahmen, die im Zusammenhang mit dem Auftreten von Paulus und Buschenhagen als Zeugen im Prozeß eingeleitet wurden, einige Veränderungen vorgenommen.

Zum Leiter der Operativgruppe, die den Transport von Paulus und Buschenhagen, die „entsprechende Arbeit mit ihnen in Deutschland" und ihre Bewachung abzusichern hatte, wurde der Stellvertreter des Leiters der Operativen Verwaltung der GUPWI, Generalmajor I. S. Pawlow ernannt. Als Ort für die Unterbringung der beiden kriegsgefangenen deutschen Generale wurde Plauen, 130 Kilometer von Nürnberg entfernt, gewählt. Zum möglichen Wiedersehen mit der Familie erfolgte der einschränkende Zusatz: „Im Fall operativer Zweckmäßigkeit". Die täglichen Berichte an den Leiter der sowjetischen Geheimdienste in Berlin, General Serow, sollte nun General Pawlow erstatten. Und auch der Berija nahestehende Kobulow wurde einbezogen – als Verantwortlicher für die Absicherung des Transports und des Auftretens von Paulus und Buschenhagen im Nürnberger Prozeß.

Am 1. Februar 1946, einem Freitag, startete eine S-47 mit Friedrich Paulus und seinen Begleitern an Bord von einem Militärflugplatz bei Moskau und nahm Kurs auf Berlin.

Der Generalfeldmarschall des ehemaligen deutschen Heeres Paulus war auf dem Weg, Kriegsverbrecher zu überführen.

Fragen und Antworten des Feldmarschalls Paulus

Die sowjetische Maschine landete am 2. Februar 1946 um 18.50 Uhr in Berlin. Am nächsten Tag stellte der Stellvertreter des Chefs der Sowjetischen Militäradministration in Deutschland, Armeegeneral Sokolowski, Pawlow eine dienstliche Vollmacht aus. Aus konspirativen Gründen wurde allerdings als Dienstgrad von Pawlow „Oberst" eingetragen.

Feldmarschall Paulus kehrte nicht mit leeren Händen in die Heimat zurück. Bereits am 26. Januar 1946 hatte er ein interessantes Dokument ausgearbeitet – ein Szenario der möglichen Fragen oder Einwendungen der Verteidiger der Hauptkriegsverbrecher sowie seiner entsprechenden Antworten. Paulus nahm an, daß es nicht mehr als drei Fragen geben würde:

„1. Frage: Haben Sie den Krieg gegen die Sowjetunion für einen Präventivkrieg gehalten, wie ihn die Erklärung der Reichsregierung vom 22. 6. 1941 darstellt?

Antwort: Ein Präventivkrieg setzt eine drohende Gefahr voraus. Eine solche lag politisch nicht vor. Es bestand sogar ein Freundschafts- und Nichtangriffspakt, der von der Sowjetunion gewissenhaft eingehalten wurde.

Auch eine akute militärische Gefahr hatte, wie sich nach den Grenzkämpfen herausstellte, nicht vorgelegen. Der russische Aufmarsch war im Nachzuge zum deutschen erfolgt und war ein Verteidigungsaufmarsch. Merkmale hierfür: Die Masse der Reserven und starke Teile der Panzerwaffe befanden sich weit rückwärts.

Vor allem aber war die russische Luftwaffe für einen Angriffskrieg nicht bereit.

In den Weisungen des OKW für den ‚Fall Barbarossa' war auch von einem Präventivkrieg nicht die Rede. In der Weisung Nr. 21 des OKW vom 18. 12. 1941 wurden nur Richtlinien für einen reinen Offensivplan gegeben. Der Zeitpunkt für den Angriff auf Sowjetrußland sollte danach bestimmt werden, wann die Witterungsverhältnisse die Truppenbewegungen auf dem Territorium Rußlands erlauben würden, was etwa ab Mitte Mai erwartet wurde. Dementsprechend sollten alle Vorbereitungen am 15. 5. 1941 abgeschlossen sein.

Gestützt auf die Hilfsquellen der zu erobernden russischen Gebiete wollte Hitler England friedensbereit machen. Es sollte einsehen, daß eine Fortsetzung des Krieges gegen Deutschland keine Aussichten mehr böte. Dies brachte Hitler in seiner Ansprache in der Reichskanzlei in der ersten Junihälfte 1941 an die versammelten Oberbefehlshaber aller drei Wehrmachtsteile zum Ausdruck. Gleichzeitig verwies Hitler dabei auf den Boden im Osten, der für die Sicherstellung der Lebensgrundlage des deutschen Volkes nötig sei.

Somit stellt sich dieser Krieg gegen Sowjetrußland als ein Eroberungskrieg dar, für den der vermeintliche Präventivkrieg nur als Vorwand diente.

2. Frage: Wie erklären Sie, daß die oberen militärischen Führer, der Generalstab und das Gros des Offizierskorps überhaupt den Befehlen Hitlers widerspruchslos gefolgt sind?

Antwort: Es war zunächst die traditionelle Einstellung des deut-

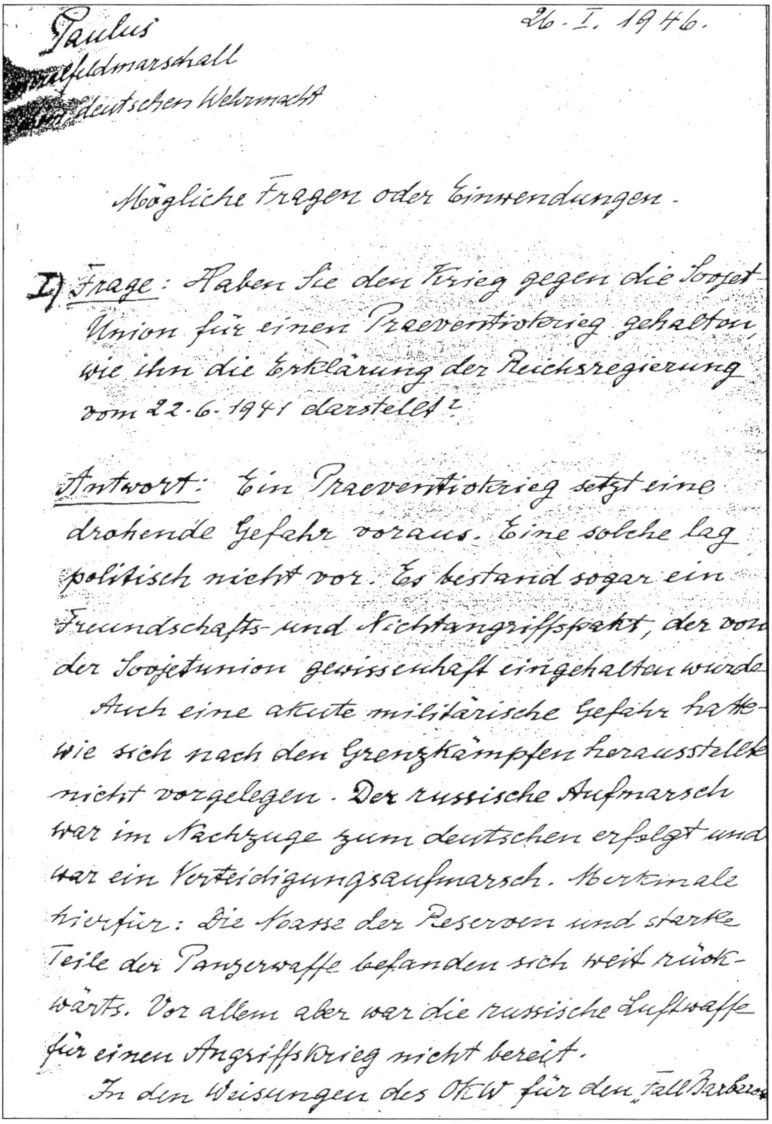
Paulus
feldmarschall
deutschen Wehrmacht

26. I. 1946.

Mögliche Fragen oder Einwendungen.

I) Frage: Haben Sie den Krieg gegen die Sowjet-Union für einen Praeventivkrieg gehalten, wie ihn die Erklärung der Reichsregierung vom 22.6.1941 darstellt?

Antwort: Ein Praeventivkrieg setzt eine drohende Gefahr voraus. Eine solche lag politisch nicht vor. Es bestand sogar ein Freundschafts- und Nichtangriffspakt, der von der Sowjetunion gewissenhaft eingehalten wurde.

Auch eine akute militärische Gefahr hatte – wie sich nach den Grenzkämpfen herausstellte – nicht vorgelegen. Der russische Aufmarsch war im Nachzuge zum deutschen erfolgt und war ein Verteidigungsaufmarsch. Merkmale hierfür: Die Masse der Reserven und starke Teile der Panzerwaffe befanden sich weit rückwärts. Vor allem aber war die russische Luftwaffe für einen Angriffskrieg nicht bereit.

In den Weisungen des OKW für den Fall Barbarossa

Blatt 1 des "Planspiels" vom 26. Januar 1946 in Vorbereitung der Zeugenaussage beim Nürnberger Prozeß.

schen Offizierskorps, Befehle auszuführen, ohne nach den politischen Gründen zu fragen.

Hinzu kamen:

a) die traditionelle Auffassung des Offizierskorps, daß Machtpolitik die beste Grundlage zur Wahrung der Interessen des Landes sei,
b) die im deutschen Volk allgemein verbreitete Auffassung, daß Deutschland nicht genügend Lebensraum habe.

Nach meiner später gewonnenen Überzeugung war die mangelnde Erkenntnis, daß im 20. Jahrhundert Demokratie und Nationalitätenprinzip die bestimmenden Faktoren sind.

3. Frage des Verteidigers: Haben Sie nicht auch unter dem Eindruck einer Gefahr des Bolschewismus gestanden und in ihr einen berechtigten Grund für einen Präventivkrieg gesehen?

Antwort: Ich bekenne, daß ich, wie ein großer Teil des deutschen Volkes, nicht unberührt geblieben bin von der ständigen öffentlichen Propaganda gegen den Bolschewismus. Trotzdem war mir klar, daß zur Abwehr einer ideologischen Gefahr kein Angriffskrieg notwendig ist. Vielmehr hatte diese verwirrende und verhetzende Propaganda den Zweck, das deutsche Volk zu einem Krieg gegen Sowjetrußland geistig bereit zu machen. Die vermeintliche drohende ideologische Gefahr war einer der Vorwände Hitlers zur Tarnung seines geplanten Eroberungskrieges."

Dieses „Planspiel" von Paulus, zusammen mit seiner Erklärung vom 8. Januar 1946 und dem Protokoll seines Verhörs vom 12. Januar desselben Jahres, nahm Oberstleutnant Parparow mit nach Berlin. Ebenso ein analoges „Werk" von Buschenhagen, die an die sowjetische Regierung gerichteten Erklärungen Buschenhagens vom 26. Dezember 1945 und 5. Januar 1946, das Protokoll seines Verhörs vom 5. Januar 1945 und die Erklärungen anderer Kriegsgefangener.

Offenbar aber waren die Ausarbeitungen von Paulus und Buschenhagen noch nicht ausreichend genug. Am 8. Februar meldete der als Betreuer der deutschen Generale fungierende Generalmajor Pawlow über die verschlüsselte HF- Leitung aus Dresden nach Moskau, daß sich der Leiter der Untersuchungsabteilung, Generalmajor der Justiz Alexandrow, am 6. Februar mit Paulus und Buschenhagen getroffen und mit ihnen ein Gespräch über folgende Fragen geführt habe:

– die deutsche Aggression gegen die UdSSR;

– die Einbeziehung der Satelliten in den Krieg gegen die UdSSR;
– die Kolonisierung der UdSSR;
– die Kriegsverbrecher, gegen die der Prozeß geführt wird.

Weiter teilte Pawlow mit, daß beide Zeugen zugestimmt hätten, ihre Aussagen in den genannten Punkten entsprechend den ihnen bekannten Fakten zu erweitern. Die Zeugen würden voraussichtlich am 11./12. Februar verhört werden. Generalmajor Alexandrow habe konkrete Maßnahmen für die Gewährleistung der Sicherheit bei der Fahrt nach Nürnberg und zurück getroffen.

Die Ergebnisse des Gesprächs von General Alexandrow mit Paulus und Buschenhagen beunruhigten Pawlow. Über Serow benachrichtigte er Kruglow in Moskau. Dieser schickte am 9. Februar folgende Instruktionen an Iwan Serow in Dresden:

„Paulus und Buschenhagen, die sich in Plauen befinden, sind genau über die in Nürnberg einzuhaltende Linie zu instruieren.

Eine ganze Reihe der von ihnen gestellten Fragen können nur Rudenko oder Gorschenin klären.

Deshalb bitte ich Sie, sich mit Rudenko und Gorschenin in Verbindung zu setzen und ihnen zu empfehlen, vor der Abreise von Paulus und Buschenhagen nach Nürnberg persönlich nach Plauen zu fahren und mit ihnen ausführlich zu sprechen."

Das Verhör der Zeugen Paulus und Buschenhagen in Nürnberg muß hier nicht im einzelnen geschildert werden. Es ist aus Publikationen in der sowjetischen, deutschen, britischen und amerikanischen Presse sowie aus vielen Büchern und Dokumentarfilmen bekannt.

Offensichtlich hatten die vorausgegangenen Treffen mit den Vertretern der Anklage der sowjetischen Seite ihre Wirkung getan.

Am 13. Februar meldete General Pawlow über die verschlüsselte HF-Leitung an Kobulow:

„Am 11. und 12. Februar 1946 wurden ‚Satrap' und ‚Usnik' ins Verhör genommen.

‚Satrap' machte ausführliche Aussagen, die die Angeklagten und die anwesenden ausländischen Delegationen stark beeindruckten.

Die Vertreter der sowjetischen staatlichen Anklage sind mit den Aussagen von ‚Satrap' zufrieden.

Einzelheiten berichte ich persönlich. Alle sind nach Plauen zurückgekehrt.

Ich erwarte Ihre weiteren Weisungen."

Aus konspirativen Erwägungen gab man Paulus den Tarnnamen ‚Satrap' (Statthalter) und Buschenhagen den Tarnnamen ‚Usnik' (Gefangener). Während das Pseudonym im ersten Fall sozusagen der damaligen Lage von Paulus hohnsprach, bezeichnete es im zweiten das Schicksal seines Trägers treffend.

Einige Tage später wurden Friedrich Paulus und Erich Buschenhagen nach Moskau zurückgebracht. Das Wiedersehen mit der Heimat war kurz gewesen, doch es hinterließ eine tiefe Spur in den Herzen der Generale wie auch ihrer Angehörigen und Verwandten.

Am 1. März 1946 schickte der Leiter der 1. Verwaltung des NKWD der UdSSR, Generalleutnant Fitin, ein Schreiben an Amajak Kobulow:

„Zu Ihrer Kenntnisnahme. Als bekannt wurde, daß sowohl Paulus als auch Buschenhagen in Nürnberg als Zeugen aufgetreten werden, kamen die Ehefrau Buschenhagens und der Sohn von Paulus, Ernst Alexander Paulus, hierher, um ihre Verwandten zu treffen.

Sie wurden im Auftrag des Hauptanklägers der sowjetischen Seite, Rudenko, von einem unserer Mitarbeiter empfangen. Sowohl Ernst Paulus als auch die Ehefrau von Buschenhagen erkundigten sich, ob Feldmarschall Paulus und General Buschenhagen nach Deutschland heimkehren könnten, und übergaben Briefe für sie.

Nach der offiziellen Begegnung suchte unser Mitarbeiter den Sohn von Paulus auf und erhielt im Gespräch mit ihm folgende Informationen über die Lage der Familie Paulus:

Nach der Kapitulation der Stalingrader Gruppierung wurde ihnen aus Hitlers Hauptquartier mitgeteilt, daß sich Feldmarschall Paulus erschossen habe. Bis 1944 war die Familie Paulus keiner Verfolgung ausgesetzt, doch Anfang November 1944 erteilte Hitler den Befehl, die Ehefrau von Paulus, die Ehefrau des Sohns von Paulus, Lora, mit ihrem dreimonatigen Kind und die Tochter von Paulus, Baroness von Kutzschenbach, mit ihrem dreijährigen Sohn zu verhaften. Am 15. November desselben Jahres wurde auch Ernst Alexander Paulus in eine Gestapozelle in Berlin gesteckt und am 25. Dezember vom Leiter der Abteilung IV (Gestapo), Müller, verhört. Dieser erklärte dem Sohn von Paulus, daß sein Vater gegen Hitler und das deutsche Volk arbeitet und an der Spitze einer Armee aus deutschen Kriegsgefangenen steht. Himmler habe angewiesen, die ganze Familie Paulus zu verhaften und Paulus dies auf nachrichtendienstlichem Weg zur Kenntnis zu geben, um Druck auf ihn auszuüben. Weiter sagte Müller, daß die ganze Familie solange in Haft bleiben wird, bis Paulus seine gegen Hitler gerichtete Tätigkeit einstellt. Danach wurde Ernst Paulus in die Haftanstalt Küstrin verlegt, wo er zusammen mit den Teilnehmern des Attentats auf Hitler 1944 gefangengehalten wurde.

Anfang 1945 wurden alle Insassen der Haftanstalt nach Immenstadt (Bayern) verlegt.

Im April 1945 wurde den Gefangenen erklärt, daß sie auf Befehl Hitlers erschossen würden. Doch dieser Befehl konnte nicht mehr ausgeführt werden, weil Immenstadt von französischen Truppen eingenommen wurde.

Ernst Paulus kam in ein Sonderlager. Die Ehefrau des Feldmarschalls war in Dachau und dann in Buchenwald inhaftiert und wurde von amerikanischen Truppen befreit.

Gegenwärtig lebt Ernst Paulus bei Köln und arbeitet in der Fabrik seines Schwiegervaters.

Zur Tätigkeit seines Vaters sagte Ernst Paulus nur, daß er es bedauert, daß Offiziere gegeneinander handeln. Als er nach der Meinung der deutschen Bevölkerung zum Nürnberger Prozeß gefragt wurde, antwortete er: ‚Die Menschen verstehen nicht, warum nur ein Teil der Verbrecher vor Gericht gestellt wird. Die Zerstörung solcher Städte wie Dresden, Köln und Nürnberg ist ebenfalls ein Verbrechen. Warum bestraft man die dafür Verantwortlichen nicht auch?' Der Sohn von Paulus bat darum, seine Worte nicht in der Presse zu veröffentlichen.

In Nürnberg gehen für Paulus viele Briefe von Angehörigen von Kriegsgefangenen ein. Darunter war nur ein einziges anonymes Schreiben mit Drohungen und Beleidigungen an die Adresse von Paulus.

Die Instanz wurde von uns informiert."

Als „Instanz" bezeichneten die Organe der Staatsicherheit stets das höchste Machtorgan in der Sowjetunion – damals das Präsidium des ZK der KPdSU(B). Die Bezeichnung der führenden politischen Kraft der Sowjetunion sollte sich zwar später ändern – aus der KPdSU(B) wurde die KPdSU und aus ihrem höchsten Führungsorgan, dem Präsidium des ZK, das Politbüro des ZK. Doch dies waren Formalien, das Wort „Instanz" galt stets und immer der höchsten Stufe der Macht . . .

Offenbar entsprach es der „operativen Zweckmäßigkeit" aber nicht, ein Wiedersehen von Vater und Sohn in der Heimat, ein erstes Wiedersehen nach vielen Jahren der Trennung, zuzulassen. Auch General Buschenhagen wurde ein Wiedersehen mit seiner Frau verwehrt.

Am 23. Februar 1946 erhielt Amajak Kobulow ein Schreiben des Hauptanklägers der UdSSR beim Internationalen Gerichtshof in Nürnberg, Roman Rudenko. Beigefügt waren – für die GUPWI – all jene Briefe, die bei der sowjetischen Delegation in Nürnberg für Feldmarschall Paulus und General Buschenhagen nach ihrem Verhör als Zeugen im Prozeß gegen die Hauptkriegsverbrecher eingegangen waren – von Paulus' Sohn und Schwester, von der Frau des Generals Traut, von der Mutter des Oberstleutnants von Kunowski, ehemaliger Quartiermeister der 6. Armee, und von anderen Verwandten von Kriegsgefangenen, die sich allesamt nach dem Schicksal ihrer Angehörigen erkundigten. Aus Flensburg war das Telegramm eines Johann Frank eingetroffen, der Feldmarschall Paulus Einzelheiten über den Tod seines Sohnes Friedrich mitteilen wollte. Darüber hinaus gab es persönliche Stellungnahmen zum Prozeß und zu den Aussagen der beiden Zeugen und auch ein anonymes beleidigendes Schreiben aus Heidelberg.

Rudenko teilte in seinem Anschreiben mit, daß alle Briefe geöffnet und von einem Mitarbeiter der Delegation gesichtet worden seien.

Der Brief der Schwester des Feldmarschalls war sehr kurz. Sie gab der Hoffnung Ausdruck, daß der Bruder gesund sei, erwähnte, daß sie ohne Arbeit sei, und teilte die Adresse der Familie Paulus – Frau, Tochter und Enkel Achim – mit.

Ausführlicher war der Brief von Paulus' Sohn Ernst vom 14. Februar 1946. Nachdem auch er die Adresse der Familienmitglieder mitgeteilt und über den Tod des Bruders Friedrich berichtet hatte, ging Ernst Paulus auf die Strapazen ein, welche die Familie durchgemacht hatte. Der Brief endete mit den Worten:

„In der Hoffnung auf ein baldiges Wiedersehen. Dein Dich liebender Sohn Ernst". In einem Nachsatz wurde die dringende Bitte an den Vater geäußert, doch einige Zeilen zu schreiben.

Von diesen Briefen erfuhr Feldmarschall Paulus allerdings erst viel später. Es war ihm nicht vergönnt, seine Frau noch einmal wiederzusehen.

4

Erholung auf der Datscha in Tomilino

Ein neuer verantwortungsvoller Auftrag

Die sowjetische Regierung wertete das Auftreten der Kriegsgefangenen Feldmarschall Paulus und General Buschenhagen während des Nürnberger Prozesses als vollen Erfolg.

Wie aus einem Sonderbericht Sergej Kruglows an Lawrenti Berija vom 3. April 1946 hervorgeht, rechnete sich das Ministerium des Innern der UdSSR, das die beiden Generale für ihre Zeugenaussagen vorbereitet hatte, diesen Erfolg als Verdienst an.

Einige Tage später sandte Lawrenti Berija eine analoge Auskunft an Wjatscheslaw Molotow und Josef Stalin.

In dieser Auskunft wurden auch einige der 59 Briefe an den Feldmarschall aus verschiedenen deutschen Städten inhaltlich analysiert. Positiv reagierten auf die Aussagen von Paulus der ehemalige Bürgermeister Hammermüller aus Sachsen und der medizinische Assistent aus Detmold, Müller.

Auch der Text des anonymen beleidigenden Briefs aus Heidelberg wurde angeführt:

„Paulus! Schäme Dich, deutsche Luft zu atmen! Du bist ein Vaterlandsverräter! Du bist ein solcher Schuft, daß nicht einmal ein Hund ein Stück Brot von Dir nehmen würde. Verschwinde aus unserem blutendem Deutschland, das ist unsere Heimat. Wir glauben trotz allem auch heute noch an unser Deutschland! Du wirst Deinen Verrat noch bitter bereuen. Trotz alledem, Deutschland muß leben."

Sicherlich hat dieser anonyme Schreiber Deutschland geliebt und konnte die Niederlage seines Landes nicht verwinden. Doch Feldmarschall Paulus liebte Deutschland ebenfalls. Und egal, von welchen Gründen er sich zu seiner Aussage im Prozeß leiten ließ und wer ihn darauf vorbereitet hatte, ihm lag gewiß nur eines am Herzen – sein Volk sollte niemals wieder erniedrigt und niemals wieder in einen grausamen und ungerechten Krieg verwickelt werden. . .

Die Auskunft enthielt auch sehr interessante Äußerungen von Kriegsgefangenen.

Als „historische Wahrheit“ bezeichnete General der Infanterie Friedrich Gollwitzer die Aussage von Paulus und lobte die Russen für ihren Erfolg.

Ein „aufsehenerregendes und noch dazu angenehmes Ereignis“ nannte Generalmajor Drebber die Aussage von Paulus. Vor allem für die bei Stalingrad gefangengenommenen Generale sei dies eine gute Nachricht. Und: „Paulus ist klug, er hat begriffen, daß der Faschismus Deutschland in die Katastrophe geführt hat. Deshalb gilt es, die faschistische Führung nicht zu verteidigen, sondern anzuklagen und damit dem deutschen Volk zu helfen, einen neuen Entwicklungsweg zu finden.“

General von Seydlitz hatte mit gewisser Eifersucht auf die Aussage von Paulus reagiert:

„Hier riecht es nach Sensationslust. Mir kommt das komisch vor. Vor zwei Jahren haben wir Paulus aufgefordert, den Russen aus eigenem Antrieb zu erklären, was ihm aus seiner Tätigkeit im OKH bekannt ist, um die wirklichen Schuldigen an dem Krieg zu entlarven. Paulus hat das unter verschiedenen Vorwänden abgelehnt. Er hängt die Fahne nach dem Wind.“

Es wurden auch negative Äußerungen angeführt, wie z. B. die von Generalleutnant Alfons Hitter:

„Paulus tritt als Zeuge der sowjetischen Anklage in Nürnberg auf . . . Nun, das ist seine Sache, wenn er von allen Deutschen verachtet werden will.“

Diesbezüglich wird in der Auskunft darauf hingewiesen, daß Paulus, der kurz nach seiner Zeugenaussage aus dem Brief seines Sohns erfahren hatte, daß man seine Frau Constanze ins Konzentrationslager Dachau verbracht hatte, zu Buschenhagen gesagt habe:

„Wenn ich das alles vorher gewußt hätte, wäre ich noch deutlicher geworden. Oder habe ich vielleicht nicht das Recht, gegen diese Schweine auszusagen? Sie haben meine Frau in das Vernichtungslager Dachau gesteckt!“

Aus diesem Gespräch wurde noch eine weitere Äußerung Paulus' angeführt:

„Schade, daß ich den Verteidigern nicht schärfer geantwortet habe. Ich hätte ihnen sagen müssen, daß wir unsere Stimme erhoben haben, um dem deutschen Volk zu erklären, daß Hitler die Schuld für die Verbrechen trägt. Daraufhin wurden unsere Familien ins Konzentrationslager gesteckt.“

Gleichzeitig wurde festgestellt, daß Paulus keine großen Zukunftspläne schmiede. Im Gespräch mit Buschenhagen über seine künftige Verwendung habe er geäußert:

„Ich kann nicht sagen, welche Posten die Russen uns anbieten können – entweder Polizeichef in der sowjetischen Zone, Präsident des Roten Kreuzes oder Präsident der Russisch-Deutschen Gesellschaft."

Bei Amajak Kobulow trafen inzwischen aus allen Lagern Informationen über die Reaktion deutscher Kriegsgefangener ein, so auch am 15. Februar 1946 aus dem Lager Nr. 27:

„Die Zeugenaussagen des ehemaligen Generalfeldmarschalls Paulus, die im Kriegsgefangenenlager Nr. 27 verlesen wurden, fanden bei den Kriegsgefangenen großes Interesse und führten zu zahlreichen Diskussionen. Informanten erfaßten diesbezüglich Äußerungen von Kriegsgefangenen und berichteten, daß die Kriegsgefangenen, besonders Generale und Offiziere, über das Auftreten von Paulus im Prozeß und seine Äußerungen sehr erregt waren.

Die überwiegende Mehrheit der Kriegsgefangenen erachtete das Verhalten des ehemaligen Generalfeldmarschalls, der die militärischen Handlungen nicht nur persönlich geleitet, sondern auch vorbereitet hat, für würdelos. Nach Meinung dieser Gruppe ist Paulus nicht minder schuldig als Göring, Keitel und Jodl und hat somit moralisch nicht das Recht, heute gegen sie auszusagen, während er früher mit ihnen gemeinsame Sache gemacht hat.

Ein Teil der Kriegsgefangenen hält das Verhalten von Paulus, die Kriegsverbrecher zu entlarven, für richtig, auch wenn er persönlich an der Vorbereitung und Durchführung der Kampfhandlungen beteiligt war.

Manche Kriegsgefangene sehen in den Aussagen von Paulus und seiner Berufung als Zeuge im Prozeß ein kluges taktisches Manöver der Russen, um die am Krieg Schuldigen gezielt zu entlarven.

Viele äußerten sich auch in dem Sinne, daß Paulus heute als Zeuge auftritt und morgen selbst zu den Angeklagten gehören kann. Zu diesen gehören General Griesbach, Hauptmann Zindler, General von Papenheim, General Stöver, Stabsapotheker Haitsch und General Schleiter.

Ihnen widersprachen General Lasch, General Wandersleben und General Fränzen, der sagte: ‚Die Aussagen von Paulus sind richtig und völlig berechtigt. Im Interesse des deutschen Volkes mußte Paulus so handeln.'

Kriegsgerichtsrat Major Seebot äußerte:

„. . . Was werfen die Kriegsgefangenen in unserem Lager Paulus vor? Erstens, daß er den Eid gebrochen hat. Doch Paulus brauchte sich nicht mehr durch den Eid verpflichtet zu fühlen. Nachdem er erfahren hat, daß Hitler ein Verbrecher ist, bestand für ihn kein Grund mehr dafür. Zweitens, unkameradschaftliches Verhalten. Doch die Verhaltensweise von Keitel, der sich bei Hitler einschmeichelte, deutschen Generalen den Prozeß machte und sie – Unschuldige – hängen ließ, war noch unkameradschaftlicher. Paulus kann nicht der Unkameradschaftlichkeit bezichtigt werden, da er sich selbst aus dieser Kameradschaft gelöst hat.' "

Offensichtlich ließ sich die sowjetische Führung von diesen Äußerungen bei ihrer Entscheidung leiten, Paulus nicht wieder im Lager oder in dem für zwei Dutzend Generale eingerichteten Objekt, sondern nun in einer Datscha mit sehr wenig Bewohnern unterzubringen.

Es ist auch nicht auszuschließen, daß vorgesehen war, Paulus neue Aufgaben zu stellen. Und natürlich sollte ihm Gelegenheit zur Erholung und ein gewisser Komfort geboten werden.

Am 4. März 1946 wurde Amajak Kobulow ein Maßnahmeplan für die Betreuung von „Satrap" und „Usnik" im Objekt Tomilino, einer Siedlung bei Moskau an der Kasaner Eisenbahnlinie, zur Bestätigung vorgelegt. Tomilino war damals ein von hohen Kiefern umgebener, stiller und einsamer Ort.

Wie bereits erwähnt, wurde aus konspirativen Gründen im Schriftverkehr für Paulus der Deckname „Satrap" und für Buschenhagen „Usnik" verwendet.

Das Dokument hatte folgenden Wortlaut:

„Ausgehend von den Besonderheiten des Objekts, in dem ‚Satrap' und ‚Usnik' untergebracht werden, sind folgende Maßnahmen für ihre Betreuung vorgesehen:

– Aus dem Kreis der Kriegsgefangenen sind ein Koch und eine Bedienungskraft auszuwählen.

– Da sich im Objekt sehr viel Inventar befindet, das der Aufsicht eines sowjetischen Bürgers anvertraut werden muß, sollte dafür eine ältere Frau gesucht, überprüft und dann im Objekt mit der Aufgabe einquartiert werden, die Hauswirtschaft zu führen, die Wäsche zu waschen usw.

– Zur Bewachung des Geländes sowie der im Objekt wohnenden

Personen ist eine Wachmannschaft aus vier bewährten Wachleuten aus dem Objekt Nr. 35 bereitzustellen. Die Bewachung hat rund um die Uhr durch jeweils einen Posten zu erfolgen.

– Das Objekt ist mit einem Rundfunkempfänger auszustatten; bis zur Entscheidung dieser Frage hat der Objektleiter die installierten Lautsprecher durch qualitativ bessere zu ersetzen.

– Das Objekt soll einen direkten Telefonanschluß erhalten.

– Es sollte geklärt werden, ob für dieses Objekt ein Personenkraftwagen aus dem Fuhrpark der ehemaligen Frontlager zur Verfügung gestellt werden kann.

– Die Verlegung von ‚Satrap' und ‚Usnik' aus der konspirativen Wohnung in das Objekt hat nach der Auswahl und der Einweisung des Bedienungspersonals, der Bereitstellung von Lebensmitteln usw. bis spätestens 7. März 1946 zu erfolgen."

Doch die Erholung auf der Datscha im Kiefernwald währte nicht lange. Bald traf in Tomilino ein Fragebogen ein, den eine Institition zusammengestellt hatte, die sich mit Problemen der Geschichte des Krieges, insbesondere der Operation „Seelöwe" – die Vorbereitung der Invasion in England im Sommer 1940 – befaßte. Nachdem Feldmarschall Paulus nahezu alle Fragen betreffs Struktur der Truppen, Namen der Armeebefehlshaber, Termine für die Handlungen usw. ausführlich beantwortet hatte, übergab er dem „Auftraggeber" am 3. Mai 1946 noch ein Zusatzdokument mit der Bezeichnung „Gründe für den Verzicht auf die Landeoperation in England". Es soll an dieser Stelle vollständig wiedergegeben werden:

„Wenn man nach den Gründen fragt, warum Hitler auf die Operation gegen England verzichtet hat, muß man sich die Lage im Sommer 1940 vergegenwärtigen.

Im Ergebnis der Angriffsoperation in westlicher Richtung Ende Mai 1940 erreichten die deutschen Truppen die Atlantikküste Hollands, Belgiens und Nordfrankreichs. Die zurückweichenden englischen Expeditionskräfte (Truppen der 10., 11. und 12. Division) setzten mit Hochseeschiffen, Küstenfahrzeugen und anderen Booten von Dünkirchen nach England über. Das deutsche Heer machte an der Küste halt und setzte dem Gegner nicht nach.

Dafür war es auch nicht vorbereitet worden. Hitler wollte in erster Linie mit Frankreich schnell und vollständig Schluß machen und meinte, daß er dafür das gesamte Heer braucht.

Nach der Kräfteumgruppierung am 7. Juni 1940 begann die Südoffensive gegen das übrige Frankreich, die zur Kapitulation Frankreichs am 22. Juni 1940 führte.

Danach wurden die Kräfte erneut umgruppiert und an die Atlantikküste verlegt. Diese Truppen waren für die Offensive gegen England bestimmt. Hiermit zusammenhängende Befehle wurden Ende Juni/Anfang Juli 1940 erlassen.

Für die Landungsoperation wurden die in Nord/Süd-Richtung dislozierten Truppen der 9., 16. und 6. Armee vorgesehen. Sie hatten von Flandern bis Cherbourg/St. Malo, mit dem Angriffszentrum im Raum Boulogne, Stellung bezogen.

Die erteilten Befehle ließen keinen Zweifel an der Absicht aufkommen, die Operation durchzuführen, und sie wurden in diesem Sinne auch von den Oberbefehlshabern der Armeen und Truppen aufgefaßt. Die Armee in Norwegen sollte lediglich die Aufmerksamkeit der Engländer ablenken.

Die Kriegsmarine erhielt den Auftrag, die erforderlichen Landungsfahrzeuge zu entwickeln und bereitzustellen, und die Armeekommandos sollten alle im Konzentrationsraum befindlichen Hochsee- und Flußschiffe requirieren. Sofort wurde mit der Entwicklung von Landungsfahrzeugen begonnen, die Pioniertruppen bauten Flöße. In den Truppen wurden Landungsmanöver geübt. Den Armeekommandos wurde Marineoffiziere als Berater zugeteilt.

Niemand zweifelte daran, daß das Oberkommando ernste Absichten hegte. Doch unter den Soldaten und Offizieren kamen sofort Befürchtungen wegen der unzulänglichen und teilweise ungeeigneten Landungsfahrzeuge auf. Auf diese Erklärungen antwortete das Oberkommando, daß die Übungen und alle Vorbereitungsmaßnahmen vorerst mit vorhandenen Mitteln durchgeführt werden, die übrigen Landungsfahrzeuge gegenwärtig entwickelt und rechtzeitig geliefert werden.

Gegen Ende August 1940 erhielt die 6. Armee, die sich an der linken Flanke der bereitstehenden Truppen befand, die Mitteilung, daß die 5. Armee nur zur Täuschung einbezogen wurde, die Operation aber tatsächlich von der 16. und 9. Armee durchgeführt wird. Diese Mitteilung sollte das Armeekorps jedoch nicht bekanntmachen. Die Kriegsmarine versprach, ausreichend Übersetzmittel für die Landungsoperation der Truppen der 9. und 16. Armee bereitzustellen.

Zu dieser Zeit waren die beiden Luftflotten von Feldmarschall Sperrle und Feldmarschall Kesselring im Westen konzentriert. Man war der Meinung, daß sie den englischen Fliegerkräften weit überlegen sind. Ernste Befürchtungen rief jedoch das Kräfteverhältnis auf

See hervor. Man fragte sich, ob die Überlegenheit der britischen Flotte durch die Überlegenheit der deutschen Luftwaffe kompensiert werden kann, besonders in Anbetracht des häufigen Nebels über dem Kanal.

Zu dieser Zeit wurde mir aus Kreisen des OKH bekannt, daß man in der Kriegsmarine unter bestimmten Voraussetzungen die erfolgreiche Landung in England für möglich hält, es aber große Zweifel gibt, ob die Kriegsmarine – im Zusammenwirken mit der Luftwaffe – die Aufrechterhaltung der Verbindunq mit dem Hinterland über den Kanal gewährleisten kann. Man war der Meinung, daß bereits einen Tag nach Beginn der Operation intensivere Kampfhandlungen der britischen Flotte einsetzen werden.

Als ich im September 1940 im OKH in Fontainbleau eintraf, gewann ich den Eindruck, daß sowohl der Oberbefehlshaber des Heeres als auch sein Stabschef glaubten, daß Hitlers Absichten ernst gemeint sind.

Hitler (das OKW) hat den Termin für die Landungsoperation immer wieder verschoben, bis dann im Oktober klar wurde, daß in Anbetracht der einsetzenden Schlechtwetterperiode, des Spätherbsts und des Winters von einer Durchführung der Operation im Jahr 1940 nicht mehr die Rede sein kann. Doch eine Direktive, welche die Operation absetzte, ist mir nicht bekannt. Im Spätherbst 1940 wurde befohlen, die Vorbereitungen der Operation fortzusetzen, im Verlauf des Winters die gesammelten Erfahrungen zu vertiefen und bei der nächsten Gelegenheit zur Durchführung der Operation im Frühjahr 1941 zu nutzen.

Im Frühjahr 1941 fand eine Umgruppierung der Kräfte im Zusammenhang mit dem Plan ‚Barbarossa' statt. Seit dieser Zeit wurden die Vorbereitungen der Operation nur als Tarnungsmanöver betrieben, um die Engländer auf der Insel zu binden und die Aufmerksamkeit vom Osten abzulenken.

Wenn man jetzt den historischen Ablauf der Ereignisse verfolgt und sich die Frage stellt, ob Hitler wirklich eine Landungsoperation in England beabsichtigte und warum er auf diese Operation verzichtet hat, so muß ich zunächst sagen, daß ich nicht zuverlässig wußte, ob Hitler sie wirklich durchführen wollte.

Auch wenn die Befehle zur Durchführung der Operation an sich nichts beweisen, so möchte ich dennoch annehmen, daß Hitler unter dem Eindruck der großen und schnellen Erfolge in Norwegen und Frankreich anfangs, in Überschätzung der technischen Möglichkeiten, die Absicht hatte, in England zu landen.

In der Retrospektive sehe ich folgende Gründe für den Verzicht auf diese Operation:

1. Das Risiko und die Furcht vor Prestigeverlust im Fall des Mißerfolgs der Operation.

2. Die Hoffnung, England allein durch die Drohung der Invasion, in Verbindung mit den Erfolgen des U-Bootkriegs und der Luftangriffe, zum Friedensschluß zu veranlassen.

3. Der Vorsatz, England nicht allzu schmerzlich zu treffen, da Hitler stets beabsichtigte, mit England zu einer Übereinkunft zu kommen.

4. Bereits im Sommer 1940 hegte Hitler die Absicht, Rußland zu überfallen.

Die Landungsoperation in England war auf jeden Fall ein Risiko. Wenn England auch, zum Zeitpunkt seiner größten Schwäche nach dem Schlag von Dünkirchen, nur über etwa 11 Divisionen auf der Insel verfügte, so gab es doch in den Territorialverbänden beträchtliche Personalreserven.

Anfang Juli (nach Beendigung des Frankreichfeldzugs) waren seit den Ereignissen bei Dünkirchen anderthalb Monate vergangen, die für die Organisation der Verteidigung der britischen Insel bestens genutzt wurden. Das deutsche Heer hingegen konnte, aufgrund der mit dem Seetransport verbundenen Lage, nur eine begrenzte Zahl Divisionen kurzfristig nach England übersetzen, bevor auf See eine stärkere Gegenoffensive Englands einsetzen würde. Der Kampfverlauf auf der Insel nach der Landung war sehr schwer vorauszusagen.

Auch wenn die Kriegsmarine Hitler versichert hatte, daß sie das Übersetzen der vorgesehenen Truppen mit den vorhandenen Mitteln für möglich hält, so herrschte darüber doch keine einhellige Meinung.

In Zusammenhang mit der beträchtlichen Überlegenheit der britischen Flotte kamen erhebliche Zweifel auf, ob es gelingen wird, längere Zeit eine stabile Verbindung mit dem Hinterland über die Meerenge aufrechtzuerhalten. Mit einer sehr intensiven Gegenoffensive der britischen Flotte hätte man bereits am zweiten Tag der Operation rechnen müssen.

Andererseits waren die damalige Überlegenheit der deutschen Luftwaffe über die englische und ihre operativen Möglichkeiten gegen die britische Flotte in der Meerenge, die im Raum Calais-Dover nur 30 Kilometer breit ist, zu berücksichtigen. Sofort nach der Landung hätten auch Truppenteile der Luftwaffe auf britischen küstennahen Flugplätzen stationiert werden können.

Daher kann nicht bestätigend beantwortet werden, ob die Landung von Truppen in England unter den obengenannten Bedingungen aussichtslos gewesen wäre.

Es kann allerdings durchaus angenommen werden. daß Hitler diese Operation riskiert hätte, wenn es ihm wichtig gewesen wäre, England in Schutt und Asche zu legen.

Andererseits hat Hitler vielleicht gehofft, daß England nach der militärischen Niederlage Frankreichs und nach seiner Schlappe bei Dünkirchen (deren Bedeutung Hitler offensichtlich überbewertete) zum Friedensschluß bereit sein wird und bereits die Drohung der Invasion in Verbindung mit den Erfolgen im U-Bootkrieg und der Überlegenheit der deutschen Luftwaffe ausreicht, um die Bereitschaft Englands zum Friedensschluß anzubahnen.

Außerdem war hier offensichtlich noch ein anderer Wunsch maßgebend. Die politische Position Hitlers gegenüber England und sein Bemühen, mit ihm eine Übereinkunft zu erreichen, sind aus Hitlers Buch ‚Mein Kampf' und seinen Reden hinlänglich bekannt.

Zurückblickend kann der Schluß gezogen werden, daß Hitler diesen Gedankengängen treu geblieben ist.

Es könnte durchaus angenommen werden, daß sein Zögern, diese Operation durchzuführen, auch dem alten Wunsch entsprang, mit England zu einer Übereinkunft zu kommen, und er deshalb England nicht allzu schmerzlich treffen wollte.

Alle diese Erwägungen führen zu dem Gegenschluß, daß die Eroberung Englands nicht Hitlers Hauptziel war.

Es bleibt noch die Frage offen, ob Hitler auf die Operation gegen England verzichtet hat, weil er Rußland angreifen wollte.

Die Landungsoperation in England war an sich schon ein Risiko. Es war auch nicht vorauszusehen, wieviel Zeit nach der erfolgreichen Landung der Truppen erforderlich sein wird, um London und die britische Insel einzunehmen, und wieviel Truppen dieser Kampf erfordern und binden wird. Für Hitler erhob sich damals die Frage, ob er die erforderlichen Kräfte für den Angriff auf Rußland haben wird.

Wenn man davon ausgeht, daß Hitler sofort nach dem Feldzug gegen Frankreich Anfang 1940 den Plan faßte, Rußland anzugreifen (wie aus dem Tagebuch Jodls bekannt wurde), dann ist eine Verbindung zwischen diesem Plan und dem Verzicht auf die Landungsoperation in England sehr wahrscheinlich.

Paulus"

Das von Feldmarschall Paulus verfaßte Dokument wurde von verschiedenen Personen aufmerksam gelesen. Sie haben die ihrer Meinung nach wichtigsten Stellen unterstrichen. In den vielen Jahren, in denen Paulus in verschiedenen Stäben des deutschen Heeres tätig gewesen war, hatten sich seine angeborenen analytischen Fähigkeiten vervollkommnet. Daher war das auf persönlichen Erinnerungen des Feldmarschalls beruhende Dokument ein durchweg überzeugender Beweis für Hitlers Aggression gegen die Sowjetunion. Paulus hatte damit seinen ersten Auftrag zur militärhistorischen Aufarbeitung des Krieges, natürlich nur einer bestimmten Etappe, erfüllt.

Neue Perspektiven – politische Arbeit unter den deutschen Kriegsgefangenen

Am 11. Juni 1946 verfaßte Fjodor Parparow – ein guter Bekannter des Feldmarschalls sowohl durch die gemeinsame Reise nach Nürnberg als auch aus der Arbeit in Sonderobjekten – die Auskunft „Zur politischen Arbeit unter den deutschen Kriegsgefangenen":

„Am 11. Juni wurde ein Sondierungsgespräch mit Paulus geführt, um zu klären, wie er zur Teilnahme an der propagandistischen Arbeit unter den Kriegsgefangenen steht. Dieses Gespräch stand mit der geplanten Schaffung eines demokratischen Zentrums unter Führung von Paulus im Zusammenhang, um die große Masse der Kriegsgefangenen um die Plattform der Sozialistischen Einheitspartei Deutschlands zusammenzuschließen und der profaschistischen Propaganda unter den Kriegsgefangenen entgegenzuwirken. Generalleutnant Genosse Kobulow erklärte Paulus die Problematik wie folgt: ‚Unter den Kriegsgefangenen ist ein antifaschistischer Aufschwung mit Orientierung auf die Sozialistische Einheitspartei Deutschlands zu beobachten. Es ist beabsichtigt, dieser Bewegung einen organisierten Charakter zu verleihen und dafür ein von Ihnen geleitetes Organisationszentrum aus kriegsgefangenen Soldaten, Offizieren und Generalen, die aufrichtig demokratische Prinzipien vertreten, zu bilden.'

Paulus erklärte seine rückhaltlose Bereitschaft zur Mitarbeit und zur Ausarbeitung eines Entwurfs für die Organisation des demokratischen Zentrums unter den Kriegsgefangenen.

Paulus wurde darauf hingewiesen, daß dieses Gespräch mit ihm unverbindlich ist und alles weitere von der Entscheidung der Führung abhängen wird."

Hier sei angemerkt, daß Lawrenti Berija bereits am 30. September 1945 dem Vorsitzenden des Rates der Volkskommissare der UdSSR, Josef Stalin, vorgeschlagen hatte, das Schicksal des Nationalkomitees „Freies Deutschland" und des Bundes Deutscher Offiziere – die nicht mehr gebraucht wurden – zu besiegeln. Berija hatte angeregt, das NKFD und den BDO aufzulösen und ihre Tätigkeit in den Kriegsgefangenenlagern einzustellen. Die politische und die Kulturarbeit unter den Kriegsgefangenen sollte künftig von der GUPWI des NKWD der UdSSR entsprechend den Weisungen des ZK der KPdSU durchgeführt werden.

Inzwischen war den deutschen Kriegsgefangenen das Tragen von Rangabzeichen und Auszeichnungen untersagt worden. Die aktiven Mitarbeiter des NKFD und des BDO waren besonders erfaßt worden, was unter den Bedingungen des totalitären Systems unterschiedlich gedeutet werden konnte.

Am 26. Oktober 1945 hatten Georgi Dimitroff und Amajak Kobulow Berija dann konkrete Vorschläge für die Auflösung von NKFD und BDO unterbreitet, und am 30. Oktober hatte das Politbüro des ZK der KPdSU den Beschluß Nr. P47-88 verabschiedet, der den Schlußpunkt in dieser Frage setzte.

Bereits am 29. April 1945 waren befehlsgemäß wegen „Aufnahme einer anderen Tätigkeit" folgende hauptamtliche Mitarbeiter des „Instituts Nr. 99" entlassen worden: Anton Ackermann, Walter Ulbricht, Kurt Fischer, Otto Fischer, Egon Dreger, Emilie Belcke, Peter Florin, Wolfgang Leonhard, Georg Wolf, Herbert Gütter und Karl Maron – die meisten von ihnen flogen unmittelbar nach der deutschen Kapitulation als „Gruppe Ulbricht" nach Berlin. Gemäß Befehl Nr. 135 vom 31. Dezember 1945 schied dann auch Erich Weinert am 12. Januar 1946 aus gleichem Grund aus dem „Institut Nr. 99" aus.

In einem Brief an Wjatscheslaw Molotow und Georgi Malenkow vom 20. Oktober 1945 schrieb Georgi Dimitroff zur Auflösung des Nationalkomitees:

„Auf Weisung des Gen. Stalin holte ich die Meinung des ZK der Kommunistischen Partei Deutschlands ein. Das ZK informierte, daß dieses Komitee aufgelöst werden sollte."

Georgi Dimitroff schlug im weiteren u. a. vor, den derzeitigen Status der Mitglieder des NKFD vorläufig nicht zu verändern, um die besonders geeigneten Kader später zur Arbeit nach Deutschland zu schicken und die anderen zur Arbeit mit den Kriegsgefangenen einzusetzen.

Er verwies außerdem darauf, daß ein Teil der Mitglieder des NKFD aufgrund der Anforderung von Marschall der Sowjetunion Georgi Shukow bereits nach Berlin geschickt worden sei.

Doch bereits ein knappes Jahr nach Auflösung des NKFD und des BDO kam Amajak Kobulow, der für die Kultur- und Bildungsarbeit sowie die politische Arbeit unter den Kriegsgefangenen zuständig war, zu der Einsicht, daß der Beschluß übereilt gefaßt worden war. Das hatten offensichtlich auch die übergeordneten Leiter eingesehen, was zu dem Gedanken führte, nunmehr ein Zentrum für Propaganda unter Führung von Feldmarschall Paulus zu schaffen.

General der Artillerie Walter von Seydlitz kam für diese Rolle nicht in Frage. Informanten berichteten immer häufiger über Äußerungen von ihm, die den sowjetischen Behörden mißfielen.

Feldmarschall Paulus schob die Sache nicht auf die lange Bank, und bereits am 12. Juni 1946 schickte Amajak Kobulow an den Minister des Innern der UdSSR, Sergej Kruglow, einen Bericht, in dem er im wesentlichen den Inhalt der Information an Fjodor Parparow wiederholte. Am Ende des Berichts hieß es:

„Nachdem Paulus seine Zustimmung gegeben hatte, wurde ihm vorgeschlagen, in einem Entwurf die organisatorische Struktur und den Rahmen der Propagandatätigkeit des demokratischen Zentrums unter den Kriegsgefangenen darzulegen.

Die von Paulus erarbeitete Vorlage, die er heute Genossen Parparow übergab, reicht über den ihm unterbreiteten Vorschlag hinaus.

Die Vorlage geht davon aus, daß eine reguläre Sektion als Bestandteil der Sozialistischen Einheitspartei Deutschlands aufgebaut wird.

Paulus wurde auf dieses Mißverständnis aufmerksam gemacht, woraufhin er unsere Variante akzeptierte."

Die erwähnte Vorlage umfaßte elf handgeschriebene Seiten. Paulus arbeitete sie unverzüglich um und übermittelte bereits am 15. Juni Kobulow den neuen Text, mit folgendem Begleitschreiben:

„Sehr geehrter Herr General!

In der Anlage erlaube ich mir, Ihnen eine Ergänzung zu meiner Vorlage vom 12. 6. 46 zu übersenden.

Ich wäre Ihnen zu Dank verpflichtet, wenn mir nach Prüfung meiner Eingabe eine Aussprache mit Ihnen oder einem Beauftragten von Ihnen ermöglicht würde.

Mit dem Ausdruck meiner Hochachtung
Ihr ergebener
Fr. Paulus."

Das beigegebene Dokument hatte folgenden Wortlaut:

„Ergänzung
zur Vorlage vom 12. 6. 1946

Betrifft: S.E.P.D. und die Kriegsgefangenen in der UdSSR

In der genannten Vorlage ist insofern eine extreme Auffassung vertreten, als die Gründung einer geschlossenen, der S.E.P.D. nachgeordneten Partei-Organisation vorgeschlagen ist. Diese Auffassung beruhte zum Teil auf einem Mißverständnis meinerseits und infolgedessen auf der Ansicht, daß auch schon eine weitgehende organisatorische Vorarbeit dafür zu leisten sei.

Um aber auch andere Lösungsmöglichkeiten, bei denen die Werbung für die Sache der S.E.P.D. im Vordergrund steht – also die Gründung etwa einer ‚Bewegung S.E.P.D.' –, gerecht zu werden, wird die genannten Vorlage hiermit weiter ergänzt.

Die Aufgabe einer derartigen ‚Bewegung' wäre im wesentlichen ebenfalls Aufklärung über Grundsätze und Ziele der Partei, Gewinnen und Schulen von ‚Anhängern' und darüber hinaus noch von ‚Freunden' (‚Sympathisierenden').

I.

Bei der Aufnahme jeder Tätigkeit im Sinne der S.E.P.D. dürfte aus den Reihen von Kriegsgefangenen, die auf dem Boden anderer antifaschistisch-demokratischer Parteien stehen, aber auch in Verkennung der Weiterentwicklung der Lage seit 1943 vielleicht selbst von solchen, die schon auf dem Boden der S.E.P.D, stehen, der Ruf erhoben werden, auch für diese anderen Parteien die gleiche Tätigkeit zuzulassen.

Wenn in der Zulassung auch anderer antifaschistischdemokratischer Parteien eine gewisse Annäherung an die politischen Arbeitsbedingungen in Deutschland und damit auch eine Schulungsmöglichkeit in der Zusammenarbeit liegen könnte, so sprechen doch folgende Punkte dagegen:

1. Eine solche Regelung wäre geeignet, durch die Entwicklung überholte Erinnerungen an das ‚National-Komitee' des Jahres 1943 wachzuerhalten oder wieder wachzurufen. Insbesondere können dabei verschwommene Begriffe von Parität und Ausgleich aufkommen, während es sich jetzt unter Wahrung des Führungsanspruchs der S.E.P.D nur um eine zeitbedingte Taktik der Zusammenarbeit handeln kann.

2. Es fehlen hier unter den Bedingungen der Kriegsgefangenschaft die konkreten Grundlagen einer solchen Zusammenarbeit. Somit bestünde die Gefahr, daß, namentlich mangels politischer Erfahrungen der meisten Kriegsgefangenen, innerhalb derartiger gemischter Arbeitsgemeinschaften unerwünschte prinzipielle Auseinandersetzungen entstehen.

3. Es wäre damit zu rechnen, daß sich in den Gruppen anderer antifaschistisch-demokratischer Parteien offen oder versteckt faschistische und reaktionäre Kräfte breitmachen würden.

II.

Bei der Gründung einer Organisation im Sinne der S.E.P.D. entsteht die grundsätzliche Frage, ob mehr Wert zu legen ist auf eine bewußte Beschränkung unter Bildung eines möglichst zuverlässigen Kerns und dementsprechend auf intensive Arbeit, oder auf Gewinnen einer möglichst großen Anzahl unter Inkaufnahme einer größeren Zahl schwankender und unsicherer Elemente.

1. Nach den vorerst gegebenen Bedingungen und dementsprechend nach dem Programm der S.E.P.D. handelt es sich in Deutschland zunächst um die Errichtung einer demokratisch-parlamentarischen Republik. Das bedeutet, daß es für die S. E.P.D. unter Schaffen der notwendigen Kadres vor allem darauf ankommt, im Konkurrenzkampf mit anderen demokratischen Parteien breite Massen von Anhängern und Wählern zu gewinnen.

Diese Forderung dürfte in der gleichen Weise auch für das Vorgehen unter den Kriegsgefangenen gelten. Den ‚Kadres' entsprechen hier zuverlässige und geschulte Aktivisten, den Mitgliedern die ‚Anhänger', den Wählern die ‚Sympathisanten'.

2. Aus einer Tätigkeit auf dem Boden der S.E.P.D. in der Kriegsgefangenschaft kann für die S.E.P.D. in Deutschland nicht die Verpflichtung entstehen, Kriegsgefangene nach ihrer Rückkehr, namentlich soweit es sich nicht um Arbeiter, Handwerker und Bauern

handelt, ohne Prüfung zu übernehmen. Eine solche Prüfung ist umso notwendiger, als von Seiten der Kriegsgefangenen selbst in der Anwendung der Entnazifizierungsbestimmungen endgültige Entscheidungen nicht getroffen werden können.

3. Für alle Kriegsgefangenen gilt schließlich, daß sie die derzeitigen, in den einzelnen Besatzungszonen Deutschlands sehr verschiedenartigen Verhältnisse und Einflüsse nicht oder nur ungenügend kennen.

Neben der Wiedergutmachungsarbeit kann sich daher ihre Tätigkeit im Sinne der S.E.P.D. im wesentlichen nur auf theoretische Schulung und Erziehung der Kriegsgefangenen erstrecken.

III.

Unter den Gesichtspunkt zu II. werden die Vorschläge vom 12. 6. 46., unabhängig von der endgültigen Form der Organisation der Kriegsgefangenen, wie folgt ergänzt:

1. Im Vordergrund steht das Bestreben, unter den Kriegsgefangenen in möglichst großer Anzahl überzeugte und bewährte ‚Anhänger' der S.E.P.D. – aber auch ‚Sympathisierende' zu gewinnen und zusammenzufassen. Diese müssen ebenso bereit wie fähig sein, in dem ihnen in der Heimat einmal zukommenden Bereich im Sinne der Grundsätze und Ziele der S.E.P.D. zu wirken.

2. Es soll auf der anderen Seite aber auch verhindert werden, daß der Zulauf von Kriegsgefangenen im größerem Umfang aus reinen Zweckmäßigkeitsrücksichten und persönlicher Berechnung erfolgt (z. B. Hoffnung auf günstigere Repatriierungsaussichten oder günstigere Arbeits- und Lebensbedingungen usw.). Diese Gefahr entsteht unter anderem in gewissem Umfang dadurch, daß aus wichtigeren allgemeinen Gründen die Zulassung einer Organisation von Anhängern auch der anderen antifaschistischen Parteien (vergl. vorstehende Ziffer I.) abgelehnt wird.

3. Für ‚Anhänger' der S.E.P.D. und für Neuaufnahmen in eine künftige Kriegsgefangenenorganisation der S.E.P.D. gelten sinngemäß die entsprechenden Vorschläge in der Vorlage vom 12. 6. 46.

Erhöhte Bedeutung gewinnt nunmehr noch die Frage der ‚Sympathisierenden', die an allen Veranstaltungen teilnehmen, aber nur stimmberechtigt sind, soweit es sich nicht um reine Fragen der Anhängerschaft handelt (z. B. Organisation der Lagergruppen, Neuaufnahmen in die Anhängerschaft usw.). Die ‚Sympathisierenden' wären den S.E.P.D.-Lagergruppen als besondere Untergruppen anzuhängen.

4. Psychologisch erwünscht als Ansporn wie auch im Sinne einer moralischen Verpflichtung ist, daß zuverlässige und bewährte Aktivisten und Anhänger der S.E.P.D., vor allem solche, die auf dem Gebiet der Wiedergutmachungsarbeiten slch auszeichnen, besonders herausgehoben werden; zum Beispiel:

a) Aufnahme in eine Auszeichnungsliste auf Vorschlag des Lageraktivs oder aus den Reihen der Anhängerschaft heraus unter Abstimmung durch letztere.
b) Bei Versetzung oder Repatriierung erhalten diese gemäß a) Ausgezeichneten einen besonderen Ausweis über ihre Bewährung. Durch diesen Ausweis soll im einzelnen die Aufnahme in die S.E.P.D. in Deutschland erleichtert werden. Sofern der Betreffende unter die Entnazifizierungsbestimmungen fällt, kann seine Bewährung vorbehaltlos, nach notwendiger Nachprüfung seiner Vergangenheit, entsprechend berücksichtigt werden.

Da die Berücksichtigung der Leistungen bei der Wiedergutmachungsarbeit auch für die Würdigung aller Kriegsgefangener hinsichtlich der Entnazifizierungsbestimmungen zu erwägen ist, ist zu prüfen. ob für bewährte Anhänger der S.E.P.D. noch weitere Anerkennungen in Aussicht genommen werden können.

IV.

Im übrigen lassen sich die Vorschläge vom 12. 6. 46 namentlich hinsichtlich ‚Vorbereitender Ausschuß' , ‚Gründungskonferenz', ‚Vorstand', ‚Geschäftsführender Ausschuß' usw. auf jede Form einer künftigen Organisation anwenden. Wenn, was besonders begrüßenswert wäre, Reisen von Mitgliedern der Leitung in Lager ermöglicht werden können, wäre die Zentrale von 35 auf 50 Köpfe zu erhöhen.

V.

Wenn aus politischen Gründen ein öffentliches Hervortreten einer auf dem Boden der S. E.P.D. stehenden Organisation (öffentliche Verbindung zur S.E.P.D. als Unterorganisation derselben, Radio für die Lager und nach der Heimat) nicht tragbar erscheint, dann fällt eine wichtige Wirkungsmöglichkeit auf weiteste Kreise der deutschen Bevölkerung weg.

Trotzdem würde auch dann noch die Aufnahme einer vorstehend charakterisierten Tätigkeit im internen Bereich der Kriegsgefangenen unter einer vertraulichen parteiamtlichen Verbindung mit der S.E.P.D. von großem Nutzen sein können, und zwar

1. weil die deutschen Kriegsgefangenen dadurch in konkreter Form mit den in Deutschland gestellten Problemen und Aufgaben befaßt werden und insbesondere auf die entscheidende Bedeutung der S.E.P.D. für die Zukunft Gesamtdeutschlands hingeführt werden;

2. weil der Zusammenhang zwischen der Wiederaufbautätigkeit der deutschen Kriegsgefangenen in der Sowjetunion mit dem Aufbau eines neuen Deutschland den Kriegsgefangenen damit eindringlich zum Bewußtsein kommen muß;

3. weil unter anderem auch die Zulassung einer Bewegung für die S.E.P.D. durch die zuständigen sowjetischen Stellen das Interesse dieser Stellen an der Zukunft Deutschlands beweist und umgekehrt auch das Verständnis für die Sowjetunion steigern und verbreitern muß.

Paulus“

Feldmarschall Paulus hatte gründliche Arbeit geleistet und detailliert die Grundprinzipien formuliert, nach denen die deutschen Kriegsgefangenen für die Plattform der SED gewonnen werden sollten. Übrigens hätte er sich gar nicht so viel Mühe zu machen brauchen, denn die Frage war bereits ohne ihn auf ziemlich hoher Ebene entschieden worden.

Am 15. Juni 1946 hatte Sergej Kruglow eine Information an den in der sowjetischen Parteihierarchie sehr hochgestellten Sekretär des ZK der KPdSU (B), Andrej Shdanow – zu traurigem Ruhm gelangt vor allem wegen seines Feldzugs gegen den „Formalimus“ in der Kunst, für „sozialistischen Realismus“ –, geschickt.

Darin teilte Kruglow mit, daß das Innenministerium der UdSSR (MWD) über Unterlagen verfüge, die die politischen Stimmungen der Kriegsgefangenen der ehemaligen Wehrmacht charakterisierten, und stellte fest, daß viele von ihnen mit der SED und mit dem Genossen Wilhelm Pieck persönlich solidarisch seien. Doch andererseits sei in den Kriegsgefangenenlagern neben demokratischen Stimmungen auch eine Aktivierung reaktionär-faschistischer Elemente zu beobachten. Zu ihnen zählte Kruglow hauptsächlich ehemalige deutsche Offiziere und Generale.

Die Information endete wie folgt:

„Diese faschistischen Gruppen treiben unter den Kriegsgefangenen außerdem Propaganda für die Orientierung auf die Westmächte und für eine Aggression gegen die Sowjetunion in einem Block mit

Großbritannien und den USA. Um die auf die Sowjetunion und die SED orientierten antifaschistischen Elemente unter den Kriegsgefangenen zu stärken und zusammenzuschließen und andererseits die faschistische Propaganda zu lokalisieren, hält es das MWD der UdSSR für zweckmäßig, eine Organisation der Kriegsgefangenen mit der Bezeichnung ‚Demokratischer Bund deutscher Kriegsgefangener in der Sowjetunion' zu schaffen.

Dazu sind folgende Maßnahmen erforderlich:

1. Aus vertrauenswürdigen kriegsgefangenen Soldaten, Offizieren und Generalen wird eine Initiativgruppe unter Leitung des ehemaligen Generalfeldmarschalls Paulus gebildet (das prinzipielle Einverständnis von Paulus liegt vor).

2. Die Initiativgruppe wird beauftragt, den Entwurf eines Statuts des ‚Demokratischen Bundes' auszuarbeiten, dessen Aufgabe darin besteht, unter den Kriegsgefangenen massenpolitische Bildungsarbeit zu leisten, möglichst viele Kriegsgefangene für die antifaschistische Front zu gewinnen, die Arbeitsproduktivität der Kriegsgefangenen zu heben und sie um das Programm der SED zusammenzuschließen.

3. Im Juli 1946 wird in Moskau im Namen der Initiativgruppe eine Konferenz von Vertretern des antifaschistischen Aktivs der Kriegsgefangenen vorbereitet und durchgeführt . . ."

Nach Meinung Kruglows sollten auf der Konferenz folgende Fragen erörtert werden: Diskussion und Bestätigung des Statuts des „Demokratischen Bundes", Annahme der Erklärung über seine Ziele und Aufgaben, Annahme eines Aufrufs an die SED und an das deutsche Volk.

Dies alles unterschied sich wenig von dem, was genau drei Jahre zuvor unternommen worden war, nur daß an die Stelle der „breiten antifaschistischen Front" nun offenbar die „Plattform der SED" getreten war. Zur Bildung des „Demokratischen Bundes" unter Führung von Friedrich Paulus sollte es jedoch nicht kommen.

Briefe und Gespräche in Tomilino

Die Lebensbedingungen des kriegsgefangenen Feldmarschalls Friedrich Paulus waren weitaus besser als die jedes anderen gefangenen Generals. Gute Verpflegung, ein Diener, ein Koch und Nachbarn, die er sich nach eigenem Wunsch, natürlich mit Einverständnis Amajak Kobulows aussuchen konnte. Ein gemütliches Holzhaus, das im Winter im Schnee und im Sommer in Fliederbüschen versank. Frische Luft, Ruhe und die Möglichkeit, nach Moskau zum Konzert oder in die nächstgelegene Stadt zu einem Kinobesuch zu fahren . . .

Eines jedoch quälte ihn – der fehlende Kontakt zu seiner Familie und zu den Freunden.

Der erste Brief, den er – knapp ein Jahr nach Beendigung des Krieges – am 20. April 1946 an seine Frau Constanze schicken durfte, traf erst Anfang Juni ein. In ihrem Antwortbrief vom 10. Juni heißt es dann, sie sei sehr glücklich, endlich Nachricht von ihm zu erhalten, und freue sich, daß man ihn gut behandle. Und sie schrieb, sie habe bereits gewußt, daß Paulus nicht im Gefängnis sei.

Weiter berichtete sie über ihr nicht sehr erfreuliches Leben, schrieb, daß sie auf ihn warte und es dann schon irgendwie weitergehen werde. Sie versicherte ihm: „Wenn du willst, gehe ich mit Dir bis an das Ende der Welt."

Am Schluß folgte die Mitteilung, „Heinz" sei inzwischen zurückgekehrt. Dieser Satz ließ die Leiter der GUPWI aufmerken.

„Ist das etwa Hain, der Fahrer von Paulus, der mit ihm zusammen in Gefangenschaft war? In Iwanowo muß nachgefragt werden, wo er ist", schrieb einer von ihnen auf die Übersetzung des Briefes. Ein anderer einflußreicher Leiter verfügte indes schließlich, daß der Sache nicht weiter nachgegangen werden sollte.

Doch dadurch erhielt Paulus den Brief seiner Frau vom Juni erst im Oktober, obwohl man ihn ansonsten zuvorkommend behandelte.

Am 19. Januar 1947 beantwortete Oberst Adam einen Brief, den ihm Paulus am 30. November 1946 geschrieben hatte. Darin hieß es:

„Sie können sich nicht vorstellen, wie ich mich gefreut habe, als ich die von Ihnen geschriebenen Zeilen las. Ein ganzes Jahr ist vergangen, seit wir uns zum letzten Mal gesehen und miteinander gesprochen haben. Ich denke oft an die Zeit zurück, als wir täglich zusammen waren. Besonders oft erinnere ich mich an den Aufenthalt in Osjory. Dort konnte man zumindest einige Worte miteinander wechseln."

Adam berichtete, daß er sich mit anderen „Lunowo-Leuten" – von Seydlitz, von Lenski, Korfes und Kayser – im Lager Nr. 8, in völlig reaktionärer Umgebung befinde. Hier seien vor allem Generale und Offiziere, die sich seinerzeit nicht der Bewegung „Freies Deutschland" angeschlossen hatten. Er schrieb über den regelmäßigen Kontakt zu seiner Familie, über sein Hobby – Holzschnitzerei – und vieles andere.

Auch von Korfes traf Post ein, der dem Feldmarschall für die Geburtstagsglückwünsche dankte und ihm berichtete, wie es seiner Familie ging. Seine Frau habe geschrieben, daß sie seinerzeit mit den Frauen von Paulus, von Lenski und anderen im Gefängnis gewesen sei.

Paulus freute sich über die Post, doch die Erkenntnis, daß seine eigene Familie unter sehr viel schlechteren Bedingungen als die Familien seiner Freunde lebte, machte ihm nicht gerade Mut . . .

Ende März 1947 wurde Friedrich Paulus vorübergehend aus Tomilino in ein anderes Objekt verlegt. Dort traf er Vincenz Müller wieder. Am 23. März abends unterhielten sich die beiden:

„Der Kampf ist zweifellos schwer. Die Situation, die jetzt in Deutschland entstanden ist, muß anders eingeschätzt werden, als es Buschenhagen sieht. Er glaubt immer noch an Ideale", sagte Müller.

Paulus antwortete: „Ich erwarte, ehrlich gesagt, nicht viel von den Beschlüssen der Moskauer Konferenz. Ich will nur eines: Man soll mich in Ruhe sterben lassen, mehr nicht . . ."

Am nächsten Tag nahm Paulus das Gespräch wieder auf:

„Müller, wir müssen davon ausgehen, daß die Russen jetzt in Deutschland umfangreiche Vorbereitungsarbeit leisten. Von den Russen hängt viel ab. Auf jeden Fall ergreifen sie die Initiative. Ich möchte ihnen gern nach besten Kräften helfen. Die Russen könnten mich gerade jetzt fragen, was für Vorschläge ich für den Aufbau des neuen Deutschland habe. General Kobulow kann mich doch nach meinen Vorstellungen fragen! Die Administration in Deutschland kann einige Fragen eigenständig lösen. Doch wir können unsererseits ebenfalls helfen. Ich bestehe nicht darauf, doch es wäre gut, wenn mir diese Möglichkeit gegeben würde."

Müller antwortete: „Ich bin bereit, meine ganze Kraft für den Aufbau des neuen Deutschland zu geben."

Paulus: „Ich weiß natürlich nicht, wie sich mein Leben, mein Schicksal gestalten wird. Aber ganz gleich wie, ich werde keinen Rückzieher machen. Ich will nur vorwärts gehen! Ich verhehle nicht meinen Wunsch, nach Deutschland zurückzukehren."

Paulus ging bei seinen Ausführungen wohl völlig zurecht davon aus, daß ihr Gespräch abgehört wurde . . .

Am 29. März unterzeichneten Friedrich Paulus, Generalfeldmarschall des ehemaligen deutschen Heeres, und Generalleutnant Vincenz Müller einen Aufruf an die Sowjetregierung, den Paulus abgefaßt hatte.

Am 2. April 1947 fand zwischen ihnen ein weiteres Gespräch statt, das wie immer Paulus begann:

„Müller, ist Ihnen aufgefallen, wie General Kobulow gestern mit uns gesprochen hat? Er stellte keine Forderungen, sondern hat nur darum gebeten, die Erklärung zu schreiben. Das ist ein großer Unterschied, Müller. Ich kann diese Arbeit nicht rundweg abschlagen."

„Daran haben Sie gut getan, sonst hätten Sie große Unannehmlichkeiten haben können. Überhaupt ist es doch recht aufschlußreich, daß die Russen gefangene deutsche Generale im Interesse der internationalen Politik einsetzen", antwortete Müller. Und er fügte hinzu: „Das ist für sie zum gegenwärtigen Zeitpunkt ungeheuer wichtig."

„Und es liegt ihnen auch nicht daran, die Beziehungen mit einem Feldmarschall des ehemaligen deutschen Heeres zu verderben", konstatierte Paulus.

Müller erläuterte: „In diesem Fall erfordert das die internationale Lage. Doch es kann auch damit erklärt werden, daß zwischen den Russen einerseits und den Engländern und Amerikanern andererseits große Widersprüche aufgetreten sind. Zweifellos bedenken die Russen alles vorher."

Paulus: „Hier stimme ich Ihnen zu. Aus diesen Arbeiten schließt der General auf unsere Stimmungen . . . Im großen und ganzen haben deutsche Generale im Rußland Großes vollbracht."

Müller: „Allerdings ist diese Arbeit nicht allen Generalen zuzumuten. Aber sie hat große politische Bedeutung, und aus all dem ziehen die Russen ihre Schlüsse."

Paulus: „So ist es . . ."

Müller: „Haben Sie gemerkt, daß General Kobulow und Oberst Gargadse sehr ruhig und höflich mit uns gesprochen haben?"

„Ja, natürlich. Wissen Sie, in Tomilino fühle ich mich nicht wohl, weil ich weder zu Buschenhagen noch zu Professor Schreiber offen sein kann . . ."

Paulus hatte bereits Übung in der Abfassung verschiedener politischer Dokumente. Im Jahre 1946 verfaßte er außer den bereits genannten Erklärungen an die Sowjetregierung, dem „Szenario" für den Nürnberger Prozeß usw. eine kleine, offensichtlich auch für den Nürnberger Prozeß bestimmte Auskunft in Frage-Antwort-Form über die Beziehungen zwischen Hitler und den Generalen. Sie stammt vom 19. Juli 1946:

„FRAGE: Hitler war doch Gefreiter und in strategischen Fragen unbewandert. Wie konnte es geschehen, daß man sich ihm unterordnete?

ANTWORT: In erster Linie betrifft das mein eigenes Verhalten bei Stalingrad. Bis zum 23. November unterstand die 6. Armee der Armeegruppe Weichs und dann der Armeegruppe Manstein. Alle Befehle Hitlers gelangten mit wenigen Ausnahmen über das OKH in die Armeegruppe und von dort teils in ursprünglicher Form, teils bearbeitet zum Kommando der 6. Armee. Da diese Befehle entweder Hilfe durch Hitler versprachen oder erklärten, daß von unserem Standhalten der Ausgang des Kriegs abhängt, glaubte ich ihnen, da sie vom Chef des Generalstabs des Heeres (Zeitzler) und von der Heeresgruppe, der ich inmittelbar unterstellt war, d. h. von namhaften Spezialisten, kamen.

In diesem Zusammenhang ist es notwendig, die Haltung der deutschen Generalität, besonders der höchsten, zur Führung durch Hitler allgemein zu charakterisieren. Dabei muß von folgendem ausgegangen werden: Hitler konnte, entgegen den Befürchtungen der höchsten Führung, in den Anfangsetappen (in Polen, Norwegen, im Westen) gewisse Erfolge verbuchen, so daß er in den folgenden Etappen des Kriegs immer häufiger nicht nur strategische Entscheidungen zu treffen, sondern auch Details ihrer Durchsetzung festzulegen begann.

Das erklärt sich aus folgenden Umständen:

Die höchste Generalität identifizierte sich mit allen Folgen der Politik Hitlers und seines Kriegs. Die Mehrheit der Generale, mit Ausnahme einer oppositionellen Minderheit, vertraute Hitler, war ihm ergeben und erlaubte sich nur leichte Kritik. Einzelne Generale unterstützten Hitler aktiv bei der Durchsetzung seiner Politik.

Diese Haltung der höchsten Generalität veranlaßte breite Schichten der Wehrmacht und des deutschen Volkes, den militärischen Fähigkeiten Hitlers zu vertrauen. Dieses blinde Vertrauen seitens der breiten Schichten des Volks beeinflußte wiederum die Haltung der Generale zu Hitler.

Deshalb kann die Unterordnung der höchsten Generalität unter die militärische Führung des ‚Gefreiten' Hitler nicht nur mit pflichtgemäßer militärischer Unterstellung, sondern auch mit den vorstehend beschriebenen politischen Ursachen erklärt werden."

Am 21. April 1946 schloß Feldmarschall Paulus die Arbeit an einem konkreten Thema ab – ein Überblick und die Darstellung einzelner Etappen der Offensive der Wehrmacht im Sommer 1942 und der Schlacht um Stalingrad.

Das dreiunddreißig Maschinenseiten umfassende Manuskript und vier schematische Darstellungen der Kampfhandlungen wurden im Juni 1948 an den sowjetischen Generalstab weitergeleitet. Das zweite Exemplar des Manuskripts ging nach dem Tod des Feldmarschalls 1956 in den Besitz seiner Familie über.

So vergingen die Tage in der stillen Moskauer Vorortsiedlung Tomilino. Als Erholung konnte das schwerlich bezeichnet werden, doch für aktive Menschen ist Arbeit ein Bedürfnis. Außerdem beflügelte den gefangenen Feldmarschall die Hoffnung auf möglichst baldige Rückkehr in die Heimat.

Zur Gesundung auf der Krim

Lange vor dem Besuch Amajak Kobulows in Tomilino, als dieser dem kriegsgefangenen Feldmarschall Paulus vorschlug, den „Demokratischen Bund deutscher Kriegsgefangener in der UdSSR" zu gründen und zu leiten, war Paulus in der Zentralen Poliklinik Nr. 1 des Ministeriums des Innern untersucht worden. Die sowjetischen Professoren W. L. Einis und N. N. Grintschar, die Paulus dabei am 2. April 1947 einer klinischen röntgenologischen Untersuchung unterzogen, diagnostizierten eine verschleppte doppelseitige fibrofokale Tuberkulose. Sie empfahlen Diätbehandlung und eine Luftkur in einem Sanatorium.

Am 8. April 1947 schickte der Leiter des Medizinischen Dienstes des MWD der UdSSR, Generalmajor des Medizinischen Diensts Woloschin, das medizinische Gutachten an Amajak Kobulow.

Am 10. April wies Kobulow an: „Den Minister informieren und praktische Vorschläge unterbreiten."

Offenbar hatten sowohl der Minister als auch Amajak Kobulow dringendere Aufgaben zu erledigen, die ein unverzügliches Handeln nicht zuließen. Jedenfalls verstrichen einige Monate.

Doch dann, am 8. Juli, schickte Minister Kruglow einen Bericht an den Stellvertreter des Vorsitzenden des Ministerrats der UdSSR, Wjatscheslaw Molotow:

„Seit Februar 1946, nach der Aussage im Nürnberger Prozeß, ist der Generalfeldmarschall des ehemaligen deutschen Heeres Paulus im Objekt des MWD der UdSSR in Tomilino bei Moskau untergebracht. Außer Paulus befinden sich dort weitere demokratisch gesinnte Generale.

Im Frühjahr dieses Jahres hat sich die Gesundheit von Paulus verschlechtert. Eine Ärztekommission hat festgestellt, daß die Verschlechterung des Gesundheitszustands auf die Aktivierung einer verschleppten doppelseitigen fibrofokalen Tuberkulose zurückzuführen ist. Sie kam zu dem Schluß, daß Paulus eine Heilkur auf der Krim zu empfehlen ist.

Das Ministerium des Innern hat die Möglichkeit, Paulus für anderthalb bis zwei Monate in ein vorbereitetes Objekt an der Südküste der Krim im Rayon Werchnaja Oreanda, das als MWD-Lager für Kriegsgefangene eingerichtet ist, zu verlegen.

Ich bitte um Ihre Entscheidung."

Offensichtlich vertrat Wjatscheslaw Molotow in diesen Tagen aus irgendeinem Grund Stalin. Seine schriftliche Weisung, die er noch am gleichen Tag erteilte, war dementsprechend kurz:

„Die Maßnahme einleiten. W. Molotow. 8. 07. 46."

Vier Tage später bestätigte Sergej Kruglow den Plan für die Reise der Gruppe „Satrap" auf die Krim und die Absicherung ihres dortigen Aufenthalts.

Werchnaja Oreanda auf der Krim war schon immer ein gesegneter Ort. Nicht von ungefähr hatte Jahre später auch Nikita Chrustschow in der Nähe von Werchnaja Oreanda seine Villa – die „Staatsdatscha Nr. 1". Unweit des Erholungsorts von Feldmarschall Paulus befand sich der Palast „Liwidija", einst Residenz des russischen Zaren Nikolaus II., wo am 4. Februar 1945 die Krimkonferenz der drei alliierten Mächte eröffnet worden war. Zwanzig Kilometer westlich lag und liegt heute noch das berühmte Weingut „Massandra", bekannt für seine ausgezeichneten Weine.

Zehn Kilometer in östlicher Richtung liegt die malerische Stadt Jalta mit ihrem berühmten Strand. Die reine Luft und das reichhaltige Angebot an einheimischem Obst stärken die Gesundheit und tragen wirksam zur Heilung verschiedener Lungen- und Herzkrankheiten bei. Von jeher suchten Patienten aus ganz Rußland und aus dem Ausland Heilung in dieser Gegend. So nun auch der kriegsgefangene Feldmarschall Friedrich Paulus – freilich nicht in eigener Entscheidung.

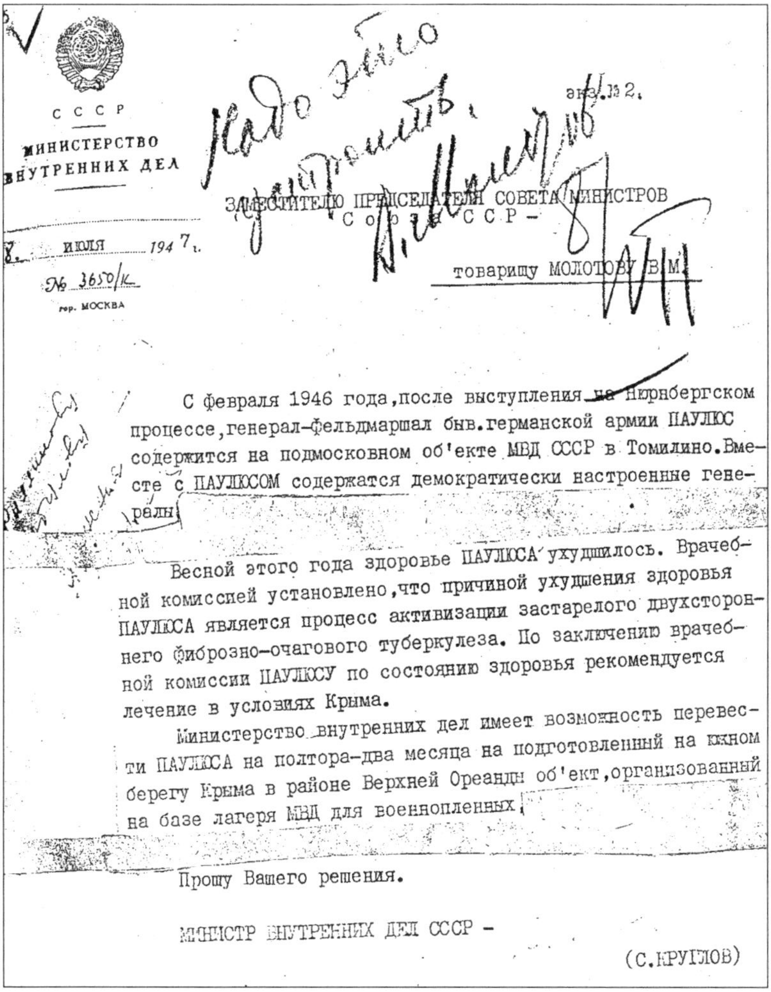

СССР
МИНИСТЕРСТВО ВНУТРЕННИХ ДЕЛ

8 июля 1947 г.
№ 3650/к
гор. МОСКВА

экз. № 2

Надо это удовлетворить. В. Молотов

ЗАМЕСТИТЕЛЮ ПРЕДСЕДАТЕЛЯ СОВЕТА МИНИСТРОВ
Союза ССР –
товарищу МОЛОТОВУ В.М.

С февраля 1946 года, после выступления на Нюрнбергском процессе, генерал-фельдмаршал быв. германской армии ПАУЛЮС содержится на подмосковном об'екте МВД СССР в Томилино. Вместе с ПАУЛЮСОМ содержатся демократически настроенные генералы

Весной этого года здоровье ПАУЛЮСА ухудшилось. Врачебной комиссией установлено, что причиной ухудшения здоровья ПАУЛЮСА является процесс активизации застарелого двухстороннего фиброзно-очагового туберкулеза. По заключению врачебной комиссии ПАУЛЮСУ по состоянию здоровья рекомендуется лечение в условиях Крыма.

Министерство внутренних дел имеет возможность перевести ПАУЛЮСА на полтора-два месяца на подготовленный на южном берегу Крыма в районе Верхней Ореанды об'ект, организованный на базе лагеря МВД для военнопленных.

Прошу Вашего решения.

МИНИСТР ВНУТРЕННИХ ДЕЛ СССР –

(С.КРУГЛОВ)

Bericht von Innenminister Kruglow an Molotow, 8. Juli 1947.

Der Ort, an dem das Haus stand, in dem Paulus und seine Begleiter – die Gruppe „Satrap" – damals wohnten, läßt sich heute noch mühelos finden. Man braucht lediglich aus dem Seitentor des ehemaligen Sanatoriums des ZK der KPdSU „Nishnaja Oreanda" auf der Landstraße bis zu der hundertjährigen Eiche bei dem kleinen Postgebäude zu gehen. Von hier aus ist die kleine Wohnsiedlung für das Personal des Sanatoriums zu sehen. Dort wohnte Paulus im Sommer 1947.

In dem von Sergej Kruglow bestätigten Plan – ein weiterer Beleg dafür, wie penibel das NKWD alle Aktionen vorbereitete und durchführte – hieß es:

„1. Die Gruppe ‚Satrap' (5 Personen) wird für maximal zwei Monate in ein von der Gebietsverwaltung des MWD auf der Krim vorbereitetes Objekt gebracht.
2. Die Gruppe ‚Satrap' fliegt in Begleitung von Generalleutnant Gen. Kobulow und einer operativen Sondergruppe auf die Krim.
3. Generalleutnant Stachanow wird beauftragt, ein Flugzeug zur Verfügung zu stellen.
4. Die operative Gruppe ist für die Bewachung der Gruppe ‚Satrap' auf der Krim zuständig . . .
5. Zu den Aufgaben des Leiters der operativen Gruppe gehören:
a) Gewährleistung des Schutzes und der Sicherheit der Gruppe ‚Satrap' durch Postenbewachung rund um die Uhr, sowohl im Objekt als auch bei Verlassen des Objekts;
b) Verhinderung jeglicher Kontakte der Gruppe ‚Satrap' mit den Insassen des sich unweit vom Objekt befindenden Kriegsgefangenenlagers Nr. 241. Deshalb ist die Zahl der Kriegsgefangenen, die das Objekt ohne Begleitung verlassen dürfen, auf ein Minimum zu beschränken;
c) gegebenenfalls ist die Legende zu verbreiten, daß im Objekt ausländische Spezialisten wohnen;
d) die Bewegungsfreiheit der Gruppe ‚Satrap' ist auf das Gelände des Objekts zu beschränken, ausgenommen besondere Ausflüge, die nur mit Sondergenehmigung des MWD der UdSSR unternommen werden.
6. Die Verpflegung der Gruppe ‚Satrap' und der operativen Gruppe erfolgt nach den Grundnormen der GUWS und der bewilligten Zusatznorm gemäß Artikel 9 der Operativen Verwaltung der GUPWI.

7. Der Stellvertreter des Leiters der Wirtschaftsverwaltung des MWD der UdSSR weist den Direktor des Sowchos ‚Molodaja Gwardija' und GLAWSPEZTORG an, der Gebietsverwaltung Krim des MWD zur reibungslosen Versorgung der Gruppe ‚Satrap' und der operativen Gruppe Lebensmittel entsprechend den GUWS-Normen und der Zusatznorm nach Artikel 9 zu liefern.
8. Der Leiter der Gebietsverwaltung Krim des MWD, Generalmajor Gen. Kalinin, hat die erforderliche Unterstützung bei der wirtschaftlichen Versorgung des Objekts (elektrische Beleuchtung, Wasserversorgung, Brennstoff, Telefonverbindung, Unterbringung der operativen Gruppe) zu gewährleisten und für die Zeit des Aufenthalts der Gruppe ‚Satrap' auf der Krim einen Pkw und die erforderliche Menge Kraftstoff zur Verfügung zu stellen.
9. Die medizinische Behandlung der Gruppe ‚Satrap' erfolgt durch Ärzte der Gebietsverwaltung Krim des MWD und erforderlichenfalls durch von der Gebietsverwaltung hinzugezogene Spezialisten, wobei unter keinen Umständen die Identität der Grup pe preisgegeben werden darf.
10. Den Mitgliedern der operativen Gruppe sind für die beiden Monate Dienstreisegelder in Höhe von täglich 26 Rubel zu zahlen.
11. Der Leiter der Gruppe informiert regelmäßig Generalmajor Kalinin und letzterer mindestens einmal wöchentlich das MWD der UdSSR über die Lage im Objekt.

12. Juni 1947 Generaloberst Serow"

Iwan Serow, Stellvertreter des Ministers des Innern der UdSSR und später nach dem Tod Josef Stalins und der Inhaftierung Lawrenti Berijas Vorsitzender des Komitees für Staatssicherheit (KGB), war ein großer Spezialist für die Realisierung derartiger und noch komplizierterer Maßnahmen. Die Organisation der von höchster Stelle genehmigten Heilbehandlung von Feldmarschall Paulus fiel in seine Zuständigkeit, und Serow tat alles, um die Reise auf die Krim möglichst geheim zu halten. In jenen Jahren pflegten die Mitarbeiter des sowjetischen Innenministeriums noch keine Interviews zu geben, und wegen der Mitwirkung der Gebietsverwaltung Krim des MWD bestand kein Grund zur Besorgnis.

Serow hatte auch eine gute Verpflegung für Paulus und seine Begleiter eingeplant. Tagesgelder von 26 Rubel waren nicht allzu viel, doch bei freier Kost und Logis bedeuteten sie schon einen guten Zuschuß für den Urlaub. Doch in Rußland gab es zu keiner Zeit Geld umsonst . . .

In Anbetracht der Wichtigkeit der Maßnahme und der sich daraus ergebenden Verantwortung erarbeitete daher der Leiter der operativen Gruppe, Major Monochin, nun seinerseits eine noch peniblere Dienstanweisung für den Schutz des Objekts „Satrap“:

„1. Im Objekt hält rund um die Uhr ein Posten Wache.
2. Die Mitarbeiter der operativen Gruppe sind direkt dem Objektleiter, Gen. Major Monochin, und in dessen Abwesenheit dem Dienstältesten der operativen Gruppe, Gen. Hauptmann Nestjorkin, unterstellt.
3. Pflichten des Posten stehenden Mitarbeiters:
a) Der Mitarbeiter hat eine geladene Feuerwaffe bei sich zu tragen.
b) Der Posten stehende Mitarbeiter muß akkurat gekleidet sein (Anzug! Kopfbedeckung und geputzte Schuhe).
c) Tagsüber hat der Posten neben der Eingangspforte auf der Straßenseite zu stehen und in diesem Bereich die vorübergehenden fremden Personen genau zu observieren. Mit Anbruch der Dunkelheit hält sich der Mitarbeiter in der Nähe des zu bewachenden Objekts auf. Während seines Postendiensts trägt er die volle Verantwortung dafür, daß kein Fremder zu dem zu bewachenden Objekt vordringt.
d) Wenn der Mitarbeiter während des Postendiensts eine verdächtige Person ausgemacht hat, muß er dem Leiter des Objekts, Major Monochin, und in dessen Abwesenheit dem Dienstältesten der Gruppe, Nestjorkin, Meldung machen, die dann die entsprechenden Maßnahmen einleiten.
e) Dem Posten stehenden Mitarbeiter ist es kategorisch untersagt, den Posten zu verlassen, zu schlafen, zu lesen, zu schreiben, mit den Miliz- und Wachposten zu sprechen sowie sich anderweitig ablenken zu lassen.
4. Die Bewachung der Gruppe ‚Satrap‘ erfolgt in jedem einzelnen Fall, d. h. beim Aufenthalt am Meer (Strand), bei Ausfahrten oder Spaziergängen, nach besonderer Einweisung durch den Leiter des Objekts, Gen. Major Monochin.
5. Die in Bereitschaft befindlichen Mitarbeiter müssen jederzeit einsatzfähig sein und auf Verlangen des Leiters des Objekts, Gen. Major Monochin, sofort erscheinen.
6. Der stellvertretende Leiter des Objekts, Gen. Leutnant Sassonin, ist verpflichtet, regelmäßig den Postenbereich der Mitarbeiter der operativen Gruppe sowie des Wach- und Milizpersonals zu kontrollieren. Er ist verpflichtet, nachts einen Kontrollgang durch das

Gelände im Umkreis von 50 Metern vom Objekt durchzuführen.
7. Allen Mitgliedern der operativen Gruppe ist es kategorisch untersagt, sich ohne Genehmigung des Leiters des Objekts, Gen. Major Monochin, vom Objekt zu entfernen."

Diese Dienstanweisung wurde am 2. August, zum Höhepunkt der Sommersaison erlassen. Man kann sich vorstellen, wie sich Vorübergehende wunderten, als sie vor dem „Objekt" einen Mann im dunklen Anzug, mit zugeknöpfter Jacke und Hut oder Mütze sahen, und das bei der auf der Krim herrschenden Hitze . . .

Es ist schwer zu sagen, wie sich der sorgsam bewachte Feldmarschall Paulus fühlte, doch die Mitarbeiter der operativen Gruppe verwünschten wahrscheinlich ihren Dienstauftrag, bei dem sie keine Minute Freizeit hatten, im Anzug in der Sonne schmoren, schweigend um das Haus herumgehen und nach Missetätern Ausschau halten mußten, wobei Wachsamkeit ihr oberstes Gebot war.

Wie es sich herausstellen sollte, hat sich Feldmarschall Paulus wohl gefühlt. Am 15. August, etwa zwei Wochen nach der Ankunft im „Objekt" in Werchnaja Oreanda, schickte er dem Offizier der Operativen Verwaltung der GUPWI, Oberstleutnant Gargadse, einen Dankesbrief:

„ Sehr geehrter Herr Oberstleutnant Gargadse!

Eine Gelegenheit ausnützend erlaube ich mir, Ihnen zugleich im Namen meiner beiden Kameraden die besten Grüße zu übersenden.

Wir fühlen uns in der so großzügigerweise zur Verfügung gestellten schönen Unterkunft äußerst wohl und genießen in vollen Zügen das Meer und die herrliche Landschaft, von unseren Begleitern angenehm und fürsorglich betreut.

Das tägliche Baden im Meere bekommt mir sehr gut und ich hoffe, daß das Ziel des hiesigen Aufenthalts voll erreicht wird.

Darf ich bitten, dem Herrn General Kobuloff unser aller und besonders meinen aufrichtigen Dank und ergebenste Grüße zu übermitteln.

In dankbarer Gesinnung verbleibe ich

Ihr sehr ergebener Fr. Paulus"

Bei weitem nicht jeder Repräsentant der höchsten sowjetischen Partei- und Staatsnomenklatura hatte die Möglichkeit, sich in der schönsten Jahreszeit, und noch dazu unter so komfortablen Bedingungen, auf der Krim zu erholen.

Offensichtlich glaubte der Feldmarschall, daß er alle diese Wohltaten den Bemühungen von Amajak Kobulow zu verdanken hatte, und hielt es infolgedessen für angebracht, ihm danach noch häufiger Glückwunsch- und Dankesbriefe zu senden – etwa zum bevorstehenden Jahrestag der Großen Soialistischen Oktoberrevolution und zum Neuen Jahr 1948.

Die Glückwünsche waren politisch gefärbt:

„Aus Anlaß des XX. Jahrestags der Großen Sozialistischen Oktoberrevolution erlauben sich die Unterzeichner, ihrer Bewunderung Ausdruck zu verleihen und die besten Wünsche zu übermitteln.

Besonders an diesen Tag empfinden wir, welchen Schaden und welches Leid wir, die Deutschen, Ihrer Heimat zugefügt haben.

Wir wünschen der Sowjetunion vollen Erfolg bei ihrem Aufbauwerk und ihren Bemühungen um den dauerhaften und weltweiten Frieden – auch unter Mitwirkung des neuen und demokratischen Deutschlands."

In dem zweiten Schreiben hieß es:

„Erlauben Sie, Ihnen zum Neuen Jahr zu gratulieren!

Wir wünschen Ihnen Glück und vor allem beste Gesundheit.

Mögen die Anstrengungen der Sowjetunion zum Wohle des weltweiten Friedens im Neuen Jahr weitere Erfolge bringen und auf die Einheit des demokratischen Deutschlands hinwirken.

Gleichzeitig danken wir Ihnen für den Großmut, den Sie uns entgegenbringen."

Der erste Brief war von Friedrich Paulus, Wilhelm Adam, Vincenz Müller, Arno von Lenski und auch Generalmajor Walther Schreiber unterzeichnet. Unter dem zweiten fehlte indes die Unterschrift von Schreiber.

Die Briefe waren offensichtlich von Paulus selbst geschrieben worden. Er hatte bereits beachtliche Fortschritte in der Beherrschung der russischen Sprache gemacht.

General Kobulow legt die Karten auf den Ti.sch

Am 31. März 1948 besuchte Amajak Kobulow das Objekt, in dem Feldmarschall Paulus und nun auch seine Freunde – Oberst Adam, General von Lenski und General Vincenz Müller – untergebracht waren. Hierher kamen auch der Generalstabsarzt Professor Schreiber und noch weitere Generale und Offiziere. Nebenbei sei erwähnt, daß auch Personen aus Hitlers Umgebung, die SS-Sturmbannführer Günsche und Linge (seine Ordonnanz und sein Adjutant), in dieses Objekt gebracht worden waren, bevor sie danach in die Haftanstalt Wladimir eingeliefert wurden, um 25 Jahre Haft zu verbüßen. Sie sollten sich zuvor hier erholen ...

Amajak Kobulow erklärte Paulus zunächst, daß 1948 von Repatriierung nicht die Rede sein könne und Paulus, falls es danach zu Repatriierung kommen sollte, in der sowjetischen Zone leben müsse.

Dafür nannte zwei Gründe – das Kesseltreiben gegen die Sowjetunion wegen der angeblich dort aus deutschen Kriegsgefangenen aufgestellten „Paulus-Armee" und die Forderung des amerikanischen Hauptanklägers Taylor, ihm Paulus als Zeugen oder Sachverständigen im Nürnberger Nachfolgeprozeß gegen deutsche Generale zu überstellen.

Diese Eröffnung kam für Paulus im Prinzip nicht überraschend. Er hatte sich mehrmals dahingehend geäußert, daß seine Rückkehr nach Deutschland dazu beitragen werde, die Legende von der „Paulus-Armee" zu zerstören. Deshalb antwortete er Amajak Kobulow, daß er die Notwendigkeit einsehe, der gegenwärtigen politischen Lage und den politischen Forderungen Rechnung zu tragen. Er fragte, ob überhaupt abzusehen sei, daß sich diese Bedingungen ändern würden, und ob er möglicherweise noch mehrere Jahre in Gefangenschaft bleiben müsse.

Der zweite Grund, den Kobulow genannt hatte, weckte in Paulus noch mehr Sorgen und Zweifel. Konnte die Sowjetregierung, unter Betrachtung aller Umstände, die Forderung der Amerikaner nach Auslieferung seiner Person, sei es als Zeuge oder Sachverständiger, ablehnen? Würde die Sowjetregierung nicht gezwungen sein, gegen ihn – Paulus – ein Ermittlungsverfahren einzuleiten, wenn die Amerikaner zum Beispiel mit der Einstellung der Nürnberger Prozesse drohten?

Ein Informant teilte mit, daß Paulus offenbar diese Frage stelle, weil er auf die Zusicherung hoffe, daß er sich keine Sorgen zu machen brauche.

So reagierte Feldmarschall Paulus auf den Besuch Kobulows.

Als Amajak Kobulow die Information las, vermerkte er am Rande: „Beim nächsten Besuch muß Paulus versichert werden, daß er nichts zu befürchten hat."

Doch wie ein anderer Informant berichtete, war Paulus nicht davon überzeugt. Er habe gesagt: „Was bedeute ich schon, wenn es darum geht, was für die russische Politik wichtig ist . . ."

Friedrich Paulus machte sich Sorgen um sein Schicksal, doch mehr noch beunruhigte ihn das Schicksal seiner Familie. Was sollten seine Angehörigen in dieser Situation tun? Möglicherweise verlangte die sowjetische Regierung, daß seine Familie in die sowjetische Zone übersiedelt, noch bevor das Familienoberhaupt in die Heimat zurückkehrt?

Der Feldmarschall hielt eine solche Forderung für durchaus wahrscheinlich, um den Eindruck zu vermeiden, daß man ihn in der sowjetischen Zone festhalte und damit seine Familie zum Übersiedeln zu bewegen versuche.

Er machte sich Gedanken, ob seine Familie allein nach Berlin kommen, seine Tochter und sein Enkel aber in Baden-Baden bleiben würden, ob sein Sohn mit Familie ebenfalls in die sowjetische Zone werde übersiedeln müssen und ob er selbst sein Haus in Baden-Baden würde behalten können. Wenn der Feldmarschall darauf zu sprechen kam, ließ er wiederholt durchblicken, daß in seiner Familie gewisse besondere Beziehungen bestünden.

Erörtert wurde auch die Frage, wie seine Familie informiert werden könne und wie sie bis zu seiner Repatriierung ihren Lebensunterhalt bestreiten würde.

Feldmarschall Paulus, der alles bedacht hatte, bat Adam, von Lenski, Vincenz Müller und Schreiber, die sich auf ihre Abreise nach Deutschland vorbereiteten, inständig, auf gar keinen Fall Verbindung zu seiner Familie aufzunehmen. Das sollten die sowjetischen Behörden selbst regeln.

Am 18. Mai 1948 berichtete ein Feldmarschall Paulus offensichtlich sehr nahestehender Informant Amajak Kobulow umfassend über die politischen Ansichten von Paulus:

Anfangs ging er auf die privaten Sorgen des Feldmarschalls ein. In erster Linie mache dieser sich Sorgen um alles, was mit Stalingrad zusammenhänge. Paulus befürchte, daß nach seiner Rückkehr in Deutschland ein Verfahren gegen ihn eröffnet werde. Noch mehr bedrücke ihn die Angst vor Angriffen seitens seiner Kampfgefährten – von Seydlitz, Lattmann, Oberst Czimatis und anderen –, die ihm schon jetzt in Gefangenschaft verschiedene Vorwürfe machten. Gleichzeitig fürchte der Feldmarschall Angriffe seitens der „reaktionären“ Generale, in erster Linie des ehemaligen Stabschefs der 6. Armee, Generalleutnant Schmidt, gegen die er, wie Paulus eingestanden habe, kaum stichhaltige Argumente vorbringen könne.

Der Feldmarschall sei darüber beunruhigt, daß durch Propaganda und entstellende Wiedergabe der Ereignisse sich die Meinung herausgebildet hätte, das Schicksal Stalingrads sei in erster Linie von Hitler und ihm, Paulus, ohne Mitwirkung der anderen Generale entschieden worden. Alles andere, was sich bis Mai 1945 ereignete habe, trete im Vergleich zu Stalingrad in den Hintergrund.

Paulus würde auch bedenken, daß Ende 1947 beim Besuch einer deutschen Gewerkschaftsdelegation in der UdSSR sowohl in der Zeitung für deutsche Kriegsgefangene „Nachrichten“ als auch in der deutschen Presse Beiträge veröffentlicht worden waren, die ihm, wenn auch indirekt, erheblich mehr Verantwortung zumaßen, als er in Wirklichkeit gehabt hätte.

Schwer im Magen lägen Paulus auch das bereits 1946 in Berlin erschienene Buch „Stalingrad“ von Theodor Plivier, das Buchmanuskript von Gerlach und eine Broschüre Lattmanns.

Er wisse, daß Plivier inzwischen nach Westdeutschland gegangen sei, wo sich verschiede Kreise für Stalingrad und besonders für ihn, Paulus, interessierten. Gerlach hätte während seines Aufenthalts in Lunowo sein Buch vor Paulus geheimgehalten, und Lattmann analysiere in seiner Broschüre die Lage im Kampfgebiet Stalingrad sehr ausführlich.

Schwere Sorgen bereite Paulus auch die Tatsache, daß man ihn im Nürnberger Prozeß als Kriegsverbrecher bezeichnet und die Verteidigung ihm Vorwürfe gemacht hätte, weil er selbst in seiner Zeugenaussage Keitel und Jodl bereits vor dem Urteilsspruch als Kriegsverbrecher bezeichnet hätte.

Er kenne den Artikel von Herriot, der der Sowjetunion vorwerfe, daß sie Kriegsverbrecher schütze. Er beziehe das in erster Linie auf sich und bringe diesen Artikel in Zusammenhang mit Äußerungen des Nürnberger Hauptanklägers der USA, Taylor, der die Auslieferung von Paulus verlange.

Am stärksten bewege ihn die Frage, wie die progressiven Kräfte in den Westzonen, wo der Druck der Besatzungsmächte und der inneren Reaktion groß sei, wachsen und sich konsolidieren könnten. Es sei möglich, daß die progressiven Kräfte noch stärkerer Verfolgung ausgesetzt würden. Diese Ungewißheiten – so der Informant weiter – stimmten Paulus besonders pessimistisch und traurig. Er mache sich die ganze Zeit Gedanken darüber, welche Position er in Deutschland einnehmen werde. Er sei bereit, in die SED einzutreten, wenn die Partei seine Aufnahme befürworte.

Der Informant ließ wissen, daß Paulus nicht viel von seinen Fähigkeiten als Politiker halte und meine, daß er in dieser Hinsicht Unterstützung brauche.

Daraufhin sei ihm das Studium folgender Schriften empfohlen worden: „Fragen des Leninismus" von Stalin, „Staat und Revolution", „Imperialismus und Empiriokritizismus" sowie „Was tun" von Lenin, politische Artikel aus dem Band 11 der Gesammelten Werke Lenins, außerdem Schriften von Marx zur Geschichte. Dazu habe Paulus erklärt, daß er dies alles schon gelesen habe, aber nicht gründlich genug.

Seine Unsicherheit in Diskussionen und sein Bestreben, diesen auszuweichen, seien auch in seiner Bitte zum Ausdruck gekommen, die Generale von Seydlitz und Buschenhagen nicht zu ihm ins Objekt zu verlegen. Das Verhalten von Seydlitz', so habe Paulus geäußert, sei unberechenbar. Vor allem aber wolle er damit Gesprächen über Stalingrad aus dem Weg gehen.

Die Antipathie gegenüber Buschenhagen beruhe darauf, daß dieser Paulus vorwerfe, als Zeuge der Anklage gegen die Deutschen ausgesagt zu haben, während er, Buschenhagen, bemüht gewesen sei, eben das zu vermeiden. Außerdem hätte Paulus von Adam gehört, daß Buschenhagen im Lager Nr. 48 über ihn sehr negativ gesprochen habe.

Paulus quäle auch die Ungewißheit, ob er seine ausführlichen Unterlagen zu den Ereignisse in Stalingrad, mit denen er sich rechtfertigen könne und die er mit Unterstützung von General Vincenz Müller zusammengestellt habe, nach Deutschland mitnehmen dürfe.

Zu den Zukunftsplänen von Paulus teilte der Informant abschließend mit, daß dieser nach der Repatriierung auf dem Gebiet der Topographie oder des Archivwesens tätig sein wolle.

Nach reiflicher Überlegung wandte sich Feldmarschall Paulus am 28. Mai 1948 mit folgendem Schreiben an Amajak Kobulow:

„Sehr geehrter Herr General!

Ihr Großmut mir gegenüber ermutigt mich, mit einer Bitte an Sie heranzutreten. Dabei erlaube ich mir, mich auf Ihren Besuch vom 31.

März und auf das Gespräch mit Herrn Oberstleutnant Gargadse vom 26. Mai zu berufen.

1. Wie mir erklärt wurde, wird meine Repatriierung nicht nur durch die angespannte internationale Lage, sondern auch durch die in der Westpresse gegen mich gerichtete Propaganda („Paulus und seine Armee") sowie die Ausführungen des amerikanischen Anklägers in Nürnberg, General Taylor, behindert.

Zur Erklärung Taylors gegen mich kann ich folgendes sagen:

Ich habe weder am Kampf gegen die Engländer noch gegen die Amerikaner teilgenommen. Sie sind erst im Sommer 1944, d. h. anderthalb Jahre nach meiner Gefangennahme, in Europa gelandet.

Meine letzte Dienststellung vor Kriegsbeginn war Stabschef des XVI. Armeekorps. Während des Polenfeldzugs bekleidete ich die Dienststellung des Stabschefs der 10. Armee, und während des Feldzugs gegen Frankreich war ich Stabschef der 6. Armee. Ich habe niemals im OKW gearbeitet. Im OKH war ich vom 3. September 1940 bis zum 20. Januar 1942 Oberquartiermeister des Generalstabs. Meine damaligen Vorgesetzten im OKH, Feldmarschall von Brauchitsch und Generaloberst Halder, werden, wie der amerikanische Ankläger Taylor erklärte, nicht zur Verantwortung gezogen, weil dafür kein Anlaß bestehe.

Somit kann auch in meinem Fall kein Anlaß vorliegen.

Meine einzige Kommandeursstellung während des Kriegs war die des Oberbefehlshabers der 6. Armee vom 20. Januar 1942 bis zum 31. Januar 1943 in Rußland. Über diese Tätigkeit kann allein die Sowjetregierung urteilen.

Mir ist nicht erinnerlich, daß ich als Oberbefehlshaber der 6. Armee einen Befehl erlassen habe, der den internationalen Regeln der Kriegsführung widerspricht.

Im gegenwärtigen Prozeß in Nürnberg gegen das OKW steht nur eine begrenzte Zahl von Personen vor dem amerikanischen Militärgericht und wird, laut Pressemeldungen, konkreter Verstöße gegen die internationalen Regeln der Kriegsführung angeklagt. Doch die meisten ehemaligen Armeebefehlshaber sind aus der Gefangenschaft entlassen worden.

Folglich habe ich aus juristischer Sicht keine Stellungnahme vor einem Gericht der Westmächte zu befürchten. Die Erklärung des amerikanischen Anklägers, General Taylor, zu meiner Person ist lediglich als politischer Akt zu werten.

Die Kampagne in der Westpresse gegen mich dauerte fast das ganze letzte Jahr an, und zwar trotz Gegenerklärungen von Pfarrer Schröder (früher Mitglied des Nationalkomitees) und meines Sohns im Westen sowie entsprechender Erklärungen in der Presse der Ostzone. Die Beweggründe dieser Zeitungskampagne sind offenkundig und haben mit mir persönlich nichts zu tun.

Da das Ende dieser Provokationen und eine politische Entspannung nicht abzusehen sind, ergibt sich für mich natürlich die besorgte Frage, wann ich überhaupt auf Repatriierung hoffen kann. Deshalb wäre ich Ihnen, verehrter General, sehr dankbar, wenn Sie mir auf diese Frage gelegentlich antworten würden.

2. In Ergänzung zu den Unterlagen, anhand derer man sich ein Urteil über mich bilden kann, erlaube ich mir, einige Gedanken darzulegen, die meine Haltung zu den Problemen meines Vaterlands bestimmen.

Ich habe in der Gefangenschaft zum erstenmal über politische Fragen nachgedacht.

Bei der gründlicheren Analyse der Umstände und Ereignisse, die mit dem zweiten Weltkrieg zusammenhängen, begann ich, meine früheren Ansichten kritisch zu sehen, die geschichtlichen Ereignisse in ihrer Entwicklung zu bewerten und mich eingehend mit politischen und wirtschaftlichen Fragen zu beschäftigen.

Ich schenkte dabei dem Wesen und den dem Wohle der Menschheit dienenden Zielen der Sowjetunion, ihrer Friedenspolitik und der Verantwortung, die wir Deutschen mit dem Überfall auf die Sowjetunion auf uns geladen haben, besondere Aufmerksamkeit.

Ebenso, wie mich meine neuen Überzeugungen seinerzeit veranlaßten, für den Sturz des Hitler-Regimes einzutreten, liegen sie auch meiner heutigen Position zugrunde:

Nur die Schaffung eines einheitlichen, demokratischen und friedliebenden Deutschlands ist die Voraussetzung für die gesellschaftliche Gesundung Deutschlands und ein Beitrag zur Befriedung Europas und der ganzen Welt.

Als Grundlage dafür betrachte ich das Potsdamer Abkommen. Die im Zusammenhang damit in der sowjetischen Zone vollzogenen Maßnahmen (Entnazifizierung, Demokratisierung, Auflösung der großen Industrie- und Bankmonopole, Bodenreform) halte ich für prinzipiell richtig und die Übertragung dieses Prinzips auf die Westzonen für notwendig.

Deutschland befindet sich gegenwärtig in einer sehr schweren Lage. Ohne ausländische Hilfe kann die Bevölkerung nicht mit Lebensmitteln versorgt werden.

Deshalb leistet die sowjetische Regierung der Ostzone wirtschaftliche Hilfe und unterstützt sie mit Lebensmitteln, ohne daran politische Bedingungen zu knüpfen.

Anders liegt der Fall mit der Einbeziehung Westdeutschlands in den Marshall-Plan. Zweifellos braucht Westdeutschland sehr dringend Lebensmittellieferungen und eine Anleihe für den Wiederaufbau der Wirtschaft. Wenn das unter normalen wirtschaftlichen Bedingungen und unter Wahrung der Einheit Deutschlands geschieht, dann ist es für das deutsche Volk dank seines Fleißes und des Entwicklungsgrads seiner Intelligenz möglich, diese Hilfe nicht nur abzuarbeiten, sondern auch in absehbarer Zukunft Reparationen in vernünftigem Umfang zu zahlen.

Allerdings habe ich den Eindruck, daß im Westen die Notlage der deutschen Wirtschaft zu politischen Zwecken und zugunsten des westlichen Monopolkapitals mißbraucht wird.

Die sich gegenwärtig abzeichnenden Absichten oder Maßnahmen, die auf die Teilung Deutschlands hinauslaufen, können zu nichts Gutem führen, da West- und Ostdeutschland wirtschaftlich eng verbunden sind und voneinander abhängen. Deutschland ist nur als einheitliches Ganzes lebensfähig.

Die deutsche Wirtschaft darf nicht willkürlich, per Order, zerstückelt werden. Ebenso wenig darf im 20. Jahrhundert ein altes Kulturvolk gegen seinen Willen geteilt werden. Deshalb ist es allen Hindernissen zum Trotz so wichtig, daß das deutsche Volk seinem Verlangen nach Einheit und gerechtem Frieden nachdrücklich Ausdruck verleiht. Dieser Wille des Volkes darf niemals ignoriert werden.

Bei der Behandlung des deutschen Problems darf die Grenzfrage nicht unberücksichtigt bleiben, da sie für die Lebensmittelversorgung, die Wirtschaftslage wie auch die politische Entwicklung Deutschlands von Bedeutung ist. Jeder Deutsche mißbilligt die Grenzregulierung im Osten wie auch die Lostrennung des Saarlands. Aber auf keinen Fall darf zugelassen werden, daß diese Frage Gegenstand chauvinistischer Hetze wird. Es gilt vielmehr, darauf zu bauen, daß im Verlauf der friedlichen und demokratischen Entwicklung Deutschlands und der Herstellung guter Beziehungen zu den Nachbarstaaten die Zeit für eine vernünftige, friedliche und gerechte Lösung dieser Frage im Interesse der Deutschen kommen wird.

Ich habe den Wunsch, nach meiner Rückkehr in die Heimat, egal wo und auf welchem Posten, mit allen Kräften für die Einheit meines Vaterlands, für den friedlichen demokratischen Aufbau und für gute Beziehungen zu den Nachbarländern und besonders zur Sowjetunion zu kämpfen.

Ein demokratisches Deutschland ist die beste Garantie für Frieden in Europa, da mit seiner Schaffung die Hauptstütze des imperialistischen Lagers verschwindet, ohne die die Pläne der Imperialisten keine Erfolgschancen haben werden.

Hochachtungsvoll

Paulus, Generafeldmarschall
des ehemaligen deutschen Heeres“

Der Feldmarschall hatte gehofft, daß Kobulow sein Schreiben an die höchste sowjetische Führung weiterleiten würde. Doch weiter als zu Kruglow ist es offensichtlich nicht gelangt, wenn auch die loyalen politischen Ansichten des Feldmarschall Paulus registriert wurden.

Natürlich war Friedrich Paulus kein Politiker – weder vom Charakter noch vom Beruf her. Ihn bewegte vor allem das Problem der Rückkehr nach Hause, zu seiner Familie. Er wünschte sich sicherlich sehr, seine Enkelkinder zu sehen.

Diesem Schreiben nach zu urteilen, liebte er seine Heimat und litt sehr unter den sie spaltenden Widersprüchen . . .

Arbeit für den sowjetischen Generalstab

Am 8. Juni trafen in dem Objekt, in dem Paulus untergebracht war, unerwartete Gäste ein – Offiziere des Generalstabs der Streitkräfte der UdSSR. Den Inhalt des Gesprächs mit ihnen hielt Paulus später so fest:

„Ich habe wiederholt darauf hingewiesen, daß von sowjetischer Seite niemals die schwere Lage berücksichtigt wurde, in der sich der deutsche Generalstab befand. Die Lage des Generalstabs wird daher nicht richtig bewertet. Die Russen verstehen viele Verfügungen nicht und kommen zu dem Schluß, daß der deutsche Generalstab bei weitem nicht das geleistet hat, was er früher bei der Planung und Realisierung der bedeutenden Operationen vollbrachte und womit er sich einen Namen gemacht hat.

Die Spezifik des Kriegs gegen die Sowjetunion bestand in der von Hitler verfolgten Zielstellung, neben den rein militärischen Operationen auch wirtschaftliche Ressourcen sicherzustellen, die er füir die erfolgreiche Kriegsführung brauchte. Dazu gehörten beispielsweise die Ukraine, das Donezbecken und Baku. Doch ein Generalstab muß seine Operationen ausschließlich auf ein Ziel orientieren – die Zerschlagung der Armee des Gegners.

Es war nicht möglich, zwei Hauptziele zu verfolgen – Moskau anzugreifen, um die Armee des Gegners zu zerschlagen und die Hauptstadt einzunehmen, und gleichzeitig aus wirtschaftlichen Erwägungen die Ukraine und das Donezbecken zu besetzen. Der Generalstab mußte daher seine Planung ständig auf zwei Linien ausrichten, was zu Halbheiten führte. Dieser Aspekt muß bei der Bewertung der Tätigkeit des deutschen Generalstabs auch berücksichtigt werden.

Die langen Gespräche zu diesem Thema haben mich keinesfalls ermüdet. Ich finde sie interessant und lehrreich. Ich kann natürlich nicht auf alle Fragen eine Antwort geben, beispielsweise weiß ich nicht, wieviel Flugzeuge wir anfangs hatten, wieviel wir von den Russen erbeutet haben oder wie hoch die Verluste der 6. Armee beim Angriff waren. Aber ich habe bewiesen, daß ich noch durchaus zu geistiger Tätigkeit fähig bin, und hoffe, zur Klärung vieler Fragen beigetragen zu haben.

Besonders bewegt hat mich die zuvorkommende und liebenswürdige Haltung, mit der mir die Herren des sowjetischen Generalstabs begegneten."

Allerdings hatte Paulus in einem anderen Gespräch kurz nach Abreise der Mitglieder des sowjetischen Generalstabs auch geäußert:

„Nach den sechs Stunden Arbeit bin ich wie ausgelaugt und für heute zu nichts mehr fähig. Alle diese Leute sind gut vorbereitet, während ich alles aus dem Stegreif beantworten muß."

Wie der Informant berichtete, hatte Paulus weiter gesagt, daß ihm zwei Monate Arbeit bevorstünden, er aber bisher nur wenig getan habe. Er habe Karten zerschnitten und zusammengeklebt, wobei ihm General Schloemer geholfen habe, indem er auf der Karte die Ortschaften vermerkte. „Schloemer kann das, ich habe nicht die Geduld dazu", sagte er.

Es muß festgehalten werden, daß der Besuch der sowjetischen Generalstabsoffiziere für Feldmarschall Paulus nicht überraschend kam.

Bereits am 16. Februar 1948 berichtete Oberstleutnant Parparow, daß Paulus ihn beraten habe, wer von den gefangenen deutschen Generalen und Offizieren dabei behilflich sein könne, eine Erklärung über die praktizierte Geschichtsfälschung abzufassen.

Für den Bereich OKW habe er dabei die Generale Böhme und

Gause (Verteidigung), Piekenbrock und Bammler (Abwehr) sowie Ludwig Müller und Oberst Czimatis genannt.

Für den Bereich OKH empfahl Paulus den ehemaligen Militärattaché, Baron Funk. Für „Fremde Heere" die Generale Liss, Arthur Schmidt und von Papenheim, und für die Kriegsmarine die Admirale Vitzel und Fischel.

Am 29. April 1948 legte Paulus einen Themenplan zu kriegsgeschichtlichen Fragen vor, die er bearbeiten könne:

„1. Der deutsche Angriff im Westen 1940 gegen Frankreich, Belgien, Holland (gesehen aus meiner Sicht als Chef des Generalstabes der 6. deutschen Armee, die im Mai 1940 aus dem Raum westlich und nordwestlich Düsseldorf nach Westen antrat).
2. Die entscheidungssuchende deutsche Sommeroffensive 1942 im Dongebiet, endend mit den Kämpfen bei Stalingrad (gesehen aus meiner Stellung als Oberbefehlshaber der 6. deutschen Armee).
3. Die englische Landung in Norwegen, Frühjahr 1940 (unter Teilnahme von General Buschenhagen und Generalleutnant Böhme).
4. Die englisch-amerikanische Landung an der Atlantikküste im Sommer 1944.
5. Die nach erfolgtem Antreten aus dem Brückenkopf im Sommer 1944 eröffnete englisch-amerikanische Offensive durch Frankreich nach Deutschland hinein."

Am 28. Mai des gleichen Jahres verfaßte Oberstleutnant Parparow folgende Auskunft:

„Im Gespräch mit Paulus wurde auch auf seine Stimmung eingegangen. Dabei wurde die Weisung von Generalleutnant Kobulow befolgt, die von Paulus gehegten Befürchtungen zu zerstreuen, daß man ihn auf Verlangen der Engländer und Amerikaner wegen Kriegsverbrechen gerichtlich zur Verantwortung ziehen wird (Hinweis eines Informanten).

In Vorbereitung der Aussprache zu diesem Thema hatte ein Informant einen Brief an Paulus geschrieben, in dem er ihm den Rat gab, mit uns über seine Zweifel zu sprechen.

In dem Gespräch mit Paulus unterstrichen wir unsere wohlwollende Haltung ihm gegenüber und unsere Bereitschaft, auf alle ihn interessierenden Fragen zu antworten.

Wir vereinbarten, daß er seine Gedanken offen in einem Brief an Generalleutnant Kobulow darlegt.

Dann habe ich aufgrund der Information über das negative Verhalten von Falkenstein und Neumann die Atmosphäre im Objekt angesprochen.

Paulus hat sich positiv über Schloemer, zurückhaltend über Drebber und negativ über Falkenstein und Neumann geäußert, die er als Reaktionäre bezeichnete.

In diesem Zusammenhang wies ich Paulus darauf hin, daß es angebracht sei, Falkenstein und Neumann durch andere, Paulus näherstehende Generale, die ihm bei der Arbeit an den Themen helfen könnten, zu ersetzen. Paulus nannte Generalleutnant Hans Tregger (im Lager Nr. 485).

Eine Auskunft über Tregger wurde angefordert."

Am 11. Juni wies Kobulow an, daß unter Verwendung des Berichts des Informanten und der Erklärung von Paulus vom 28. Mai 1948 eine Auskunft für Sergej Kruglow anzufertigen sei. Doch dies erübrigte sich.

Am 29. Mai hatte Feldmarschall Paulus dem Leiter des Objekts mitgeteilt, welche Generalstabskarten er für seine Arbeit benötige:

„Zur Bearbeitung benötige ich die Generalstabskarten im

a) Maßstab 1 : 1.000 000
Begrenzung im Westen: Die Oder
Osten: Linie Astrachan-Stalingrad
Saratow-Gorki-Wologda-Astrachan

b) Maßstab 1: 300.000
Begrenzung im Westen: Linie Marinpol-Charkow-Kursk
Osten: Wolga beiderseits Stalingrad

c) Maßstab 1 : 100.000
Begrenzung im Westen: Linie Nishnaja Tschirskaja-Serafimowitsch (am Don)
Osten: Wolga beiderseits Stalingrad

d) 3 Rollen Pauspapier.

2. Nachstehend gebe ich an, welche Fragen ich selbst im allgemeinen bzw. teilweise beantworten kann, und nenne die Namen der – soweit mir bekannt – hier in Kriegsgefangenschaft befindlichen Offiziere, die evtl. Antwort geben können.

Frage I. betr. Ungarn: Kann ich teilweise beantworten, im Rahmen meiner Aussagen im Nürnberger Prozeß. Einzelheiten kann wissen: General Krabbe, der zur fraglichen Zeit deutscher Militär-Attaché in Ungarn war.

Frage II betr. Aufmarsch ‚Barbarossa': Ich kann den Aufmarsch im großen – Räume und ungefähre Stärke der Armeen – beschreiben.

zu a) betr. Ausladestationen: Angaben werden machen können: General Wuthmann (Lager) und Oberstltn. i. Genst. Weber (Lager Oranki), beide zur fraglichen Zeit im OKH beim Chef des Transportwesens.

zu b–f) mir hier niemand bekannt, der diese Fragen beantworten könnte.

Frage III a–k) betr. Absichten und Ziele der deutschen Führung am Anfang des Feldzugs 1941: Kann im allgemeinen durch mich beantwortet werden.

Frage IV. betr. Absichten des OKW an der Ostfront für Sommer 1942: Kann von mir in dem Umfange beantwortet werden, wie ich als Oberbefehlshaber der 6. Armee im Bilde war.

Frage V. betr. Kampfhandlungen der Heeresgruppen ‚B' und ‚Don' vom 18. 11. 42 bis 2. 2. 43: Kann durch mich beantwortet werden, soweit die 6. Armee betroffen ist, die übrigen Teile nur teilweise.

Zu Frage IV und V: Mir sind hier in Gefangenschaft keine Offiziere bekannt, die den entsprechenden Kommandobehörden (OKW, OKH, H.Gr. ‚B' usw.) damals angehört haben.

Fr. Paulus"

Aufgrund dieser Mitteilung von Paulus waren offensichtlich die Vertreter des sowjetischen Generalstabs ins Objekt gekommen, um den Auftrag für Feldmarschall Paulus zu präzisieren.

Allem Anschein nach hatte die Arbeit an den kriegsgeschichtlichen Themen das Gedächtnis des Feldmarschalls etwas aufgefrischt.

Am 29. Juni 1948 richtete er eine Erklärung an die sowjetische Regierung. Nachdem Amajak Kobulow und der Leiter der GUPWI, Generalleutnant Filipow, sie gelesen hatten, gelangte sie zunächst auf den Tisch des Stellvertreters des Ministers des Innern, Iwan Serow.

Offenbar war Amajak Kobulow informiert, daß Paulus an einer Erklärung arbeitete, denn bereits am 26. Juni war er persönlich im Objekt erschienen.

Als General Drebber ihn erblickte, sagte er zu Paulus:

„Wissen Sie, daß das der einflußreichste und böseste Mann von der GPU ist, der unsere Fahrkarten in der Tasche hat?"

Alle hatten erwartet, daß Kobulow mit ihnen zusammen Kaffee

trinken würde. Als dies nicht geschah, zogen sie sich in ihre Zimmer zurück. Nach Kobulows Abreise wurde Paulus gefragt, was für Neuigkeiten es gebe und warum sich Kobulow nicht nach dem Befinden der Generale erkundigt habe.

Pautus antwortete darauf schroff:

„Meine Herren, General Kobulow stellt nicht gern unverbindliche Höflichkeitsfragen. Er sagt konkret, kurz und knapp, was ihn interessiert. Er hat zu viel zu tun, um jeden nach seiner Gesundheit und seinen Wünschen fragen zu können."

Am Abend dann registrierten alle, daß Paulus gut gelaunt und zuversichtlich war.

Sergej Kruglow leitete die Erklärung von Paulus erst am 16. Juli 1948 an Josef Stalin weiter, mit folgendem Anschreiben:

„Das MWD der UdSSR übermittelt eine Erklärung an die sowjetische Regierung, die der Generalfeldmarschall des ehemaligen deutschen Heeres Friedrich Paulus abgefaßt hat.

Paulus legt in seiner Erklärung die Entwicklung seiner politischen Ansichten während der Gefangenschaft dar, die ihn, wie er angibt, zur Überprüfung und Kritik seiner früheren Weltanschauung und zu einer neuen progressiven Sicht der Geschichte und der mit dem zweiten Weltkrieg zusammenhängenden Ereignisse führte.

Paulus verweist in seiner Erklärung darauf, daß er bei den Deutschland betreffenden Problemen zu der Überzeugung gelangt ist, daß allein die Schaffung eines einheitlichen demokratischen und friedliebenden Deutschland die Ausgangsbasis für das wirtschaftliche und soziale Wiedererstehen Deutschlands und ein Beitrag für die Erhaltung des Friedens in Europa sein kann. Paulus betrachtet das Potsdamer Abkommen als Grundlage für die Lösung der deutschen Frage.

Abschließend ersucht Paulus die sowjetische Regierung, die Frage seiner möglichen Verwendung in der Ostzone zu prüfen."

Paulus' Erklärung hatte folgenden Wortlaut:

„Die angespannte allgemeine politische Lage, deren zentrales Problem gegenwärtig die deutsche Frage ist, veranlaßt mich, diese Erklärung an die sowjetische Regierung zu richten.

Bevor ich dlesen Schritt begründe, halte ich es für angebracht, auf die Entwicklung meiner Weltanschauung in der Zeit meiner Gefangenschaft einzugehen.

Ich, Friedrich PAULUS, geb. am 23. 9. 1889, war Generalfeldmarschall des deutschen Heeres, zuletzt, d. h. vom 20. 1. 1942 bis zum 31. 1. 1943, d. h. bis zu meiner Gefangennahme vor Stalingrad, Oberbefehlshaber der 6. Armee.

In der ersten Zeit meiner Gefangenschaft befand ich mich aufgrund der Erlebnisse von Stalingrad und der Sorge, wie sich diese Katastrophe auf die militärische Lage Deutschlands auswirken wird, im Zustand tiefer Depression. Mit der Wiedererlangung meiner körperlichen und geistigen Kräfte begann ich, den zurückgelegten Weg zu überdenken. Ich dachte über die Fehler des deutschen Oberkommandos nach und hoffte, daß es nach den bitteren Erfahrungen von Stalingrad diese Fehler künftig vermeiden und es ihm gelingen wird, einen Weg zur möglichst schnellen Beendigung des Kriegs zu finden. Meine Kritik beschränkte sich auf die rein militärischen Maßnahmen Hitlers und seiner engsten militärischen Berater. Bis zur politischen Bewertung aller mit dem Krieg zusammenhängenden Ereignisse und der eigenen Verantwortung eines jeden von uns war ich in dieser Zeit noch nicht vorgedrungen.

1943 verschlimmerte sich die Lage Deutschlands an der Ostfront immer mehr. Außerdem waren die Alliierten in Italien gelandet. In diesem Zeitabschnitt wurden im Juli 1943 das Nationalkomitee ‚Freies Deutschland' und dann im November 1943 der Bund Deutscher Offiziere mit dem Ziel gegründet, durch den Sturz Hitlers den Krieg zu beenden und damit Deutschland vor dem Untergang zu retten.

Diese Absicht der deutschen Kriegsgefangenen, sich durch offene Propaganda in die Kriegsführung ihres Landes einzumischen, habe ich aus folgenden Gründen abgelehnt:

1. Die Verschlechterung der militärischen Lage darf nicht als Begründung dafür dienen, die Eintracht von Wehrmacht und Volk zu untergraben. In dieser Situation muß die Eintracht vielmehr bewahrt werden.
2. Als Kriegsgefangener bin ich nicht in der Lage, die politische wie die militärische Lage Deutschlands zu überblicken.
3. Zu dieser Zeit stand ich noch unter dem Einfluß der verlogenen ‚Dolchstoßlegende' von 1918. In der Annahme, daß der Krieg noch nicht vorbei sein kann und es vor allem gilt, unter annehmbaren Bedingungen aus dem Krieg auszuscheiden, verurteilte ich als Soldat die Absichten des Nationalkomitees, die meiner Meinung nach den Interessen des deutschen Volkes schadeten.

Diese Auffassung prägte auch meine Einstellung zum Nationalkomitee, obwohl ich nicht aufgehört hatte, die Situation zu analysieren und meine Überzeugungen zu überprüfen.

Ende Juli 1944 hatte ich ein Gespräch mit den Führern des Nationalkomitees.

Nach den Niederlagen 1943 und Anfang 1944 im Osten und dem Vormarsch der Engländer und Amerikaner in Italien wurde die ausweglose Lage Deutschlands klar, die durch die Landung der Alliierten in Frankreich (6. Juni 1944) und die Zerschlagung der Heeresgruppe Mitte (Ende Juni/Anfang Juli 1944) entstanden war.

Außerdem hatten die, wenn auch nur begrenzten Informationen über die direkt oder indirekt mit der Kriegsführung zusammenhängenden Greueltaten gegen die Zivilbevölkerung in den besetzten Ostgebieten und russische Kriegsgefangene einen entscheidenden Einfluß ausgeübt.

Die Ereignisse des 20. Juli 1944 haben mir, aufgrund der Mitwirkung bekannter Generale, schließlich vor Augen geführt, daß auch in Deutschland die Beseitigung Hitlers als einziger Ausweg aus dem Krieg angesehen wird.

Durch die Kenntnis dieser Tatsachen entfielen die wesentlichen Hindernisse und Zweifel, die bis dahin meine Haltung zum Nationalkomitee bestimmten. Besonders klar wurde mir die Lage in Deutschland und in der Wehrmacht nach einem Gespräch mit kurz zuvor in Gefangenschaft geratenen Generalen der Heeresgruppe Mitte.

Auf diese Weise war ich zu der Erkenntnis gelangt, daß es bereits nicht mehr darum ging, den Krieg zu annehmbaren Bedingungen zu beenden, sondern die Kräfte, die sich noch nicht endgültig mit dem faschistischen Regime identifiziert haben, für die Beendigung des Kriegs zu gewinnen, um der furchtbaren Endkatastrophe zu entgehen.

Deshalb habe ich am 8. August 1944 einen der damaligen Lage in Deutschland entsprechenden Aufruf veröffentlicht und meinen Beitritt zur Bewegung ‚Freies Deutschland' erklärt.

Auf mich als dienstgradältesten Offizier der Bewegung ‚Freies Deutschland' entfielen besondere Aufgaben, wie beispielsweise der Aufruf zur Kapitulation an die Gruppe Kurland (Ende August 1944) und die deutschen Truppen in Rumänien (Ende September 1944), die Erklärung gegen Himmler im Zusammenhang mit der Aufstellung des Volkssturms, was der unmittelbare Anlaß für die Internierung meiner Familie in einem Konzentrationslager war, und schließlich der von mir verfaßte Aufruf der 50 Generale, der die letzte eindringliche Warnung unmittelbar vor der russischen Offensive an der Weichsel und in Ostpreußen, die die endgültige Niederlage einleitete, war.

Auch wenn die Bewegung ‚Freies Deutschland', zu der ich einen geringen und verspäteten Beitrag leistete, nicht die für Deutschland und alle kriegführenden Länder erwarteten Ergebnisse brachte, so müssen ihre grundsätzlichen Ideen und Prinzipien trotzdem der Schaffung eines neuen einheitlichen demokratischen Deutschlands und seinem Beitrag für die Erhaltung des Weltfriedens zugrunde gelegt werden.

Während meiner vorstehend beschriebenen Tätigkeit und danach erweiterte sich schrittweise meine Vorstellung von den Ursachen und Ereignissen des zweiten Weltkriegs. Das führte mich zur Überprüfung und Kritik meiner ganzen früheren Weltanschauung, zu einer neuen, progressiven Sicht der Geschichte, und veranlaßte mich zum Studium politischer und ökonomischer Fragen.

Ich habe auch viel über das Wesen und die menschenfreundlichen Ziele der Sowjetunion, über ihre Friedenspolitik einerseits und die Verantwortung andererseits, die wir Deutschen mit dem Überfall auf die Sowjetunion auf uns gelasen haben, nachgedacht.

Alle diese Überlegungen gaben den Anstoß für meinen Entschluß, mich der sowjetischen Regierung als Zeuge der Anklage im Nürnberger Prozeß zur Verfügung zu stellen, womit meine Verantwortung gegenüber der Sowjetunion natürlich nicht abgegolten ist.

Dieser Schritt war die logische Folge meines Auftretens gegen Hitler in der Bewegung ‚Freies Deutschland'.

Ich hielt es für meine Menschenpflicht gegenüber allen Völkern, die wir überfallen haben, besonders gegenüber der Sowjetunion, aber auch dem deutschen Volk, daran mitzuwirken, den verbrecherischen Hintergrund des von Hitler und seinen dessen Pläne bestens kennenden Beratern begonnenen Kriegs aufzudecken. Denn erst dann, wenn dem deutschen Volk die Unrechtmäßigkeit des Eroberungskriegs mit allen seinen Begleiterscheinungen bewußt ist, kann es die Schlüsse ziehen, die ihm helfen werden, seine derzeitige Lage zu begreifen und den Weg in eine bessere Zukunft zu finden.

Nach meiner Aussage im Nürnberger Prozeß war ich bemüht, mein Wissen durch das Studium politischer und ökonomischer Fragen zu vertiefen und mir durch die Analyse der politischen Lage völlige Klarheit zu schaffen. Bei den meine Heimat betreffenden Problemen bin ich zu der Überzeugung gelangt, daß nur die Schaffung eines einheitlichen demokratischen friedliebenden Deutschlands die

Grundlage für den wirtschaftlichen und sozialen Wiederaufbau Deutschlands und so ein Beitrag für die Erhaltung des Friedens in Europa sein kann.

Die Grundlagen dafür wurden, meiner Meinung nach, durch das Potsdamer Abkommen gelegt. Ich halte die sich daraus ergebenden, in der sowjetischen Zone vollzogenen Maßnahmen (Entnazifizierung und Demokratisierung, Auflösung der Industrie- und Finanzmonopole, Bodenreform) für prinzipiell richtig und meine, daß sie auch in den Westzonen durchgeführt werden müssen.

Deutschland befindet sich gegenwärtig in einer so schwierigen Lage, daß es seine Bevölkerung nicht ohne fremde Hilfe ernähren kann. In Anbetracht dieser Lage leistet die sowjetische Regierung der Ostzone Wirtschaftshilfe und unterstützt sie mit Lebensmitteln, doch sie verknüpft damit keine politischen und wirtschaftlichen Forderungen.

Anders verhält es sich mit der Einbeziehung Westdeutschlands in den ‚Marshall-Plan'. Zweifellos braucht Westdeutschland Lebensmittellieferungen und Kredite. Wenn die Hilfe zu den üblichen wirtschaftlichen Bedingungen gewährt wird, wenn die Einheit Deutschlands erhalten bleibt, besser gesagt wiederhergestellt wird, dann kann das deutsche Volk dank des Fleißes und der schöpferischen Fähigkeiten seiner Werktätigen nicht nur seine Schulden begleichen, sondern auch in nächster Zeit in angemessenem Umfang Reparationen zahlen. Das wird aber nur dann möglich sein, wenn die deutschen Werktätigen erneut die Bedingungen für ein menschenwürdiges Leben haben werden.

Aber im Westen werden gegenwärtig die Schwierigkeiten Deutschlands offensichtlich zu politischen Zwecken und zur Bereicherung des westlichen Monopolkapitals mißbraucht.

Die auf die Spaltung Deutschlands hinauslaufenden Maßnahmen können zu nichts Gutem führen. Der Ost- und der Westteil Deutschlands brauchen die gegenseitige Unterstützung, sie sind wirtschaftlich eng miteinander verbunden. Deutschland kann nur als einheitliches Ganzes existieren. In Anbetracht der schwerwiegenden Folgen kann man die deutsche Wirtschaft nicht willkürlich und auf fremden Befehl spalten, ebenso wie man im 20. Jahrhundert ein Volk mit alter Kultur nicht gegen seinen Willen spalten kann.

Deshalb ist es so wichtig, daß das deutsche Volk trotz aller bestehenden Hindernisse seinen Willen, in Einheit und gerechtem Frieden zu leben, nachdrücklich äußern kann. Das wird die Welt nicht lange ignorieren können.

Die Spaltung Deutschlands gibt den chauvinistischen Kräften neuen Auftrieb, wobei die Grenzfrage besonders hochgespielt wird. Wenn die neue Grenzregelung im Osten für jeden Deutschen auch schmerzlich und bitter ist, so darf die Frage jedoch keinesfalls Anlaß für Chauvinismus werden. Es muß vielmehr gewartet werden, bis aufgrund der friedlichen demokratischen Entwicklung in Deutschland und der Herstellung guter Beziehungen zu den Nachbarstaaten die Zeit für eine vernünftige und den deutschen Interessen entsprechende Regelung der Frage herangereift ist.

Bei der gegenwärtigen politischen Lage läßt sich nicht voraussehen, wann das Streben nach der Einheit Deutschlands von Erfolg gekrönt sein wird. Neben dem unermüdlichen Kampf für die Einheit Deutschlands gilt es, in der Ostzone intensiv das Ziel zu verfolgen, auf der Grundlage der bereits geschaffenen demokratischen Institutionen in kürzester Zeit einen Aufschwung der deutschen Wirtschaft zu erreichen und damit so schnell wie möglich den Werktätigen das verdiente Lebensniveau zu sichern.

Angesichts dieser Situation in meiner Heimat denke ich, daß ich mich durch meine Arbeit in der Ostzone – unabhängig von der Funktion, in der ich eingesetzt werde – nützlich machen könnte.

Damit im Zusammenhang möchte ich auch kurz meine Familienverhältnisse darlegen. Meine Frau ist 59 Jahre alt und wohnt in Baden-Baden. Meine Tochter ist 34 Jahre alt, Witwe, und hat einen sechsjährigen Sohn. Sie wohnt ebenfalls in Baden-Baden und arbeitet als Kontoristin. Mein Sohn ist 30 Jahre, verheiratet und hat zwei Kinder. Er hat eine höhere Handelsschule abgeschlossen und arbeitet gegenwärtig in einem Heizgerätewerk seines Schwiegervaters im Rheinland. Ich bin überzeugt, daß meine Frau zu mir in die Ostzone übersiedeln und mit mir zusammen dort leben wird.

Ich ersuche die sowjetische Regierung, unter Berücksichtigung der von mir dargelegten Sachlage meine Verwendung in der Ostzone beim Wiederaufbau Deutschlands zu prüfen.

Paulus

Generalfeldmarschall des ehemaligen Heeres“

Doch auch diese Erklärung des kriegsgefangenen Feldmarschalls Paulus blieb unbeantwortet.

Sehnsucht nach der Heimat

Auf jeden Fall interessierte sich der gefangene Feldmarschall sehr dafür, was in seiner Heimat vor sich ging. Ein Informant berichtete, Paulus habe am 12. August 1948 in einer Gesprächsrunde erzählt, daß er tags zuvor im Radio das sehr interessante Programm eines neuen Berliner Senders gehört und durchaus glaubhaft gefunden habe. Darauf General Schloemer:

„Es wird Zeit, daß wir nach Hause kommen. Dort können wir weitaus mehr tun, indem wir mit unseren Bekannten sprechen, hier aber sitzen wir nur nutzlos rum. Mein Sohn kann auf die schiefe Bahn geraten, er ist in dem gefährlichen Alter. Es kann sein, daß er mich Kommunist nennt und nach meiner Rückkehr nichts mehr mit mir zu tun haben will."

Paulus erwiderte, daß sich die Lage immer mehr zuspitze und schwer vorstellbar sei, was daraus noch werden könne. Doch man müsse abwarten, was der Herbst bringe. Schloemer antwortete, daß eine Selbstmordwelle einsetzen werde, wenn es nach dem 1. Januar 1949 nicht zur Repatriierung komme. Er selbst sei bereits zehn Jahre nicht mehr zu Hause gewesen.

Paulus sollte recht behalten – der Herbst brachte Neuigkeiten.

Am 2. September 1948 meldete der Stellvertreter des Bevollmächtigten des Ministerrats der UdSSR für die Repatriierung, Generalmajor Bassilow, dem Leiter der GUPWI, Generalleutnant Filipow:

„Im Zusammenhang mit der Verfügung des Ministerrats der UdSSR vom 28. August 1948 über die Repatriierung von 26 kriegsgefangenen Deutschen bitte ich Sie, das genannte Kontingent in das Lager der Repatriierungsorgane Nr. 69 (Frankfurt an der Oder) zu überführen, wo sie von uns den Vertretern des Marschalls der Sowjetunion, Gen. Sokolowski, übergeben werden."

Auf der Liste der zu repatriierenden Personen standen u. a. Vincenz Müller, Otto Korfes, Hans Wulz, Artur Brandt, Walther Schreiber, Hans Weech, Wilhelm Adam – insgesamt 26 Offiziere, Unteroffiziere und Soldaten.

Kameraden, mit denen der Feldmarschall die für ihn schweren Jahre der Gefangenschaft gemeinsam verbracht hatte, fuhren nach Hause. Doch das Leben ging weiter.

Am 1. Oktober 1948 erstattete Oberstleutnant Parparow Bericht über ein weiteres Treffen mit Feldmarschall Paulus:

„Am 23. September wurde im Objekt Nr. 25 der Geburtstag von Paulus (58 Jahre) mit einem Abendessen begangen. In das Objekt waren von Seydlitz und andere Generale aus Objekt Nr. 4 gebracht worden.

Insgesamt befanden sich an diesem Tag acht kriegsgefangene Generale im Objekt Nr. 25.

Während des Essens forderte Paulus die anwesenden Generale in einer Ansprache auf, sich auf ein aktives Eintreten für die Demokratie in Deutschland vorzubereiten.

In diesem Zusammenhang ging Paulus auch darauf ein, daß von Seydlitz während des Kriegs gegen Hitler gekämpft hat und betonte, daß die Geschichte ihm recht gegeben hat.

Weder von Seydlitz noch einer der anderen Generale antworteten auf die Ansprache.

Als ich Paulus gratulierte, verband ich seinen Aufruf, für Demokratie einzutreten, mit dem Hinweis darauf, daß von Seydlitz und die anderen Generale in dieser Frage anderer Meinung sind, was sich ein weiteres Mal deutlich darin zeigte, daß keiner auf die Aufforderung von Paulus einging.

Als Beispiel führte ich mein Gespräch mit Drebber (aus dem Objekt Nr. 25) an, mit dem ich vor dem Essen über dieses Thema gesprochen habe. Auf meine Frage, wie er die Zukunft sieht und wo er sich nach der Gefangenschaft niederlassen will, antwortete Drebber, daß das davon abhängen wird, wo er sich seinen Lebensunterhalt verdienen kann.

Der an diesem Gespräch teilnehmende von Lützow (aus dem Objekt Nr. 4) erklärte, daß man sich erst einmal in Berlin umsehen und mit der Lage vertraut machen muß, bevor man sich entscheiden kann.

Mit meinen Worten auf der Geburtstagsfeier wollte ich zu verstehen geben, daß wir unsererseits alles tun (Zeitungen, Radio, Politgespräche, Theater- und Museumsbesuche), um ihnen, den kriegsgefangenen Generalen, zu helfen, sich als schöpferische Kraft in die Front der fortschrittlich gesinnten Deutschen einzureihen, während Drebber und von Lützow als geschlagene Soldaten nur überlegen, wie sie sich nach der Rückkehr ihren Lebensunterhalt verdienen können.

Zur Verdeutlichung meines Anliegens erwähnte ich die repatriierten ehemaligen Mitglieder des Nationalkomitees und des Bundes

Deutscher Offiziere, die in die sowjetische Zone zurückgekehrt sind, um sich dort für Demokratie einzusetzen, und bei denen die materielle Seite nicht im Vordergrund steht.

Nach dem Essen betonte von Seydlitz mir gegenüber seine Absicht, sich in der sowjetischen Besatzungszone Deutschlands niederzulassen, und erklärte nachdrücklich, daß er keinen offiziellen Posten übernehmen möchte. Er begründete das mit seiner Untauglichkeit für ‚politische Machenschaften und Intrigen'. Ihm schwebe vor, auf dem Gebiet des Sports oder der Pferdezucht zu arbeiten."

Natürlich nutzte die GUPWI die Geburtstagsfeier für Paulus, um gleichzeitig die Stimmung der anderen gefangenen deutschen Generale in Erfahrung zu bringen. Es wurde weiter kompromittierendes Material gesammelt, und jede Äußerung konnte ausschlaggebend dafür sein, welcher Gruppe der einzelne zugeordnet wurde – der Gruppe der Kriegsverbrecher, der Gruppe der reaktionär und revanchistisch gesinnten Feinde der Sowjetunion oder der Personengruppe, über die kein kompromittierendes Material vorlag . . .

Am 21. Oktober 1948 berichtete ein Informant, wie sich Paulus zu verschiedenen internationalen Fragen geäußert hatte. Zu den Ereignissen in Berlin vertrat er folgende Meinung:

„Die Berlinproblematik kann, wenn sie auf die Spitze getrieben wird, schwerwiegende Folgen haben. Die Westmächte werden vor nichts zurückschrecken, nur um in Berlin eine starke politische Position zu behaupten. Lange können sie die Luftbrücke nicht durchhalten. Vielleicht klärt sich die Frage im Winter. Die Tatsache, daß die Westmächte die Berlinfrage dem Sicherheitsrat übergeben haben und die Einberufung einer Außenministerkonferenz ablehnen, zeigt, daß sie keine Verhandlungen wollen. Ich persönlich verstehe den Standpunkt der Russen sehr gut, die der Meinung sind, daß sie diese Frage selbst lösen müssen. Gemäß der UN-Charta muß die Berlinfrage von den vier Großmächten gelöst werden. Die Russen sind am wenigsten an Krieg interessiert, ihre Stärke ist der Frieden."

Der Informant gab auch eine Äußerung von Paulus über die Rede des sowjetischen Außenministers Andrej Wyschinski wieder:

„Der schlimmste Kriegstreiber ist Churchill. Ihm reicht es immer noch nicht. Möglicherweise wird ihm das letztendlich den Kopf kosten. Bis jetzt ist ihm alles geglückt, angefangen beim Burenkrieg.

Doch wenn er jetzt einen Krieg beginnt, dann wird das britische Imperium zusammenbrechen, denn es gärt bereits in allen Kolonien."

Die Zeit verging, weitere Informationen wurden geliefert und ausgewertet ...

Am 14. November 1948 herrschte in dem Objekt, in dem Feldmarschall Paulus und einige seiner Kollegen untergebracht waren, helle Aufregung. Der Grund dafür war die Meldung, daß der kurz zuvor in die sowjetische Zone repatriierte Generalstabsarzt Professor Walther Schreiber in die amerikanische Zone übergewechselt war.

Der Informant berichtete:

„Die Flucht Schreibers nach Frankfurt am Main, in die amerikanische Zone, schlug wie eine Bombe ein. Alle waren über diesen Schritt empört, den einige sogar als Verrat werteten. Er wird als Schuft und Feigling bezeichnet. Alle betonten, daß Schreiber in der Gefangenschaft besonders gut behandelt wurde – die Reise mit Paulus auf die Krim, die Unterbringung in Tomilino, der Besuch von antifaschistischen Lehrgängen, die Teilnahme am Ärztekongreß in Krasnogorsk, der Besuch von Theatern und Museen. Nur sehr wenigen waren alle diese Privilegien gewährt worden. Von Lenski sagte, Schreiber habe mehrfach versichert, daß er für die Freundschaft mit der UdSSR eintreten wird, doch mit seiner Flucht ist er wortbrüchig geworden.

Das ist die eine Seite der Medaille.

Die zweite, und darin sind sich alle einig, besteht darin, daß Schreiber in der Gefangenschaft viel gesehen und gehört hat. Auf alle Fälle weiß er sehr gut über viele Dinge Bescheid, die für die amerikanische Aufklärung von großem Interesse sind. Aufgrund seiner Schwatzhaftigkeit und seines Geltungsbedürfnisses wird er nicht nur seine Beobachtungen und Erkenntnisse ausplaudern, sondern auch über seine Mutmaßungen und die seinem labilen Charakter entsprechenden wunderlichen Einfälle sprechen. Damit kann er bei der zur Zeit geführten antisowjetischen Kampagne gewaltigen Schaden anrichten. Nach Meinung Bammlers hat Schreiber insbesondere auf dem Ärztekongreß in Krasnogorsk von den Ärzten aus verschiedenen Kriegsgefangenenlagern vieles erfahren, darunter auch Einzelheiten, die man offiziell nicht diskutiert und ihm unter vier Augen anvertraut hat. Lenski sagte, daß Schreiber während der Lehrgänge in Krasnogorsk und besonders im Verlauf des Abschiedsabends Gedanken geäußert hat, die von den Amerikanern für ihre Propaganda genutzt werden können, beispielsweise daß die Antifaschisten in ihrem revolutionären Kampf den Frieden zwischen den Völkern verletzten müssen, was natürlich nicht der Wahrheit entspricht. Als positiv wertet von Lenski lediglich, daß nun endlich das Gerede von der ‚Paulus- und Seydlitz-Armee' aufhört, weil Schreiber für Klarstellung sorgen wird.

Weitaus wichtiger erachte ich die Frage nach den Motiven, die Schreiber zur Flucht in die amerikanische Zone veranlaßten. Diesbezüglich gab es folgende Äußerungen:

Lenski hält Habgier für das Hauptmotiv. Schreiber hatte immer Nebenverdienste oder hat sich auf andere Weise materielle Vorteile verschafft. Er habe die beiden Stellen, die ihm in der Ostzone angeboten wurden, nicht angenommen, weil er mehr Geld verdienen wollte. Möglicherweise, sehr wahrscheinlich sogar, habe ihm seine Frau eine besser bezahlte Stelle in der amerikanischen Zone verschafft und ihn überredet, diese anzutreten. Auch sein persönlicher Ehrgeiz und sein Streben nach einer angesehenen Stellung müßten in Betracht gezogen werden.

Paulus stellte fest, daß Schreiber nur einen Wunsch zu äußern brauchte, und schon wurde er so schnell wie möglich erfüllt. Möglicherweise habe den Russen imponiert, daß er aus einer einfachen Handwerkerfamilie stammt und sich aus eigener Kraft hochgearbeitet hat. Aus Briefen und Karten, die ihm Schreiber gezeigt habe, sei zu ersehen gewesen, daß er zu Hause nichts zu sagen hatte und seine Frau den Ton angab. Offensichtlich habe sie ihn zu diesem Schritt veranlaßt. Das sei deshalb gelungen, weil Schreiber vor seiner eigenen Courage Angst bekommen hätte. Er sei mutig genug gewesen, für die progressive Bewegung Partei zu ergreifen, doch als er unter den Bedingungen der antisowjetischen Kampagne kämpfen sollte, habe ihn der Mut verlassen.

Paulus meint auch, daß Schreibers Verrat sich für ihn persönlich nachteilig ausgewirkt habe – kein Radio mehr (der neue Empfänger wurde unter dem Vorwand der Reparatur eingezogen), Absage des Besuchs von ‚Schwanensee' im Bolschoi Theater, seine Zahnbehandlung findet nicht in der Moskauer Klinik, sondern hier im Objekt statt."

Die Bewohner des Objekts schimpften einmütig auf Professor Schreiber und vermuteten nicht grundlos, daß sich sein Wechsel in die amerikanische Zone auf ihre Lebensbedingungen und die Repatriierungstermine auswirken könnte.

Offensichtlich hatte die Führung der GUPWI beschlossen, die ideologische Schulung der Bewohner des Objekts zu verstärken. Zu ihnen kam nun regelmäßig der Lektor der antifaschistischen Schule Förster, dem sie nach jeder Vorlesung verschiedene persönliche und politische Fragen stellen konnten. Förster wollte wissen, womit sich die Generale beschäftigten. Drebber antwortete, daß sie alle am Drehbuch zum zweiten Teil des Films „Die Stalingrader Schlacht" mitarbeiteten. Nachdem der Lektor weggefahren war, sagte von Lenski:

„Ich verstehe das nicht. Wie oft haben wir den Russen gesagt, daß einige Szenen oder Wendungen im Drehbuch nicht stimmen, aber sie bestehen auf ihrer Variante. Wenn das so bleibt, dann entsteht eine Geschichtsfälschung."

Als Weihnachten heranrückte, erhielten die Bewohner des Objekts Besuch vom Vertreter der GUPWI, Major Burow, der mit von Lenski und Bammler über die Vorbereitung der Weihnachtsfeier sprach. Allen war klar, daß ihre Repatriierung erneut verschoben war.

Am 26. November kam während des Abendessens die Sprache plötzlich auf das NKWD. Lenski wollte wissen, welche Rolle Hauptmann Schulshenko im Lager Nr. 48 gespielt habe, und Drebber interessierte, wer die Herren Kobulow und Gargadse wirklich seien.

Bammler antwortete:

„Genau kann ich das nicht sagen, aber ich habe folgende Vorstellung: Das NKWD, das heute MWD heißt, ist das Ministerium des Innern und hat verschiedene Abteilungen. Außerdem gibt es in der UdSSR ein Ministerium für Staatssicherheit. Das NKWD ist in den Grenzschutz und die politische Polizei unterteilt, wie bei uns der SD. Außerdem gibt es die Miliz und die Kriminalpolizei. In der Hauptverwaltung für Kriegsgefangene und Internierte gibt es eine Abteilung, die wir ‚Abwehr' nennen würden. Chef dieser ‚Abwehr' ist General Kobulow. Seine Mitarbeiter und Untergebenen sind die Herren Gargadse und Stern; in Krasnogorsk – Galperin, in Woikowo – Schulshenko usw."

Dem erfahrene Aufklärer Generalleutnant Rolf Bammler bereitete es nicht viel Mühe, die von Amajak Kobulow geleitete Organisation zu analysieren.

Das neue Jahr 1949 stand vor der Tür. Kurz vor Jahreswechsel waren die Bewohner des Objekts in ein generalüberholtes Haus verlegt worden. Alle waren erfreut darüber. Feldmarschall Paulus zog daraus den Schluß, daß den Russen seine Gesundheit keinesfalls gleichgültig war. Er und seine Kollegen würden wahrscheinlich in der sowjetischen Zone Deutschlands Arbeit erhalten, und dafür müßten sie gesund sein.

Doch Feldmarschall Paulus wußte nicht, wie tragisch das neue Jahr für ihn und seine Familie werden sollte.

5
Das schwerste Jahr

Befürchtungen

Am 26. September 1946 machte Amajak Kobulow dem Innenminister der UdSSR, Sergej Kruglow, Mitteilung über Gespräche zwischen kriegsgefangenen deutschen Generalen, die von Informanten aufgezeichnet worden waren:

„Wir haben Informationen über Äußerungen von Paulus und anderen Generalen im Zusammenhang mit dem bevorstehenden Ende des Prozesses gegen die deutschen Hauptkriegsverbrecher in Nürnberg.

Paulus und andere Generale sind der Meinung, daß nach dem Nürnberger Prozeß noch weitere deutsche Generale, auch Paulus, vor Gericht gestellt werden.

Gespräche zu diesem Thema führten zu unterschiedlichen Zeiten Buschenhagen und Paulus, Müller und Paulus sowie Buschenhagen und Schreiber.

Gespräch zwischen Buschenhagen und Paulus:

Buschenhagen: Ja, nun sind nationale Prozesse zu erwarten.

Paulus: Sie meinen vor deutschen Gerichten in Deutschland?

Buschenhagen: Warum? Sie könnten auch in Moskau stattfinden.

Paulus: Aber auch in Deutschland.

Buschenhagen: Wenn man die Deutschen für würdig und fähig hält, Gericht zu halten . . .

Paulus: Ich denke doch, daß man den Deutschen die Möglichkeit geben wird.

Gesprach zwischen Vincenz Müller und Paulus:

Müller: Natürlich hat jeder General gewußt, daß ein Aggressionskrieg vorbereitet wurde.

Paulus: Demnach ist jeder schuldig, der an den Beratungen zur

Vorbereitung des Kriegs teilgenommen hat. Und die bevorstehenden Prozesse werden trotzdem international sein?

Müller: Nein, national. Der Internationale Gerichtshof hat die Grundlagen für das nationale Gericht gelegt. Ganz bestimmt werden Prozesse gegen das Oberkommando des Heeres eingeleitet. Daher sollten Sie schon hier das ganze Material vorbereiten, und zwar schriftlich. Rufen Sie sich alle Ihre Gespräche im OKH und die Äußerungen Halders ins Gedächtnis. Das rate ich Ihnen.

Paulus: Problematisch ist ein Punkt. Man kann zu mir sagen: ‚Über Halder erhielten Sie den Auftrag, den Barbarossaplan auszuarbeiten. Welche Schritte haben Sie dagegen unternommen?' Was kann ich darauf antworten?

Müller: Sie haben nichts unternommen, weil es sich nur um einen vorläufigen theoretischen Plan handelte.

Paulus: Aber ich hatte den Auftrag, einen Angriffsplan auszuarbeiten ...

Müller: Aber bis Kriegsbeginn haben Sie sich darunter einen Präventivkrieg vorgestellt.

Paulus: Das habe ich früher schon gesagt ...

Müller: In Nürnberg sagten Sie das Gegenteil. Halder wird sicherlich behaupten, daß er bis Juni nichts gewußt hat ... Sie aber haben schon in Nürnberg das Gegenteil behauptet. Sie müssen sich an alle Äußerungen Halders erinnern.

Paulus: Er kann ja sagen, daß er sich nicht an solche Äußerungen erinnert.

Müller: Auf jeden Fall müssen Sie unbedingt das ganze Material über Ihre Reise nach Budapest vorbereiten, bei der Sie den Plan des gemeinsamen Überfalls auf Jugoslawien mit den ungarischen Generalen abgestimmt haben ... Als einziger günstiger Umstand spricht für uns, daß wir hier unter den Kriegsgefangenen in führender Position gearbeitet haben. Das ist immerhin etwas ...

Paulus: Das ist eine gewisse Chance für uns ...

Gespräch zwischen Paulus, Buschenhagen und Schreiber:

Paulus: Man wird alle Oberbefehlshaber der Armeen wegen Mittäterschaft vor Gericht stellen ...

Buschenhagen: Ich verstehe nicht, was Sie meinen.

Paulus: Der Oberbefehlshaber muß nicht unbedingt selbst mit der Erschießung der Konmissare zu tun gehabt haben. Es reicht, daß er diesen Befehl weitergegeben hat. Demnach ist er für die Weitergabe des verbrecherischen Befehls verantwortlich.

Schreiber: Das würde bedeuten, daß man für Verbrechen verurteilt wird, die man nicht begangen hat . . ."

Befürchtungen sind nie aus der Luft gegriffen, doch man weiß häufig nicht, woher die Gefahr droht. So war es auch mit dem kriegsgefangenen Feldmarschall des ehemaligen deutschen Heeres Friedrich Paulus. Er konnte nicht wissen, daß bereits am 7. Januar 1943, aufgrund von Aussagen deutscher Kriegsgefangener, die „Auskunft Nr. 1 über Greueltaten der faschistischen deutschen Eroberer auf dem von ihnen besetzten Territorium des Gebiets Stalingrad" erarbeitet worden war. Wie der Dolmetscher des Stabs des 194. Infanterieregiments aussagte, trug General Paulus für alle Greueltaten, Erschießungen und Zwangsmaßnahmen gegen sowjetische Kriegsgefangene die Verantwortung. Sicherlich wußte Paulus, daß der Außerordentlichen Staatlichen Kommission für die Untersuchung von Greueltaten der deutschen faschistischen Eroberer Unterlagen über Verbrechen im Gebiet Stalingrad vorlagen. Was er nicht wußte, war, daß er dabei konkret als Schuldiger benannt worden war.

Feldmarschall Paulus waren auch die Aussagen des Oberstleutnants im Generalstab, Pätzold, unbekannt, die dieser eigenhändig am 28. November 1945 im Kriegsgefangenenlager Nr. 48 zu Papier gebracht hatte. Pätzold schilderte dabei die Umstände, unter denen in der Ortschaft Alexejewka in der Nähe von Stalingrad, im frontnahen Kriegsgefangenenlager Nr. 205, zweitausend Soldaten und sowjetische Offiziere umgekommen waren, und bezeichnete dieses schreckliche Geschehen als Ergebnis verbrecherischer Tätigkeit. Er bestimmte den Schuldanteil jedes einzelnen für diese Verbrechen Verantwortlichen: Lagerkommandant Oberstleutnant Kerpert – 15 Prozent; Quartiermeister der 6. Armee Oberstleutnant von Kunowski und Stabschef der Armee Generalleutnant Schmidt – je 30 Prozent; Oberbefehlshaber der Armee Generalfeldmarschall Paulus – 25 Prozent.

Pätzold schränkte jedoch ein, daß er das ganze Geschehen in Alexejewka nur von anderen und aus Gesprächen kenne, die im Frühjahr 1943 im Gefängnis der Lubjanka geführt wurden, wo er mit Kerpert und von Kunowski in einer Zelle saß.

Die Zeit verging, und im Dossier über den Generalfeldmarschal des ehemaligen deutschen Heeres Paulus wurden neue Dokumente abgeheftet.

Im Juli 1949 erhielt Amajak Kobulow Auszüge aus Verhörprotokollen, die im Lager Nr. 74 bei Ermittlungen gegen Kriegsgefangene angefertig worden waren, denen man Greueltaten und andere Kriegsverbrechen zur Last legte.

Der kriegsgefangene Oberst Lothar Albert Rosenfeld, ehemaliger Kommandeur des 104. Fla-Regiments der 6. Armee, sagte aus, daß er im September/Oktober 1942, aufgrund des Befehls des Oberbefehlshabers der 6. Armee General Paulus, durch Angehörige seines Regiments sowjetische Bürger aus dem Rayon Gorodistsche, Gebiet Stalingrad, gewaltsam in das Hinterland der deutschen Truppen hatte bringen lassen, von wo aus sie nach Deutschland deportiert werden sollten.

Der kriegsgefangene Oberst Günter Oswald Falbe, Kommandeur einer selbständigen schweren Artilleriedivision, sagte aus, daß im August 1942 an alle Truppenteile der Befehl des Oberbefehlshabers der 6. Armee General Paulus erging, zur Verteidigung überzugehen und Feuerlinien und Erdhütten für das Personal für die Winterperiode vorzubereiten, wobei zur Gewinnung von Baumaterial Siedlungen und staatliche Gebäude abgetragen werden sollten.

Alle diese Tatbestände fielen unter den Erlaß des Präsidiums des Obersten Sowjets der UdSSR vom 19. April 1943, der die strengste Bestrafung für Greueltaten gegen die Zivilbevölkerung und andere Kriegsverbrechen vorsah.

Die Befürchtungen von Paulus und seinen Kollegen waren somit begründet.

In der turnusmäßigen Beurteilung des Kriegsgefangenen Paulus vom 15. Juli 1949 hieß es:

„Paulus ist nach wie vor ausgeglichen. Er bemüht sich, stets ruhig zu sein und auf andere beruhigend einzuwirken, obwohl es ihm manchmal schwer fällt, seine innere Erregung zu verbergen. In letzter Zeit läßt er sich häufig zu sarkastischen Bemerkungen hinreißen.

Besonders bedrückt ihn die hermetische Abriegelung von der Außenwelt seit Herbst 1948 (das Radio, mit dem sowjetische und ausländische Sender empfangen werden konnten, wurde eingezogen; und die Reisen nach Moskau unterblieben). Er zerbricht sich die ganze Zeit den Kopf darüber, warum ihm nicht mehr wie früher Vertrauen und Wohlwollen entgegengebracht werden. Alle Argumente von Bammler und von Lenski weist er als unbegründet zurück.

Außerdem ist er sehr über die Gesundheit seiner Frau beunruhigt, die seit vier Monaten mit Gelbsucht im Bett liegt und sich bisher noch nicht wieder erholt hat. Er schreibt das ihrer Herzschwäche, ausgelöst durch die Repressionsmaßnahmen der Nazis, zu.

In den Briefen der Verwandten liest er vor allem in letzter Zeit, nachdem sie von der Rückkehr einiger Generale erfahren haben, zwischen den Zeilen verdeckte Vorwürfe und Zweifel daran, daß er noch in diesem Jahr nach Hause kommen wird. Hieraus schließt er, daß seine Frau ihm nicht voll und ganz glaubt.

Jeder Wetterumschlag ruft bei ihm Schlaflosigkeit und Rheumaschmerzen hervor. Wenn man ihn danach fragt, tut er das mit einem Scherz ab."

Diese Beurteilung stammt offensichtlich von einer Person, die Paulus näher kannte, seinen seelischen Zustand gut erfaßte und über die Familienangelegenheiten des Feldmarschalls gut informiert war.

Doch die innere Unruhe hinderte Paulus nicht daran, sich für andere zu verwenden. In Briefen aus der Heimat kamen Anfragen nach dem Schicksal von Soldaten, Unteroffizieren und Offizieren. Angehörige wandten sich an den Feldmarschall in der Hoffnung, vielleicht von ihm etwas über sie oder ihre letzte Ruhestätte erfahren zu können . . .

Am 25. Juni unterschrieb Paulus eine Anfrage an die GUPWI zur Klärung des Schicksals von vierzehn Vermißten. An erster Stelle auf der Liste stand sein Schwiegersohn Achim von Kutzschenbach.

Die innere Anspannung ging nicht spurlos vorüber, Krankheitssymptome zeigten sich.

Am 6. Juli 1949 schickte der Leiter des Objekts Nr. 25-W, Major Kirillow, einen Bericht an Amajak Kobulow:

„Hiermit melde ich: Am 5. Juli 1949 klagte der Kriegsgefangene Paulus über Schmerzen im linken Arm und im Rücken.

Am 6. Juli wurde der Arzt aus dem MWD-Lager Nr. 27 zu dem Kriegsgefangenen Paulus gerufen, der Erkältung und Neurasthenie diagnostizierte. Er leistete medizinische Hilfe und verordnete Bettruhe und Solux-Bestrahlung.

Ich möchte Sie hiervon in Kenntnis setzen."

Offensichtlich war die erwähnte Behandlung nicht erfolgreich, denn der besorgte Leiter der GUPWI, Generalleutnant Iwan Petrow, schickte einen Bericht an den Innenminister der UdSSR, Generaloberst Sergej Kruglow:

„Da der kriegsgefangene Generalfeldmarschall des ehemaligen deutschen Heeres Paulus über Schmerzen im linken Arm klagt, wurde am 20. Juli d. J. Professor Futer von der Zentralen Poliklinik des MWD konsultiert.

Professor Futer diagnostizierte eine Erkrankung des Rückenmarks und des Radix dorsalis (Myeloradikulitis). Eine genaue Diagnose macht eine klinische Untersuchung des Patienten erforderlich (Röntgenaufnahme der Hals- und oberen Brustwirbel, des linken Schultergelenks, Blutuntersuchung und Thoraxaufnahme).

Der Patient sollte für die Untersuchung und die empfohlene physiotherapeutische Behandlung in ein Krankenhaus eingewiesen werden.

Ich möchte Sie hiermit informieren und um Ihre Genehmigung und Anweisung bitten, Paulus in das Zentralkrankenhaus des MWD der UdSSR einzuweisen."

Dem Bericht war das von Professor Futer und der Ärztin Magnitowa unterzeichnete ärztliche Gutachten beigefügt.

Am 4. August 1949 teilte der gleiche Informant, der die eben zitierte Beurteilung von Paulus geschrieben hatte, mit:

"Paulus wird immer depressiver. Eine wesentliche Rolle spielt dabei die Nachricht vom schlechten Gesundheitszustand seiner Frau. Der Sohn von Paulus, aber auch seine Tochter und seine Schwiegertochter schreiben, daß eine Besserung nur zu erwarten ist, wenn er nach Hause kommt, denn die ständige Sorge um ihn verzögert die Genesung.

Deshalb wurde für ihn die Frage der Rückkehr in die Heimat zum Hauptthema. Besondere Gedanken macht er sich über die Worte seiner Frau, daß sie sich über seine Zuversicht wundert. Daraus schließt er, daß seine Frau nicht mit seiner baldigen Rückkehr rechnet, und er sucht den Grund für diese Annahme.

Das schlechte Ergebnis der Pariser Konferenz läßt bei ihm beispielsweise den Gedanken aufkommen, daß er aus politischen Gründen nicht in der Ostzone eingesetzt werden kann. Er meint: ‚Ich muß lange auf eine günstige Situation dafür warten.'

Paulus äußerte Bammler gegenüber: ‚Warum sagt man mir nicht, daß ich noch in diesem Jahr – egal wann – nach Hause fahren werde? Man kann und will es mir nicht sagen. Ich wäre sehr zufrieden, wenn ich erfahren würde: Nicht in diesem Jahr, aber am 30. Mai 1950 werden Sie zu Hause sein.'

Bammler riet ihm, nochmals an General Kobulow zu schreiben. Doch er lehnte diesen Vorschlag ab und erklärte, daß er ihm nicht lästig fallen will und dazu nicht das Recht hat. Außerdem fürchtet er eine abschlägige oder gar keine Antwort.

Noch ein Beispiel: Als Holz für den Winter angeliefert wurde, stellte Paulus mit – vielleicht bitterem – Humor fest: ‚Sehen Sie, die Vorbereitung auf den Winter ist in vollem Gange.' Und auf eine tröstende Bemerkung von Bammler hin fügte er hinzu: ‚Ich möchte auch gern an den 31. Dezember 1949 glauben, mache mir aber wenig Hoffnung!'

Ich gewann den Eindruck, daß er immer mehr die Hoffnung verliert, in der Ostzone mit einer Aufgabe betraut zu werden, wovon der Termin seiner Rückkehr in die Heimat abhängt.

Seine Krankheit erklärt sich für mich nicht aus einer Nervenentzündung im Arm, sondern vor allem aus seinem allgemeinen Gemütszustand. Ich möchte sogar sagen, daß das der Anfang einer Gemütskrankheit ist.

Seinen politischen Ansichten bleibt er absolut treu, er verurteilt die Reaktion immer nachdrücklicher."

Friedrich Paulus hatte recht – die Umstände gestalteten sich so, daß man an einen Termin für seine Repatriierung nicht denken konnte und wollte.

Er wurde am 1. August 1949 in das Zentralhospital des MWD der UdSSR eingewiesen. Während er dort behandelt wurde, begann in der GUPWI das, was in der Sprache der Geheimdienste „operative Ermittlungsmaßnahmen" genannt wird.

„Was wissen Sie über die Befehle von Feldmarschall Paulus?"

Alle im Buch abgedruckten Verhörprotokolle – die bereits zitierten und die noch folgenden – sind im Dossier über Generalfeldmarschall Paulus enthalten, das vom Tag seiner Gefangennahme bis zu seiner Repatriierung aus der UdSSR geführt wurde. Dies kann nur eines bedeuten: Man hatte begonnen, Belastungsmaterial gegen den kriegsgefangenen Feldmarschall Paulus zu sammeln.

Am 1. September 1949 wurde der Oberleutnant des ehemaligen deutschen Heeres Rudolf Krehl, geb. 1911 in Breslau, in Gefangenschaft geraten am 2. Februar 1943, im Kriegsgefangenenlager Nr. 108 verhört:

„Frage: Was wissen Sie über die Befehle des ehemaligen Oberbefehlshabers der 6. deutschen Armee, Feldmarschall Paulus, über die Erschießung sowjetischer Parlamentäre bei Stalingrad?

Antwort: Dazu weiß ich folgendes. Erstens, Anfang Januar 1943 erhielt der Kommandeur unseres 267. Regiments, Oberstleutnant Julius Müller, über Funk einen Befehl vom Stab der 94. Division. Er machte mich mit dem Inhalt des Befehls vertraut und wies mich an, ihn sofort allen Soldaten zur Kenntnis zu geben. Ich erinnere mich, daß in diesem Befehl die Rede davon war, keine Parlamentäre der sowjetischen Truppen zu empfangen, und wenn sie vor den deutschen Truppen erscheinen, das Feuer zu eröffnen und sie zu erschießen. An den übrigen Inhalt dieses Befehls erinnere ich mich nicht mehr, auch nicht daran, wer diesen Befehl unterzeichnet hat. Aber aller Wahrscheinlichkeit nach kam dieser Befehl von Feldmarschall Paulus, denn die Divisions- und Korpskommandeure durften keinen solchen Befehl geben. Oberstleutnant Müller ist 1943 im Gefangenenlager Oranki schwer erkrankt und verstorben. Über die Existenz dieses Befehls wissen auch meine kriegsgefangenen Kameraden im Lager Nr. 108, Walterfried Freier und Rudolf Lorenz Bescheid. Andere Personen, die diesen Befehl kennen, kann ich nicht nennen, denn ich habe ihre Namen vergessen und weiß nicht, wo sie sich befinden. Andere Befehle von Paulus sind mir nicht bekannt.

Frage: Was können Sie Ihrer Aussage noch hinzufügen?

Antwort: Ich möchte noch hinzufügen, daß meines Wissens nach der Erteilung dieses Befehls, Parlamentäre nicht zu empfangen und auf sie zu schießen, in unserem Abschnitt keine Parlamentäre aufgetaucht sind und erschossen wurden. Mehr kann ich dazu nicht sagen."

Am gleichen Tag wurde der kriegsgefangene Obergefreite des ehemaligen deutschen Heeres Willibald Walterfried Freier, geb. 1916 in Schlesien, verhört. Auf die gleiche Frage, die auch Krehl gestellt wurde, antwortete er:

„Aus der Zeit, als ich mit meiner Division im Kessel von Stalingrad war, sind mir folgende Befehle des ehemaligen Oberbefehlshabers der 6. Armee Feldmarschall Paulus bekannt:

Die von sowjetischen Truppen umzingelten deutschen Truppen

waren schwersten Bedingungen ausgesetzt, was ihre Kampfmoral zersetzte. Angesichts der aussichtslosen Lage nahmen Unzufriedenheit und Unmutsäußerungen unter den Soldaten unseres und anderer Truppenteile von Tag zu Tag zu. Besonders zersetzend wirkten auf die Soldaten die Flugblätter der Roten Armee, die über unseren Truppenteilen abgeworfen wurden. Darin rief das sowjetische Kommando das deutsche Kommando und die deutschen Soldaten zur Kapitulation auf. Einen negativen Einfluß auf die Soldaten hatten auch die Parlamentäre, die von der Roten Armee zu uns kamen. Die Soldaten konnten die schweren und unerträglichen Bedingungen nicht mehr ertragen. Alle warteten auf eine möglichst schnelle Lösung entweder durch Kapitulation oder einen Durchbruch der Umzingelung. Um die Stimmung der Truppen zu heben, hat uns der Zugführer des 3. Zugs der 6. Kompanie des 267. Regiments, an dessen Namen ich mich im Moment nicht erinnere, am 11. oder 12. Januar den Befehl des Oberbefehlshabers der 6. Armee Paulus verlesen, dessen Inhalt ich nicht mehr vollständig wiedergeben kann. Ich weiß jedoch, daß befohlen wurde, Parlamentäre der Roten Armee nicht zu empfangen, sondern auf sie zu schießen – wie auch auf Angehörige des deutschen Heeres, die versuchen, zu den sowjetischen Truppen überzulaufen. Ich diente damals in dem erwähnten Zug, war dabei, als dieser Befehl verlesen wurde und erinnere mich gut an seine Existenz. Wie dieser Befehl praktisch erfüllt wurde, weiß ich nicht. In unserem Abschnitt sind nach der Erteilung dieses Befehls keine Parlamentäre mehr erschienen, und es wurden auch keine erschossen. Wie es in den anderen Abschnitten aussah, ist mir nicht bekannt. Ich habe auch von anderen nichts darüber gehört.

Einen zweiten Befehl von Paulus hat uns, soweit ich mich erinnere, ein Offizier, dessen Namen ich nicht mehr weiß, im Dezember 1942 verlesen. Darin hieß es: Kämpfen bis zur letzten Patrone, bis zum letzten Soldaten. Nicht mit Granaten und Patronen sparen, kein Haus, keinen Ziegelstein aufgeben. Die Panzerdivision von General Manstein kommt uns zu Hilfe . . . Aber sie kam dann doch nicht."

Am gleichen Tag, dem 1. September 1949, wurde auch der kriegsgefangene Oberleutnant des ehemaligen deutschen Heeres Rolf Alfred Lorenz, geb. 1914 in Chemnitz, verhört. Auf die Frage, was ihm über Befehle von Feldmarschall Paulus zur Erschießung von Parlamentären der sowjetischen Truppen bei Stalingrad bekannt sei, antwortete Lorenz:

„Ein derartiger Befehl ist mir persönlich nicht bekannt, ich habe auch nichts davon gehört. Nachdem das deutsche Kommando die Kapitulationsbedingungen abgelehnt hatte, hörte ich von anderen, daß verboten wurde, Parlamentäre der Roten Armee zu empfangen. Doch ich habe nicht gehört, daß sie erschossen wurden. Darüber ist mir auch nichts bekannt. Wenn es einen solchen Befehl gegeben hat, dann müßte Rudolf Krehl, Adjutant im Stab der 267. Infanteriedivision, davon wissen. Mehr kann ich dazu nicht sagen . . ."

Der Kreis hatte sich damit geschlossen.

Inzwischen war die medizinische Behandlung von Friedrich Paulus beendet. Am 10. September schickte der Leiter des Objekts Nr. 25-W, Major Kirillow, einen Bericht an Generalleutnant Amajak Kobulow:

„Hiermit melde ich: Vom 1. August bis 8. September 1949 war der kriegsgefangene Feldmarschall des ehemaligen deutschen Heeres Paulus zur Behandlung im Zentralhospital des MWD der UdSSR mit der Diagnose: thorakozervikale Arachnoradikulitis.

Nach ärztlichem Gutachten ist eine weitere Beobachtung des oben erwähnten Kriegsgefangenen durch einen Neuropathologen erforderlich.

Außerdem setze ich Sie davon in Kenntnis, daß der kriegsgefangene Feldmarschall Paulus am 8. September 1949 um 18.30 Uhr in das Objekt Nr. 25-W des MWD der UdSSR zurückgekehrt und sein Befinden gut ist.

Zu Ihrer Kenntnisnahme."

Am 14. September 1949 schickten die Leiter der GUPWI, die Generale Filipow und Kobulow, im Wortlaut identische Berichte an den Stellvertreter des Innenministers der UdSSR, Generaloberst Iwan Serow, und den Innenminister der UdSSR, Generaloberst Sergej Kruglow:

„Ende Juli d. J. wurden Sie von der Operativen Verwaltung der GUPWI über die notwendige Einweisung des kriegsgefangenen Feldmarschalls des ehemaligen deutschen Heeres Paulus ins Krankenhaus informiert.

Entsprechend Ihrer Weisung wurde Paulus in das Zentralhospital der Truppen des MWD der UdSSR eingewiesen, wo er sich vom 1.

August bis zum 8. September in Behandlung befand. Diagnose: thorakozervikale Radikulitis.

Gegenwärtig ist der Gesundheitszustand von Paulus gut, er ist wieder im Objekt bei Moskau untergebracht."

Meldungen über den Gesundheitszustand des kriegsgefangenen Feldmarschalls an den für sein Befinden verantwortlichen Minister sind nichts Ungewöhnliches. Doch außergewöhnlich ist hier, daß ein zweites Exemplar des Berichts über die Gesundheit von Paulus an den Stellvertreter des Ministers, der für die Ermittlung gegen deutsche Kriegsgefangene zuständig war, geschickt wurde. Hinzu kam die andauernde Sammlung von Belastungsmaterial.

Am 24. September 1949 schickte der Leiter des Objekts Nr. 25-W einen Auszug aus der Krankengeschichte von Friedrich Paulus an Amajak Kobulow. Und einen Tag später erhielt die GUPWI aus dem Kriegsgefangenenlager Nr. 74 (im Dorf Oranki, Gebiet Gorki) einen Auszug aus dem Verhörprotokoll des kriegsgefangenen Obersten des ehemaligen deutschen Heeres Günter Oswald Falbe.

In dem Begleitschreiben hieß es:

„Entsprechend Ihrer Weisung vom 16. Juli 1949 schicke ich Ihnen hiermit einen Auszug aus dem Protokoll des Verhörs des Kriegsgefangenen Günter Oswald Falbe zum Befehl des ehemaligen Oberbefehlshabers der 6. Armee Feldmarschall Paulus, Ortschaften im Raum Stalingrad zu zerstören."

Mit anderen Worten, gegen Paulus wurde zentral Belastungsmaterial gesammelt.

Bei seiner Befragung zur Sache hatte Oberst Falbe ausgesagt:

„Frage: Die Ermittlungsorgane verfügen über Angaben, daß deutsche Truppen bei Stalingrad vom Oberbefehlshaber Paulus den Befehl erhalten haben, das für den Ausbau der Verteidigungsstellungen benötigte Bauholz durch den Abbruch von Ortschaften zu gewinnen. Was können Sie dazu aussagen?

Antwort: Ja, ich kann bestätigen, daß ein Befehl des Oberbefehlshabers existierte, nach dem die Truppenkommandeure in den Stellungen die Feuerpunkte mit durch den Abbruch von Ortschaften gewonnenem Baumaterial ausbauen sollten.

Frage: Wann hat Paulus diesen Befehl erteilt?

Antwort: An das genaue Datum kann ich mich nicht erinnern. Auf jeden Fall wurde dieser Befehl Ende August/Anfang September 1942 erteilt, als es bereits kalt wurde und Erdhütten gebaut werden mußten.

Frage: Wann haben Sie Stalingrad wegen Ihrer Schulung in Berlin verlassen?

Antwort: Ich bin am 11./12. Oktober 1942 von Stalingrad aus nach Berlin gefahren.

Frage: Da Paulus den Befehl Ende August/Anfang September gegeben hat, mußten also auch Sie Verteidigungsanlagen für die Angehörigen Ihrer Division errichten?

Antwort: Ja, natürlich, die Angehörigen meiner Division errichteten bis zu meiner Abreise Verteidigungsanlagen.

Frage: Woher wurde das Bauholz für den Ausbau der von Ihnen bezogenen Stellungen genommen und wie haben Sie den Befehl von Paulus ausgeführt?

Antwort: Ich habe den Befehl von Paulus natürlich ausgeführt. Die Angehörigen meiner Division bauten Verteidigungsanlagen. Das Material dafür wurde aus Stalingrad von Transport- und Pioniereinheiten herbeigeschafft. Meine Division war nicht an Zerstörungen beteiligt."

Am 12. September 1949 erhielt Generalleutnant Amajak Kobulow ein Schreiben von der Verwaltung des MWD des Gebiets Stalingrad:

„Hiermit übersende ich Ihnen eine Kopie der Protokolle der Verhöre des Kriegsgefangenen Ludwig Friedrich Krabbe, inhaftiert im MWD-Lager Nr. 108, über die verbrecherische Tätigkeit des kriegsgefangenen Generalfeldmarschalls Paulus."

Die Sammlung von Belastungsmaterial lief immer mehr darauf hinaus, Anklage gegen Feldmarschall Paulus zu erheben.

Ludwig Friedrich Krabbe, geb. 1911 in Konitz, Dr. phil., Feldwebel, wurde dreimal verhört. Im Protokoll vom 9. Juli 1949 ging es hauptsächlich um die Generale Debois, von Daniels und Sixt von Armin. Zu Feldmarschall Paulus sagte er lediglich folgendes:

„Frage: Was ist Ihnen über den Oberbefehlshaber der 6. Armee Friedrich Paulus und seine Befehle bekannt?

Antwort: Paulus habe ich 1940 einmal in Frankreich gesehen, als er Stabschef der 6. Armee war, und dann noch zweimal bei Stalingrad. Von seinen Befehlen erinnere ich mich nur an einen, der verlesen wurde, als die Armee bereits eingekesselt war. Darin befahl er, Parlamentäre nicht zu empfangen, sondern sie ohne Vorwarnung zu erschießen. Mehr ist mir nicht bekannt."

Ein zweites Mal wurde Ludwig Krabbe am 15. August 1949 verhört:

„Frage: Beim Verhör am 9. Juli 1949 sagten Sie aus, daß Sie sich an den Befehl des ehemaligen Oberbefehlshabers der 6. Armee Feldmarschall Paulus erinnern, der den Empfang von Parlamentären verbot und zu ihrer Erschießung ohne Vorwarnung aufforderte. Wie haben Sie von diesem Befehl erfahren?

Antwort: Als unsere Truppen bei Stalingrad eingekesselt waren, haben die Kommandeure der russischen Truppen, Woronin und Rokossowski, unseren Truppen ein Ultimatum und Kapitulationsbedingungen gestellt. Gleichzeitig wurden von Flugzeugen viele Flugblätter abgeworfen, die die deutschen Truppen aufriefen, sich zu ergeben und zu kapitulieren. Außerdem setzte von seiten der russischen Truppen verstärkte Agitation über Funk durch Rufe in deutscher Sprache ein. Das alles wirkte zersetzend auf die Soldaten des deutschen Heeres. Die meisten Soldaten hatten erkannt, daß unsere Lage aussichtslos war, und erwarteten die Kapitulation. Etwa am 3. oder 4. Januar 1943 erteilte der Oberbefehlshaber der 6. Armee, Feldmarschall Paulus, wahrscheinlich um zu verhindern, daß die deutschen Truppen durch Agitation zersetzt werden, den Befehl, Parlamentäre der Roten Armee nicht zu empfangen und sie beim Erscheinen ohne Vorwarnung zu erschießen. Außerdem sollte mit Geschossen, Wurfgranaten und Patronen nicht gespart werden, um verstärkt die Abschnitte unter Feuer zu nehmen, von denen aus die russischen Truppen durch Rufe oder über Funk agitierten und dazu aufriefen, sich zu ergeben und zu kapitulieren. Dieser Befehl wurde durch Verlesen allen Soldaten und Unteroffizieren bekanntgegeben, darunter auch mir. Es besteht kein Zweifel, daß dieser Befehl allen Truppen der 6. Armee gleichermaßen zugegangen ist. Wie dieser Befehl von den Truppen der 6. Armee ausgeführt wurde, kann ich nicht genau sagen, denn ich war nicht in der vordersten Linie. Ich habe aber gehört, daß danach einige Offiziere gemeldet haben, daß sie Granatwerferfeuer gegen Positionen eröffnet haben, von denen aus agitiert wurde. Nach dem Beschuß wurde die Agitation eingestellt. Von der Existenz dieses Befehls müssen alle Offiziere und Soldaten der 6. Armee, die sich im Stalingrader Kessel befanden, Kenntnis haben. Andere Befehle von Paulus kenne ich nicht."

Ein drittes Verhör Ludwig Krabbes fand am 30. August 1949 statt:

„Frage: Wer aus der Stabsabteilung des XI. Korps der 6. Armee hat den Befehl von Paulus über die Erschießung von Parlamentären der Roten Armee verlesen und wer von den Mitarbeitern dieses Stabs befindet sich jetzt noch in Lagern im Gebiet Stalingrad?

Antwort: Diesen Befehl hat uns vor angetretener Mannschaft Hauptmann Riedl, seinen Vornamen weiß ich nicht mehr, ein Österreicher, etwa 52 bis 55 Jahre alt, Stabskommandant des XI. Korps, verlesen. Hauptmann Riedl geriet mit mir und anderen Mitarbeitern des Stabs am 2. Februar 1943 bei Stalingrad in Gefangenschaft. Er wurde mit anderen Offizieren sofort von uns abgesondert und mit einem Wagen in ein Lager gebracht. Wo er und meine anderen Kameraden aus dem Stab des XI. Korps gegenwärtig sind, weiß ich nicht, denn ich habe in der ganzen Zeit der Gefangenschaft keinen von ihnen wiedergetroffen.

Frage: Nennen Sie die Namen der anderen ehemaligen Mitglieder des Stabs des XI. Korps, die die Existenz des erwähnten Befehls von Paulus zur Erschießung sowjetischer Parlamentäre in Stalingrad bestätigen können.

Antwort: Von den Personen, die diesen Brief kennen, befand sich der Kriegsgefangene Jaroslaw Georg Jakubowski, geboren 1913, ein Österreicher, im Lager Nr. 108. Im März 1949 wurde er in das Lager Nr. 362 verlegt. Andere Kriegsgefangene, die diesen Befehl kennen, kann ich nicht nennen, weil ich mich nicht an ihre Namen erinnere und nicht weiß, wo sie sich befinden."

Wahrscheinlich gab es noch weitere derartige Aussagen. Doch gegen Paulus fand letzlich kein Prozeß statt, im Unterschied zu anderen Generalen der 6. Armee (Debois, von Daniels). Es bleibt dahingestellt, ob es nun an ausreichendem Belastungsmaterial mangelte, oder ob die höchste sowjetische Führung es für opportun hielt, Feldmarschall Paulus zu schonen. Jedenfalls wurde er in der Liste der kriegsgefangenen deutschen Generale zuerst in der Gruppe „Generale, gegen die kein Belastungsmaterial vorliegt", und später in der Gruppe „Generale mit Sonderstellung" geführt.

Doch der schwerste Schicksalsschlag stand Friedrich Paulus erst bevor.

Der Minister läßt Paulus in Unkenntnis über den Tod seiner Frau

Friedrich Paulus wußte, daß seine Frau schwer krank war. Doch nichts deutete auf einen schnellen tragischen Ausgang hin. Noch am 19. Oktober 1949 wurde dem Feldmarschall ein Päckchen aus Baden-Baden ausgehändigt. Dazu hatte er nach Öffnung der Sendung eine „Erklärung" (auf Russisch) zu schreiben:

„Heute wurde mir eine Postsendung (ein Päckchen) ausgehändigt. Absender: meine Frau. Ort: Baden-Baden. Der Inhalt des Päckchens (Gebäck) war vollständig und in Ordnung."

Friedrich Paulus hatte in den zurückliegenden sechs Jahren gut Russisch gelernt – das Wort „Objasnenije" (Erklärung, mit hartem Zeichen) hatte er fehlerfrei zu Papier gebracht.

Doch dann, am 10. November 1949, geschah das Unabänderliche. Zitat aus einer Auskunft, die an diesem Tag ein verantwortlicher Mitarbeiter der GUPWI verfaßte:

„Der Hochkommissar der Sowjetischen Kontrollkommission in der Ostzone Deutschlands, Gen. Armeegeneral Tschuikow, teilte um 15. 30 Uhr über die verschlüsselte HF-Leitung Gen. I. A. Serow mit, daß er heute früh, am 10. November, ein offizielles Schreiben aus der Westzone erhalten hat, in dem die Bitte geäußert wurde, dem Feldmarschall des ehemaligen deutschen Heeres Paulus die Möglichkeit zu geben, seine Frau, die todkrank ist und sich im kritischen Zustand befindet, zu besuchen.

Nach Angaben, über die Gen. Armeegeneral Tschuikow verfügt, ist die Frau von Paulus jedoch heute, am 10. November, gestorben und wird in der Westzone Deutschlands in Baden-Baden beerdigt.

Gen. Armeegeneral Tschuikow bittet, Gen. Serow oder den Minister zu informieren."

Doch Friedrich Paulus erhielt keine Mitteilung vom Tod seiner Frau.

Der Kontakt des kriegsgefangenen Feldmarschalls zur Leitung der GUPWI wurde gewöhnlich über Oberstleutnant Gargadse hergestellt. Mitte November wandte sich Paulus mit folgendem Brief an ihn:

„Die Umstände, die meinem Brief vom 14. November d. J. hinsichtlich der Übersiedlung meiner Frau in die Ostzone zugrunde lagen, haben sich wesentlich geändert.

In den Briefen, die ich mit der letzten Post von meinen Verwandten erhalten habe, teilen sie mir mit, daß meine Frau einen schweren Gelbsuchtrückfall erlitten hat, der längerer Behandlung bedarf.

Sie empfehlen mir, meiner Frau nicht direkt von meiner Ankunft zu berichten, sondern ihre Schwester zu informieren, denn in ihrem Zustand kann selbst unerwartete Freude von Schaden sein. Hieraus ergibt sich, daß meine Absicht, meiner Frau die bei weitem schwerwiegendere Mitteilung zur Kenntnis zu geben, daß sie vor meiner Ankunft in die Ostzone übersiedeln soll, in Anbetracht ihrer Krankheit nicht verwirklicht werden kann.

Angesichts dieser Lage halte ich es für angebracht. meinen Sohn in Viersen (Rheinland) in einem Brief zu bitten, kurz vor meiner Ankunft nach Berlin zu reisen, damit ich mit ihm besprechen kann, wie weiter vorgegangen werden soll und was er meiner Frau sagt.

Wenn keine Hoffnung besteht, daß meine Frau in nächster Zeit in die Ostzone reisen kann, werde ich natürlich versuchen, sie zu besuchen. Hierzu werde ich die französische Besatzungsmacht bitten, mir ein Einreisevisum für Baden auszustellen.

Ich denke, daß mir die französischen Behörden unter diesen Umständen das Visum nicht verweigern werden."

Oberstleutnant Gargadse begleitete General Amajak Kobulow, als dieser kurz darauf Feldmarschall Paulus besuchte.

Generalleutnant Amajak Kobulow, der jüngere Bruder des Stellvertreters des Ministers für Staatssicherheit, Bogdan Kobulow, war ein durchweg pragmatischer Mensch. Er wußte natürlich, daß die Frau des Feldmarschalls gestorben war, doch ihn interessierten weniger die persönlichen Gefühle des Feldmarschalls, als vielmehr dessen Meinung, ob es angebracht sei, den kriegsgefangenen General Walter von Seydlitz nach Deutschland zu repatriieren. Also schwieg er über den Tod der Frau des Feldmarschalls – das hätte dessen Stimmung unerwünscht beeinflussen können. Außerdem hatte Kobulow noch nicht den Befehl, den Feldmarschall zu informieren.

Am 15. November 1949 schrieb Paulus an Kobulow:

„Sehr verehrter Herr General!

Mit Bezug auf unsere Besprechung am 12. 11. 49 erlaube ich mir, Ihnen folgendes zu unterbreiten:

Im Verlaufe obiger Besprechung und den daran sich anschließenden Gesprächen mit General v. Seydlitz habe ich den Eindruck gewonnen, daß bei einer Repatriierung des Letzteren in die Ostzone Schwierigkeiten auftreten können, welche die Zweckmäßigkeit einer solchen Maßnahme in Frage stellen.

Wie General von Seydlitz immer wieder erklärte, ist seine Familie im jetzigen Wohnort Verden (englische Zone) und im Verwandten- und Freundeskreis, der sich restlos in der Westzone befindet, so verwurzelt, daß es ihm deshalb nur mit den äußersten Schwierigkeiten möglich sein würde, seine Familie zu einer Übersiedlung in die Ostzone zu bewegen.

Ob Seydlitz, selbst wenn er sich eindeutig entschieden hätte, unter allen Umständen in der Ostzone zu bleiben, befähigt ist, seine Frau zu diesem Entschluß zu bewegen, erscheint mir jetzt nach vorstehend skizzierter Lage der Dinge unwahrscheinlich.

Man kann aber mit zerrissener Seele – sei es auch mit der Familie oder getrennt von ihr – auf die Dauer nicht ersprießliche Arbeit leisten. Das muß früher oder später zu Mißerfolg führen.

Wenn ich bisher einen Einfluß auf General v. Seydlitz versucht habe mit dem Ziel, bei ihm den Wunsch nach Arbeit in der Ostzone zu stärken, so geschah es aus dem Gesichtspunkt, damit ihm nicht – als einer politisch exponierten Persönlichkeit – bei einer Rückkehr in die Westzone unerwünschte Komplikationen entstehen.

Eine solche Gefahr besteht natürlich, aber ich halte sie für weitaus unbedeutender als den Schaden, der eintritt, wenn die Arbeit von Seydlitz in der Ostzone mit einem Mißerfolg enden würde, das heißt, wenn er eines Tages erklärt: Ich kann hier nicht mehr leben.

Nach der Lage der Dinge glaube ich, Ihnen gegenüber einen solchen Hinweis schuldig zu sein, sowohl im Interesse der Sache als auch meines Kameraden.

Mit dem Ausdruck vorzüglicher Hochachtung
Ihr sehr ergebener
F. Paulus“

Feldmarschall Paulus schrieb diesen Brief in dem Glauben, daß die Repatriierung nah und diese Frage positiv entschieden sei. Er hat wohl kaum daran gedacht, daß sein Brief General von Seydlitz sehr schaden könnte. Nur ein halbes Jahr später wurde dieser verhaftet, als Kriegsverbrecher vor Gericht gestellt und zu 25 Jahren Haft im Gefängnis in Nowotscherkassk verurteilt. Friedrich Paulus wollte wohl mit dem Brief nur seine Loyalität unterstreichen und zeigen, daß von ihm keinerlei Überraschungen zu erwarten waren.

Doch Amajak Kobulow war ein schlauer Fuchs – jede Gelegenheit mußte genutzt werden.

Als Feldmarschall Paulus den Brief an Kobulow schrieb, wußte er nicht, daß seine Frau Constanze gestorben war und bei der Leitung der GUPWI bereits Briefe seiner Verwandten und Nahestehenden eingetroffen waren, die diese traurige Nachricht mitteilten. Doch diese Briefe wurden Feldmarschall Paulus vorerst nicht ausgehändigt.

Am 11. November 1949 hatte die Schwiegertochter des Feldmarschalls, Lora Paulus, einen Brief nach Moskau geschickt:

„Lieber Papa!

Wie schwer fällt es mir, Dir zu schreiben. Dies sind alles nur Worte, die nicht in der Lage sind, Dir irgendwie in Deinem großen Leid zu helfen. In Gedanken bin ich bei Dir, drücke Dir schweigend die Hand und sage Dir, daß wir alle voller Liebe an Dich denken. Alles geschah in den letzten Tagen so schnell und erschreckend. Doch für Dich ist alles noch bedeutend schwerer als für alle anderen. Wie sehnsüchtig hat Mama Deine Rückkehr erwartet, die sie nun nicht mehr erlebt. Wie traurig wird es für Dich sein, zurückzukehren und Mama nicht mehr zu sehen.

Wir alle werden uns bemühen, Dir das zu schaffen, was Du in den letzten Jahren entbehrt hast – ein Zuhause. Wir freuen uns so, daß Du bald hier sein wirst.

Ernst wird Dir ausführlich über die letzten Lebenstage von Mama schreiben. Seit Sonntag hat er zusammen mit der Krankenschwester Tag und Nacht an ihrem Bett gesessen . . .“

Dann berichtete Lora über die letzten Minuten des Lebens von Constanze Paulus, über ihre Eltern und über sich – sie erwarte ein Kind: „Der neue Erdenbürger wird 1950 zur Welt kommen.“

Der Brief endete wie folgt:

„Wir wünschen Dir baldige Rückkehr, damit Du in Deinem Leid nicht allein bist. Wir möchten für Dich alles tun, was in unseren Kräften liegt.“

Vom 13. November 1949 datierte ein Brief der Tochter des Feldmarschalls, Olga von Kutzschenbach, gezeichnet mit ihrem Kosenamen Pussi:

„Mein armer Papi!

Mir ist so schwer ums Herz, daß ich Dir eigentlich nichts sagen kann. Dies alles läßt sich nicht mit Worten ausdrücken.

Die schreckliche Nachricht, daß Mama nicht mehr bei uns ist, hat Dich sicherlich schnell erreicht. Niemand hätte gedacht, daß es so bald passieren würde.

Vielleicht tröstet dich etwas, daß sie nichts gespürt hat, denn sie war drei Tage ohne Bewußtsein und ist, ohne wieder zu sich zu kommen, für immer eingeschlafen.

Lieber Papi, jetzt habe ich nur noch Dich. Und wenn ich auch Mama nicht ersetzen kann, so werde ich mich doch bemühen, alles zu tun, damit Du Dich wohlfühlst. Wenn Du doch endlich hier wärst! Ich bitte Dich, nicht allzu betrübt zu sein. Denke daran, daß Mama jetzt ewige Ruhe hat und es nur für die, die noch am Leben sind, schwer ist.

Ich küsse Dich herzlich und bin in Gedanken immer bei Dir.

Deine Pussi"

Auch die Schwester von Paulus' Frau hatte am 14. November geschrieben:

„Lieber Fritz!

Wir sind tief erschüttert von dem Unglück, das uns alle betroffen hat. Wir denken an Dein Leid, an Deine Einsamkeit. Unser eigener Schmerz tritt in den Hintergrund, wenn wir an Dich denken. Warum mußte es geschehen, daß Du nicht rechtzeitig nach Hause kommen konntest, wo sie doch bis zu ihrem letzten Atemzug auf Dich gewartet hat. Das Schicksal und die Menschen sind gleichermaßen grausam und herzlos.

Sie ist ruhig entschlafen. Während ihrer langen Krankheit hat sie nicht gelitten, sondern ist nur immer schwächer geworden. Wir haben uns liebevoll um sie gekümmert, sie hatte absolut alles, nur zurückhalten konnten wir sie nicht. Wir erwarten Dich voller Ungeduld, unsere Pussi ist jetzt vollkommen verwaist.

Unsere Gedanken sind bei Dir, wir drücken Dir die Hand. Mit einem lieben Kuß

Deine P.

Gott möge Dir die Kraft geben, auch diesen schweren Schicksalsschlag zu ertragen. Sie wurde am 11. November 1949 in der Familiengruft beigesetzt. Wir erwarten Deine Rückkehr.

Es grüßt Dich

Teddi"

Am 16. November 1949 schließlich schrieb sein Sohn Ernst aus Viersen:

„Lieber Papa!

Nachdem die endlos traurigen Tage etwas zurückliegen, möchte ich Dir, wie bitter es auch ist, über die letzten Tage unserer lieben Mama berichten. Die Nachricht von ihrem Tod hast Du sicherlich aus dem Telegramm, das wir über die französische Besatzungsmacht gleich nach dem traurigen Ereignis geschickt haben, erfahren.

Nachdem Mama einen Rückfall erlitten hatte und drei Wochen lang das Bett hüten mußte (nach Viersen konnte sie in diesem Zustand natürlich nicht kommen), wurde vor zwei Wochen ein Facharzt konsultiert. Aber da war es schon zu spät, die Leber war so stark angegriffen, daß jede Hilfe zu spät kam. Das stand endgültig am 5. November fest, als Pussi mir ein Telegramm schickte. Am Sonntagmorgen, dem 6. November, fuhr ich nach Baden-Baden und fand Mama bei vollem Bewußtsein und im besten Zustand vor, so daß der Arzt, Dr. Niemeier, ihr Mut machte, daß sie wieder vollkommen gesund werden kann. Doch am Montag kam ein Rückschlag."

Ernst Paulus berichtete weiter mit einer Briefkarte vom 26. November 1949:

„Lieber Papa!

Ich setze die Schilderung der letzten Tage von Mama fort.

Am Montag, dem 7. November, ist sie nach einer schweren Nacht fast nicht wieder zu sich gekommen, abgesehen von einem kurzen Augenblick, als sie sich wahrscheinlich der Hoffnungslosigkeit ihrer Lage bewußt wurde, denn sie schaute mich schweigend und traurig an. Am Mittwoch, dem 9. November, um 1.05 Uhr nachts, trat nach ununterbrochenem Schlaf und Bewußtlosigkeit der Tod ein. Am Montagabend hatte sie die letzte Spritze bekommen, die keine Wirkung mehr zeigte. In diesen Tagen hat sie keinerlei Schmerzen verspürt. Das kann für uns ein schwacher Trost sein. Die letzte Ölung hat sie nach orthodoxem Brauch von einem russischen Geistlichen erhalten. Sie ist ruhig gestorben.

Pussi und ich waren bei ihr. Wir wachten bei ihr die letzten Nächte im Wechsel mit der Krankenschwester.

An der Beisetzung nahmen alle Verwandten und Nahestehenden teil, auch viele Bekannte und Freunde. In ihrem Testament vermacht sie alles Dir. Beim persönlichen Treffen werde ich Dir noch mehr berichten.

Ich denke oft an Dich. Dein Ernst"

Es kam noch ein zweiter Brief von der Tochter, mit Datum vom 17. November 1949:

„Lieber Papi!

Bereits eine Woche ist die arme Mama nicht mehr bei uns, doch das Leben muß weitergehen. Ich verdränge meinen Schmerz durch Arbeit. Wenn ich aus dem Büro komme, mache ich die Wohnung sauber. Ich möchte Dir Dein Zimmer schön einrichten, damit Du Dich zu Hause wohlfühlst. Unser Burschi ist vollkommen verwaist. Es ist an der Zeit, daß Du ihm die Großmutter ersetzt. Wenn Du kommst und möchtest, daß wir Dich abholen, dann rufe Teddi an. Ich kann Dich jederzeit mit dem Wagen abholen. Dir wird jetzt sicher die Zeit lang. Es ist traurig, daß Du so allein bist! Gerade jetzt brauche ich Dich sehr, denn mir scheint, daß ich von allen endgültig verlassen bin.

Ich küsse Dich ganz lieb.

Deine Pussi"

Das Wiedersehen von Vater und Kindern sollte jedoch nicht so bald stattfinden.

Am 21. November 1949 schickte der Stellvertreter des Außenministers der UdSSR, Andrej Gromyko, folgende Auskunft an Stalin:

„Der Hochkommissar in Deutschland, Gen. Tschuikow, und der Politische Berater, Gen. Semjonow, teilten mit, daß die französische Besatzungsmacht in Deutschland die sowjetische Militärmission in der französischen Besatzungszone davon in Kenntnis gesetzt hat, daß am 12. November 1949 in Baden-Baden die Frau von Paulus gestorben ist.

In Anbetracht des schlechten Gesundheitszustands von Paulus (Nervenschwäche) halten es das Außenministerium und das Innenministerium der UdSSR (Gen. Kruglow) nicht für angebracht, ihn gegenwärtig über den Tod seiner Frau zu informieren. Es wäre besser, Paulus diese Mitteilung erst am Tag vor seiner Rückkehr nach Deutschland zu machen, wenn über seine Repatriierung positiv entschieden wurde, voraussichtlich Ende Dezember.

Ein Beschlußentwurf ist beigefügt.

Ich bitte um Prüfung."

Der genannte Beschlußentwurf wurde zur Abstimmung an Wjatscheslaw Molotow, Georgi Malenkow, Lawrenti Berija, Anastas Mikojan, Lasar Kaganowitsch und Nikolai Bulganin geschickt. Er lautete wie folgt:

„BESCHLUSS

Der Vorschlag des Außenministeriums und des Innenministeriums der UdSSR wird bestätigt, daß der kriegsgefangene deutsche Feldmarschall Paulus erst am Tag vor seiner Repatriierung nach Deutschland über den Tod seiner Frau informiert wird."

Alle stimmten ohne Zögern zu . . .

Inzwischen gab sich Friedrich Paulus der Hoffnung hin, daß er bald in die Heimat abreisen können werde.

Am 24. November 1949 übergab er der GUPWI einen Brief zur Weiterleitung an seinen Sohn:

„Lieber Ernst!

Es ist jetzt endlich soweit, daß meine Rückkehr ln nächster Zeit bevorsteht, und dazu möchte ich Dir in folgendem meine Gedanken auseinandersetzen.

Mein Auftreten während und nach dem Krieg ist Dir bekannt.

Die Entwicklung der Lage hat mir Recht gegeben. Nun habe ich mich aus den gleichen Motiven entschlossen, für die Rückkehr nach Deutschland die Ostzone zu wählen und dort zu bleiben, um eine Arbeit zu übernehmen.

Wesentlich bestimmend bei diesem Entschluß war auch die Sorge um Mamis Zukunft. Nach allem Schweren, was sie erlebt hat, sehe ich es für meine erste Pflicht an, ihr endlich Ruhe und Gesundung zu gewährleisten. Das halte ich in der Ostzone für gesichert (auch materiell), im Westen aber auf absehbare Zeit nicht. Wir müssen damit rechnen, daß mit meiner Rückkehr – gleich in welchen Teil Deutschlands ich gehe – eine Welle der Hetze im Westen losgeht. Wenn wir auch zusammen im Westen wären, würde Mami doch nicht aus den Aufregungen herauskommen. Das soll ja aber gerade aufhören.

Die Situation wird nun leider kompliziert durch Mami's Erkrankung. Man schreibt mir, daß Mami einen schweren Rückfall erlitten hat, der lange dauern wird, und ich nicht einmal die freudige Nachricht über mein Eintreffen an Mami direkt geben soll, sondern über Puju, damit sie Mami schonend mitgeteilt wird. Um wieviel mehr muß eine ungünstige Nachricht – Hinauszögern des Wiedersehens – zu einem Rückschlag im Gesundheitszustand führen.

Von hier kann ich die Situation nicht so übersehen, um darauf richtige Entschlüsse aufzubauen. Daher wäre ich Dir sehr dankbar, wenn Du Dich zu einer Reise nach Berlin entschließen würdest, damit ich mit Dir besprechen kann, was weiter zu geschehen hat.

Da in Verbindung mit meiner Rückkehr wieder mit Rundfunk- und Pressehetze zu rechnen ist, und im Zusammenhang damit vielleicht für Dich Visum-Schwierigkeiten auftreten könnten, wäre es ratsam, daß Du kurz vor mir in Berlin eintriffst.

Den vorgesehenen Zeitpunkt meines Eintreffens in Berlin (den ich noch nicht weiß) wird Dir der Überbringer dieses Briefs sagen, der Dir auch die anderen notwendigen Angaben (wie wir uns erreichen, unsere Unterbringung usw.) machen wird.

Falls Mami's Reisefähigkeit in naher Zukunft nicht in Aussicht steht, dann würde ich natürlich versuchen, ein französisches Reisevisum nach Baden zu erhalten. Ich kann mir kaum denken, daß die Franzosen einen so begründeten Antrag ablehnen würden. Für mich ist aber die dortige Lage so undurchsichtig, daß ich das von hier nicht beurteilen kann.

Ich muß es Dir auch überlassen, ob Du Mami über Deine Reise benachrichtigen willst oder nicht. Ich meine, besser wäre es, wenn wir gemeinsam von Berlin aus Puju anrufen, damit sie Mami orientiert. Wir sehen dann schon klarer.

Es tut mir wirklich leid, daß nun auch meine Heimkehr mit so viel Unbequemlichkeiten für Euch verbunden ist. Aber ich hoffe doch, daß nach den momentanen Schwierigkeiten dann Ruhe eintritt, die besonders für Mami so nötig ist.

Hoffentlich geht nun alles gut und sehen wir uns endlich wieder.

Mit herzlichsten Grüßen an die Deinen und Dich

Dein Papi"

Auch dieser Brief wurde – wie so viele andere – nicht an den Adressaten weitergeleitet. Auf der russischen Übersetzung vermerkte Amajak Kobulow:

„Dem Minister wurde Bericht erstattet. Paulus ist vorerst über den Tod seiner Frau nicht zu informieren.

A. Kobulow. 25. November 1949."

Die operative Zweckmäßigkeit stand für Amajak Kobulow über allem. Er war sich indes bewußt, daß die „Spielchen", die mit dem gefangenen Feldmarschall Paulus getrieben wurden, zu nichts Gutem führen konnten.

Am 29. November 1949 wandte er sich an den Innenminister der UdSSR, Generaloberst Sergej Kruglow:

„Am 10. November 1949 ging eine Mitteilung von Gen. Armeegeneral Tschuikow über den Tod der Frau von Paulus ein, die am 10. November 1949 in Baden-Baden, französische Besatzungszone Deutschlands, gestorben ist.

Paulus war durch den Brief seiner Tochter vom 3. November über ihren kritischen Zustand informiert.

Um Paulus darauf vorzubereiten, daß seine Frau gestorben ist, hat Oberstleutnant Parparow am 25. November mit ihm ein Gespräch über die Krankheit seiner Frau geführt.

Paulus erwähnte dabei den Brief seiner Tochter, in dem über den kritischen Zustand seiner Frau berichtet wurde, und erklärte, daß er zu allem bereit sei. Er unterstrich dringend seinen Wunsch, schnellstmöglich repatriiert zu werden und kurzfristig nach Baden-Baden zu fahren, um seine Frau noch lebend anzutreffen.

Es ist beabsichtigt, Paulus in die Deutsche Demokratische Republik zu repatriieren.

In den letzten Tagen sind Briefe von der Tochter und Schwiegertochter von Paulus mit der Nachricht vom Tod seiner Frau eingegangen.

Da eine unerwünschte Reaktion von Paulus zu befürchten ist, weil wir nicht auf seinen Wunsch reagieren, seine sterbende Frau besuchen zu dürfen, und er keine Post erhält, halte ich es für angebracht, ihm die Briefe der Verwandten mit der Nachricht vom Tod seiner Frau auszuhändigen.

Ich erwarte Ihre Weisung."

Amajak Kobulow wollte diese unschöne Geschichte nicht auf die Spitze treiben, und Minister Sergej Kruglow war auch nur ein Mensch . . .

Die Nachricht sehr erschüttert aufgenommen

Ende November 1949 unterschrieb Generalleutnant Amajak Kobulow die wieder einmal anstehende Auskunft über Generalfeldmarschall Friedrich Paulus.

Nach der Schilderung seiner Dienstlaufbahn im deutschen Heer heißt es in dem Papier weiter:

„Seit Januar 1942 hatte Paulus das Kommando über die 6. deutsche Armee bis zu ihrer Zerschlagung und Vernichtung durch die Sowjetarmee am 31. Januar 1943. Um die besonderen Aufgaben der 6.

Armee hervorzuheben, verlieh Hitler Paulus am 2. Januar den Rang eines Generalobersten, und am Tag der endgültigen Zerschlagung am 30. Januar 1943 den Rang eines Generalfeldmarschalls.

In der Gefangenschaft hat er sich ein ganzes Jahr lang vom Nationalkomitee ‚Freies Deutschland' distanziert und verweigert, sich an Aktionen gegen Hitler zu beteiligen.

Paulus motivierte seine Position wie folgt:

a) Die Verschlechterung der militärischen Lage kann nicht als Grund dafür dienen, die Eintracht von Wehrmacht und Volk zu erschüttern. Er, als Soldat, betrachtet die Tätigkeit des Nationalkomitees ‚Freies Deutschland' als ‚Dolchstoß in den Rücken'.

b) Seine Situation als Kriegsgefangener nimmt ihm die Möglichkeit, sich ein vollständiges Bild von der politischen und militärischen Lage Deutschlands zu machen. Selbst wenn davon ausgegangen wird, daß der Krieg nicht gewonnen werden kann, so geht es hauptsächlich darum, aus dem Krieg zu einigermaßen annehmbaren Bedingungen herauszukommen.

Nach längerer Bearbeitung . . . wandte sich Paulus am 8. August 1944 mit einem gegen Hitler gerichteten Aufruf an das deutsche Volk, und am 14. August trat er dem Bund Deutscher Offiziere bei. Im weiteren richtete er einen Aufruf zur Kapitulation an die Gruppe Kurland und an die deutschen Truppen in Rumänien. Er rief gegen Himmler im Zusammenhang mit der Mobilmachung des ‚Volkssturms' auf und unterzeichnete den ‚Aufruf der 50 Generale' vor der Offensive der sowjetischen Truppen an der Weichsel und in Ostpreußen. Für die Änderung der politischen Position von Paulus waren die zunehmenden Erfolge der Roten Armee ausschlaggebend. Paulus war nun der Meinung, daß aus militärischer Sicht die Lage Deutschlands hoffnungslos geworden sei. Das Attentat auf Hitler zeuge davon, daß die Generalität die Beseitigung Hitlers für den einzigen Ausweg aus dem Krieg hält.

Nach Meinung von Paulus ging es jetzt schon nicht mehr darum, den Krieg zu annehmbaren Bedingungen zu beenden, sondern darum, den Krieg einzustellen und damit die Katastrophe Deutschlands zu verhindern.

In den letzten Jahren entwickelte sich Paulus positiv. Er hat an sich gearbeitet und marxistische Literatur studiert. Paulus hat die Beschlüsse der Alliierten zu Deutschland gebilligt, und als sich die Widersprüche zwischen den angloamerikanischen Mächten und der Sowjetunion verschärften, prosowjetische Positionen bezogen.

Im Zusammenhang mit dem Nürnberger Prozeß gegen die deutschen Hauptkriegsverbrecher machte Paulus sehr wertvolle Aussagen, die diese Verbrecher entlarvten, und 1946 trat er als Zeuge der sowjetischen Anklage vor dem Internationalen Militärgerichtshof auf.

Nach seiner Aussage vor dem Internationalen Militärgerichtshof wurde Paulus, der in einem Objekt bei Moskau untergebracht wurde, als erfahrener Militärspezialist zur Ausarbeitung einer Reihe militärhistorischer Studien hinzugezogen, die die Militärhistorische Verwaltung des Generalstabs der Sowjetarmee interessierten. Er hat sehr bereitwillig und in guter Qualität folgende Arbeiten verfaßt:

1. Die Rolle Deutschlands bei der Vorbereitung Ungarns auf den Krieg gegen die Sowjetunion.
2. Allgemeine Absichten und Ziele des deutschen Oberkommandos zu Beginn des Feldzugs im Jahr 1941.
3. Beschreibung der allgemeinen Pläne und Absichten des deutschen Kommandos für die Kriegführung an der sowjetisch-deutschen Front im Sommer und Herbst 1942.
4. Kurze Beschreibung der Kampfhandlungen der Heeresgruppen ‚B' und ‚Don' während der Kämpfe um Stalingrad vom 18. November 1942 bis 2. Februar 1943.
5. Offensive des deutschen Heeres im Sommer 1942 und Schlacht um Stalingrad.

Außerdem hat Paulus eine Ausarbeitung zu einem Fragebogen der GRU des Generalstabs der Streitkräfte der UdSSR über die Vorbereitung der Invasion in England nach dem Plan ‚Seelöwe' geschrieben.

Kriegsgefangene Generale, die in den Jahren 1946-1948 mit Paulus zusammen in Gefangenschaft waren, charakterisieren seine politischen Ansichten folgendermaßen:

Die politischen Ansichten von Paulus haben sich, nach längerem inneren Schwanken, nach seinem Auftreten in Nürnberg gefestigt. Gegenwärtig steht er wirklich auf der Seite der Sowjetunion und vertritt die Politik der SED . . .

Am 22. Juni 1948 richtete Paulus eine Erklärung an die sowjetische Regierung und bat darum, seine mögliche Verwendung in der östlichen Besatzungszone Deutschlands zu prüfen.

In seiner Erklärung unterstrich Paulus, daß er für ein einheitliches demokratisches Deutschland und die Lösung des deutschen Problems auf der Grundlage des Potsdamer Abkommens eintritt. Zur Frage der Ostgrenzen schrieb Paulus:

‚Wie schwer und schmerzlich die neue Ostgrenze für jeden Deutschen auch ist, diese Frage darf auf keinen Fall zum Gegenstand chauvinistischer Hetze werden. Es muß vielmehr abgewartet werden, bis im Ergebnis der friedlichen demokratischen Entwicklung Deutschlands und der Herstellung guter Beziehungen zu den Nachbarstaaten die Zeit für eine vernünftige und den deutschen Interessen entsprechende Regelung der Frage herangereift ist.'

Im Zuge der Vorbereitung der Repatriierung von Paulus wurde die Meinung von Armeegeneral Tschuikow eingeholt, ob seine Verwendung in der Ostzone möglich ist. Gen. Tschuikow antwortete, daß sowohl er als auch die Führung des SED die Repatriierung von Paulus in die Ostzone für möglich halten und ihm dort Arbeit gegeben wird. Zugleich hält es die SED für erforderlich, vorher die Familie von Paulus aus Baden-Baden (französische Zone) in die Ostzone überzusiedeln. Paulus ist mit dem Vorschlag seiner Repatriierung in die Ostzone und der Übersiedlung seiner Frau einverstanden.

Wie Gen. Tschuikow nachträglich mitteilte, ist die Frau von Paulus am 10. November gestorben, womit die Frage der Übersiedlung seiner Familie entfällt.

Die Tochter von Paulus, Olga von Kutzschenbach, Witwe, wohnt in Baden-Baden. Ihr Mann, Baron Achim von Kutzschenbach, Rußlanddeutscher, diente als Dolmetscher an der sowjetisch-deutschen Front und ist im September 1944 gefallen.

Der Sohn von Paulus, ehemaliger Hauptmann, lebt mit seiner Familie in Viersen bei Köln (englische Zone) und arbeitet in der Firma für Heizgeräte seines Schwiegervaters.

Aufgrund des Auftretens von Paulus gegen Hitler wurden seine Frau und sein Sohn Anfang November 1944 verhaftet. Seine Frau war bis zur Kapitulation Deutschlands im Konzentrationslager Dachau.

Der Gesundheitszustand von Paulus ist unbefriedigend. Im Januar 1947 wurde bei ihm die Aktivierung von Herden einer zurückliegenden Lungentuberkulose festgestellt. Im Zusammenhang hiermit wurde Paulus im Sommer 1947 für zwei Monate auf die Krim geschickt. Im Sommer 1949 litt er unter einer nervlich bedingten Armlähmung und wurde für längere Zeit in das Zentralhospital des MWD eingewiesen."

Es ist interessant, daß Amajak Kobulow bei der Abfassung dieser Auskunft bemüht war, alles aufzuführen, was den gefangenen Feldmarschall Paulus positiv charakterisieren oder zumindest Mitgefühl für ihn wecken konnte.

Gleichzeitig gingen aber die operativen Ermittlungen unverändert weiter, um Belastungsmaterial gegen eben diesen Paulus zu sammeln. Die Ergebnisse landeten gleichfalls auf dem Schreibtisch von Amajak Kobulow.

Am 17. November 1949 wurde der ehemalige Kommandeur des 535. Infanterieregiments, Major Karl Hermann Schulze, geb.1898, 1949 als Kriegsverbrecher zu 25 Jahren Haft in einem Arbeits- und Besserungslager verurteilt, verhört. Schulze befand sich zu dieser Zeit im Außenlager Nr. 61 von WORKUTLAG – im hohen Norden der Sowjetunion, jenseits des Polarkreises. Das Protokoll vermerkte:

„Frage: In welcher Truppe des ehemaligen deutschen Heeres haben Sie gedient?

Antwort: Vom 8. Januar 1942 bis zum 28. Januar 1943 diente ich im 535. Infanterieregiment der 384. Infanteriedivision der 6. Armee als Bataillonskommandeur bzw. als Regimentskommandeur.

Frage: Was wissen Sie von der verbrecherischen Tätigkeit des Oberbefehlshabers der 6. Armee Paulus und des Generals Arthur Schmidt?

Antwort: Zur konkreten verbrecherischen Tätigkeit des Oberbefehlshabers der 6. Armee Paulus und des Generals Arthur Schmidt kann ich folgendes sagen:

Ende Juni 1942 wurde auf der Grundlage eines Befehls für die 6. Armee ein Befehl für die 384. Infanteriedivision zur Requirierung von Lebensmitteln bei der Zivilbevölkerung für den Notfall erlassen. Auf seiner Grundlage haben die Truppen des deutschen Heeres Lebensmittel beschafft.

Mir ist ein Fall bekannt: Im Juli 1942 befehligte ich das 1. Bataillon des 535. Infanterieregiments der 6. Armee. Damals wurde einer Bäuerin im Dorf Oskol (Ukrainische SSR) eine Kuh abgekauft. Für die Kuh erhielt die Frau sowjetisches Geld. Wieviel es war, weiß ich nicht mehr, doch sie kam zu mir, um sich zu beschweren. Ich fragte sie, womit ich ihr helfen kann. Sie wollte Kartoffeln haben. Ich wies an, ihr zusätzlich 5 Kilogramm Konserven zu geben.

Frage: Wie lautete der Befehl zur Bezahlung der requirierten Lebensmittel?

Antwort: Laut Befehl sollte alles nach einem festgelegten Preis in Rubel bezahlt werden. Andere Fälle ähnlichen Charakters sind mir nicht bekannt.

Frage: Welche weiteren verbrecherischen Befehle haben Paulus und Schmidt erteilt?

Antwort: Im Januar 1943 lehnte der Oberbefehlshaber der 6. Armee Paulus das Kapitulationsangebot des sowjetischen Kommandos an die 6. Armee ab. Am gleichen Tag erließen Paulus und Schmidt an die Armee einen Befehl: Allen Einheiten ist es untersagt, Parlamentäre zu empfangen und mit ihnen zu verhandeln. Auf eintreffende Parlamentäre ist das Feuer zu eröffnen. Als Regimentskommandeur erhielt ich den Befehl am 12. oder 13. Januar 1943 in vier oder fünf Exemplaren, d. h. für jedes Bataillon.

Frage: Welche Befehle hat Paulus noch erlassen?

Antwort: Andere Befehle habe ich nicht gesehen und kenne ich auch nicht. Zu Paulus und Schmidt ist mir nichts weiter bekannt."

Am 28. November 1949 wurde aus dem Lager Nr. 74 das Verhörprotokoll des kriegsgefangenen Majors des medizinischen Dienstes des ehemaligen deutschen Heeres Erich Paul Hermann an die GUPWI geschickt. Im Begleitschreiben hieß es, daß Hermann über die Befehle des Oberbefehlshabers der 6. Armee Paulus zur Evakuierung sowjetischer Bürger aus der Stadt Stalingrad und den anliegenden Ortschaften befragt worden sei. Hier das Protokoll:

„Frage: Wem waren Sie als Kommandeur des 542. Sanitätskraftwagenbataillons unterstellt?

Antwort: Alle Weisungen und Befehle erhielt ich direkt vom Leiter des Sanitätsdiensts der Armee, dem ich unterstellt war.

Frage: Wer waren der Oberbefehlshaber und der Stabschef der Armee in der Zeit Ihres Aufenthalts am Stalingrader Frontabschnitt?

Antwort: Am Stalingrader Frontabschnitt war Generalfeldmarschall Paulus Oberbefehlshaber, und Stabschef war Generalleutnant Schmidt.

Frage: Was wissen Sie über die verbrecherischen Befehle des Kommandos der 6. Armee gegen die sowjetische Zivllbevölkerung?

Antwort: Mir ist bekannt, daß auf Befehl des Kommandos der 6. Armee im Oktober/November 1942 die gesamte Zivilbevölkerung aus Stalingrad evakuiert wurde. Ich habe selbst Kolonnen russischer Bürger gesehen, die unter der Bewachung deutscher Soldaten aus Stalingrad evakuiert wurden.

Frage: Was ist Ihnen über den Befehl des Kommandos der 6. Armee zur Requirierung von Winterkleidung bei der Zivilbevölkerung bekannt?

Antwort: Über diesen Befehl ist mir nichts bekannt."

Das war offensichtlich die letzte Aktion in der Kampagne zur Sammlung von Belastungsmaterial gegen den Generalfeldmarschall des ehemaligen deutschen Heeres Friedrich Paulus.

Seit dem Tod von Constanze Paulus war ein Monat vergangen. Am 10. Dezember 1949 teilte Amajak Kobulow Sergej Kruglow und Iwan Serow mit:

„Am 9. Dezember morgens wurden Paulus entsprechend Ihrer Weisung die Briefe seiner Verwandten über den Tod seiner Frau ausgehändigt. Er hat diese Nachricht sehr erschüttert aufgenommen, deshalb beschränkten wir uns auf einige tröstende Worte und schnitten keine anderen Fragen an.

Am selben Tag abends berichtete der Leiter des Objekts, Major Kirillow, daß Paulus sich in sein Zimmer zurückgezogen habe und weine. Ich habe Gen. Oberstleutnant Parparow gebeten, in das Objekt zu fahren, ihm Gesellschaft zu leisten und ihn zu trösten.

Heute, am 10. Dezember, haben wir Paulus besucht und ihm unser Beileid ausgesprochen. Im Gespräch mit ihm haben wir auch nach seinen weitere Plänen gefragt.

Paulus äußerte den Wunsch, nach der Repatriierung nach Baden-Baden (französische Zone) zu fahren, um seine Kinder zu sehen, das Grab seiner Frau zu besuchen und seine persönlichen Angelegenheiten zu klären. Er bemerkte dazu, daß es für die französische Besatzungsmacht keinen Grund gibt, ihn an der Rückreise in die Ostzone zu hindern, denn die französische Militäradministration sei liberaler als die Engländer und Amerikaner. Außerdem unterhalte seine Familie persönliche Beziehungen zum Oberbefehlshaber der französischen Besatzungstruppen.

Wir erklärten Paulus, daß es aus unserer Sicht in der Politik der Westzonen keinen Unterschied gibt und bei der gegenwärtigen internationalen Lage sein Erscheinen in der französischen, englischen oder amerikanischen Zone für ihn sehr negative Folgen haben kann.

Paulus stimmte dem zu und betonte, daß in ihm bei dem Gedanken an die Reise nach Baden-Baden Vernunft und Gefühl miteinander gekämpft hätten, wobei das Gefühl siegte.

Paulus wurde geraten, zweckmäßigerweise nach der Repatriierung erst einmal in der Ostzone festen Fuß zu fassen und danach mit Unterstützung der Führung der SED seinen Sohn und seine Tochter zu einem Wiedersehen einzuladen.

Er wurde darauf hingewiesen, daß ihm möglicherweise nicht nur in Berlin, sondern auch in einer anderen Großstadt der Ostzone Arbeit angeboten wird. Diese Frage wurde deshalb angeschnitten, weil es unserer Meinung nach zweckmäßiger ist, Paulus nicht in Berlin, das in Sektoren geteilt ist, sondern in Dresden oder Weimar unterzubringen, wo er leichter observiert werden kann.

Im Gespräch bekundete Paulus seinen festen Wunsch, nach der Repatriierung in der Deutschen Demokratischen Republik zu leben, dort mit Unterstützung der Führung der SED eine Arbeit aufzunehmen und erst dann, mit Hilfe des Genossen Ulbricht, seinen Sohn oder seine Tochter zu einem Wiedersehen zu sich einzuladen.

Paulus sprach auch den Termin seiner Repatriierung an. Ihm wurde geantwortet, daß dies von der Entscheidung übergeordneter Instanzen abhängen wird.

Paulus verabschiedete sich von uns merklich beruhigt."

Auch General Amajak Kobulow fuhr beruhigt ab. Das Wichtigste war vollbracht. Dem von einem schweren Schicksalsschlag getroffenen Paulus war mitgeteilt worden, daß er nicht so bald in die Heimat fahren und nicht einmal ein annähernder Termin seiner Repatriierung genannt werden könne ...

Briefe, die der Zensur zum Opfer fielen

Inzwischen trafen für Paulus viele Briefe aus Deutschland ein, darunter auch einer mit Datum 1. Dezember 1949 aus Dresden, von Oberst Adam. Adam schrieb ausführlich über die politische Entwicklung und über seine Arbeit bei der Landesregierung von Sachsen. Er brachte die Hoffnung auf ein baldiges Wiedersehen zum Ausdruck.

Das Datum 4. Dezember 1949 trug ein Brief General Drebbers, Antwort auf eine Karte, die ihm Paulus am 14. Oktober geschrieben und die Drebber am 3. Dezember erhalten hatte. Drebber drückte sein Beileid zu dem schweren Verlust – dem Tod von Constanze Paulus – aus und teilte mit, daß er Arbeit suche, ohne die er „hier in Oldenburg bei einem ‚Einkommen' von 21,50 Mark täglich, die ich von der Ortskrankenkasse erhalte", kaum leben könne.

Amajak Kobulow wies an, den Brief von Drebber zu konfiszieren. Offensichtlich schien ihm der Inhalt allzu pessimistisch zu sein.

Konfisziert und Friedrich Paulus nicht ausgehändigt wurde auch ein Brief von Professor Essar aus Achen vom 16. Dezember 1949. Dieser teilte mit, daß er vor kurzem in Düsseldorf mit Schlößmann zusammen gewesen sei, der sich freuen würde, den Herrn Oberbefehlshaber, wo dieser möchte, zu treffen, am liebsten jedoch in Düsseldorf.

Sicherlich hatte dieser letzte Satz Kobulow mißfallen.

Ebenso wurde verboten, Paulus eine Briefkarte seiner Tochter vom 6. Januar 1950 auszuhändigen:

„Mein lieber Papa!

Mich beunruhigt sehr, daß Du überhaupt nicht mehr schreibst. Ich verstehe Deinen Kummer, weil Dich meine Karte und die Karte von Puju völlig unvorbereitet getroffen haben. Doch wir hatten allen Grund zu der Annahme, daß Du die Nachricht vom Tod Mamas bereits am 11. oder 12. November erhalten hast. Wir haben hier diese Nachricht für Dich an die entsprechende Stelle gegeben und uns wurde versichert, daß sie weitergeleitet wurde. Deine Karte vom 14. November besagt jedoch, daß Dich diese Nachricht dennoch nicht erreicht hat.

Vielleicht machst Du uns Vorwürfe, weil wir Dich nicht früher über den Zustand von Mama unterrichtet haben, doch ihr Tod kam für uns auch vollkommen unerwartet. Das hatten selbst die Arzte nicht erwartet.

Ich habe das Gefühl, daß es Dich jetzt weniger nach Hause zieht. Aber wir brauchen Dich dringend. Burschi braucht eine feste Hand, denn ich bin den ganzen Tag nicht zu Hause und er macht, was er will. Gegenwärtig ist Kali hier, doch sie kann ihn auch nicht bändigen. Ansonsten ist bei uns alles mehr oder weniger in Ordnung. Winter haben wir noch nicht, hier ist der reinste Frühling.

Wenn sich Deine Rückkehr noch lange hinzieht, dann schreibe bitte. Ich bin sehr beunruhigt."

Auch Briefe von seiner Schwägerin Alexandra Baser aus Baden-Baden, die mit ihrem Kosenamen Puju unterschrieben hatte, erhielt Paulus nicht . . .

Die Post blieb aus, und Friedrich Paulus hatte viel Freizeit.

Am 20. Dezember 1949 wandte er sich mit einem Brief an General Kobulow:

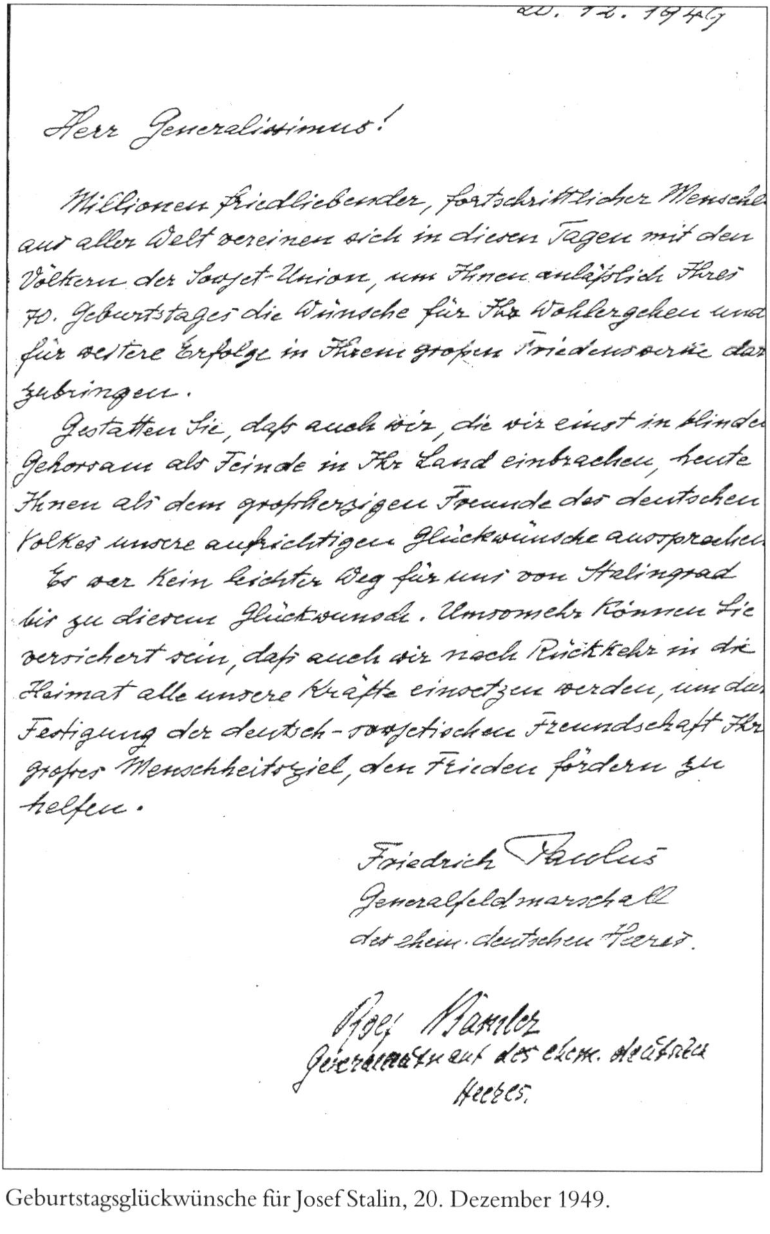

20. 12. 1949

Herr Generalissimus!

Millionen friedliebender, fortschrittlicher Menschen aus aller Welt vereinen sich in diesen Tagen mit den Völkern der Sowjet-Union, um Ihnen anläßlich Ihres 70. Geburtstages die Wünsche für Ihr Wohlergehen und für weitere Erfolge in Ihrem großen Friedenswerke darzubringen.

Gestatten Sie, daß auch wir, die wir einst in blindem Gehorsam als Feinde in Ihr Land einbrachen, heute Ihnen als dem großherzigen Freunde des deutschen Volkes unsere aufrichtigen Glückwünsche aussprechen.

Es war kein leichter Weg für uns von Stalingrad bis zu diesem Glückwunsch. Umsomehr können Sie versichert sein, daß auch wir nach Rückkehr in die Heimat alle unsere Kräfte einsetzen werden, um durch Festigung der deutsch-sowjetischen Freundschaft Ihr großes Menschheitsziel, den Frieden fördern zu helfen.

Friedrich Paulus
Generalfeldmarschall
des ehem. deutschen Heeres.

[illegible]
Generalmajor des ehem. deutschen Heeres.

Geburtstagsglückwünsche für Josef Stalin, 20. Dezember 1949.

„Sehr verehrter Herr General!

Ich bitte Sie ergebenst, den anliegenden Brief an den Herrn Generalissimus Stalin weiterleiten zu wollen.

Mit vorzüglicher Hochachtung

Fr. Paulus“

Der Brief an Stalin war ein Glückwunsch zu dessen 70. Geburtstag, gemeinsam mit Generalleutnant Bammler verfaßt:

„Herr Generalissimus!

Millionen friedliebender, fortschrittlicher Menschen aus aller Welt vereinen sich in diesen Tagen mit den Völkern der Sowjet-Union, um Ihnen anläßlich Ihres 70. Geburtstags die Wünsche für Ihr Wohlergehen und für weitere Erfolge im großen Friedenswerk darzubringen.

Gestatten Sie, daß auch wir, die wir einst im blinden Gehorsam als Feinde in Ihr Land einbrachen, heute Ihnen als dem großherzigen Freund des deutschen Volkes unsere aufrichtigen Glückwünsche aussprechen.

Es war kein leichter Weg für uns von Stalingrad bis zu diesem Glückwunsch. Umso mehr können Sie versichert sein, daß auch wir nach Rückkehr in die Heimat alle unsere Kräfte einsetzen werden, um durch Festigung der deutsch-sowjetischen Freundschaft Ihr großes Menschheitsziel, den Frieden, fördern zu helfen.

Friedrich Paulus
Generalmarschall des ehem. deutschen Heeres
Rolf Bammler
Generalleutnant des ehem. deutschen Heeres“

Friedrich Paulus war klar, daß sein Schicksal vom Willen Josef Stalins abhing, und er nutzte die Gelegenheit des 70. Geburtstags, um sich noch einmal in Erinnerung zu bringen.

Offensichtlich war er von seiner baldigen Freilassung überzeugt, denn am 31. Dezember 1949 bereitete er zwei gleichlautende Telegramme zur Aufgabe an folgende Adressen vor: Baden-Baden, Frau Olga von Kutzschenbach; und Viersen am Rhein, Herrn Alexander Paulus:

„Die Nachricht vom Tod Mamas habe ich erst jetzt erhalten. Ich komme in nächster Zeit nach Hause. Brief folgt. Papa.“

Doch auch diese Telegramme wurden nicht abgeschickt. In ihren Briefen, von denen der letzte am 28. Januar 1950 aufgegeben wurde, beklagten Sohn und Tochter, daß sie seit dem 14. November 1949 keine Post mehr erhalten hätten, sich große Sorgen machen würden und Sehnsucht nach ihm hätten. Über einen Brief vom 8. Januar 1950 berichtete Amajak Kobulow am 28. Januar dem Stellvertreter des Innenministers der UdSSR, Iwan Serow:

„Hiermit teile ich mit, daß für Paulus eine Briefkarte vom 8. Januar d. J. aus Viersen eingegangen ist. Auf dieser Karte teilt der Sohn von Paulus mit, daß eine deutsche Zeitung gemeldet hat, Paulus habe darum gebeten, als letzter, nach allen übrigen Soldaten, aus der Gefangenschaft entlassen zu werden.

Außerdem bittet Ernst Paulus seinen Vater, ihn bei der Rückkehr in die Heimat vom Grenzbahnhof aus anzurufen, damit er ihn abholen kann, und fragt: ‚Ist es möglich, daß Du unsere Zone betrittst, ohne Deinen Namen zu nennen? Zahllose neugierige Journalisten warten auf diesen Augenblick. Sie wollen Dich interviewen, noch bevor Du die Schwelle des Hauses überschritten hast.' "

Offensichtlich befürchtete General Kobulow, das Schreiben von Ernst Paulus könne die Gefahr einer Flucht von Friedrich Paulus in die Westzone heraufbeschwören, und beschloß, durch Nichtaushändigung jede Anregung dazu zu unterdrücken.

Der eintönige Tagesablauf des Generalfeldmarschalls Paulus fand am 15. Februar 1950 eine Unterbrechung, als im Objekt Nr. 25-W der sowjetische Spielfilm „Die Stalingrader Schlacht" gezeigt wurde.

Paulus wußte von der Existenz dieses Films. Bereits 1948 hatte ihm der Drehbuchautor, der sowjetische Schriftsteller Nikolai Wirta, einen Brief geschrieben und Paulus hatte viele der darin enthaltenen Fragen beantwortet. Er wußte auch, daß seine Kollegen im Objekt – die Generale von Seydlitz, Drebber u. a. – als Konsultanten für das Drehbuch hinzugezogen worden waren. Paulus hatte ebenfalls verschiedene Meinungen über den Film gehört, ihn aber noch nicht gesehen.

Lassen wir Oberstleutnant Parparow zu Wort kommen:

„Die Mitteilung, daß die Gelegenheit besteht, den Film ‚Die Stalingrader Schlacht' zu sehen, rief bei Feldmarschall Paulus sehr widersprüchliche Gefühle hervor. Einerseits wollte er den Film sehr gerne sehen, andererseits merkte man ihm aber auch seine Befürchtung an, daß erneut viele Fragen gestellt werden würden, die ihn sehr bedrücken. Außerdem hatte er den Eindruck gewonnen, daß die Ereignisse, die zur Tragödie von Stalingrad führten, bisher stets bewußt einseitig, irreal und gegen ihn dargestellt wurden. Deshalb fürchtete er, auch in diesem Film als ‚Prügelknabe' dazustehen.

Erst als Major Kirillow versicherte, daß er zweifellos mit der Darstellung seiner Person in diesem Film zufrieden sein werde, willigte er ein, die Vorstellung zu besuchen. Dennoch war er sehr aufgeregt, aß am Tag der Vorführung fast nichts, schlief nicht, rauchte viel und war bemüht, seine Unruhe vor uns zu verbergen.

Bei diesem Gemütszustand war es für Paulus sehr angenehm, daß die im Zuschauersaal anwesenden Angehörigen des Wachpersonals sich bei seinem Eintreten von den Plätzen erhoben. Das sagte er in der Pause zwischen dem ersten und zweiten Teil des Films. Diese Geste hat auf ihn beruhigend gewirkt. Gespannt erwartete er den zweiten Teil.

Nach der Filmvorführung kam es zu einer Diskussion, die hauptsächlich zwischen dem Feldmarschall und mir geführt wurde. Die ersten Worte von Paulus waren: ‚Ein künstlerisch wertvolles und erschütterndes Dokument gegen den Krieg. Die Gestalt der Mutter mit ihrem toten Kind in den Armen steht gleichsam als Symbol über dem ganzen Film.'

Im weiteren Gespräch betonte Paulus, daß die großen Ereignisse nicht nur sehr beeindruckend, sonder auch historisch wahrheitsgetreu dargestellt seien.

Als besonders angenehm empfand Paulus (dies wiederholte er mehrmals), daß die Rolle, die er bei diesen tragischen Ereignissen gespielt hat, vom Regisseur und dem Schauspieler sehr realistisch und ritterlich dargestellt wurde. Paulus sagte hierzu: ‚Diese Ritterlichkeit ist nicht allein vom Regisseur und Schauspieler ausgegangen. Hier ist eine starke Hand zu spüren.'

Dann sagte er noch: ‚Im zweiten Teil des Films stellt mich der Regisseur als direkten Gegner Stalins dar, ohne mich als Mensch zu diskreditieren. Das ist wahre Größe der Sieger.'

Paulus brachte wiederholt sein Erstaunen darüber zum Ausdruck, daß es dem Schauspieler, der ihn verkörpert, gelungen ist, nicht nur sein Äußeres, die Gestalt und sein Auftreten, sondern auch Details wiederzugeben, z. B. wie er die Brille abnimmt, schreibt, grüßt usw. Manchmal hatte er den Eindruck, sich im Spiegel zu sehen. Nach der

Repatriierung will er dem Schauspieler schreiben und ihm seine Anerkennung und seinen Dank aussprechen.

Besonders beeindruckt haben Paulus die beiden Szenen, in denen die Kapitulation dargestellt wird. Ihre künstlerische Interpretation vermittelt, seiner Meinung nach, eine gute und richtige Vorstellung von der Lage, in der er sich als Militär und Mensch befand. Richtig sei auch die Schuld zwischen ihm und Hitler verteilt. Als Mensch habe er, Paulus, damals schrecklich gelitten. Das werde in der Schlußszene, der Szene seines Gangs in die Gefangenschaft, deutlich. Sie sei würdevoll.

Mit der Szene, in der er Hitler in Winniza Bericht erstattet, ist Paulus auch einverstanden. Seine lakonische Ruhe, sein Gesichtsausdruck und sein reserviertes Verhalten gegenüber Hitler seien gut dargestellt. Allerdings habe Hitler hierbei nicht so wütend geschrieen. Der Charakter des Treffens sei aber richtig wiedergegeben.

Der Haltung von Paulus zu seinem Stabschef Schmidt wurde – wie er meinte, offensichtlich bewußt – weniger Detailtreue geschenkt. Was die Darstellung von Schmidt im Film betrifft, so bestehe sowohl dem Äußeren als auch dem Charakter nach keine Ähnlichkeit. In Wirklichkeit sei er nicht so farblos gewesen. Seine Haltung zu Schmidt könne allerdings aus dem Zusammenhang richtig verstanden werden. Doch das ist, nach Meinung von Paulus, zweitrangig. Er empfindet es als angenehm, daß dieser Frage keine Bedeutung beigemessen wird, denn andere Filme würden sie in den Vordergrund stellen. Das Verhältnis zwischen Adam und ihm sei richtig dargestellt.

Gut sei auch der Kontrast zwischen der Flucht der Rumänen und der Einnahme neuer Positionen durch das Korps von Strecker zu Beginn der Umzingelung.

Allerdings, so Paulus, entspricht die Szene nicht der Wahrheit, in der er zu Beginn der großen sowjetischen Gegenoffensive im Schlafanzug gezeigt wird. Sie sei für ihn und die Armee keineswegs unerwartet erfolgt. Er hätte sich seit einigen Wochen darauf vorbereitet, dem Oberkommando darüber berichtet und Vorschläge zu ihrer Abwehr unterbreitet. Am Tag der Offensive sei er lange vor ihrem Beginn angekleidet und zu einer Frontinspektion bereit gewesen. Der Regisseur wolle jedoch offensichtlich zeigen, daß der Angriff überraschend kam, und dafür sei der Schlafanzug bestens geeignet. ‚Diese Ungenauigkeit', sagte Paulus, ‚hat aber für das Gesamtbild keine große Bedeutung.'

Paulus äußerte sich auch darüber zufrieden, daß die in der ersten Version des Drehbuchs enthaltenen Szenen der Erschießung eines

Parlamentärs und die unwahren Worte über die Verpflegung der Rumänen während der Einkesselung weggelassen wurden.

Feldmarschall Paulus fragte seine Ordonnanz Schulte, wie ihm der Film gefallen habe. Schulte antwortete: ‚Diesen Film kann man in Deutschland zeigen.'

Im Zusammenhang mit dieser Meinung von Schulte gab der Feldmarschall der Hoffnung Ausdruck, daß sich einige Dilettanten in Deutschland diesen Film aufmerksam ansehen und vielleicht daraus einige Schlußfolgerungen ziehen sollten.

Diese Bemerkung fiel im Beisein des Generals von Seydlitz und war vielleicht der Grund dafür, daß dieser in meiner Anwesenheit mit keinem Wort die zahlreichen Probleme erwähnte, die der Film berührt.

Seydlitz war bei seiner Einschätzung des Films eigenartigerweise sehr zurückhaltend und beschränkte seine Kritik ausschließlich auf Formalien. Er verglich die Darstellung der Stalingrader Schlacht im Film ‚Der Schwur' mit diesem Film und nannte die Darstellung im Film ‚Der Schwur' falsch und teilweise sogar lächerlich. Er sagte, daß das in ‚Die Stalingrader Schlacht' vermieden werden konnte. Seydlitz meinte, daß im Film allzu oft Kampfszenen gezeigt werden. Paulus erwiderte, daß gerade der Charakter dieser Szenen die erschütternde Wirkung des Films beträchtlich unterstütze und zur Ächtung des Kriegs aufrufe.

Nach Meinung von Seydlitz entsprechen die Szenen, in denen die russischen Truppen über die Wolga übersetzen, nicht der Realität. Das Übersetzen hätte gar nicht so erfolgen können, denn eine derartige Massierung wäre ein Fehler gewesen. Gut dargestellt ist seiner Meinung nach dagegen das Übersetzen der deutschen Truppen über den Don.

Zur Darstellung der Rolle von Paulus und zur Frage der Kapitulation sagte Seydlitz kein Wort."

Das schwerste Jahr im Leben des kriegsgefangenen Feldmarschalls Friedrich Paulus war zu Ende gegangen. Der starke Schmerz über den Verlust der geliebten Frau klang allmählich ab. Auch die Gefahr, als Kriegsverbrecher verurteilt zu werden, bestand wohl nicht mehr – wie der Umgang der sowjetischen Vertreter mit ihm zeigte. Am 22. Februar 1950 erhielt er nach langer Pause auch wieder ein Päckchen von seinen Verwandten ausgehändigt.

Besonders beflügelte ihn dann die Nachricht, daß sich der Außenminister der UdSSR, Andrej Wyschinksi, und Innenminister Sergej

Kruglow am 29. März 1950 in der Angelegenheit seiner Repatriierung mit einem gemeinsamen Schreiben an Stalin gewandt hatten.

Dieses endete – nach Ausführungen zu Paulus' Positionen und Aktivitäten während der Gefangenschaft – wie folgt:

„In seinen Erklärungen zu einer möglichen Repatriierung äußerte Paulus den Wunsch, sich in der Deutschen Demokratischen Republik niederzulassen und dort zu arbeiten.

Gen. Tschuikow hält die Repatriierung aus der UdSSR in die sowjetische Zone Deutschlands für möglich. Familiäre Hindernisse dafür bestehen nicht mehr. Seine Frau ist im November 1949 gestorben. Die Tochter lebt in der französischen Besatzungszone und der Sohn, Hauptmann des ehemaligen deutschen Heeres, lebt mit seiner Familie in der englischen Zone.

Das Außenministerium und das Innenministerium der UdSSR halten es für möglich, Paulus in die sowjetische Zone Deutschlands zu repatriieren, ihn in einer Provinzstadt unterzubringen und das MGB der UdSSR zu beauftragen, seine entsprechende Überwachung zu organisieren.

Wir unterbreiten hiermit den Entwurf eines Beschlusses des Ministerrats.

Wir bitten um Ihre Entscheidung."

Im Beschlußentwurf „Zur Repatriierung des Generalfeldmarschalls des ehemaligen deutschen Heeres Friedrich Paulus" hieß es:

„1. Dem Innenministerium der UdSSR (Gen. Kruglow) wird genehmigt, den Generalfeldmarschall des ehemaligen deutschen Heeres Friedrich Paulus zu repatriieren.
2. Der Bevollmächtigte des Ministerrats der UdSSR für Repatriierung (Gen. Golikow) wird beauftragt, Friedrich Paulus vom Innenministerium der UdSSR zu übernehmen und ihn dem Hochkommissar der Sowjetischen Kontrollkommission in Deutschland, Armeegeneral Tschuikow, zu übergeben, um ihn für die Arbeit in einer Provinzstadt in der DDR einzusetzen.
3. Das MGB der UdSSR (Gen. Abakumow) wird beauftragt, die entsprechende Überwachung von Paulus in Deutschland zu organisieren."

Doch auf die Meinung der beiden einflußreichen Minister wie auf ihren Beschlußentwurf erfolgte keine Reaktion.

So blieb nur übrig, weiter auf die Repatriierung zu hoffen und zu warten.

6
In Erwartung der Repatriierung

Andrej Wyschinski will Friedrich Paulus helfen

Am 12. Mai 1950 schrieb der Außenminister der UdSSR, Andrej Wyschinski, der sich als Organisator und Ankläger bei den berüchtigten Moskauer politischen Prozessen in den Jahren 1936 bis 1938 einen traurigen Namen gemacht hatte, unter den ihm vorgelegten Entwurf eines Schreibens des kriegsgefangenen Feldmarschalls Paulus an die Regierung der UdSSR anläßlich der bevorstehenden Repatriierung:

„Genosse Kruglow. Ich habe einige Korrekturen vorgenommen. Wenn Sie damit einverstanden sind, dann schicken Sie mir die Erklärung in Neufassung zur Unterschrift. A. Wyschinski.“

Die Korrekturen waren unwesentlich. Im Absatz über das Auftreten von Paulus in Nürnberg strich Wyschinski die Worte vom Gefühl der Verantwortung gegenüber dem sowjetischen Volk und schränkte ein, daß sich Paulus nur von der Verantwortung gegenüber dem deutschen Volk habe leiten lassen. Darin lag eine eigene Logik, denn Verantwortung gegenüber dem sowjetischen Volk konnte nur einer tragen – Josef Stalin.

In der Passage zum wortbrüchigen Überfall Deutschlands auf die Sowjetunion nach dem Plan „Barbarossa“ strich er das Wort „Freundschaft“ aus der Bezeichnung des Vertrags, der 1939 zwischen Deutschland und der Sowjetunion abgeschlossen worden war. Damit wurde aus dem Vertrag lediglich ein Nichtangriffsvertrag.

Es gab noch einige weitere kleine Korrekturen, die dieses „erfahrenen Diplomaten“ würdig waren.

Bereits am folgenden Tag, dem 13. Mai, unterzeichneten Andrej Wyschinski und Sergej Kruglow ein an Stalin gerichtetes Schreiben:

„Der Feldmarschall des ehemaligen deutschen Heeres Paulus hat vor seiner Repatriierung ein Schreiben an die Regierung der UdSSR gerichtet.

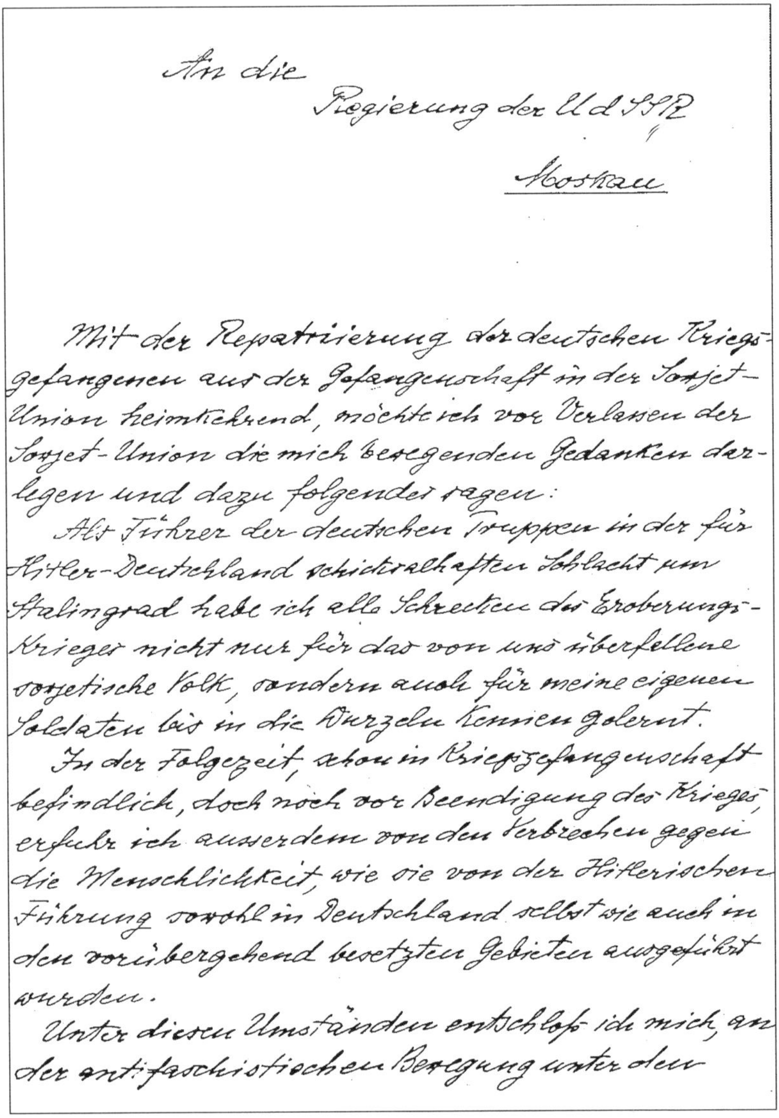

An die
Regierung der UdSSR
Moskau

Mit der Repatriierung der deutschen Kriegsgefangenen aus der Gefangenschaft in der Sowjet-Union heimkehrend, möchte ich vor Verlassen der Sowjet-Union die mich bewegenden Gedanken darlegen und dazu folgendes sagen:

Als Führer der deutschen Truppen in der für Hitler-Deutschland schicksalhaften Schlacht um Stalingrad habe ich alle Schrecken des Eroberungs-Krieges nicht nur für das von uns überfallene sowjetische Volk, sondern auch für meine eigenen Soldaten bis in die Wurzeln kennen gelernt.

In der Folgezeit, schon in Kriegsgefangenschaft befindlich, doch noch vor Beendigung des Krieges, erfuhr ich ausserdem von den Verbrechen gegen die Menschlichkeit, wie sie von der Hitlerischen Führung sowohl in Deutschland selbst wie auch in den vorübergehend besetzten Gebieten ausgeführt wurden.

Unter diesen Umständen entschloss ich mich, an der antifaschistischen Bewegung unter den

Blatt 1 der achtseitigen Darlegungen in Erwartung der Repatriierung, 12 Mai 1950. Doch Paulus mußte noch reichlich drei Jahre warten. . .

Wir unterbreiten Ihnen das Schreiben von Paulus mit der Übersetzung und bitten um Ihre Entscheidung."

Wyschinskis Korrekturen waren in das von Paulus unterzeichnete Schreiben noch nicht eingearbeitet worden. Aber das war nicht wesentlich.

Viel bemerkenswerter war, daß Andrej Wyschinski und Sergej Kruglow Stalin buchstäblich mit Schreiben bombardierten, in denen immer wieder die Repatriierung von Paulus angeschnitten wurde. Doch der Generalissimus reagierte nicht, die Frage wurde nicht entschieden, was die Minister sehr bedrückte.

Am 21. Mai richtete Paulus, der zunehmend die Geduld verlor, ein Gesuch an Amajak Kobulow:

„Sehr geehrter Herr General!

Erlauben Sie mir, Ihnen folgendes zu schreiben:

Am 5. Mai erfolgte die TASS-Erklärung über den Abschluß der Repatriierung der deutschen Kriegsgefangenen. In Verbindung hiermit habe ich Ihnen am 12. Mai eine zur Veröffentlichung bestimmte Erklärung – im Zusammenhang mit meiner mir in Aussicht gestellten Repatriierung – übergeben.

Ich möchte mir erlauben, darauf hinzuweisen, daß diese Erklärung mit jedem Tage, den sie sich vom Termin der TASS-Erklärung (5. Mai) entfernt, an Wirksamkeit abnehmen muß – wenigstens hinsichtlich Abwehr der westlichen Hetze in der Kriegsgefangenenfrage.

Diese meine Ansicht stützt sich natürlich nur auf die mir in meinem begrenzten Blickfeld mögliche Meinungsbildung.

Ich wäre Ihnen dankbar, wenn ich mit Ihnen oder Herrn Oberstleutnant Gargadse baldmöglichst eine Unterredung haben könnte.

Mit dem Ausdruck meiner Hochachtung

Ihr ergebener

Fr. Paulus"

Was aber konnte Amajak Kobulow dem Feldmarschall darauf antworten?

Die Stimmung von Paulus, der nun ganz allein – abgesehen von der Wache und seinem Bedienungspersonal – in einem Waldhaus in Tomilino untergebracht war, verschlechterte sich von Tag zu Tag. Der Leiter der GUPWI, Iwan Petrow, keinesfalls sentimental veranlagt und über den Zustand von Paulus beunruhigt, schickte Sergej Kruglow am 1. Juli 1950 einen Bericht:

„Da bisher noch immer keine Entscheidung über die Repatriierung getroffen wurde, verfällt Paulus zuweilen in Depression. In dem Objekt Nr. 5, in dem er gegenwärtig untergebracht ist, werden alle Bedingungen geschaffen, um ihm sein Leben in der Gefangenschaft zu erleichtern. Paulus bekommt Sonderverpflegung, hat ein Radio, erhält Zeitungen und Zeitschriften, schöngeistige und politische Literatur und Utensilien für die Malerei, mit der er sich die Zeit vertreibt.

In Anbetracht der Tatsache, daß er allein im Objekt untergebracht ist, abgesehen von den beiden ihn bedienenden kriegsgefangenen Soldaten, halte ich es für angebracht, ihm zur Abwechslung zu gestatten, an Werktagen in Moskauer Parks spazierenzugehen und in Begleitung des Objektleiters, Gen. Oberstleutnant Zarparow, Theater und Kinos zu besuchen.

Ich bitte um Ihre Weisungen."

Doch offensichtlich stand dem gefangenen Feldmarschall Paulus der Sinn nicht nach Zerstreuung. Sein Gesundheitszustand verschlechterte sich, so daß die Leitung der GUPWI beschloß, Paulus von einem namhaften Facharzt untersuchen zu lassen. Es wurde die Erlaubnis eingeholt, das Ordentliche Mitglied der Akademie der Medizinischen Wissenschaften, Professor Moissej Wowsi, ehemaliger Chefarzt der 1. Belorussischen Front, Generalleutnant des medizinischen Diensts, zu konsultieren.

Am 3. August schickte der Leiter der GUPWI, Generalleutnant Iwan Petrow, folgenden Bericht an Sergej Kruglow:

„Hiermit melde ich, daß bei der medizinischen Untersuchung des kriegsgefangenen Feldmarschalls Paulus durch das Ordentliche Mitglied der Akademie der Medizinischen Wissenschaften, Professor Wowsi, Arteriosklerose im Anfangsstadium, vorwiegend in der Arterie des rechten Beins, ohne wesentliche Funktionsstörungen der Organe – Gehirn, Herz usw. – diagnostiziert wurde.

Am Magen- und Darmtrakt wurden keine Abweichungen festgestellt.

Dem Patient wurden Diät, Spaziergänge und Einnahme von Pantokrln verordnet. Ihm wurde empfohlen, das Rauchen einzuschränken."

Am gleichen Tag schickte auch Oberleutnant Korobizyn, der für die Versorgung des Objekts Nr. 5 zuständige Inspektor, einen Bericht an Generalleutnant Iwan Petrow:

„Ich bitte um Ihre Bestätigung der Überweisung eines Honorars in Höhe von fünfhundert (500) Rubel an das Ordentliche Mitglied der Akademie der Medizinischen Wissenschaften, M. Wowsi, für die medizinische Untersuchung des kriegsgefangenen Feldmarschalls des ehemaligen deutschen Heeres Friedrich Paulus.

Die Quittung von Professor Wowsi für den Empfang der genannten Summe liegt bei."

Zwei Jahre später sollte Akademiemitglied Moissej Wowsi zu den Hauptangeklagten im Moskauer Prozeß gegen jüdische Ärzte zählen. Ihm sollten unsägliche Qualen im Inneren Gefängnis der Lubjanka bevorstehen ...

Vielleicht wäre die Stimmung von Friedrich Paulus gestiegen, hätte er von der bereits am 20. Juli 1950 verfaßten Mitteilung Iwan Serows und Andrej Gromykos an Stalin gewußt:

„Der Präsident der DDR, Wilhelm Pieck, hat der Sowjetischen Kontrollkommission mitgeteilt, daß das Politbüro der SED wissen möchte, welche deutschen Generale in sowjetischer Kriegsgefangenschaft wegen Kriegsverbrechen verurteilt wurden. Im einzelnen interessiert sich Wilhelm Pieck für das Schicksal von Generaloberst Strecker, weil dessen Sohn ein Gesuch an Wilhelm Pieck gerichtet hat.

Von den sich gegenwärtig noch in Gefangenschaft befindenden deutschen Generalen wurden 211 wegen Kriegsverbrechen verurteilt. Zu ihnen gehört auch General Strecker, der wegen Greueltaten auf dem Gebiet der UdSSR zu 25 Jahren verurteilt wurde. Gegen neun deutsche Generale läuft noch ein Verfahren vor Militärtribunalen.

Das Innenministerium der UdSSR und das Außenministerium der UdSSR halten es für möglich, die Bitte von Wilhelm Pieck zu erfüllen und ihm eine Liste der deutschen Generale, die in der Sowjetunion verurteilt wurden und gegen die ermittelt wird, zur Kenntnis zu geben.

Ein Beschlußentwurf ist beigefügt.

Wir bitten um Prüfung."

Der beigefügte Beschlußentwurf für das ZK der KPdSU (B) lautete:

„Der Vorschlag des Außenministeriums der UdSSR und des Innenministeriums der UdSSR, Wilhelm Pieck die Liste der kriegsgefangenen deutschen Generale, die wegen Kriegsverbrechen verurteilt wurden oder gegen die ermittelt wird, zur Kenntnis zu geben, wird angenommen."

Das ZK stimmte zu. Wilhelm Pieck erhielt die Genehmigung, die Liste der Generale einzusehen. Hätte Paulus das gewußt, wäre bei ihm gewiß die Hoffnung aufgekommen, daß Wilhelm Pieck zwangsläufig auch von seinem Schicksal erfahren, Interesse bekunden und seine Repatriierung beschleunigen würde.

Doch das geschah nicht. Von Pieck erfolgte keine Reaktion.

So geschah es, daß dem kriegsgefangenen Feldmarschall Paulus Mitte 1950 allein vom Innenminister und vom Außenminister der UdSSR reale Hilfe bei seiner Repatriierung aus der Sowjetunion zuteil wurde.

Das einzige, womit Innenminister Kruglow dem hochrangigen Gefangenen allerdings helfen konnte, war medizinische Betreuung.

Am 13. November 1950 meldete ihm Amajak Kobulow:

„Im Mai d. J. wurde Feldmarschall Paulus im Zahnlabor der Poliklinik Nr. 1 des MWD der UdSSR in der Owtschennikowskaja Nabereshnaja eine Zahnprothese angefertigt. Gegenwärtig klagt Paulus erneut über Zahnschmerzen. Seine Ordonnanz Erwin Schulte, der von der Repatriierung zurückgestellt wurde, um Paulus zu Diensten zu stehen, braucht ebenfalls eine Zahnprothese.

Ich bitte um Ihre Genehmigung für die Zahnbehandlung von Paulus und die Anfertigung einer Prothese für seine Ordonnanz im genannten Labor."

Innenminister Kruglow genehmigte. Der seelische Schmerz des Feldmarschalls Paulus war von Zahnschmerz abgelöst worden, und dieser war sicherlich leichter zu lindern . . .

Feldmarschall Paulus liest und kommentiert deutsche Zeitungen

Am 16. Januar 1951 schickte Sergej Kruglow einen Bericht an den Stellvertreter des Vorsitzenden des Ministerrats der UdSSR, Lawrenti Berija.

Darin schilderte er die mit der Repatriierung des Feldmarschalls Paulus verbundenen Komplikationen und führte aus, daß das MWD der UdSSR nach dem 13. Mai 1950 die Weisung erhalten habe, die Repatriierung von Paulus bis auf besondere Anordnung aufzuschieben. Weiter hieß es:

„In letzter Zeit hat Paulus häufig nach einem Termin für seine Repatriierung gefragt und darauf verwiesen, daß seine Gefangenschaft bereits acht Jahre währt.

Die Ungewißheit seiner Lage wirkt sich negativ auf seinen Gesundheitszustand aus.

Ich bitte um Ihre Weisungen."

Am gleichen Tag wandte sich Sergej Kruglow auch an seinen Kollegen Andrej Wyschinski:

„Der Feldmarschall des ehemaligen deutschen Heeres Friedrich Paulus, dessen Repatriierung im Mai 1950 auf besondere Anordnung aufgeschoben wurde, befindet sich in einem Objekt des MWD der UdSSR bei Moskau.

Seine Verbindung mit Deutschland beschränkt sich auf den Briefwechsel mit Verwandten, in dem es um familiäre Angelegenheiten und besonders um die Rückkehr in die Heimat geht.

Die verzögerte Repatriierung und die ständige diesbezügliche Nachfrage der Verwandten wirken sich negativ auf die Stimmung von Paulus aus.

In diesem Zusammenhang hält es das MWD der UdSSR für angebracht, einen Briefwechsel zwischen Paulus und den repatriierten deutschen Generalen Vincenz Müller und Arno von Lenski zu arrangieren.

Die genannten Generale waren zusammen mit Paulus in Gefangenschaft und hatten ein gutes Verhältnis zu ihm. Vincenz Müller ist gegenwärtig Vizepräsident der Volkskammer der DDR und stellvertretender Vorsitzender der Nationaldemokratischen Partei. Von Lenski gehört dem Präsidium der Gesellschaft für deutsch-sowjetische Freundschaft in Berlin an und ist Abgeordneter der Volkskammer. Aus dieser Sicht sollte gestattet werden, einen Briefwechsel zwischen Paulus und den genannten Generalen zu arrangieren.

Die Korrespondenz wird vom MWD der UdSSR einer strengen Zensur unterzogen.

Ich bitte um Ihre Meinung in dieser Frage."

Wyschinski erhob keine Einwände.

Doch bis der kriegsgefangene Feldmarschall Paulus von Freunden, die in der DDR herausgehobene Stellungen innehatten, aufmunternde Briefe erhalten sollte, ging er einer Tätigkeit nach, die ihn von seinen düsteren Gedanken ablenken sollte – er verfaßte, als Kommentar zu vorliegenden deutschen Zeitungsmeldungen, im Auftrag sowjetischer Behörden Auskünfte zu Militärs, die in der westdeutschen Armee wieder Führungspositionen einnahmen und für die sich Moskau im Zuge der Kampagne gegen die „Remilitarisierung Westdeutschlands" besonders interessierte.

Am 17. Januar 1951 übergab er Auskünfte über die Generale Heusinger und Speidel. Zu dem General der Infanterie des ehemaligen deutschen Heeres Heusinger schrieb Paulus:

„1. Vorbemerkung

a) Ich habe den Werdegang des Generals Heusinger bis zum Herbst 1940 aus der Entfernung beobachtet und von Herbst 1940 bis Januar 1942 im Generalstab des Heeres (OKH) mit Heusinger nahe zusammengearbeitet.

b) Heusinger dürfte heute im Alter von etwa 55 Jahren stehen.

Zum Verständnis der nachstehend verwendeten Begriffe ‚Truppenamt' und ‚Führergehilfenausbildung' gebe ich vorweg eine kurze Erläuterung:

Nach dem Versailler Vertrag war Deutschland ein ‚Generalstab' und eine ‚Kriegsakademie' verboten. In der Reichswehr wurde die Funktion eines Generalstabs ausgeübt durch das ‚Truppenamt im Reichswehrministerium'. An die Stelle der Kriegsakademie-Ausbildung trat als vollgültiger Ersatz die ‚Führergehilfenausbildung'. Dauer dieser Ausbildung (= 3 Jahre), Lehrstoff und Lehrkräfte waren die gleichen wie bei einer Kriegsakademie. Der Unterschied bestand nur in der Dislokation der Lehrgänge. Die Lehrgänge des 3jährigen Kursus fanden statt: in den beiden ersten Jahren am Sitz der Kreiskommandos, im 3. Jahre bei der Ausbildungsabteilung des Truppenamts im Reichswehrministerium.

2. Werdegang des Generals Heusinger

Heusinger wurde Offizier während des ersten Weltkriegs. Nach dessen Ende war er als Leutnant und Oberleutnant im Infanterie-Regiment 15 der Reichswehr (Standort Kassel).

Ende der 1920er Jahre beendete er die ‚Führergehilfenausbildung' als Bester seines Jahrgangs und kam infolgedessen etwa 1930 als Hauptmann in die ‚1. Abteilung des Truppenamts im Reichswehrministerium' (spätere Bezeichnung: ‚Operationsabteilung des Generalstabs des Heeres').

Dieser Abteilung hat er dann vom Hauptmann bis zum General der Infanterie, mit kurzen Unterbrechungen zum Zwecke des Dienstes an der Front, bis zum 20. 7. 1944 angehört.

Im Herbst 1940, als Oberst, wurde er Chef der ‚Operationsabteilung des Generalstabes des Heeres'. Im Herbst 1941 erfolgte seine Beförderung zum Generalmajor. Als Chef der Operationsabteilung war er an der Bearbeitung des ‚Barbarossa-Plans' beteiligt.

Er soll, wie mir erzählt wurde, bei dem Attentat auf Hitler am 20. 7. 44 verwundet worden sein, was sein Ausscheiden aus dem Dienst für die weitere Kriegsdauer zur Folge gehabt haben soll.

3. Bewertung des Generals Heusinger

Schon während der Führergehilfenausbildung schuf er sich den Ruf als ‚taktischer und operativer Kopf' und behielt ihn in der Folgezeit bei.

Zu meiner Zeit (siehe vorstehend Ziff. 1) war er eine kluge und nüchtern abwägende Persönlichkeit von einer ungewöhnlichen Arbeitskraft. Er verstand es, die Generalstabsoffiziere seiner Abteilung zweckentsprechend zur Arbeit einzusetzen. Seine Organisation der Arbeit war vorbildlich. Es gab bei ihm keinen Leerlauf.

Er war energisch im Dienst, dabei aber bescheiden in seinem Wesen. Auf äußere Anerkennung legte er keinen Wert. Die sachliche Arbeit stellte er vor alles und hielt alles von sich fern, was ihn seiner Meinung nach nichts anging. Wenn Entscheidungen gegen seinen Vorschlag ergangen waren, so führte er sie pflichtgetreu durch.

Trotzdem er während des Krieges kein Kommando in der Front gehabt hatte, war er doch über die Truppe, ihren Zustand und was sie bewegte, genauestens orientiert. Er kannte sowohl die Leistungsfähigkeit der Truppe wie deren Möglichkeiten. Wenn in dieser Beziehung in der Praxis durch die deutsche höhere Führung oft Fehler gemacht wurden, so lag dies außerhalb seiner Machtgewalt.

Den Aufgaben eines Generalstabschefs des Heeres, für welche Stellung Heusinger nach Pressemeldungen in Aussicht genommen ist, dürfte er in jeder Beziehung, operativ wie arbeitstechnisch, voll gewachsen sein.

Paulus
Generalfeldmarschall des ehem. deutschen Heeres"

In seiner Einschätzung des Generalleutnants des ehemaligen deutschen Heeres Dr. Speidel verwies Paulus darauf, daß er mit ihm nicht in unmittelbare dienstliche Berührung gekommen sei, ihn aber persönlich gekannt habe. Nach der Feststellung, daß Generalleutnant Speidel heute im Alter von etwa 50 bis 52 Jahren stehen dürfte, und nochmaliger Erläuterung der Begriffe „Truppenamt" und „Führergehilfenausbildung" ging Paulus zur Beschreibung der dienstlichen Tätigkeit von Speidel über:

„2. Werdegang des Gen.Lt. Dr. Speidel

Speidel ist hervorgegangen aus dem Infanterie-Regiment der Reichswehr (Standort Ludwigsburg in Württemberg).

Er absolvierte als Oberleutnant die ‚Führergehilfenausbildung' etwa anfangs der 1930er Jahre und wurde als Hauptmann zunächst in der 3. Abteilung des Truppenamts im Reichswehrministerium (spätere Bezeichnung: ‚Abteilung Fremde Heere' des Generalstabes des Heeres), und zwar in der ‚Gruppe Frankreich' verwendet.

In der zweiten Hälfte der 1930er Jahre wurde er (als Hauptmann/Major) Gehilfe des deutschen Militär-Attachés in Paris (General der Artillerie Kuhlental). Vom Sommer 1940 ab war er (Oberstleutnant/Oberst) Chef des Stabes beim Militärbefehlshaber Frankreich (in Paris). Militärbefehlshaber waren damals die beiden Generale der Infanterie v. Stülpnagel (Vettern), die aufeinander folgten.

Im Frühjahr 1942 wurde Speidel (als Oberst) Chef des Generalstabes des V. Armeekorps im Osten.

1943/44 war Speidel als Generalmajor Chef des Generalstabes der 8. Armee im Osten.

Im Jahre 1944 wurde Speidel als Generalleutnant Chef des Generalstabs der Heeresgruppe des Generalfeldmarschalls Rommel im Westen.

3. Bewertung des Gen. Lt. Speidel

Speidel galt schon als junger Offizier im Inf.-Rgt. 13 der Reichwehr als sehr strebsam. Er erwarb sich in dieser Zeit den akademischen Grad eines Doktors der Philosophie. Er beherrscht die französische Sprache.

Er schloß die Führergehilfenausbildung mit gutem Erfolg ab und zählte schon damals zu einer Gruppe von jungen Offizieren, denen man eine gute militärische Laufbahn voraussagte.

Er galt als klug, geistig beweglich, fleißig und zielstrebig, besaß gewandte und freundliche Umgangsformen und wurde zum Umgang mit fremdländischen Offizieren für geeignet gehalten. Hieraus ergab sich auch seine Verwendung beim Militär-Attaché und später beim Militärbefehlshaber in Paris.

Auch auf dem Gebiet der militärischen Operationen während des Krieges muß er den Anforderungen gut entsprochen haben, wofür seine Verwendung als Generalstabschef einer Armee, dann einer Heeresgruppe zeugt. Vor dem Krieg war er theoretisch auf operativem Gebiet nicht besonders hervorgetreten.

Der Überblick über seinen Werdegang ergibt, daß er bis Kriegsende immer in Generalstabs-Stellungen Verwendung fand und eine mit Kommandogewalt ausgestattete, die letzte Verantwortung tragende Stellung eines höheren Truppenführers nicht innegehabt hat, wozu er nach seinem Dienstalter auch noch nicht heranstand.

Wenn er gemäß den Pressemeldungen bei der Remilitarisierung Westdeutschlands zum Oberbefehlshaber des Heeres in Aussicht genommen ist, so erklärt sich dies wohl aus dem Umstand, daß die Auswahl geeigneter Persönlichkeiten nach dem 2. Weltkrieg durch mancherlei Gründe und Rücksichten begrenzt ist.

Falls er in die genannte Stellung kommt, nehme ich nach meiner früheren Kenntnis seiner Persönlichkeit an, daß er mit dem – nach diesen gleichen Quellen – in Aussicht genommenen erfahrenen Generalstabschef Heusinger gut harmonieren und auf seinen Rat hören wird.

Paulus
Generalfeldmarschall des ehem. deutschen Heeres“

Die von Paulus verfaßten Auskünfte wurden „nach oben“ weitergeleitet, ebenso wie ein gleichzeitig von einem Informanten verfaßter Bericht über folgende Äußerungen des kriegsgefangenen Feldmarschalls:

„Die Worte von Generalissimus Stalin über die Rolle der Völker im Kampf für den Frieden dienen als Grundlage für die Arbeit des gegenwärtig in Berlin tagenden Weltfriedensrats.

Sie sind zweifellos das Aktionsprogramm für die bevorstehenden Weltfestspiele der Jugend, die im August dieses Jahres in Berlin stattfinden sollen.

Die Erklärung Stalins wird zur Stärkung der Antikriegsbewegung beitragen, die gegenwärtig die verschiedensten Schichten der Bevölkerung Westdeutschlands, einschließlich sogar ehemalige deutsche Generale und Offiziere, erfaßt.

Es ist zu hoffen, daß es die einfachen und klaren Worte von Generalissimus Stalin über die heuchlerische Rolle von Attlee in internationalen Fragen den anglo-amerikanischen Regenten schwer machen, der Einberufung einer Außenministerkonferenz, die die internationale Lage entschärfen soll, auszuweichen."

Paulus hoffte sehr, daß die internationale Entspannung seine Repatriierung beschleunigen werde.

Am 5. Mai 1951 schickte Generalleutnant Amajak Kobulow einen weiteren Bericht Parparows an Generaloberst Sergej Kruglow, mit folgendem Anschreiben:

„Hiermit unterbreite ich den Bericht von Oberstleutnant Parparow über die Stimmung von Paulus und der zu seinen Diensten stehenden Deutschen.

Ich halte es für angebracht, Paulus aufzusuchen.

Ich erwarte Ihre Weisungen."

Was war mit den „zu Diensten stehenden" Personen? Lesen wir dazu Parparows Bericht vom 4. Mai 1951:

„Gestern, am 3. Mai 1951, hielt ich mich dienstlich im Objekt Nr. 5 auf.

Ich hielt es für erforderlich, mit Paulus zu sprechen, um seine Stimmung zu prüfen. Das Gespräch mit Paulus drehte sich, auf seine Initiative hin, hauptsächlich um den Termin seiner Repatriierung. Paulus sagte, daß er sich in dieser Frage zwar um Objektivität bemühe, die Unkenntnis des Termins – in einem Monat oder einem Jahr – ihn jedoch hoffnungslos mache und niederdrücke.

Nach dem Gespräch mit Paulus stellte mir der Koch Georg Löw, der zum deutschen Dienstpersonal von Paulus gehört, die gleiche Frage.

Er erklärte direkt, daß er ein Recht auf Rückkehr nach Deutschland habe, und betonte, daß er keinerlei Verbrechen gegen die Sowjetunion begangen habe. Es sei sein ureigenstes Interesse und sein Wunsch, sich und seine Familie durch Arbeit in der Heimat zu ernähren.

Die Ordonnanz von Paulus, Erwin Schulte, erwähnte das Thema Repatriierung nicht, ist jedoch, wie Paulus mir sagte, sehr bedrückt, weil er schon seit etwa einem Jahr von seiner Frau keine Post mehr erhalten hat. Seine Schwiegereltern schreiben ihm zwar, erwähnen aber seine Frau mit keinem Wort.

Paulus schätzt die Stimmung seines Bedienungspersonals dahingehend ein, daß sie das seelische Gleichgewicht verloren haben und überreizt sind."

Die Leiter der GUPWI begriffen, daß auch die Stimmung von Paulus den Tiefpunkt erreicht hatte. Der Fürsprache von Generalleutnant Iwan Petrow wurde stattgegeben, und der gefangene Feldmarschall erhielt die Möglichkeit, Ausflüge in die Stadt zu unternehmen – natürlich in Begleitung des Objektleiters.

Am 4. Juni 1951 informierte der neue Leiter des Objekts Nr. 5, Major Tschistjakow, über die Kulturveranstaltungen, die man „Satrap", d. h. dem gefangenen Feldmarschall Paulus, geboten habe:

Im März 1951 sah er den Spielfilm „Frühling auf dem Eis" und im Bolschoi-Theater die Oper „Rusalka". Im April unternahm er einen Spaziergang durch Moskau – Roter Platz, Uferstraße an der Moskwa, Ustinski-Brücke, Krim-Brücke. Feldmarschall Paulus sah den Spielfilm „Mussorgski" und das Schauspiel „In der Mitte des Jahrhunderts" im Wachtangow-Theater. Im Mai war er erneut im Bolschoi-Theater und sah die Oper „Sadko". Etwas später bekundete er Interesse für die leichte Muse und besuchte das im Ermitage-Garten gastierende Operettentheater, das an diesem Tag das Stück „Zehn Mädchen und kein Mann" gab.

Der Besuch der Kulturveranstaltungen hatte offensichtlich wohltuende Wirkung auf Paulus.

Am 29. Mai 1951 besuchte der Mitarbeiter der Operativen Verwaltung der GUPWI, Oberstleutnant Klausen, das Objekt Nr. 5 und bat den Feldmarschall um Kommentare zu einer Reihe von kürzlich in deutschen Zeitungen erschienenen Meldungen. Paulus willigte ein, schon sechs Tage später lieferte er das Resultat seiner Arbeit:

„Unter Bezug auf unsere Unterredung vom 29. 5. 51 übersende ich anliegend 5 Pressemeldungen mit kurzer Stellungnahme meinerseits zu folgenden Themen:

1. Guderian, 2. ‚Bruderschaft', 3. Beck-Broichsitter, und zwar:
Anlage 1: betrifft neueste Pressemeldung über Guderian („Tägliche Rundschau" vom 27. V. 51)
Anlage 2: betrifft Entstehung von ‚Bruderschaft' („Tägliche Rundschau" vom 18. V. 50)
Anlage 3: betrifft Ziele, Organisation und Aufgaben der ‚Bruderschaft' („Tägliche Rundschau" vom 9. VIII. 50)
Anlage 4: betrifft Beck-Broichsitter, eine der hervortretenden Persönlichkeiten der ‚Bruderschaft' („Neues Deutschland" vom 4. III. 51)
Anlage 5: betrifft Einstellung Beck-Broichsitter's zum Adenauer'schen Remilitarisierungsplan („Tägliche Rundschau" vom 12. XI. 50).

F. Paulus"

Zu General Guderian erklärte der Kommentator:

„Die Nachricht, daß Guderian von den Amerikanern als zukünftiger Oberbefehlshaber eines westdeutschen Heeres in Aussicht genommen ist, läßt sich gut vereinbaren mit meinen Ausführungen vom 15.1. 51 über Generalleutnant Hans Speidel. Damals habe ich dem Sinne nach geschrieben, daß es sich bei Auswahl Speidels für obigen Posten wohl um eine Notlösung handelt.

Wenn jetzt Guderian für den Posten des Oberbefehlshabers vorgesehen ist, dann ist wohl Speidel – der während des Krieges in keiner im Westen kompromittierenden Stellung war und nach dem Kriege im Zusammenhang mit seinem Buch (oder Broschüre?) über Feldm. Rommel in der Westpresse (Londoner Rundfunk) günstig beurteilt wurde – der vorgeschobene Mann, der mit den Westaliierten die Verhandlungen führt, während Guderian vorläufig im Hintergrund bleibt bis zum gegebenen Augenblick."

Der Feldmarschall verfaßte auch Kommentare zu anderen Artikeln, die ihm Oberstleutnant Klausen brachte. So schickte er etwas später, am 14. Juli 1951, Klausen seine Einschätzung von General Matzky, der zum Kommandeur der Bundes-Grenzpolizei ernannt worden war. Offensichtlich hatte die mit Klausen am 29. Mai 1951 getroffene Vereinbarung langfristigen Charakter und ermöglichte es Paulus, Initiative zu entwickeln.

In der Einschätzung heißt es:

„Vorgang: Der Nordwestdeutsche Rundfunk brachte am 13. 7. 51 in den Abendnachrichten unter anderem folgende kurze Notiz (dem Sinne nach wiedergegeben): ‚Auf einer Pressekonferenz in Bonn beanstandete Dr. Schumacher (SPD) die Ernennung des Generals Matzky zum Kommandeur der Bundes-Grenzpolizei.' Der Grund für diese Beanstandung war nicht angegeben.

General Matzky war wahrscheinlich zuletzt Generalleutnant, vielleicht General der Infanterie. Er dürfte heute im Alter von Ende der fünfziger Jahre stehen.

Werdegang: Normale Generalstabslaufbahn. Zuerst, als Oberleutnant/Hauptmann 3 Jahre Ausbildung auf der Kriegsakademie, etwa in der Zeitspanne zwischen 1925-1930.

Dann Verwendung in der Abteilung ‚Fremde Heere' (T3) im damaligen Reichswehrministerium (als Hauptmann/Major).

Zwischendurch Verwendung in der Truppe als Kompaniechef (Hauptmann) und als Bataillonskommandeur (Oberstleutnant).

Etwa 1937-1940, als Oberst, war er Militär-Attaché in Tokio (Japan).

Etwa am 1. Dezember 1940, als Generalmajor, war er ‚Oberquartiermeister IV' (abgekürzt: OQu IV) im Generalstabe des Heeres (OKH). (Zur gleichen Zeit war ich ‚Oberquartiermeister I').

In der Stellung als OQu IV war er noch im Januar 1943. Ob er nach diesem Zeitpunkt noch eine andere Verwendung gefunden hat, entzieht sich meiner Kenntnis.

Tätigkeit während des 2. Weltkrieges:
In seiner Stellung als OQu IV waren ihm unterstellt:
1. Abteilung ‚Fremde Heere Ost',
2. Abteilung ‚Fremde Heere West',
3. Attaché-Abteilung.
Hierbei oblagen ihm hauptsächlich folgende Aufgaben:
A) Zusammenstellung und laufende Überwachung des ‚Feindbildes'.
Als Unterlage hierfür dienten ihm:
a) die Truppenmeldungen (Ic -Meldungen),
b) die Ergebnisse des Nachrichtendienstes, die er vom OKW erhielt.
B) Aufstellung und Übersichten über die militärpolitische Lage.
Die Unterlagen hierfür erhielt er:
a) durch die Berichte der Militär-Attachés,
b) durch Mitteilungen des OKW.

Bewertung

Matzky galt als klug und tüchtig. Er arbeitete fleißig und gewissenhaft.

Auf operativem Gebiet ist er nicht sichtbar hervorgetreten.

Der Schwerpunkt seiner Tätigkeit während seiner militärischen Laufbahn lag in der Büroarbeit.

Er ist im 2. Weltkrieg – soweit meine Kenntnis reicht (Jan. 43) – in Stellungen eines Truppenführers nicht verwendet worden.

Fr. Paulus"

Das Testament von Elena Constanze Paulus

Die Korrespondenz des kriegsgefangenen Feldmarschalls des ehemaligen deutschen Heeres Friedrich Paulus, dessen Repatriierung bis auf besondere Anordnung durch die sowjetische Regierung aufgeschoben war, unterlag – wie bereits deutlich geworden ist – einer strengen Zensur.

Am 9. Mai 1951 teilte Generalleutnant Amajak Kobulow dem Innenminister der UdSSR, Generaloberst Sergej Kruglow, mit:

„Für den im Objekt Nr. 5 des MWD untergebrachten ehemaligen Feldmarschall Friedrich Paulus ist ein Brief seines Schwagers Eduard Baser, der mit der Schwester der 1949 verstorbenen Frau von Paulus verheiratet war, eingegangen.

Dem Brief ist eine Kopie des Testaments der Frau von Paulus, Elena Constanze Paulus, beigelegt. Der Text des Testaments lautet:

Kopie

Baden-Baden, 15. Juli 1949

Mein Testament

Im Fall meines Todes bitte ich, folgendermaßen zu verfahren:

Ich vermache meinen gesamten Besitz meinem Mann Friedrich Paulus, der sich gegenwärtig in russischer Gefangenschaft befindet. Alle Ansprüche auf mein Erbe entfallen bis zur Rückkehr meines Mannes.

Das gesamte Erbe soll entsprechend bewahrt werden, bis mein Mann selbst darüber verfügen wird.

Zum Testamentsvollstrecker ernenne ich meinen Schwager Eduard Baser, Baden-Baden, Bahnhofstraße 1a.

Elena Constanze Paulus

Gleichzeitig teilt Baser in seinem Brief, dessen Übersetzung beiliegt, Paulus mit, daß außer einem Pelzmantel faktisch keine Erbmasse verblieben ist.

Da Paulus infolge der Verzögerung seiner Repatriierung niedergedrückt ist, hielt ich es für ratsam, ihm den Brief von Baser und die Kopie des Testaments seiner Frau vorerst nicht auszuhändigen.

Ich möchte Sie davon in Kenntnis setzen."

Sergej Kruglow vermerkte mit seiner Unterschrift, daß er den Bericht zur Kenntnis genommen hatte.

In dem erwähnten Brief (vom 25. April) teilte Eduard Baser wenig Erfreuliches mit. Das gesamte Vermögen der Familie Paulus sei verloren – die Ersparnisse durch die Währungsreform –, der Hausrat sei verbraucht und alles verfügbare Geld gehe für die Bezahlung der Wohnung drauf, die man für Paulus erhalten wolle.

Am 6. Juli 1951 erhielt die Leitung der GUPWI eine erneute Auskunft in dieser Sache:

„In einem Brief an Paulus vom 26. Juni 1951 wiederholt Eduard Baser den Inhalt seines vorangegangenen Briefs (mit einer Kopie des Testaments der Frau von Paulus), der Paulus nicht ausgehändigt wurde.

Baser führt das Testament nochmals im vollen Wortlaut an und schreibt, daß es der Wunsch der Frau von Paulus war, ihren Pelzmantel nicht vor seiner Rückkehr zu veräußern, damit Paulus durch den Verkauf des Mantels etwas Geld für seinen Lebensunterhalt erhält. Nur wenn Paulus nicht in die Heimat zurückkehrt, soll der Pelzmantel nach dem Willen seiner früheren Besitzerin an Pussi (Olga von Kutzschenbach, Tochter von Paulus) gehen. Da Paulus jedoch den Wunsch geäußert hat, Pussi den Pelzmantel zu schenken, hielt es Baser für erforderlich, ihm nunmehr ausführlich zu erklären, was es mit dem Pelzmantel auf sich hat. Während Baser im vorangegangenen Brief Paulus noch nachdrücklich geraten hatte, den Mantel verkaufen und das Geld bis zu seiner Rückkehr nach Deutschland zurücklegen zu lassen, überläßt er in diesem Brief Paulus die Entscheidung, da es inzwischen ein Gesetz gibt, nach dem Paulus nach seiner Rückkehr eine Pension zusteht.

Baser bittet Paulus um eine endgültige Entscheidung in dieser Frage.

Gleichzeitig teilt Baser Paulus mit, wie er über das übrige Eigentum von Paulus verfügt hat."

Ein Testament ist eine rein private Angelegenheit, doch wir müssen die Dokumente hier zitieren, um aufzuzeigen, wie schwer die Lage von Feldmarschall Paulus im achten Jahr seiner Gefangenschaft war – die geliebte Frau ist verstorben, die Kinder leben in ärmlichen Verhältnissen, die Ersparnisse sind verlorengegangen und er hat keine Altersversorgung. Da konnten schon mitunter die Nerven versagen . .

Zumal die „zu Dienst Stehenden" ebenfalls immer renitenter wurden. So heißt es am 19. Juli 1951 in einem Bericht des Leiters von Objekt Nr. 5, Major Tschistjakow, an Amajak Kobulow, der gerade zum Leiter der Verwaltung für Kriegsgefangene und Internierte des MWD der UdSSR ernannt worden war:

„Am 16. Juli d. J. hat sich Feldmarschall Paulus bei mir über das taktlose Verhalten des Kochs Georg Löw beschwert, was darin zum Ausdruck kommt, daß sich der Koch in Gesprächen mit Paulus wie zu seinesgleichen und nicht wie ein Soldat gegenüber einem Feldmarschall verhält.

Ich habe Paulus versichert, daß diesbezügliche Maßnahmen eingeleitet werden und der Koch Löw sich in Zukunft entsprechend benehmen wird.

Ich habe dem Koch Löw deutlich gemacht, daß er Soldat ist und hier auf der Datscha zum Bedienungspersonal von Paulus gehört. Deshalb habe er im Umgang mit Paulus ein Verhalten an den Tag zu legen, wie es einem Soldaten und seiner gegenwärtigen Stellung zukommt.

Gleichzeitig drohte ich dem Koch erzieherische Maßnahmen an, wenn sich sein Verhalten gegenüber Feldmarschall Paulus wiederholt.

Gegenwärtig ist das Verhalten des Kochs Löw gegenüber Paulus korrekt.

Ich wollte sie hiervon in Kenntnis setzen."

Die Leiter der GUPWI hatten offensichtlich beschlossen, die Lebensbedingungen von Paulus und den anderen Bewohnern des Objekts Nr. 5 in jeder Hinsicht zu verbessern und angenehmer zu gestalten, soweit das unter den Bedingungen eines Minilagers für Kriegsgefangene – was Nr. 5 ja faktisch war – überhaupt möglich erschien.

Am 8. September 1951 bestätigte General Amajak Kobulow den Plan der Kulturveranstaltungen, die für „Satrap" und sein Bedienungspersonal für September 1951 vorgesehen waren. Für alle Bewohner des Objekts waren geplant: Zwei Filmveranstaltungen im Kino „Pobeda“ in der nahegelegenen Stadt Luberzy, ein Tagesbesuch im Gorki-Kultur- und Erholungspark, sowie der Besuch der Ausstellung der Josef Stalin anläßlich seines Geburtstags überreichten Geschenke im Moskauer Revolutionsmuseum. Für den Feldmarschall war außerdem ein Theaterbesuch im Bolschoi-Theater und ein Spaziergang auf den Leninbergen vorgesehen, von wo sich ein wunderbarer Blick auf das Dörfchen Lushniki und die Moskwa bot.

Zu letzterem Punkt merkte Kobulow an: „Nicht entlang der Kalugaer Chaussee.“ Dort befand sich ein Objekt, in dem deutsche Spezialisten arbeiteten, und Kobulow wollte unerwünschte Begegnungen ausschließen . . .

Offenbar hatten die traurigen Nachrichten, die Feldmarschall Paulus von seinem Schwager Eduard Baser erhielt, nicht nur die Leitung der GUPWI, sondern auch des Innenministeriums der UdSSR bewegt.

Am 14. September 1951 unterzeichnete Generalleutnant Amajak Kobulow ein Schreiben an den Stellvertreter des Leiters der Wirtschaftsverwaltung des MWD der UdSSR, Oberst Loschakow:

„Der Innenminister der UdSSR, Genosse S. N. Kruglow, hat genehmigt, dem Feldmarschall des ehemaligen deutschen Heeres Paulus ein Geschenk (eine Uhr) zu überreichen.

Ich bitte Sie, die Bereitstellung einer wertvollen Uhr zur Übergabe an Paulus anzuweisen.

Oberstleutnant A. S. Ipatow ist beauftragt, die Uhr in Empfang zu nehmen.“

Es war inzwischen Brauch geworden, den Geburtstag von Feldmarschall Paulus etwas festlich zu begehen. Anfangs wurde die Gelegenheit genutzt, um den gefangenen Generalen die Möglichkeit zum Meinungsaustausch zu geben, dann war das Ganze nur noch eine Geste der Aufmerksamkeit.

Am 24. September 1951 berichtete der Leiter des Objekts Nr. 5, Major Tschistjakow, dem Abteilungsleiter der GUPWI Oberst Majorow:

„Hiermit melde ich, daß entsprechend der Weisung des Leiters der GUPWI des MWD der UdSSR, Gen. Generalleutnant A. S. Kobulow, am 23. September d. J. dem im Objekt Nr. 5 des MWD der UdSSR untergebrachten kriegsgefangenen Feldmarschall Paulus an seinem Geburtstag Geschenke gemacht wurden – eine Torte und ein Korb Blumen.

Im Auftrag von Gen. Generalleutnant A. S. Kobulow hat Gen. Parparow Paulus zum Geburtstag gratuliert.

Paulus war von der Aufmerksamkeit anläßlich seines Geburtstags sehr gerührt und bat, Generalleutnant Kobulow seinen Dank zu übermitteln.

Während des Gesprächs über verschiedene Themen ging Paulus auch auf seine Lage ein: ‚Ich bin mit allem zufrieden, aber trotzdem bin ich nicht frei. Ich spüre den Zaun' (er meint den Zaun um das Objekt Nr. 5).

Außerdem bedrückt Paulus die Tatsache, daß seinetwegen zwei Soldaten zurückgehalten werden, die seit langem zu Hause bei ihren Familien sein könnten.

Parparow und ich antworteten Paulus, daß Generalleutnant Kobulow ihn nicht vergessen hat und alles Mögliche für seine Rückkehr unternimmt. Wir sagten Paulus auch, daß die Lage im Westen gegenwärtig gerade für ihn ungünstig sei, was berücksichtigt und mit Geduld ertragen werden müsse.

Paulus antwortete, daß er das alles versteht, aber dennoch Heimweh hat. Er bat, ihn nicht zu vergessen.

Die allgemeine Stimmung von Paulus ist gut, er fühlt sich wohl und rüstig."

Wenn die Geschenke auch nicht den Verlust seiner Frau und die anhaltende Trennung von der Familie kompensieren konnten, so hoben sie doch wohl die Stimmung des Feldmarschalls ein wenig.

Diese Stimmung hätte sich wohl wieder rapide verschlechtert, wenn Paulus von der Mitteilung Kenntnis erhalten hätte, die Generaloberst Iwan Serow und Generalleutnant Amajak Kobulow am 30. November 1951 an Sergej Kruglow schickten.

Sie betraf den letzten Brief von Ernst Paulus an seinen Vater. Darin teilte er mit, daß er Guderian getroffen habe und dieser Grüße an den Feldmarschall übermitteln ließe. Serow und Kobulow hielten es für angebracht, darüber sofort den Minister für Staatssicherheit der UdSSR, Ignatjew, zu informieren.

Der beigefügte Entwurf eines Schreibens im Namen von Sergej Kruglow lautete:

„Auf Weisung der höchsten Instanz wird der Generalfeldmarschall des ehemaligen deutschen faschistischen Heeres Paulus bis auf besondere Anordnung in der UdSSR zurückgehalten. Er befindet sich in einem Objekt bei Moskau und hat die Möglichkeit, mit seinen in Westdeutschland lebenden Verwandten zu korrespondieren.

Zu den in Deutschland lebenden Verwandten von Paulus gehört auch sein Sohn Ernst Paulus, der gegenwärtig in Viersen bei Köln (englische Zone) wohnt. Er ist mit der Tochter eines Heizgeräteherstellers verheiratet und arbeitet in der Firma seines Schwiegervaters.

Wie aus dem regelmäßigen Briefwechsel zwischen Paulus und seinem Sohn ersichtlich ist, sind ihre Beziehungen sehr herzlich. In diesem Zusammenhang muß noch erwähnt werden, daß Ernst Paulus im November 1944 verhaftet wurde und bis zur Kapitulation Deutschlands im Konzentrationslager war, weil sein Vater in der Gefangenschaft gegen Hitler Stellung genommen hat.

In dem letzten Brief an seinen Vater berichtet er über seine Krankheit und eine Reise in die Alpen und schreibt:

‚Auf dem Rückweg besuchte ich in Bayern Guderian, dem es, abgesehen von der Gesundheit, gut geht. Auch er läßt herzlich grüßen.'

Wir halten den Brief des Sohns von Paulus vorläufig zurück. Wenn Sie an dieser Verbindung interessiert sind, könnte Paulus in unserem Auftrag einen Antwortbrief in unserem Sinne schreiben.

Ich bitte um Ihre Meinung."

Kruglow schickte den Brief unverzüglich ab, wie vorgeschlagen an den Minister für Staatssicherheit, Ignatjew. Die Antwort traf zwei Wochen später, am 14. Dezember 1951, ein:

„Der Briefwechsel des Generalfeldmarschalls des ehemaligen deutschen faschistischen Heeres Paulus mit seinem Sohn Ernst Paulus, wohnhaft in Viersen (englische Zone), wird unserer Meinung nach von den entsprechenden Abwehrorganen des Gegners kontrolliert.

Deshalb ist es praktisch sinnlos, diesen Kanal für operative Ziele zu nutzen.

Wir meinen, daß der Charakter des Briefwechsels zwischen Paulus und seinem Sohn gegenwärtig nicht geändert werden soll."

Der kriegsgefangene Feldmarschall Paulus erhielt besagten Brief seines Sohnes erst am 17. Dezember mit der üblichen Post, ohne irgendeine Entschuldigung für die eingetretene Verzögerung.

Generalissimus Stalin interessiert sich für die Gesundheit des kriegsgefangenen Feldmarschalls Paulus

Neun Jahre Gefangenschaft waren offenbar nicht spurlos an Friedrich Paulus vorübergegangen. Daran änderte auch nichts, daß die Bedingungen seiner Gefangenschaft besser als die aller anderen seiner Kameraden waren. Auch ein goldener Käfig ist und bleibt ein Käfig.

Am 27. Februar 1952 übermittelte Amajak Kobulow Sergej Kruglow eine alarmierende Nachricht:

„Hiermit melde ich, daß der im Objekt Nr. 5 des MWD untergebrachte kriegsgefangene Feldmarschall des ehemaligen deutschen Heeres Friedrich Paulus am 26. Februar 1952 um 3 Uhr nachts infolge Herzschwäche eine Ohnmacht erlitten hat.

Der das Objekt betreuende Arzt leistete Paulus die erforderliche medizinische Hilfe. Wie der Arzt erklärte, sind keine schwerwiegenden organischen Störungen festzustellen.

Ich bitte um Ihre Genehmigung, für eine allseitige und fachärztliche Untersuchung von Paulus einen erfahrenen Therapeuten aus der Poliklinik Nr. 1 des MWD für das Objekt Nr. 5 des MWD anzufordern.

Ich erwarte Ihre Entscheidung."

Minister Kruglow stimmte umgehend zu. Nachdem dann ein entsprechendes medizinisches Gutachten vorlag, informierte er sofort den Stellvertreter des Vorsitzenden des Ministerrats der UdSSR, Lawrenti Berija.

Nach der Mitteilung über den Ohnmachtsanfall hieß es weiter:

„Am 27. Februar d. J. wurde Paulus von Fachärzten der Poliklinik des MWD der UdSSR untersucht, die eine Durchblutungsstörung des Gehirns mit kurzzeitigem Bewußtseinsverlust infolge Alterssklerose ohne organische Funktionsstörung diagnostizierten.

Paulus wurden Medikamente und Zimmeraufenthalt für sieben Tage verordnet, woran sich Thoraxröntgenaufnahme, Elektrokardiogramm, Untersuchung des Augenhintergrunds und Konsultation eines erfahrenen Neuropathologen anschließen werden.

Paulus leidet in letzter Zeit aus Ungewißheit über seine Lage zunehmend unter Nervenschwäche."

Berija, früher Chef von Kruglow und nun aufgerückt zum Stellvertreter des Vorsitzenden des Ministerrats der UdSSR, war in seiner neuen Funktion hauptsächlich für die sowjetische Atom- und Raketenindustrie zuständig, aber ihm unterstanden auch weiterhin die Organe des Innern und die Staatssicherheit. Mit Berija als Rückenstärkung war es für Kruglow einfacher, eine so delikate Frage wie die beschleunigte Repatriierung des gefangenen Feldmarschalls in Angriff zu nehmen. Immerhin war dieser seit neun Jahren in Gefangenschaft – eine lange Zeit, die einer Haftstrafe für schwere Verbrechen entsprach. Sergej Kruglow war sich bewußt, daß er als Innenminister, der für das Befinden von Paulus verantwortlich war, zur Rechenschaft gezogen werden würde, wenn Friedrich Paulus etwas zustieß.

Offensichtlich hat Berija Sergej Kruglow aus alter Freundschaft einen entsprechenden Rat gegeben, denn am 29. Februar 1952 schickte dieser einen Bericht an Josef Stalin höchstpersönlich:

„Das Ministerium des Innern der UdSSR teilt mit, daß der in einem Sonderobjekt bei Moskau untergebrachte kriegsgefangene Feldmarschall des ehemaligen deutschen Heeres Friedrich Paulus in der Nacht zum 25. Februar 1952 infolge von Zerrüttung des Nervensystems eine Ohnmacht mit kurzzeitigem Bewußtseinsverlust erlitt. Paulus wurde im Objekt die erforderliche medizinische Hilfe geleistet."

Dann wiederholte Kruglow die Mitteilungen über Diagnose und Therapie aus seinem Bericht an Berija und schrieb weiter:

„Paulus lebt unter Haftbedingungen eines kriegsgefangenen Generals. Seine Verpflegung ist vollkommen ausreichend. Zusammen mit Paulus befinden sich der kriegsgefangene Soldat Schulte als seine persönliche Ordonnanz sowie der Kriegsgefangene Löw als sein Koch im Objekt.

Der Gesundheitszustand von Paulus war bisher zufriedenstellend, doch infolge der langen Gefangenschaft und der Ungewißheit seiner Repatriierung leidet er in letzter Zeit zunehmend an Nervenschwäche.

Ich halte es meinerseits für angebracht, die Frage der möglichen Repatriierung von Paulus in die Deutsche Demokratische Republik zu prüfen."

Stalin laß den Bericht von Sergej Kruglow und unterstrich die Stellen, an denen von der Ohnmacht, den Haftbedingungen und der Zweckmäßigkeit der Repatriierung die Rede war. Doch er traf ein weiteres Mal keine Entscheidung. Offenbar hatte Stalin mit Paulus seine eigenen Pläne, über die er mit niemandem sprechen wollte.

Kruglow versuchte mit List, Handlungsbedarf zu schaffen, indem er analoge Berichte außer an Berija auch an Wjatscheslaw Molotow und Georgi Malenkow schickte. Doch auch diese List half nicht .

Im April 1952 bestätigte Amajak Kobulow den Plan der Kulturveranstaltungen für den Monat Mai. Für den 3. bis 6. Mai war ein Besuch der Jahresausstellung der Akademie der Künste zum Kunstschaffen 1951 geplant. Zwischen dem 10. und 13. Mai sollten ein gemeinsamer Spaziergang im Gorki-Kultur- und Erholungspark und der Besuch einer Autoausstellung stattfinden. Auch waren zwei Theater- und Konzertbesuche vorgesehen, im Bolschoi- oder im Operettentheater sowie im Tschaikowski-Saal. Schließlich sollte zwischen dem 25. und 31. Mai ein Ausflug zum Schloß Scheremetjewo in Ostankino bei Moskau unternommen werden. Das war ein interessantes und inhaltsreiches Programm.

Im Juni 1952 beschloß Amajak Kobulow, dem gefangenen Feldmarschall eine weitere Überraschung zu bereiten, wie das folgende Schreiben an Innenminister Kruglow belegt:

„Ich bitte um die Genehmigung, für Einkleidung des inhaftierten Friedrich Paulus – Stoff für einen Anzug sowie zwei Hemden, zwei Garnituren Unterwäsche und ein Paar Schuhe – insgesamt bis zu 4000 Rubel aufzuwenden.

Paulus hat letzmalig im Jahre 1946 einen Anzug erhalten, als er im Nürnberger Prozeß als Zeuge aufgetreten ist.

Der Anzug für Paulus kann von dem verurteilten deutschen Kriegsgefangenen Hermann Rudolf genäht werden, der früher sein Schneider war und gegenwärtig im Sonderobjekt Nr. 14 (Bahnstation Iljinsk) inhaftiert ist.

Ich bitte um Ihre Entscheidung."

Ein Anzug in sechs Jahren ist nicht gerade großzügig, zumal die Uniform des Feldmarschalls inzwischen vollkommen abgetragen war. Er behalf sich mit einer alten sowjetischen Militäruniform, die damals mehr als die Hälfte der männlichen Bevölkerung der Sowjetunion trug – so daß Paulus sich durch nichts von der Menge abhob. Und für die Gartenarbeit war eine solche Bekleidung geradezu ideal . . .

Doch das sahen nicht alles so. Am 15. Juni informierte Kobulow Innenminister Kruglow:

„Ich möchte mitteilen, daß für den Feldmarschall des ehemaligen deutschen Heeres Friedrich Paulus ein Brief seiner Tochter Olga von Kutzschenbach, wohnhaft in Baden-Baden, Zeppelinstraße 6 (französische Besatzungszone Deutschlands), eingetroffen ist. Der Brief enthält folgende Information:

‚Die Zeitungen verbreiten erneut Gerüchte, daß Heimkehrer Dich angeblich in russischer Uniform gesehen haben. Das ist doch sehr dummes Geschwätz. Allmählich hat man alle diese Zeitungsenten satt, so daß man sie gar nicht mehr beachtet.' "

Mitte 1952 stellten die sowjetischen Geheimdienstes fest, daß unbekannte Personen ein gewisses Interesse für Feldmarschall Paulus bekundeten. Über einen solchen Fall informierte der Stellvertreter des Leiters der GUPWI, Oberst Denissow, Sergej Kruglow. Nachdem er die Zustimmung Kruglows eingeholt hatte, schickte er am 1. August 1952 folgende Mitteilung an den Stellvertreter des Leiters der 2. Hauptverwaltung des MGB der UdSSR, Oberst Ljalin:

„Bei der Station Iljinsk an der Eisenbahnstrecke Moskau-Rjasan befindet sich ein Sonderobjekt des MWD der UdSSR für deutsche Spezialisten, die aus Objekten der 1. Hauptverwaltung beim Ministerrat der UdSSR dorthin verlegt wurden.

Früher war in diesem Objekt eine Gruppe kriegsgefangener Generale inhaftiert, darunter auch Generalfeldmarschall Friedrich Paulus und Generalmajor des medizinischen Dienstes Walther Schreiber.

Die in der Nachbarschaft des Objekts wohnende Bürgerin Z. informierte die Mitarbeiter des Sonderobjekts darüber, daß sie am 11. Juli d. J. bei der Arbeit im Gemüsegarten vor ihrem Haus von einem unbekannten Bürger nach der Lermontowstraße gefragt wurde. Sie antwortete, daß sie das nicht wisse, und der Passant fragte dann, wo sich das Transformatorenhäuschen und daneben das Haus befinde, in dem ein namhafter deutscher General untergebracht sei. Als sie wiederum antwortete, daß sle das nicht wisse, dankte ihr der Unbekannte und ging weiter.

Nach Aussagen der Z. sprach der Unbekannte ein einwandfreies Russisch. Angaben zur Person: Groß, blondes schütteres Haar, breite Stirn, etwa 50 Jahre, kräftige Statur.

In diesem Zusammenhang muß gesagt werden, daß der zuvor in diesem Objekt untergebrachte General Schreiber, der 1948 in die sowjetische Zone Deutschlands repatriiert wurde, nach Westdeutschland geflüchtet ist und sich gegenwärtig laut Pressemeldungen in den USA aufhält. Nach der Repatriierung von Schreiber wurde Paulus in ein anderes Objekt in Tomilino verlegt, um seinen Aufenthalt geheimzuhalten.

Ich teile Ihnen dies zur Kenntnisnahme und zur möglichen operativen Verwendung mit."

Somit entbehrten die von Zeit zu Zeit auftauchenden Meldungen darüber, wie Feldmarschall Paulus in der Gefangenschaft lebe, meistens einer realen Grundlage, denn Paulus wurde streng und sorgfältig bewacht, kein Unbefugter bekam ihn auch nur von weitem zu Gesicht.

Feldmarschall Paulus schreibt sein Testament

Der anstehende 62. Geburtstag von Feldmarschall Paulus wurde nur noch sehr bescheiden gefeiert. Am 27. September 1952 berichtete der Objektleiter an Kobulow:

„Ich teile mit, daß am 23. September 1952 im Objekt Nr. 5 des MWD der UdSSR der Geburtstag des inhaftierten kriegsgefangenen Generals des ehemaligen deutschen Heeres Friedrich Paulus begangen wurde.

An dem Essen anläßlich des Geburtstags nahmen ich und der kriegsgefangene Georg Löw teil.

Im Gespräch mit mir während des Essens sagte Paulus: ‚Das ist mein zehnter Geburtstag in der Gefangenschaft.'

Ansonsten war Paulus guter Stimmung und mit der festlichen Bewirtung zufrieden."

Nichts gab eigentlich Anlaß zur Besorgnis, doch dann, am 18. Oktober 1952, schickte Amajak Kobulow eine Sondermeldung an Sergej Kruglow:

„Der im Objekt Nr. 5 untergebrachte kriegsgefangene Feldmarschall Paulus leidet in letzter Zeit unter Nervenschwäche. Nachts schläft er schlecht, in Gesprächen reagiert er gereizt und der Ärztin des Objekts Bobodina erklärte er, daß er keinen Appetit hat und sich zum Essen zwingen muß. Kennzeichnend ist, daß sich diese Stimmung von Paulus auch in einem Brief an seinen Verwandten, einen gewissen Baser, wohnhaft in Baden-Baden (französische Besatzungszone Deutschlands) äußert. In dem Brief schreibt Paulus, daß die materiellen Interessen seiner Kinder gewahrt werden müssen, und berät sich mit Baser in Fragen eines Testaments.

Außerdem hat Paulus diesem Brief eine Vollmacht für Baser beigelegt und ihn befugt, seine Geld- und Sachwerte zu verwalten.

Der Grund für diese Vollmacht ist, wie aus dem Brief von Paulus hervorgeht, auch der Wunsch, die Besitzansprüche seiner Tochter Olga von Kutzschenbach für den Fall seines Todes zu regeln.

Die Übersetzung des Briefs von Paulus und der beigefügten Vollmacht liegt bei.

Der Brief und die Vollmacht von Paulus werden bis zu Ihrer Weisung zurückgehalten.

Ich würde es für angebracht erachten, Paulus zu besuchen, um seine pessimistische Stimmung zu zerstreuen.

Ich bitte um Ihre Weisungen."

Es muß erwähnt werden, daß in einer vorliegenden ersten Variante dieses Schreibens von Amajak Kobulow nicht von dem nervösen und gereizten Zustand von Paulus die Rede war. Doch zwischenzeitlich hatte der Leiter des Objekts Nr. 5, Major Tschistjakow, über die schlechte Stimmung von Paulus informiert:

„In einem Gespräch mit mir begründete ‚Satrap' seine gegenwärtige Stimmung auch damit, daß er das Objekt seit sechs bis sieben Wochen nicht verlassen hat und nichts außer dem Zaun und der Allee sieht, die er tagelang auf und ab gegangen ist. (Im September hatte ich Urlaub, daher wurden für ‚Satrap' keine Ausfahrten organisiert.)"

Auch Kobulow wollte nicht die Verantwortung übernehmen, wenn mit Paulus etwas passierte. Deshalb setzte er sich bei seinen Vorgesetzten für die Repatriierung von Paulus ein und ließ durchblicken, daß Paulus am Ende seiner Kräfte sei. In diesem Fall waren genauere Angaben nicht erforderlich, der Text der von dem Gefangenen verfaßten Vollmacht sprach für sich:

„Vollmacht

Ich erteile hiermit meinem Schwager, Herrn Eduard Baser in Baden-Baden, Bahnhofstraße 1a, für die Dauer meiner Abwesenheit aus der Heimat die Gesamtvollmacht, mich in allen meinen wirtschaftlichen Belangen sowie Rechtsansprüchen sowohl gegenüber Einzelpersonen wie gegenüber Behörden usw. rechtsgültig zu vertreten.

Hierbei soll der Vorgenannte insbesondere befugt sein, Zahlungen für mich entgegenzunehmen, meine Geld- und Sachwerte zu verwalten und über sie im Interesse meiner beiden Kinder sowie in meinem eigenen Interesse zu verfügen.

Im Einzelnen wird er hiermit bevollmächtigt, meine auf dem Hausgrundstück in Baden-Baden, Oberbeuern, Laubengrundweg 4 stehende Hypothek zu Gunsten meiner Tochter, Frau Olga von Kutzschenbach, löschen zu lassen oder an dem Status der Hypothek Änderungen vorzunehmen.

den 8. Oktober 1952 Friedrich Paulus“

Der Leiter des Objekts Nr. 5, Major Tschistjakow, erhielt unverzüglich den Auftrag, die Stimmung von Feldmarschall Paulus genauer zu sondieren. Am 25. Oktober berichtete er Amajak Kobulow:

„Hiermit melde ich, daß ich entsprechend Ihrer Weisung am 23. Oktober d. J., als Paulus und ich uns über die Fernsehübertragung des Balletts ‚Die Flamme von Paris' unterhielten, auch auf seinen Brief und seine Vollmacht vom 8. Oktober d. J. für seinen Verwandten Baser in Deutschland zu sprechen kam.

Auf meine Frage, warum er Baser sein Testament geschickt habe, antwortete Paulus, daß er niemandem ein Testament geschickt habe. Er habe Baser eine Vollmacht geschickt, die diesen befugt, für die Dauer seiner Abwesenheit über seine Geld- und Sachwerte – Haus, Einrichtung, Silber- und Goldsachen, Spareinlagen auf der Bank – zu verfügen.

Dies habe er, Paulus, getan, damit Baser ihn in der Hypothekenfrage (auf seinem Grundstück in Baden-Baden stehende Hypothek) vertreten kann, da Paulus wegen seiner Abwesenheit nicht rechtzeitig allen Zinszahlungen für die Hypothek gegenüber dem Magistrat nachkommen kann.

Außerdem hat er Baser mit dieser Vollmacht befugt, seinen Kindern nach seinem Ermessen materielle Hilfe zu gewähren, vor allem der Tochter Olga von Kutzschenbach, die materiell schlechter gestellt ist als sein Sohn.

Was das im Brief angeführt Wort ‚Tod' betrifft, so sei es nicht ernst gemeint. Er, Paulus, wolle nicht sterben und denke auch nicht ans Sterben. Er hat es deshalb gebraucht, um den Stil einer Vollmacht einzuhalten, denn aufgrund seiner zeitweiligen Abwesenheit sei er zu einer solchen verpflichtet.

Andere Absichten und Ziele habe er damit nicht verfolgt.

Am Schluß unseres Gesprächs äußerte Paulus noch den Wunsch, Sie zu sehen.

Die Stimmung von Paulus ist gut und er fühlt sich wohl.

Am 24. Oktober d. J. unternahm ich mit Paulus einen Ausflug nach Abramzewo, um das Kunstgewerbemuseum der Akademie der Künste der UdSSR zu besuchen. Die Ausfahrt gefiel Paulus, wenn auch die Innenbesichtigung nicht möglich war, weil das Museum geschlossen hatte."

Kobulow und Kruglow atmeten erleichtert auf.

Am 29. Dezember 1952 schickte Feldmarschall Paulus das letzte Glückwunschschreiben an Amajak Kobulow:

„Sehr verehrter Herr General!

Gestatten Sie mir, anläßlich des Neuen Jahres Ihnen meine herzlichen Wünsche zu senden und Ihnen Gesundheit, Glück und Erfolg in der Arbeit zu wünschen.

Gleichzeitig möchte ich Ihnen herzlich für die mir erwiesene Freundlichkeit und Erleichterung meiner Lage im vergangenen Jahr danken.

Ich bitte Sie, das beigefügte Aquarell als Neujahrsgruß entgegenzunehmen.

Mit dem Ausdruck vorzüglicher Hochachtung

Ihr sehr ergebener F. Paulus"

Dies war das letzte Glückwunschschreiben, denn nach dem Tod Stalins am 5. März 1953 wurde Amajak Kobulow seines Postens enthoben und vom Militärkollegium des Obersten Gerichts der UdSSR verurteilt.

Allerdings hat Paulus, als er von der Erkrankung Stalins erfuhr und dann aus Anlaß des Todes von Stalin Kobulow noch zweimal geschrieben, doch dem stand bereits nicht mehr der Sinn nach Diplomatie.

In der Zwischenzeit widmete sich Paulus der Zeichenkunst und Malerei. Seine Schwester Cornelia Paulus stellte in ihren Briefen fest, daß er auf diesem Gebiet große Fortschritte mache und daß die Farben gut harmonierten.

Die Post für Paulus nahm wieder zu. Nicht nur seine Verwandten schrieben ihm. Im Juni 1953 schickte ihm Frau Hildegard Höppner, wohnhaft in Mühlheim an der Ruhr, Wenderfeld 20, die folgende Briefkarte:

„Ich suche meinen Mann, Gefreiter Wilhelm Höppner, geb. am

24. Februar 1909 in Mühlheim an der Ruhr. Letzter Wohnort: Düsseldorf-Derendorf, Roßstraße 135. Letzte Feldpostnummer: 45878. Er gilt als vermißt seit der Nacht vom 24. zum 25. April 1944, Südwestufer des Dnestr, 50 km von Tirspol, nahe der Ortschaft Purkari.

Hochachtungsvoll Frau Hildegard Höppner"

Der Krieg war seit vielen Jahren vorbei, doch noch immer suchten Frauen, Mütter und Kinder ihre Männer, Söhne und Väter und gaben die Hoffnung nicht auf.

Der Brief von Frau Höppner war an folgende Adresse gerichtet: UdSSR, „Freies Deutschland", Generalfeldmarschall Paulus, Abteilung für Kriegsgefangene.

Doch auch diesen Brief hat Friedrich Paulus nicht erhalten. Dafür gab es einige neue „Maßnahmepläne", was den gefangenen Feldmarschall betraf.

Am 9. Juni bestätigte der Stellvertreter des Innenministers der UdSSR, Bogdan Kobulow, einen neuen Maßnahmeplan für das Objekt Nr. 5. Nunmehr war der Leiter der Zentralen Poliklinik des MWD der UdSSR verpflichtet, den Bewohnern des Objekts jederzeit medizinische Hilfe zu leisten, einschließlich regelmäßiger Arztbesuche im Objekt.

Im Innenministerium war ab Juni 1953 Generalmajor Pitowranow, Stellvertreter des Leiters der 1. Hauptverwaltung des MWD der UdSSR, für alle Paulus betreffenden Dinge zuständig. Seine erste Amtshandlung bestand in der Bestätigung des Plans der Kulturveranstaltungen für den Monat Juli. Vorgesehen war, daß „Schwarz" (so lautete nun der Deckname von Paulus im Dienstgebrauch) die Tretjakow-Galerie, erneut das Sommertheater des Ermitage-Gartens, den Gorki-Kultur- und Erholungspark sowie das Filmtheater „Pobeda" in Ljuberzy besuchen und eine Dampferfahrt auf dem Moskwa-Kanal unternehmen konnte. An den Veranstaltungen, mit Ausnahme der Tretjakow-Galerie, durften auch die Kriegsgefangenen Löw und Schulte teilnehmen. Einschränkend war vermerkt, daß alle „Maßnahmen" nur an Werktagen, die Ausflüge im Wald und auf dem Wasser nur bis 20 Uhr stattfinden durften. Für die Theater- und Museumsbesuche galt, daß zuvor überprüft werden mußte, ob dort an diesem Tag auch keine ausländischen Delegationen oder Mitarbeiter des diplomatischen Korps anwesend sein würden.

Doch dieses Angebot konnte, wie schon im Juni, die gedrückte Stimmung von Paulus nicht wesentlich heben. In Briefen an Freunde und Verwandte wiederholte er ständig ein und denselben Satz: „Niemand weiß, wann das enden wird."

In den Briefen an seine Tochter erkundigte er sich nach seinem Enkel, dessen Gesundheit und Schulerfolgen. Auch in den Briefen an seinen Sohn ging es fast ausschließlich um die Familie.

Vom 29. Juni bis 4. Juli wurde Feldmarschall Paulus in der Zentralen Poliklinik des MWD der UdSSR untersucht. Alle Befunde waren mehr oder weniger normal, der Blutdruck war sogar hervorragend – 135/80. Die Ärzte empfahlen einen Sanatoriumsaufenthalt, Physiotherapie, jedoch keine Heliotherapie.

Licht am Ende des Tunnels

Am 31. Juli 1953 berichtete der Leiter der 1. Verwaltung des MWD der UdSSR, General Fedotow, dem Minister Sergej Kruglow, daß die Kriegsgefangenen Schulte und Löw, die 1950 zugestimmt hatten, für weitere drei Monate in der UdSSR zu bleiben, um Paulus zu Diensten zu sein, mit ihrer Lage unzufrieden seien und um Repatriierung in die Heimat ersuchten. Fedotow teilte mit, daß Paulus dieses Gesuch unterstütze und die Repatriierung für angebracht halte, zumal in der Zeit der Gefangenschaft – seit 1943 – kein Schulte und Löw belastendes Material zutage getreten sei.

Eine Weisung aufgrund dieser Mitteilung erteilte der Innenminister erst vier Wochen später, am 1. September 1953:

„Berücksichtigen Sie, wie vereinbart, diese Frage bei der Abfassung Ihres Berichts im Fall Paulus für die Instanz."

Im Juli 1953 hatte sich niemand für eine Antwort zuständig gefühlt, denn die Verhaftung von Lawrenti Berija hatte die Arbeit des MWD zwar nicht paralysiert, die Stellung der verantwortlichen Mitarbeiter des Ministeriums jedoch für gewisse Zeit in der Schwebe gelassen.

Mitte August war im Objekt Nr. 5 neue Hoffnung aufgekeimt, wie aus einem Bericht des Objektleiters, Oberstleutnant Tschistjakow, an den Leiter der 3. Abteilung der 1. Hauptverwaltung des MWD der UdSSR, Generalmajor Wassili Baryschnikow, hervorgeht:

„Am 17. August 1953 sagte mir der Koch Georg Löw, daß Paulus im Rundfunk die Meldung über die sowjetische Note an Frankreich,

England und die USA über einen Friedensvertrag mit Deutschland gehört hat.

Als ich Paulus traf, ging er darauf ein. Er bat darum, ihm möglichst schnell die Zeitung zu besorgen, damit er sich gründlich mit dem Inhalt der Note vertraut machen könne, weil er im Radio nicht alles verstanden habe.

Bis die Zeitung gebracht wurde, befand sich Paulus in einem erwartungsvoll-erregten Zustand. Er zog sich mit der Zeitung zurück und las sie, wobei er für Schulte ins Deusche übersetzte.

Vor dem Abendessen ging Paulus lange mit dem Koch Georg Löw und der Ordonnanz Erwin Schulte auf dem Gelände des Objekts spazieren und diskutierte mit ihnen.

Am 18. August sagte mir Paulus, daß er in dieser Nacht, d. h. von 1.00 bis 3.00 Uhr, im Radio eine Sendung aus Leipzig gehört habe, in der die Note der Sowjetunion und die Reaktion der deutschen Öffentlichkeit behandelt wurden.

Nach dem Gespräch zu urteilen, begrüßt er die Note der Sowjetunion sehr, weil sie seine Heimkehr beschleunigt.

Die Aufregung von Paulus und seines Dienstpersonals dauerte an, bis das Kommuniqué der sowjetisch-deutschen Verhandlungen in Moskau vom 20. bis 26. August veröffentlicht wurde.

Paulus bezeichnete das Kommuniqué als einen großen Schritt auf dem Weg der freundschaftlichen Beziehungen zwischen der Sowjetunion und Deutschland und einen gewaltigen Schlag gegen die westlichen Länder und Adenauer. Er fügte hinzu, daß Löw und Schulte jetzt schnellstens heimkehren müßten, denn sie seien keine Verbrecher, sondern Kriegsgefangene, denen das Glück nicht hold war.

Paulus' Aufregung ist bisher nicht abgeklungen. Er hört nicht nur nachts, sondern auch tagsüber Radio Leipzig und studiert die Zeitungen. Als gestern, am 31. August (Montag), die ‚Iswestija' nicht geliefert wurde, bat er mich um die ‚Prawda', in der er eingehend die Artikel ‚Kommission der Betrüger', ‚Konrad Adenauer – ein Feind des deutschen Volkes' und ‚Über das Treffen von Dr. Wirth mit Semjonow' las. Er hat sie auch Georg Löw und Erwin Schulte vorgelesen, denn Löw sagte zu mir, als er mir die Zeitung zurückgab: ‚Die Artikel in der Zeitung sind sehr scharf formuliert.'

Nach Ihrem Besuch kam Paulus zu mir und lud mich zu einem Spaziergang im Objekt ein. Er ist nun überzeugt, daß Löw und Schulte abreisen werden. Was ihn, Paulus, betrifft, so weiß er, daß diese Frage nur von der höchsten Instanz entschieden werden kann. Das sagte er schweren Herzens. Paulus erwartet Sie in den nächsten Tagen mit einer konkreten Antwort zu Georg Löw und Erwin Schulte.

Kurz nach dem Gespräch mit mir traf sich Paulus mit Löw und Schulte. Sie gingen etwa zwei Stunden auf dem Gelände des Objekts spazieren und führten ein lebhaftes Gespräch.

Paulus ist noch immer aufgeregt, er hört mehrmals am Tage Rundfunksendungen aus Leipzig."

Erneut wandte sich Paulus nun schriftlich an die Regierung der UdSSR, und zwar über Generalmajor Baryschnikow. Dieser leitete die Erklärung an den Leiter der 1. Hauptverwaltung des MWD der UdSSR, General Fedotow, weiter. Der gesamte Vorgang ging schließlich am 27. August von General Fedotow an Innenminister Kruglow.

Das Schicksal geht manchmal seltsame Wege – General Fedotow war der erste leitende Mitarbeiter des NKWD, der Ende Februar 1943 die Nachricht vom Eintreffen des kriegsgefangenen Feldmarschalls Paulus im Kriegsgefangenenlager erhalten hatte. Und nun, reichlich zehn Jahre später, sollte er auch für die Ausstellung der nötigen Dokumente für die Repatriierung des Feldmarschalls Paulus im September 1953 zuständig sein ...

Fedotow schrieb an Minister Kruglow:

„Hiermit unterbreite ich Ihnen das Schreiben des Generalfeldmarschalls des ehemaligen deutschen Heeres Paulus vom 26. August 1953 an die sowjetische Regierung.

Ich halte es für angebracht, der Instanz den Vorschlag zu unterbreiten, Paulus in die DDR zu repatriieren und ihn nach Ermessen der Regierung der Deutschen Demokratischen Republik zu verwenden.

Ich bitte um Ihre Weisungen."

Paulus' Anschreiben an Generalmajor Baryschnikow hatte folgenden Wortlaut:

„Sehr geehrter Herr General!

Erlauben Sie mir, Ihnen anliegend den Entwurf für ein Schreiben zu übersenden, das ich an die Sowjetregierung zu richten beabsichtige.

Ich wäre dankbar, wenn Sie mir vorher Gelegenheit geben würden, mit Ihnen über den Inhalt der beabsichtigten Eingabe zu sprechen, bevor ich letztere endgültig formuliere."

General Baryschnikow pflegte, ebenso wie Amajak Kobulow, das Objekt nicht ohne konkreten Anlaß zu besuchen. Aber welche Zusicherung hätte er Paulus machen können – er wußte selbst nicht, wie alles enden würde ...

Nun aber hatte er Paulus' Schreiben an die sowjetische Regierung erhalten und weitergeleitet. Es lautete wie folgt:

„Im Zusammenhang mit dem gemeinsamen Kommuniqué der Sowjetregierung und der Regierungsdelegation der Deutschen Demokratischen Republik vom 22. August 1953 und insbesondere zu dem die Kriegsgefangenenfrage betreffenden Punkt erlaube ich mir, der Sowjetregierung Folgendes zu unterbreiten:

I. Im Juni 1948 richtete ich an die Sowjetregierung eine Eingabe um Repatriierung in die damalige sowjetische Besatzungszone Deutschlands. Am 12. November 1949 erhielt ich darauf mündlich die Antwort, daß der Herr Präsident der Deutschen Demokratischen Republik, Wilhelm Pieck, sowie der damalige Vorsitzende der Sowjetischen Kontrollkommission in Deutschland, Herr General der Armee Tschuikow, meine Heimkehr in die Deutsche Demokratische Republik begrüßen und mir Arbeit nach Wunsch zuweisen würden.

Auf eine aufgrund vorstehender Nachricht in Verbindung mit dem Abschluß der Repatriierung der deutschen Kriegsgefangenen von mir am 12. Mai 1950 der Sowjetregierung eingereichte Erklärung wurde mir am 23. Mai 1950 eröffnet, daß diese Erklärung an höherer Stelle Zustimmung gefunden und daß der Ministerrat der Sowjet-Union meine Repatriierung in die Deutsche Demokratische Republik grundsätzlich beschlossen habe, jedoch erschiene der damalige Zeitpunkt im Mai 1950 aus außenpolitischen Gründen nicht geeignet und ich müßte noch etwas warten. Inzwischen sind seit dem Abschluß der Repatriierung und dem mir am 23. Mai 1950 gegebenen Bescheid 3 1/4 Jahre vergangen, so daß meine Gefangenschaft bereits 10 1/2 Jahre währt.

Nun ist jetzt für mein deutsches Vaterland eine so entscheidende Lage eingetreten, wie sie in der Note der Sowjetregierung an die Westmächte vom 15. August dieses Jahres zur deutschen Frage sowie in der Rundfunkansprache des Herrn Präsidenten der Deutschen Demokratischen Republik, Wilhelm Pieck, vom 17. August d. J. gekennzeichnet wurde. Eine besonders bedeutsame Analyse fand diese

Lage in der Rede des Herrn Vorsitzenden des Ministerrats der Sowjet-Union, Malenkow, gehalten am 22. August d. J. im Kreml anläßlich der Anwesenheit einer Regierungsdelegation der Deutschen Demokratischen Republik in Moskau. In dieser Rede wurde eindringlich und überzeugend auseinandergesetzt, welche ungeheuer weittragende und verantwortungsvolle Entscheidung für Frieden oder Krieg heute in die Hände des deutschen Volkes gelegt ist, zugleich aber auch, welche große Gefahr für den Frieden die zur Zeit in Westdeutschland betriebene Politik beinhaltet. Ohne Übertreibung läßt sich sagen, daß heute das deutsche Volk, obwohl nach zwei verheerenden Weltkriegen ausgeblutet, schwach und in zwei Landesteile aufgespalten, doch in der Frage, ob die weitere Entwicklung in Europa, und damit in der Welt, eine friedliche sein oder den Keim zu einem neuen Krieg enthalten wird, eine Schlüsselstellung einnimmt.

In Anbetracht solcher Lage sei es mir gestattet, meine Meinung dahingehend zum Ausdruck zu bringen, daß zu einer Zeit, in der in Deutschland alle gutwilligen Kräfte zum Kampf um Einheit und Frieden benötigt werden, keine Kraft von der Mitwirkung zur Erreichung dieses hohen Zieles als zu gering ausgeschlossen werden sollte. Somit erhebt sich die Frage, ob nicht durch eine baldige Repatriierung in die Deutsche Demokratische Republik auch meinerseits ein Beitrag im Kampf um Einheit Deutschlands und Frieden geleistet werden könnte. Hierzu darf ich darauf hinweisen, daß mein Auftreten vor dem Nürnberger Internationalen Gericht im Februar 1946, das zunächst nur zur Bezeugung von Vorgängen bestimmt war, sich aber in seinem Verlauf auch zu einem Bekenntnis zu Demokratie und Frieden gestaltete, nicht nur in der fortschrittlichen Weltpresse einen zustimmenden Widerhall fand, sondern auch in der übrigen westlichen Presse stark beachtet wurde.

Gemäß dem sowjetischen Entwurf für einen Friedensvertrag mit Deutschland vom 10. März 1952, wiederholt in der Note der Sowjetregierung vom 17. August 1953, sollen allen ehemaligen Angehörigen der deutschen Armee, einschließlich der Offiziere und Generale, mit Ausnahme derer, die nach Gerichtsurteil eine Strafe für von ihnen begangene Verbrechen verbüßen, die gleichen bürgerlichen und politischen Rechte wie allen anderen deutschen Bürgern gewährt werden zum Aufbau eines friedlichen, demokratischen Deutschlands. Dieses Vorhaben wird bereits seit langem in der Deutschen Demokratischen Republik verwirklicht. Da ich zu dem Personenkreis gehöre, dem solche Rechte eingeräumt werden müssen, steht also auch von der rechtlichen Seite her meinem Auftreten in der Deutschen Demokratischen Republik nichts im Wege.

Ergänzend möchte ich noch erwähnen, daß alle meine Familienmitglieder wegen meines Auftretens gegen Hitler im Konzentrationslager Dachau inhaftiert waren, alle sind anerkannte Opfer des Faschismus.

Die Sowjetregierung bitte ich zu erwägen, ob nicht in Anbetracht der von mir geschilderten Lage und Umstände jetzt der Zeitpunkt für meine Repatriierung in die Deutsche Demokratische Republik gekommen erscheint.

II. Ferner gestatte ich mir, ein weiteres Anliegen zu unterbreiten, welches hier nur deshalb an zweiter Stelle aufgeführt ist, weil es aus meiner persönlichen, vorstehend erläuterten Lage resultiert. Es betrifft die beiden bei mir befindlichen ehemaligen Soldaten Georg Löw, 42 Jahre alt, von Beruf Kellner, 8 1/2 Jahre in Gefangenschaft, Heimatwohnort Wiesbaden, und Erwin Schulte, 40 Jahre alt, von Beruf Möbelpolsterer, 10 1/2 Jahre in Gefangenschaft, Heimatwohnort Gütersloh in Westfalen. Beide haben kurz vor dem Krieg geheiratet und jeder von beiden hat eine Tochter. Es ist ohne weiteres verständlich, welche familiären Schwierigkeiten unter diesen Bedingungen entstanden sind und wie sie sich auf die seelische Verfassung aller Beteiligten auswirken.

Beide Genannten haben sich nichts zuschulden kommen lassen und sind unbestraft. Sie standen früher zu mir in keinerlei Beziehung und wurden mir erst in der Gefangenschaft zugeteilt, der erstere als Koch, der zweite im Aufwartedienst. Die Frage ihrer Heimsendung erscheint mir umso dringender, als jetzt gemäß Kommuniqué der Sowjetregierung und der Regierungsdelegation der Deutschen Demokratischen Republik vom 22. August 1953 Kriegsgefangene entlassen werden sollen, die wegen von ihnen begangener Verbrechen verurteilt worden waren.

Der Sowjetregierung spreche ich daher die ergebene Bitte aus, die Repatriierung der beiden vorstehend Genannten verfügen zu wollen. So gering auch solche Einzelfragen im Rahmen des großen Geschehens erscheinen mögen – für die Betroffenen sind sie eine Lebensfrage –, so darf ich doch der Überzeugung Ausdruck geben, daß ihre Lösung in Verbindung mit dem hochherzigen Entschluß der Sowjetregierung zum Straferlaß für Kriegsgefangene, die wegen begangener Verbrechen verurteilt wurden, auch dem Kampf der Friedenskräfte eine bedeutsame Unterstützung geben wird.

Der großmütige Beschluß der Sowjetregierung in der Kriegsgefangenenfrage beweist erneut, daß die Sowjet-Union in ihrer Politik gegenüber Deutschland sich in keiner Weise von Rachegefühlen für die unzähligen Leiden bestimmen läßt, welche wir dem Sowjetvolk durch den von uns entfesselten Krieg verursachten. Vielmehr erweist die Sowjet-Union nicht nur der Deutschen Demokratischen Republik eine große materielle Hilfe, sondern sie hilft und erleichtert durch ihre Politik des Friedens auch dem gesamten deutschen Volke, den friedlichen Weg zur deutschen Einheit und damit in eine glückliche Zukunft zu beschreiten. Die Erkenntnis dieser von der Sowjet-Union gegenüber Deutschland durchgeführten Politik erfüllt alle verantwortungsbewußt denkenden Deutschen mit dem Gefühl tiefer Dankbarkeit.

Friedrich Paulus
Generalfeldmarschall
des ehemaligen deutschen Heeres"

Inzwischen berichtete der Objektleiter, Oberstleutnant Tschistjakow, am 10. September 1953 weiter:

„Bis zum letzten Augenblick war die Aufmerksamkeit von Paulus auf den Wahlkampf in Westdeutschland gerichtet.

Am 6. September morgens sagte Paulus, als er mich traf, daß in der letzten Nacht (vom 5. zum 6. September) aus Leipzig nichts gesendet worden sei.

Am Tag ging Paulus lange mit dem Koch Löw und der Ordonnanz Schulte auf dem Gelände des Objekts spazieren, wobei sie lebhaft diskutierten.

Beim Mittagessen sagte der Koch Löw zu mir, daß sie alle ungeduldig auf die Ergebnisse der Bundestagswahl warten und hoffen, daß die fortschrittlichen Parteien siegen werden: ‚Davon hängt unser weiteres Schicksal ab.'

Am 7. September gegen 10.00 kam Paulus aufgeregt zu mir und sagte: ‚In der Nacht hat Radio London in deutscher Sprache gesendet, daß Adenauer mit seiner Partei den Wahlsieg und zwei Drittel der Bundestagsmandate errungen hat, demnach beherrscht Adenauer die Lage. Churchill hat Adenauer in einem Telegramm zum Wahlsieg gratuliert. Wie konnte das geschehen, wie wird es nun weitergehen. Oh, oh. . .!'

Bei diesem Gespräch war zu spüren, daß Paulus sehr enttäuscht und bedrückt ist.

Als ich am 8. September beim Mittagessen (13 Uhr) im Radio den

Kommentar des Rundfunkkorrespondenten Naumow aus Berlin hörte, sagte der im Speiseraum anwesende Paulus: ‚Ja, jetzt ist klar, warum Adenauer die Wahl gewonnen hat. Die gleiche Situation wie 1933 . . .'

Im weiteren Gespräch erzählte Paulus, daß Radio Leipzig in dieser Nacht die Kommentare von Dr. Wirth und Adenauer zur Wahl übertragen hat. Es hieß, daß sich die Spaltung Deutschlands vertieft und der Weg zum Krieg offen ist.

Im Verhalten von Paulus, aber auch des Kochs Löw und der Ordonnanz Schulte, sind Anspannung und Nervosität zu spüren. In der Regel zieht sich Paulus nach dem Mittagessen zur Mittagsruhe zurück, doch am 8. September tat er dies nicht, sondern ging spazieren, obwohl es regnete. Dann ging er in sein Zimmer im Obergeschoß. Es war zu hören, wie er lange im Zimmer hin und her schritt.

Am 9. September sagte mir der Koch Löw, daß die Wahlergebnisse in Westdeutschland Paulus sehr bedrücken. Er sei zu dem Schluß gekommen, daß er die Heimat in diesem Jahr nicht mehr sehen wird.

Paulus ist nach wie vor nervlich stark belastet."

Doch dann schimmerte endlich Licht am Ende des Tunnels.

Am 17. September faßte das Präsidiums des ZK der KPdSU folgender Beschluß:

„Das Ministerium für Auswärtige Angelegenheiten der UdSSR wird beauftragt, mit den deutschen Freunden über die in der Auskunft des MWD der UdSSR angeschnittene Frage zu sprechen und diese danach zu entscheiden."

Die genannte Auskunft, die Sergej Kruglow am 14. September unterzeichnet hatte, war der gesamten sowjetischen Führung persönlich unterbreitet worden – Malenkow, Molotow, Chrustschow, Bulganin, Woroschilow, Kaganowitsch, Mikojan, Saburow, Perwuchin:

„Hiermit unterbreite ich die Übersetzung des Schreibens des ehemaligen Feldmarschalls der Hitlerarmee Paulus an die sowjetische Regierung und befürworte seine Repatriierung in die Deutsche Demokratische Republik sowie die Heimkehr der sich bei ihm befindenden beiden deutschen Kriegsgefangenen – der Ordonnanz Schulte und des Kochs Löw.

Bis 1950 war Paulus zusammen mit anderen kriegsgefangenen deutschen Generalen inhaftiert, doch seit 1950 befindet er sich unter Bewachung in einem Sonderobjekt des MWD der UdSSR bei Moskau.

In der Gefangenschaft blieb Paulus bis August 1944 ein Anhänger des Hitlerregimes. Unter dem Einfluß der akuten Verschlechterung der militärischen und politischen Lage Deutschlands sowie nach langer Bearbeitung durch die führenden Mitglieder des Bundes Deutscher Offiziere änderte Paulus seinen Standpunkt und schrieb am 8. August 1944 einen gegen Hitler gerichteten Aufruf an das deutsche Volk. Im Januar 1946 trat Paulus als Zeuge der Anklage im Prozeß gegen die Hauptkriegsverbrecher in Nürnberg auf. In den Jahren 1946 bis 1948 erarbeitete Paulus im Auftrag des Generalstabs der Sowjetarmee einige militärhistorische Studien.

Im Jahre 1950 unterbreitete das MWD der UdSSR im Zusammenhang mit dem Beschluß des Ministerrats der UdSSR vom 17. März 1950 über die Repatriierung der letzten Gruppe kriegsgefangener ehemaliger Angehöriger der deutschen Wehrmacht der Regierung den Vorschlag, Paulus zu repatriieren.

Im Mai 1950 erhielt das MWD der UdSSR die Weisung, seine Rückkehr nach Deutschland vorzubereiten. Paulus wurde darüber informiert. In diesem Zusammenhang richtete er ein Schreiben an die Regierung der UdSSR, in dem er den Wunsch äußerte, sich in der Deutschen Demokratischen Republik niederzulassen und dort zu arbeiten.

Im weiteren wurde die Repatriierung von Paulus bis auf besondere Anordnung verschoben, danach wurde die Frage nicht wieder geprüft.

Der Sohn und die Tochter von Paulus, mit denen er im regelmäßigen Briefwechsel steht, leben in der englischen bzw. französischen Besatzungszone Deutschlands.

In letzter Zeit leidet Paulus infolge der langen Gefangenschaft und der Ungewißheit, wann er endlich repatriiert wird, zunehmend unter Nervenschwäche. Er bittet immer eindringlicher, in dieser Frage Klarheit zu schaffen."

Die beschlossenen Gespräche mit den „deutschen Freunden" fanden statt. Danach, am 25. September 1953, wurde in der 1. Hauptverwaltung des MWD der UdSSR folgende Auskunft erarbeitet:

„Am 22. September d. J. informierte der Hochkommissar der UdSSR in Deutschland, Gen. Semjonow, über die Ergebnisse seines Gesprächs mit Ulbricht und Grotewohl über die Repatriierung von Paulus in die DDR. Ulbricht und Grotewohl haben keinen Einwand gegen die Repatriierung von Paulus, doch sie halten es für erforderlich, daß seine Familie in die DDR übersiedelt. Sie beabsichtigen, ihn in einer der besten Villen bei Dresden unterzubringen. Ulbricht bat darum, eine juristisch begründete Erklärung für die Inhaftierung von Seydlitz als Kriegsverbrecher auszuarbeiten."

Noch am gleichen Tag beauftragte Fedotow Baryschnikow, eine entsprechende Auskunft über von Seydlitz auszuarbeiten.

Walter Ulbricht und Walter Alexander von Seydlitz hatten zwei Jahre lang Schulter an Schulter im Nationalkomitee „Freies Deutschland" zusammengearbeitet – von der Gründung des Bundes Deutscher Offiziere bis zu dessen Auflösung. Damals bestanden zwischen ihnen enge kameradschaftliche Beziehungen. Daher hatte von Seydlitz während des Prozesses gegen ihn auf Hilfe von Ulbricht gehofft – vergebens. Und auch jetzt, genau zehn Jahre nach der Gründung des Bundes Deutscher Offiziere, bat Ulbricht lediglich um eine formale juristische Begründung für die Inhaftierung des Kriegsverbrechers von Seydlitz. Die Wahrheit wußte er ohnehin . . .

Doch für Feldmarschall Paulus gab es endlich real begründete Hoffnung.

7
Die Repatriierung

Walter Ulbricht gibt seine Zustimmung

Die mündlich geäußerte Zustimmung Ulbrichts und Grotewohls zur Repatriierung von Friedrich Paulus bedeutete noch nicht, daß diese auch wirklich zustande kommen würde. Dazu mußte erst noch ein entsprechender Beschluß der „Instanz“ erfolgen. Und Ulbricht selbst hatte sich vorbehalten, den kriegsgefangenen Feldmarschall persönlich zu sprechen und sich ein Bild von dessen Haltung und seinen Auffassungen zu machen.

Am 28. September 1953 schickte Oberstleutnant Tschistjakow, der nach wie vor das Objekt Nr. 5 leitete, folgenden Bericht an den Leiter der 3. Abteilung der 1. Verwaltung des MWD der UdSSR, Generalmajor Baryschnikow:

„In Ausführung Ihrer Weisung habe ich am 27. September d. J. um 8.40 Uhr die Gelegenheit genutzt, daß Paulus allein im Zimmer war, und ihn informiert, daß wir 9.30 Uhr das Objekt verlassen und zu einem Treffen mit einem führenden Genossen fahren müßten, wobei ich den Namen dieser Person und den Zweck des Treffens verschwieg.

Gleichzeitig instruierte ich Paulus, daß er seinem Dienstpersonal gegenüber unsere Abreise als Besuch der chinesischen Kunstausstellung begründen solle, was er während des Frühstücks auch tat.

Um 10.40 Uhr fuhr ich mit Paulus in einem ‚Pobeda‘ zu dem von Ihnen angegebenen Ort.

Wir trafen 11.15 Uhr ein. Etwa fünfzehn bis zwanzig Minuten später traf der Ihnen bekannte Genosse Poljakow ein, in dessen Begleitung wir zu der Datscha fuhren.

Zum Verhalten von Paulus nach meinem Gespräch mit ihm im Objekt bis zu seinem Treffen mit Ulbricht ist folgendes zu sagen:

Paulus war über meinen frühen Besuch verwundert und sichtlich beunruhigt. Unterwegs war er auch sehr aufgeregt. Während der Fahrt zum mit Gen. Poljakow vereinbarten Treffpunkt nahm er mehrmals den Hut ab und setzte ihn wieder auf, wobei er sich jedes Mal die Haare kämmte und in einen Taschenspiegel schaute. So aufgeregt war er bis zur Begegnung mit Ulbricht.

Nach der Ankunft auf der Datscha bat uns Poljakow in das Gästezimmer. Er selbst begab sich nach oben, um Meldung zu machen. Einige Zeit später betraten Ulbricht und seine Gattin vom Hof aus die Datscha. Sie kehrten von einem Spaziergang zurück.

Ulbricht legte schnell Hut und Mantel ab und begrüßte uns dann. Die Begrüßung zwischen Ulbricht und Paulus war sehr herzlich (sie drückten einander beide Hände).

Danach bat Ulbricht Paulus zu sich in sein Zimmer im Obergeschoß (das Treffen fand 11.45 Uhr statt).

Ich, Poljakow und der Betreuer Ulbrichts blieben im Gästezimmer . . .

Das Gespräch zwischen Ulbricht und Paulus dauerte etwa anderhalb Stunden, dann kamen sie herunter, weil das Mittagessen serviert wurde.

Paulus ging sich kurz die Hände waschen, während Ulbricht bei uns blieb. Er sagte zu mir: ‚Alles klar'. Dann wandte er sich an seinen Betreuer: ‚Ich bitte Sie, Genossen Smirnow anzurufen und ihm zu übermitteln, daß ich ihn morgen, den 28. September, vor meinem Abflug auf dem Flugplatz treffen möchte.' (Wie ich von Paulus erfuhr, fliegt Ulbricht mit seiner Frau zur Erholung an das Schwarze Meer.)

Ich wurde zum Mittagessen eingeladen. Das Mittagessen dauerte von 13.35 Uhr bis 14.45 Uhr. Anwesend waren Ulbricht, seine Frau, Paulus und ich.

Während des Essens wurde darüber gesprochen, wie Paulus die Zeit verbringt. Er erzählte, daß er Theater, Ausstellungen und andere Kulturveranstaltungen besucht, sehr viele russische Ballett- und Opernaufführungen im Theater wie auch im Fernsehen im Objekt gesehen hat.

Ich konnte dem Gespräch entnehmen, daß er sich für das Leben in Berlin und in anderen Städten der DDR interessiert, unter anderem für Leipzig, Potsdam und Brandenburg.

Um 15 Uhr fuhren Paulus und ich zurück. Ulbricht und seine Frau begleiteten uns bis zum Tor des Datschengeländes. Die Verabschiedung war sehr herzlich.

Auf dem Rückweg sagte mir Paulus, daß die Frage seiner Repatriierung geklärt sei, aber ein günstiger Moment abgewartet werden müsse, damit sich seine Rückkehr nicht auf die politischen Beziehungen auswirkt.

Paulus hat sich offenbar sehr über das Treffen mit Ulbricht gefreut, und seine Stimmung besserte sich erheblich.

Unterwegs verabredete ich mit Paulus, daß er seinem Dienstpersonal unsere lange Abwesenheit (von 9.35 Uhr bis 16 Uhr) damit erklärt, daß wir zweieinhalb Stunden auf der Ausstellung waren und dann im Café ,Krasni Mak' etwas gegessen haben.

Bei der Ankunft im Objekt (16 Uhr) wurde er schon vom Koch und der Ordonnanz erwartet, denen er erzählte, was wir vereinbart hatten.

Paulus sprach zehn bis fünfzehn Minuten mit dem Dienstpersonal, ging dann in sein Zimmer ins Obergeschoß und schlief bis 18.30 Uhr. Löw und Schulte gingen gemeinsam etwa dreißig bis vierzig Minuten im Gelände spazieren und unterhielten sich dabei angeregt.

Paulus kam wie immer um 19 Uhr zum Abendessen. Ich leistete ihm Gesellschaft, und als Löw in das Speisezimmer trat, sprachen wir über die Ausstellung und den Ausflug.

Um 20 Uhr sahen Paulus, Löw und Schulte im Fernsehen die Nachrichtensendung, dann gingen Löw und Schulte. Paulus sah sich mit mir zusammen den ersten Teil eines Konzerts des Ensembles der Sowjetarmee an, in der Pause ging er nach oben (gegen 21.30 Uhr) und kam nicht wieder herunter.

Er legte sich um 23 Uhr schlafen, bis dahin war das Radio zu hören.

Am 28. September 1953 frühstückte Paulus wie immer zwischen acht und neun Uhr.

Er war guter Stimmung. Bei der Begrüßung sagte er mir, daß er sich den zweiten Teil des Konzerts nicht angesehen habe, weil alle diese Erlebnisse ihn doch etwas angestrengt hätten.

Nach dem Frühstück bat mich Paulus um Schreibpapier und ging dann nach oben."

Walter Ulbricht war in seiner Unterredung mit Paulus vorsichtig gewesen. Er wußte, daß seine sowjetischen Kollegen nichts zu überstürzen pflegten. Doch diesmal hatte er sich geirrt.

Bereits am 28. September 1953, nur einen Tag nach dem Treffen zwischen Ulbricht und Paulus, schickte der Stellvertreter des Leiters der Abteilung für Verbindungen mit den ausländischen kommunistischen Parteien des ZK der KPdSU, Smirnow, einen Bericht an den Sekretär des ZK der KPdSU Michail Suslow:

„Der Erste Sekretär des ZK der SED, W. Ulbricht, der am 25. September d. J. in Moskau eintraf, hatte darum gebeten, für ihn ein Treffen mit Paulus zu organisieren.

Der Bitte des Gen. Ulbricht wurde stattgegeben. Das Treffen mit Paulus fand am 27. September 12 Uhr auf der Gen. Ulbricht als Residenz zur Verfügung gestellten Datscha statt.

Am 28. September sagte Gen. Ulbricht auf dem Flugplatz vor seinem Abflug nach Gagra, daß ihn die Ergebnisse des Treffens mit Paulus vollauf befriedigt haben. Paulus habe den Wunsch geäußert, sich in der DDR niederzulassen und eine Tätigkeit in einer staatlichen oder wirtschaftlichen Einrichtung zu übernehmen. Paulus sei auch bereit, sich mit einer politischen Erklärung an die Öffentlichkeit zu wenden. Diese Erklärung sollte sich, nach Meinung des Gen. Ulbricht, darauf beschränken, ein Fazit der schweren Lehren des Krieges, der Deutschland in die Katastrophe geführt hat, zu ziehen.

Wie Gen. Ulbricht ausführte, wird sich Paulus nach seiner Rückkehr in die DDR in Sachsen, Raum Dresden niederlassen. Er kann für kriegsgeschichtliche Vorlesungen in einer Fachhochschule eingesetzt werden. Genosse Ulbricht hat O. Grotewohl schriftlich über die Ergebnisse seiner Unterredung mit Paulus informiert und Grotewohl gebeten, das MdI der DDR (Stoph) zu beauftragen, alles Notwendige für die Ankunft von Paulus in der DDR und seinen Einsatz zu veranlassen. Gen. Ulbricht sieht nach seiner Unterredung mit Paulus keinen Grund, die Rückkehr von Paulus in die DDR zu verzögern.

Gen. Ulbricht bat darum, Paulus alle in der DDR erscheinenden Zeitungen zur Verfügung zu stellen.

Das Aussehen und die Stimmung von Paulus haben auf Gen. Ulbricht einen guten Eindruck gemacht."

Michail Suslow unterstrich in Smirnows Mitteilung den entscheidenden Satz und leitete sie an Nikolai Bulganin weiter. Am 30. September wurde die Mitteilung allen Mitgliedern der „Instanz", also des Präsidiums des ZK der KPdSU, zugeleitet.

Am 3. Oktober 1953 trat das Präsidium des ZK turnusgemäß zusammen. Zum Tagesordnungspunkt „Paulus" faßte man, kurz und knapp, den Beschluß:

„Gen. Kruglow wird gestattet, Paulus in die DDR zu repatriieren."

Seit dem Treffen zwischen Paulus und Ulbricht waren ganze sieben Tage vergangen.

Nach weiteren zweieinhalb Wochen, am 21. Oktober, bestätigte der Innenminister der UdSSR, Generaloberst Sergej Kruglow, den „Plan der Repatriierung des kriegsgefangenen Feldmarschalls des ehemaligen deutschen Heeres Paulus in die DDR“:

„Laut Beschluß des Präsidiums des ZK der KPdSU ist der kriegsgefangene Feldmarschall des ehemaligen deutschen Heeres Paulus in die DDR zu repatriieren. Nach Information des Hochkommissars der UdSSR in Deutschland, Gen. Semjonow, ist die DDR bereit, Paulus am 25. bzw. 27. Oktober d. J. zu übernehmen.

Damit im Zusammenhang sind folgende Maßnahmen geplant:

1. Gen. I. A. Serow verkündet Paulus den Beschluß der Instanz über seine Repatriierung in die DDR.
2. Zeitgleich mit Paulus werden die kriegsgefangenen Deutschen Löw und Schulte in die Heimat repatriiert.
3. Der Leiter der 3. Abteilung der 1. Hauptverwaltung des NWD der UdSSR, Gen. Baryschnikow, ermittelt, was Paulus und die ihn bedienenden Deutschen im Zusammenhang mit der bevorstehenden Ausreise aus der UdSSR benötigen, und versorgt sie mit allem Erforderlichen.
4. Paulus und die ihn bedienenden Deutschen werden am 24. Oktober d. J. mit dem Zug in Begleitung des Leiters des Objekts Nr. 5, Gen. Oberstleutnant Tschistjakow, und des Gen. Obersergeant I. J. Jermolin in die DDR gebracht.“

Am Tag seiner Abreise verfaßte Paulus folgende Erklärung an die sowjetische Regierung, die Sergej Kruglow am 27. Oktober an Georgi Malenkow weiterleitete:

„Aufgrund der gemäß dem gemeinsamen Kommuniqué der Sowjetregierung und der Regierungsdelegation der Deutschen Demokratischen Republik vom 23. August 1953 erfolgten Entlassung der deutschen Kriegsgefangenen aus der Gefangenschaft in die Heimat zurückkehrend, möchte ich vor Verlassen der Sowjet-Union folgendes erklären:

Der großmütige Beschluß der Sowjetregierung vom 23. August d. J. in der Kriegsgefangenenfrage beweist erneut, daß die Sowjetregierung sich in ihrer Politik gegenüber Deutschland nicht von Rachegefühlen für die unzähligen Leiden bestimmen läßt, welche wir dem Sowjetvolk durch den von uns entfesselten Krieg verursachten. Vielmehr erleichtert sie durch ihre Politik des Friedens, wie sie jetzt wieder in dem vorgenannten Beschluß zum Ausdruck kommt, dem gesamten deutschen Volke, den friedlichen Weg zur deutschen Einheit und damit in eine glückliche Zukunft zu beschreiten.

Als Führer der deutschen Truppen in der für mein Vaterland so schicksalhaften Schlacht um Stalingrad habe ich alle Schrecken des Eroberungskrieges nicht nur für das von uns überfallene sowjetische Volk, sondern auch für meine eigenen Soldaten bis in die Wurzeln kennengelernt. Die Lehre aus dieser meiner eigenen Erfahrung sowie aus dem Ablauf des ganzen zweiten Weltkrieges hat mich zu der Erkenntnis geführt, daß das Schicksal des deutschen Volkes nicht auf dem Machtgedanken aufgebaut werden kann, sondern nur in einer dauerhaften Freundschaft mit der Sowjet-Union sowie mit allen anderen friedliebenden Völkern. Daher erscheinen mir jetzt auch die im Westen betriebenen, auf dem Machtgedanken beruhenden Kriegsverträge nicht als geeignetes Mittel, um die friedliche Herstellung der deutschen Einheit zu erreichen und den Frieden in Europa zu sichern. Vielmehr wird durch diese Verträge die in der Spaltung Deutschlands liegende Gefahr nur vergrößert und die Spaltung verlängert. Ich bin davon überzeugt, daß der einzig reale Weg zur friedlichen Wiedervereinigung Deutschlands und zum Frieden in Europa nur führen kann über die Verständigung der Deutschen untereinander und über einen Friedensvertrag auf der Grundlage der Sowjetnote an die Westmächte vom 15. August d. J. zur deutschen Frage.

Daher habe ich mich auch entschlossen, nach Rückkehr in die Heimat alle meine Kräfte einzusetzen in der Mitarbeit zur Erreichung des hehren Ziels, der friedlichen Wiedervereinigung eines demokratischen Deutschlands und der Freundschaft des deutschen Volkes mit dem Sowjetvolk sowie mit allen anderen friedliebenden Völkern.

Ich möchte die Sowjet-Union nicht verlassen, ohne den Sowjetmenschen zu sagen, daß ich einst in blindem Gehorsam als Feind in ihr Land kam, nunmehr aber aus ihm scheide als Freund dieses Landes.

24. Oktober 1953 Friedrich Paulus
Generalfeldmarschall des ehemaligen deutschen Heeres"

Am gleichen Tag wurde der Leitung des MWD der UdSSR gemeldet:

„Paulus, Schulte und Löw sind am 24. Oktober 1953 in Begleitung von Gen. Tschistjakow in einem Schlafwagen 1. Klasse mit dem Kurierzug Nr. 3 aus Moskau nach Berlin abgereist."

Generalfeldmarschall Paulus hatte endlich das Objekt Nr. 5, die Datscha in der Siedlung Tomilino, Uliza Turgenjewa Nr. 6, verlassen – ein zweigeschossiges Haus mit vier Zimmern sowie Küche und Terrasse. Das war nicht viel für vier Personen, einschließlich Objektleiter Oberstleutnant Tschistjakow bzw. zuvor Oberstleutnant Parparow, die hier ebenfalls wie im Gefängnis, getrennt von ihren Familien gelebt hatten. Doch schließlich bewachten sie ein Staatsgeheimnis der UdSSR – den kriegsgefangenen Generalfeldmarschall und zwei Soldaten, die über zehn Jahre in Gefangenschaft zubrachten, was einer Haftstrafe für Schwerverbrecher gleichkam.

* * *

Noch einmal, im Frühjahr 1955, brachte sich Generalfeldmarschall Friedrich Paulus der sowjetischen Regierung in Erinnerung.

Am 1. Februar dieses Jahres ersuchte er den Ministerpräsidenten der DDR, Otto Grotewohl, sich für die Begnadigung der noch in der Sowjetunion zurückgehaltenen verurteilten deutschen Kriegsgefangenen einzusetzen. Ihre Rückkehr hätte eine positive Wirkung auf breite Schichten der deutschen Bevölkerung, die nach gegenseitigem Verständnis strebe. „Ich kann nicht glauben, daß es diesen verurteilten Kriegsgefangenen ihr Gewissen erlaubt, an der Vorbereitung eines neuen Krieges teilzunehmen oder diese Vorbereitung zu unterstützen", schrieb Paulus.

Daraufhin wandte sich Otto Grotewohl am 18. April 1955 mit folgendem Schreiben an den Außerordentlichen und Bevollmächtigten Botschafter der UdSSR in der DDR, G. M. Puschkin:

„Verehrter Genosse Botschafter!

Der ehemalige Generalfeldmarschall Friedrich Paulus hat mir ein Gnadengesuch für die noch in der Sowjetunion befindlichen deutschen Kriegsgefangenen übersandt, dessen Kopie ich zur Kenntnisnahme beilege.

Ich habe Herrn Paulus darauf hingewiesen, daß es sich bei den Angehörigen der faschistischen Armee, die sich heute noch in der Sowjetunion befinden, um Personen handelt, die wegen krimineller Straftaten und Kriegsverbrechen verurteilt wurden und ihre Strafe verbüßen.

Mit sozialistischem Gruß
O. Grotewohl"

Botschafter Puschkin erhielt diesen Brief am 27. April, gab ihn umgehend nach Moskau weiter und bereits zwei Tage später, am 29. April, unterbreitete ihn Wjatscheslaw Molotow allen Mitgliedern des Präsidiums des ZK der KPdSU zur Kenntnisnahme, mit dem Zusatz:

„Zur Information

Die auf Beschluß des ZK gebildete Kommission zur Überprüfung von Verfahren gegen in der UdSSR befindliche ausländische Bürger wird in den ersten Maitagen Vorschläge für die Freilassung verurteilter deutscher Bürger unterbreiten."

Was auch immer den Ausschlag gegeben hat, jedenfalls leerten sich 1955 und 1956 allmählich die Lager der verurteilten deutschen Kriegsgefangenen ...

Friedrich Paulus aber sollten nach dieser letzten Aktion in Sachen der Kriegsgefangenen nur noch zwei Jahre zu leben verbleiben. Am 1. Februar 1957 verstarb er, sechsundsechzigjährig, in Dresden.

Personenregister